2007
中国农产品加工业发展报告

中华人民共和国农业部农产品加工局 编

中国农业科学技术出版社

图书在版编目（CIP）数据

2007 中国农产品加工业发展报告/中华人民共和国农业部农产品加工局编 .—北京：中国农业科学技术出版社，2008.9
ISBN 978-7-80233-715-2

Ⅰ.2… Ⅱ. 中… Ⅲ. 农产品加工—加工工业—经济发展—研究报告—中国—2007 Ⅳ. F326.5

中国版本图书馆 CIP 数据核字（2008）第 149123 号

责任编辑　梅　红
责任校对　贾晓红　康苗苗

出版发行　中国农业科学技术出版社
　　　　　北京市中关村南大街 12 号　邮编：100081
电　　话　(010) 82109704 (发行部)　(010) 82109708 (编辑室)
　　　　　(010) 82109703 (读者服务部)
传　　真　(010) 82106624
网　　址　http://www.castp.cn
经 销 者　新华书店北京发行所
印 刷 者　河北省欣航测绘院印刷厂
开　　本　889mm × 1194mm　1/16
印　　张　17.25
字　　数　399 千字
版　　次　2008 年 10 月第版 1　2008 年 10 月第 1 次印刷
定　　价　160.00 元

编写人员

主　编　王秀忠　王　强

副主编　张纪新　李增杰

编　委　（以姓氏笔画排列）

孔祥智　方智远　王　强　王利明　王秀忠
王国庆　王保平　王瑞元　邓富江　刘兴信
毕金峰　江用文　吴胜周　吴聚平　宋昆岗
张　陆　张　杰　张　荀　张小平　张四强
张纪新　张学杰　张登方　张德权　李来好
李杰人　李增杰　杜少辉　杨　洋　肖争鸣
闵正东　闵耀良　陈建超　周　峰　周　兴
孟令伟　林金龙　罗亚明　段玉权　胡志江
赵　奕　郝水明　骆尚骅　桂明英　袁新平
黄　加　黄汉权　彭　安　詹　斌　蔡绍青

序

2006年是国民经济“十一五”开局之年，也是中国农业发展史上具有标志性的一年。党中央国务院颁布了以社会主义新农村建设为核心的中央1号文件，统筹推进社会主义新农村建设，走中国特色的农业现代化道路，加快我国农产品加工业的发展是其中的应有之意。

农业部积极贯彻落实中央的一系列方针政策，加大了农产品加工业发展的推进力度，发布了《农产品加工业“十一五”发展规划》，召开了全国农产品加工业工作会议，统一认识、形成合力、加快推进，呈现出全方位推进的发展态势。一是对产业的高关联性的认识进一步深化。农产品加工业一头联农民，一头联市民，一头联产地，一头联基地，一头联农村，一头联城市，发挥着连接工农、沟通城乡、衔接产销的重要作用；尤其是在重中之重的“三农”工作中，农产品加工业是农民的收入增长点，是农村富裕劳力的转移点，还是乡镇企业转型提升支撑点的地位得到强化。二是引领作用进一步凸显。农产品加工业引领农业结构的战略性调整，市场效应加强，引领现代农业发展，提升了农业的产业体系；引领新农村建设，促进生产发展；引领新型农民的培育，提升农民的自主创业能力；引领城乡居民市场消费，创造市场需求。三是2006年全国农产品加工业发展态势良好。首先总量快速提升。2006年我国农产品加工业产值达到6.25万亿元，比上年增长21%。其次结构加速优化。无论是加工产业，还是加工产品，都有了明显改善。如，在粮食加工领域，米、面、油制品中高档次产品的比例不断加大。在肉类加工业领域，精深加工肉制品产量进一步增加。再次布局日趋合理。我国农产品加工业的区域梯次发展格局正在形成。东部发达地区和大城市郊区积极吸引外资，加强自主创新，培育了一大批外向型、规模骨干型的农产品加工业，促进了我国农产品加工业国际竞争能力提升。中部地区充分利用农业资源优势，积极发展粮食、畜产品等加工业，农产品加工业已逐步成为中部地区解决农民就业、增加农民收入的有效途径，成为促进中部地区崛起的重要产业支撑。西部地区依托特色农业优势，积极发展特色农产品加工业，在带动西部大开发和脱贫致富发挥了积极作用。

但是，我们必须清醒地看到，我国农产品加工业快速发展的同时还存在很多问题，与发达国家相比，还存在很大差距。发达国家农产品加工业的产值与农业产值之比为3～4:1，而我国只有1.47:1；发达国家加工转化率达到80%以上，而我国只有30%～35%；发达国家加工品占食物消费总量的80%，而我国还不到30%。农产品加工业自身面临集中度不高、精深度不够、原料基地建设滞后、技术创新能力不强、装备工艺落后、资金制约比较突出、企业与农户利益联结机制不完善、农产品加工质量安全体系不健全、社会化服务体系发育不足等问题。因此，我们要坚决贯彻党的十七大精神，认真贯彻落实科学发展观，按照农产品加工业“十一五”发展规划的总体部署和要求，加大力度，狠抓落实，切实解决制约农产品加工业发展的突出矛盾和问题，着力推进农产品加工业又好又快的发展。

农业部农产品加工局局长

2008年8月

前　言

2007年8月，由农业部农产品加工局组织编写、出版的我国第一部系统反映农产品加工业情况的《2006中国农产品加工业发展报告》，对2005年以及"十五"以来中国农产品加工业发展情况进行了客观的描述和分析。该发展报告得到了相关政府部门、行业专家、研究人员和学者们的普遍认可和欢迎。为准确反映我国农产品加工业发展现状，展示我国农产品加工业取得的成绩，有效实施对农产品加工业的指导和服务，促进农产品加工业的健康发展，并满足社会各界的要求，保证农产品加工业相关数据、资料的延续性、实用性，农业部决定继续编制《2007中国农产品加工业发展报告》。

在上一年报告的基础上，《2007中国农产品加工业发展报告》对编写框架略有调整，主要内容有农产品加工业发展现状、主要行业发展情况、部分省（自治区、直辖市）农产品加工业发展情况、社会关注热点问题透视等几部分组成，在主要行业发展情况中，粮油加工部分调整为稻谷加工、小麦加工、油脂加工、玉米加工；水产加工部分由淡水产品与海水产品加工整合为水产品加工。部分省（自治区、直辖市）农产品加工业发展情况重点选择了农产品加工业发展较快的省份（自治区、直辖市），对各地区发展现状、存在问题和发展对策及建议等进行总结和梳理。社会关注热点问题透视部分针对农产品加工业科技创新与体系建设、农产品加工与新农村建设、农产品加工与现代市场体系建设、农产品加工与区域发展等农产品加工业发展过程中出现的一些热点问题进行分析并提出相应的对策。报告中所有统计资料和数据均未包括我国香港、澳门特别行政区和台湾省。

这部报告的出版得到了农业部有关司局的大力支持，中国农业科学院农产品加工研究所、蔬菜花卉研究所、茶叶研究所、中国水产科学研究院、国家发展和改革委宏观经济研究院、中国人民大学、中国农产品市场协会、中国乳制品工业协会、中国肉类协会、中国糖业协会、中国粮食行业协会、中国粮油学会、中国食用菌协会以及部分省、自治区、直辖市的农业厅(局)、乡镇企业局等单位、有关专家和院士参与了报告的编写工作，在此一并表示衷心的感谢。

编　者

2008 年 8 月

目 录

正文附图

正文附表

专　栏

第一章

农产品加工业发展现状

2006年，我国农产品加工业产值达到6.25万亿元，规模以上农产品加工企业达到9.3万家，从业人员达到2 100万人，农产品加工业产值与农业总产值为1.47∶1。农产品加工产业结构进一步改善，产品结构进一步优化，区域布局渐趋合理，加工专用原料基地初具雏形。国家对农产品加工业的科技投入大幅增加，农产品加工科技创新取得重大进展，农产品加工机械与装备水平大幅提升；农产品加工标准制修订步伐加快，农产品质量安全水平逐步提高；我国农产品进出口额双增长，农产品加工制品在农产品出口贸易中贡献逐步增加。

一、产业结构和产品结构

（一）产业结构情况

2006年，我国农产品加工业继续保持快速增长的态势，以食品为主的农产品加工业进一步得到了加强。2006年我国农产品加工业产值达到6.25万亿元，全国规模以上食品工业企业实现总产值2.48万亿元，分别占全国工业总产值(31.66万亿元)的19.74%和7.83%，食品工业产值与农产品加工业产值的比值达到0.40∶1。

产业结构进一步改善。农副食品加工业工业产值和销售收入保持较快增长，但增长速度呈现逐月回落态势，产值增速与销售增速更加接近，产销衔接状况趋好。2006年，农副食品加工业产值和销售收入分别达到1.30万亿元和1.27万亿元，同比增长23.04%和23.03%，分别比2005年的增幅下降了8.57和7.63个百分点。全年农副食品加工业企业总数达到16 356个，实现利润总额565.14亿元。从所属子行业分析，2006年，各行业利润都有不同程度的提高。制糖业利润增速上升明显，食用植物油加工、屠宰及肉类加工、水产品加工及其他食品制造业减亏明显。利润增速减缓而亏损增速加快的行业主要有谷物磨制、饲料加工和其他农副食品加工。

2006年，食品制造业共有规模以上企业6 056个，实现销售收入4 714.25亿元，同比增长25.46%，利润总额273.15亿元，同比增长21.66%。但食品制造业面临成本上涨的压力，食品价格上升。2006年食品制造业亏损企业单位数为1 020个，亏损面为17.39%，同比下降2.40个百分点；企业亏损总额累计31.83亿元，同比下降3.14%。

2006年，饮料制造业完成工业总产值3 899.21亿元，同比增长25.38%，增幅比2005年同期提高0.83个百分点。从子行业看，主要是白酒行业的增长速度提高较为明显，工业总产值增长同比提高了5.68个百分点。葡萄酒行业增速出现明显调整，工业总产值增长速度同比下降了10.32个百分点。2006年，中国软饮料制造业保持快速增长，工业总产值累计完成1 360.35亿元，同比增长了24.64%；累计完成销售产值1 335.76亿元，同比增长24.88%；累计完成产品销售收入1 449.52亿元，同比增长28.26%。截至2006年，饮料制造业共有规模企业3 914个，实现利润总额300.41亿元，其中软饮料制造企业1 067个，并以饮用水制造业、果菜汁及果菜汁饮料制造业企业数目最多，分别占软饮料制造企业总数的30.08%和26.24%，之后依次为碳酸饮料制造业、含乳饮料和植物蛋白饮料制造业、茶饮料及其他软饮料制造业、固体饮料制造业。

2006年，农副食品加工业、食品制造业、饮料制造业合计完成工业总产值21 586.95亿元，占全国工业总产值的6.82%，同比增长23.51%，占食品工业总产值的87.75%。从2000~2006年食品工业内部结构变动来看，农副食品加工业快速增长，从2000年的44.51%增长到2006年的52.31%；食品制造业地位稳步上升，尤其是资本和技术密集度高的食品制造业地位上升更快，2006年比重达到19.01%；饮料制造业基本保持平稳，比重达到15.72%，烟草加工业大幅度下降，比重由2000年的17.32%下降到2006年的12.96%。

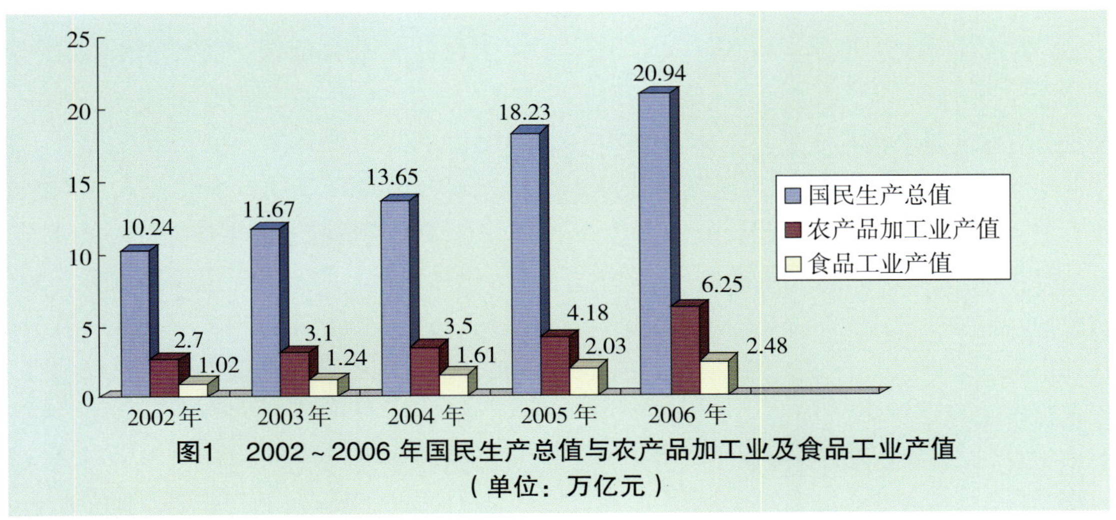

图1 2002~2006年国民生产总值与农产品加工业及食品工业产值（单位：万亿元）

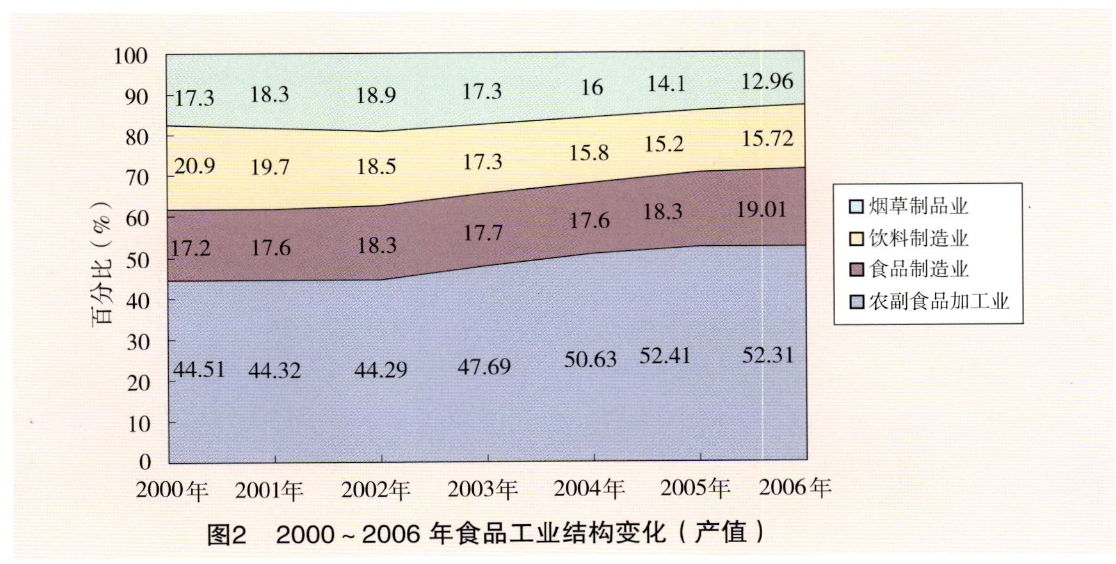

图2 2000~2006年食品工业结构变化（产值）

表 1　2006 年度食品工业分行业主要指标

单位：亿元

类　别	企业数（个）	总产值	工业增加值	主营业务收入	利润总额
农副食品加工业	16 356	12 973.49	3 492.09	12 694.77	565.14
食品制造业	6 056	4 714.25	1 467.25	4 601.92	273.15
饮料制造业	3 914	3 899.21	1 439.08	3 924.75	300.41
烟草制品业	179	3 214.08	2 379.74	3 174.25	465.78

数据来源：《中国统计年鉴》（2007 年）

（二）产品结构情况

2006 年，我国食品产品结构进一步优化，市场需求趋旺。各类食品在质量、品种、档次、功能以及包装等方面基本满足了不同消费层次的需求。新兴的方便食品、休闲食品、保健食品、绿色食品等市场份额继续扩大，主副食品、调理食品、速冻食品、熟食制品、调味品、豆制品等花色品种和市场需求迅速提升，精深加工食品的比重均有不同程度的上升，如液体乳产量占到了乳制品总量 85%以上，食品饮料行业以 114.01%的涨幅位居 23 个行业之首，远高于制造业平均 61.44%的涨幅。据统计，2006 年我国食品工业主要产品的产量分别达到：小麦粉 5 193 万吨、食用植物油 1 985.5 万吨、鲜冷藏冻肉 1 112.5 万吨、乳制品 1 459.6 万吨、啤酒 3 515.2 万千升、软饮料 4 219.8 万吨，同比分别增长 28.2%、17.5%、24.0%、23.5%、14.7%和 21.5%。食品工业发展，促进了农业产业化和农业经济的发展，为我国经济建设的发展作出巨大贡献。

同时，2006 年食品质量明显改善，食品安全水平稳步提高。随着国家有关部门各项规章制度的出台和实施，食品企业生产经营行为得到有效规范，生产条件和经营环境更加符合食品安全和卫生要求，产品质量稳中有升，各类产品抽检合格率均呈上升趋势，食品安全水平不断提高。如肉类行业 100 强企业中通过 ISO9000 认证的企业达到 77 家，通过 HACCP 认证的企业有 61 家。

二、区域布局与原料基地建设

（一）区域布局情况

2006 年，我国农产品加工业区域布局渐趋合理，集群式发展的格局在“十五”规划的基础上进一步得到加强。目前，农产品加工行业初步形成了一批产业密集区和优势农产品加工产业带，呈现出集群式发展的特色和较为合理的区域布局。如河北、河南的优质专用小麦加工和肉类加工，吉林的玉米加工和牛肉加工。黑龙江的优质大米和大豆加工。湖南、四川等省的水稻和饲料加工，内蒙古的乳品加工和羊绒加工。河北的皮革加工和羊毛加工。安徽、江西、福建、浙江等省的茶叶加工，山东、陕西的果品贮藏与加工。新疆的棉花、葡萄和番茄加工等。

“十五”以来，在农业部《优势农产品区域布局规划（2003～2007 年）》的引导下，我国农产品加工业布局逐步向产区集中，加工业集聚效应逐渐显现出来。2006 年，吉林省以长春市为中心集聚了长春大成集团、吉林黄龙集团、吉林燃料乙醇公司、华润赛力事达公司等一批具有一定规模的玉米加工龙头企业和与它们相关联的众多的中小企业 466 家（不含饲料企业），形成了玉米加工企业密集区，呈现出集群式发展的格局，玉米加工能力占全国的 20%。内蒙古依托伊利、蒙牛、大草原等大型乳品龙头加工企业，促进了乳品加工产业带的形成，加快资源向乳品优势产业的集聚。长江流域油菜加工量约占全国总产量的 90% 以上，其中长江中下游加工最为集中。广西、广东、云南等甘蔗优势区域甘蔗加工企业占全国的 90% 以上，促进了资源的优化配置。

专栏 1：农业部率先对农产品加工业区域布局进行规划

2006 年 12 月农业部颁布了《农产品加工业“十一五”发展规则》。规划按照农产品加工发展的特点和规律，在全面分析“十五”发展情况的基础上，确定了“十一五”期间以食品工业为主的包括粮油、果蔬、畜产品、水产品和传统农产品等主要农产品加工业发展的指导思想、主要原则和目标，明确了重点方向和领域，提出一批重点工程和促进农产品加工业发展的政策措施，对指导全国农产品加工业健康发展具有重要意义。

该规划的一个突出特点是首次对农产品加工业区域布局进行了系统规划。规划在《优势农产品区域布规划（2003 ~ 2007 年）》的基础上，较为系统地对粮油加工、果蔬加工、畜产品加工、水产品加工和传统农产品加工五大领域区域布局进行了设计。如粮油加工领域中大豆加工的区域布局是：在广州、深圳、东莞、北海、厦门等珠江三角洲，上海、张家港、宁波等长江三角洲和大连、青岛、烟台、日照等黄渤海等沿岸、沿海地区建设高级调合油、饲用蛋白、脂肪酸、甘油、维生素 E、精制磷脂等生产基地和出口基地；在东北和山东、河南、河北、安徽等黄淮海地区发展大豆浓缩蛋白、组织蛋白、分离蛋白和大豆蛋白粉的生产，并丰富生产品种、开发其终端产品；加强非转基因原料基地建设，大力发展传统豆制品生产，带动区域经济发展。玉米加工区域布局是：在东北三省、内蒙古等北方春播玉米区和河北、山东、河南等黄淮海平原夏播玉米区，调整玉米加工区域布局，增强玉米主产区的加工转化能力；在河北、吉林、山东等玉米淀粉加工主产省，建立加工专用玉米生产基地，为产品加工提供原料保障；在四川、重庆、云南、贵州等西南山地玉米区，甘肃、陕西、新疆等西北灌溉玉米区和青藏高原玉米区重点发展特色玉米食品、玉米深加工产品和饲料工业。

果蔬加工领域中果蔬法加工的区域布局是：在原料主产区建立浓缩加工厂，发展浓缩果蔬汁、果蔬浆等半成品，大中城市等消费市场建立灌装加工厂，发展果蔬汁终端产品；辽宁、山东、陕西等地发展浓缩苹果汁；内蒙古、新疆、甘肃、宁夏等西部地区发展番茄酱、浓缩葡萄汁；天津、河北、安徽等地发展桃汁、浓缩梨汁；重庆、湖北等地发展柑橘浓缩汁与 NFC 柑橘汁（非浓缩复原果汁）；海南和云南等地发展热带果汁；北京、上海、广州等大城市发展直饮型果蔬汁终端产品；形成高端产品与低端产品、半成品与终端产品、出口与内销共存的产品结构布局。罐头加工的区域布局是：在河北、浙江、安徽、福建、山东、湖南、新疆等传统生产省区集中发展果蔬罐头生产；在浙江、湖南、四川、湖北等发展柑橘罐头，河北、辽宁、浙江、山东、安徽等发展桃罐头；在福建、山东、山西等发展芦笋罐头；在浙江、福建等发展竹笋罐头；在新疆等西部地区发展番茄罐头。

畜产品加工领域中肉制品加工的区域布局是：在东北及河北、内蒙古、甘肃、青海、宁夏、新疆等牛羊资源丰富地区，重点进行优质牛羊肉的屠宰与加工龙头企业布局，以生产冷却牛羊肉、冷冻小包装牛羊肉、低温肉制品等产品为主；在河北、山东、河南、四川等活猪资源丰富地区，重点进行生猪屠宰和加工龙头企业布局，以生产冷却猪肉、高温火腿肠、发酵肉制品和低温肉制品等产品为主；在西南地区，重点进行中式传统肉制品加工龙头企业布局，以生产腊肠、腊肉、宣威火腿等产品为主，兼顾低温肉制品的开发生产；在江浙水禽资源丰富地区，重点进行水禽加工龙头企业布局，以生产水禽低温肉制品和盐水鸭等特色产品为主。乳制品加工区域布局是：在东北及内蒙古东部玉米带及天然草场丰富地区，利用丰富的原料奶优势，建立和发展乳牛养殖和乳品加工龙头企业，主要发展专用乳粉、UHT奶（超高温瞬时灭菌奶）、长保质期巴氏杀菌奶和乳饮料、冰淇淋等制品；在中原、华南、西南、华东及城市周边的奶业区，支持发展大中型乳品企业，主要生产供城市消费的巴氏消毒奶、酸奶和冰淇淋等短效产品；对缺乏原料奶供应的城市以UHT奶、酸奶为主；对于相对落后的农村以奶粉、UHT袋奶为主。因地制宜，结合资源、市场、发展潜力等进行合理布局，将规模优势、资源优势、技术优势和市场优势转化为经济优势，避免过度集中投资，造成局部奶源的紧张和市场的拼争，鼓励中小企业发展酸奶、巴氏消毒奶等短效产品，使企业形成自我生存的特色优势。

（二）原料基地建设情况

原料生产是农产品加工业的第一生产车间，优质、专用原料是农产品加工业发展的前提和基础。2006年是农业部实施《优势农产品区域布局规划（2003～2007年）》的关键之年，《规划》实施四年来，有效促进了专用小麦、专用玉米、高油大豆、棉花、“双低”油菜、“双高”甘蔗、柑橘、苹果、肉牛肉羊、牛奶、水产品等优势农产品的发展，建设了一批加工专用原料基地。

专栏2：2006年度全国主要优势农产品原料基地建设情况

到2006年底，已确立了13个主要农产品41个优势产区，优势农产品区域集中度稳步提高，水稻、小麦、玉米、大豆四大粮食作物优势区域集中度分别达到86.0%、92.3%、62.1%和53.2%。棉花已经形成黄河流域棉区、长江流域棉区、西北内陆棉区三足鼎立的格局，三大棉区的总面积和总产量分别占全国的97.5%和98.4%。油菜种植已形成了长江流域优势区，其中上游优势区2005～2006年种植油菜1 678千公顷，油菜籽产量307万吨，面积、产量分别占长江流域的27%、27%；中游优势区2005～2006年种植油菜3 702千公顷，油菜籽产量639万吨，面积、产量分别占长江流域的59.0%和56.0%，是长江流域油菜面积最大、分布最集中的产区；下游地区2005～2006年种植油菜88.8万公顷，油菜籽产量204万吨，面积、产量分别占长江流域的14%和18%，是长江流域菜籽单产水平最高的产区。渤海湾产区、西北黄土高原产区苹果生产集中度达85.0%，比2002年提高5个百分点，优质果率接近50.0%，提高10个百分点。自2003年实施《中国柑橘优势区域发展规划（2003～2007）》以来，我国柑橘栽培面积与产量年均增幅分别达22.2%和32.8%，单产由569公斤/亩增加到657.6公斤/亩，提高15%，2006年我国柑橘产量达1 790万吨，仅次于巴西，居世界第二位。广西、广东、云南等优势区域甘蔗种植面积1 401万亩、甘蔗总产7 103万吨、产糖868万吨，分别占全国的62.4%、71.2%和80.7%，集中度比规划实施前的2002年分别提高了5.0%、6.6%和15.8%。肉牛肉羊优势区域牛肉、羊肉产量分别达151万吨、48万吨，分别比规划前提高了18.43%、45.52%，优质牛羊肉比重分别达到35%～40%、30%。北京、天津、上海、河北、山西、内蒙古、黑龙江7省（区、市）奶业优势区域牛奶产量1 694.3万吨，占全国牛奶总产量的60.4%，优势区域奶牛单产达到4 300多公斤，比全国平均水平高出400多公斤。渔业也逐渐形成了“两带一区”，即东南沿海和黄渤海优势出口水产品养殖带和长江中下游优质河蟹养殖区。

三、农产品加工企业状况

（一）企业组织结构情况

2006年，农产品加工企业在2005年的基础上，兼并、重组的步伐进一步加快，企业组织结构进一步优化，集中度进一步提高。到2006年底，全国规模以上农产品加工企业达9.3万多家，涉及食品、饮料、纺织、服装和皮革等11个行业，完成加工产值6.25万亿元，占全部工业产值的1/5左右，年均增长近21%，规模以上农产品加工企业从业人员2 100万人，占全部工业从业人员的27.8%，带动3 000万农民就业。2006年食品加工企业总数为10 676个，平均每个企业产值为3 487万元，而1996年的企业总数为30 213个，平均每个企业产值为1 149万元，2006年食品加工企业数目减少了1/3，但个体规模却增加3倍。2006年，全国食品工业产品销售收入前100家食品企业（百强企业）产品销售收入、总资产、实现利润占全行业比重分别为24.9%、29.3%和58.9%。

在食品工业内部的企业组织结构调整过程中，与2005年相比，2006年我国农副食品加工业产业集中度有所下降，而食品制造业产业集中度有所上升。2006年，前十家农副食品加工业企业累计完成产品销售收入951.48亿元，行业集中度为7.63%，比2005年下降1.64个百分点；完成利润总额41.86亿元，集中度为8.01%，比2005年下降3个百分点。从子行业分析，食用植物油加工、制糖、屠宰及肉类加工和其他农副食品加工集中度较高。2006年，食品制造业前十家企业累计完成产品销售收入548.23亿元，集中度为11.99%，比2005年下降3.28个百分点；完成利润总额37.97亿元，占全行业的比重为14.14%，比2005年下降4.36个百分点。从子行业分析，除罐头制造业外、其他行业集中度相对较高。目前，我国唯一进入世界500强的食品加工企业——中国粮油食品（集团）有限公司位居中国百强企业第17名，较2005年下降了2名，但营业收入达1 200.653亿元，较2005年的1 178.253亿元增加了1.92%。

通过企业组织结构调整，涌现出一批具有较强经济实力和市场竞争优势的大中型骨干企业和企业集团。河南双汇集团年销售额逐年增加，已成为亚洲最大的肉食品加工基地；白酒行业前10名骨干企业产量占规模以上白酒企业总产量的15.3%，实现销售收入占规模以上白酒企业销售收入的43.23%；青岛、燕京、华润三家啤酒企业生产量占行业总产量的30%以上。此外，2006年农产品加工出口企业也快速增长，国内农产品出口企业达两万多家，比2005年同期增长16.82%。出口额1 000万美元以上的农产品出口龙头企业544家，比2005年同期增加了21.41%，出口额128亿美元，占农产品出口总额46.15%。

表2　2006年度我国食品工业百强企业名单（排名不分先后）

企　业　名　称	企　业　名　称
四川省宜宾五粮液集团有限公司	河南省漯河市双汇实业集团有限责任公司
杭州娃哈哈集团有限公司	青岛啤酒集团有限公司
维维集团	东海粮油（张家港）工业有限公司
内蒙古伊利实业集团股份有限公司	山东金锣企业集团总公司
江苏雨润食品产业集团有限公司	上海光明乳业股份有限公司
诸城市外贸有限责任公司	石家庄三鹿集团股份有限公司
内蒙古蒙牛乳业集团股份有限公司	长春大成实业集团有限公司
南海油脂工业（赤湾）有限公司	冠生园（集团）有限公司
北京燕京啤酒集团公司	黑龙江省九三油脂有限责任公司
秦皇岛金海粮油工业有限公司	大海粮油工业（防城港）有限公司
上海嘉里粮油工业有限公司	河南省莲花味精集团有限公司
贵州茅台酒厂（集团）有限责任公司	双城市雀巢有限公司
吉林德大有限公司	可口可乐（中国）饮料有限公司
北京汇源饮料食品集团有限公司	金光食品（宁波）有限公司
南通宝港油脂发展有限公司	三河汇福粮油食品制作有限公司
诸城市得利斯集团公司	山东渤海油脂工业有限公司
广东健力宝饮料有限公司	广州珠江啤酒股份有限公司
烟台张裕集团有限公司	黄海粮油工业（山东）有限公司
山东凤祥有限责任公司	辽宁富虹油品集团有限公司
青岛嘉里植物油有限公司	北海粮油工业（天津）有限公司
泸州老窖集团有限责任公司	内蒙古草原兴发股份有限公司
百威（武汉）国际啤酒有限公司	四川剑南春集团有限责任公司
箭牌口香糖有限公司	哈尔滨啤酒有限公司
益海（连云港）粮油有限公司	山东龙大企业集团有限公司
杭州顶益国际食品有限公司	好当家集团有限公司

续表

企业名称	企业名称
大连华农豆业集团股份有限责任公司	山东九发集团公司
南京喜之郎食品有限公司	昆山统一企业食品有限公司
天津顶益国际食品有限公司	上海申美饮料食品有限公司
南宁糖业股份有限公司	佛山市海天调味食品有限公司
黑龙江省完达山乳业股份有限公司	乐百氏（广东）食品饮料有限公司
汕头市中星油脂有限公司	河北省邢台市隆尧县华龙食品集团有限公司
莱阳鲁花浓香花生油有限公司	河南省南街村有限公司
山东三维油脂企业集团总公司	河南省潢川华英禽业集团总公司
上海良友海狮油脂实业有限公司	山东香弛粮油有限公司
广东太古可口可乐有限公司	上海百事可乐饮料有限公司
周口益海粮油工业有限公司	中盛粮油工业（天津）有限公司
龙口新龙食油有限公司	嘉祥县嘉冠油脂化工有限公司
山东大洋食品集团有限公司	焦作黄河集团公司
露露集团有限责任公司	爱芬食品（北京）有限公司
山西省杏花村汾酒集团公司	东莞雀巢有限公司
红牛维他命饮料有限公司	合肥华泰食品有限责任公司
福建雪津啤酒有限公司	福建金石制油有限公司
安徽省古井集团有限责任公司	中国绍兴黄酒集团有限公司
菱花集团公司	广东丰源粮油工业有限公司
海南椰岛股份有限公司	四川蓝剑（集团）有限责任公司
杭州中萃食品有限公司	东莞徐记食品有限公司
北京三元食品股份有限公司	四川沱牌集团有限公司
百事（中国）有限公司	山东省鲁洲食品集团有限公司
中法合营王朝葡萄酿酒有限公司	秦皇岛骊骅淀粉股份有限公司
天津食品进出口股份有限公司	湖北枝江酒业有限公司

（二）企业所有制结构及规模情况

2006年，农产品加工企业改革取得了新的进展，许多企业建立了现代企业制度，多种所有制经济形式共同发展，特别是民营食品企业发展较快，在一些地区已成为农产品加工业的主力军。目前投向我国农业、食品业和餐饮业的外商已有5万多家，利用外资500多亿美元，全世界食品业50强，已有30多家来中国大陆开办合资和独资企业。

2006年，股份制和“三资”企业发展迅速，全年规模以上食品企业中，私营企业、“三资”企业、国有及国有控股企业分别达到13 835家、4 362家和2 249家，分别占食品全行业的67.67%、21.33%、11.00%；工业产值分别达到6 680.06亿元、6 881.15亿元、5 741.83亿元，分别占食品全行业的34.61%、35.65%、29.75%；主营业务收入分别达到6 395.37亿元、6 952.52亿元、5 846.77亿元，分别占食品全行业的33.32%、36.22%、30.46%；实现利润总额分别为319.21亿元、405.12亿元、629.87亿元，分别占食品全行业的23.57%、29.92%、46.51%。

同时科技创新已成为企业现代化管理的重要内容，目前以大型食品企业为主体的科研中心逐步形成，全国已有500多家大型企业建立食品工业技术研发中心；科研机构、大专院校与企业结合更加紧密，形成广泛合作和相互支持新格局，促进了食品工业自主开发创新能力和水平的提高。

表3 2006年国有及规模以上非国有食品工业企业主要经济指标

单位：亿元

企业类型	企业数量	总产值	工业增加值	主营业务收入	利润总额
私营企业	13 835	6 680.06	1 960.68	6 395.37	319.21
“三资”企业	4 362	6 881.15	2 057.37	6 952.52	405.12
国有及国有控股企业	2 249	5 741.83	3 172.76	5 846.77	629.87

数据来源：《中国统计年鉴2007》

四、科技发展

（一）科技投入及重点领域

2006年，国家进一步加大了对农产品加工业的科技投入力度。科技部启动实施了“十一五”国家科技计划，在农产品加工领域投入科技经费4亿多元，设置了10多个重点项目，从农产品加工领域的各个方面，开展基础、应用基础和应用研究。农业部设立了优势农产品加工重大关键技术推广项目，投入经费500万元。2006年农产品加工科技投入及重点领域如下：

“十一五”国家科技支撑计划“食品加工关键技术研究与产业化开发”项目。该项目重点围绕食品物性修饰、新型制油、食品高效分离与干燥、食品冷加工、食品凝胶与风味控制、食品包装新材料、食品快速检测与质量安全控制技术及关键装备开发等设置共性关键技术研究类课题6个；围绕粮油食品、果蔬食品、畜禽食品和水产食品加工与制造关键技术和装备研究，设置重大新产品开发与产业化示范类课题12个。

“十一五”国家科技支撑计划“功能性食品的研制和开发”项目。该项目重点围绕功能性食品评价、有效成分检测和鉴伪、功能因子高效分离与制备及其生物活性稳态化等问题，设置共性关键技术研究类课题4个；围绕减肥、辅助降血脂、降血压、降血糖、抗氧化、改善记忆等功能性食品的产品创制与加工关键技术，设置产业化示范课题5个。

“十一五”国家科技支撑计划“食品安全关键技术”项目。该项目力争突破风险评估、检测、溯源与预警等一批关键技术“瓶颈”，重点开展食品安全风险评估技术、检测技术、溯源与预警技术、全程控制技术及其标准攻关，同时进行综合科技示范，加强国际合作与战略研究，逐步建立起我国食品中病原微生物、农药和兽药残留、化学污染物（含生物毒素）、食品添加剂和包装材料等风险评估技术体系、模型、基地以及高通量分析技术体系。

“十一五”国家科技支撑计划“奶业发展重大关键技术研究与示范”项目。该项目围绕新型乳制品研制及其产业化开发、乳品加工关键设备及材料研究与开发和乳品质量安全控制关键技术研究及开发等方面开展工作。

“十一五”国家科技支撑计划“特色杂粮生产及加工利用技术研究与开发”项目。该项目以覆盖杂粮作物90%面积的谷子、高粱、大麦、燕麦、荞麦、糜子、食用杂豆等7种（类）为主要攻关对象，通过多学科理论和方法的交叉、集成与融合，传统方法与现代生物技术相结合，建立高效育种与产业发展技术平台，加强杂粮加工利用工程化技术集成和成果转化应用，有效延长杂粮产业链。

“十一五”国家科技支撑计划“农产品贮藏保鲜关键技术研究与示范”项目。该项目重点针对一些具有特色和优势的大宗产品（梨、柑橘、禽蛋等）、时令产品（桃、李、枇杷等）和特色区域产品（芒果、食用菌等），开展重大关键技术研究与集成，通过产业化推广示范，全面提升我国农产品产后的科技水平和产品商业价值。

“十一五”863现代农业技术领域“农业生物制造与食品精细加工技术及产品”项目。该项目重点突破食品及营养素纳米化加工技术、食品非热加工技术、高效分离提取技术、低能耗组合干燥技术等食品精细加工技术领域核心技术，开发具有自主知识产权的加工设备，创制高附加值的生物活性物质、食品添加剂、功能性配料以及新型食品。

优势农产品加工重大关键技术推广项目。该项目由农业部组织实施，2006年重点推广了节能高效热风脱水蔬菜加工重大关键技术和花生加工重大关键技术，同时在内蒙古、新疆、湖南、吉林和安徽等省区开展了大规模农产品加工技术对接活动。

（二）科技发展状况

2006年，我国在农产品加工科技方面取得重大进展，一些研究领域取得突破。“柑橘加工技术研究与产业化开发”、“以高产量、高转化率和高生产强度为目标的发酵过程优化技术”、“啤酒高效低耗酿造技术的开发与应用”和“马铃薯综合加工技术与成套装备研究开发”项目分别获得2006年国家科学技术进步奖二等奖。

在大宗低值蛋白资源酶法改性及食品配料制备研究方面，通过物理处理和化学分子修饰，实现了植物蛋白控制酶解的工艺条件；利用转谷酰胺酶催化酰基转移反应，对植物蛋白进行聚合改性，研究具有强凝胶性和乳化性的功能性蛋白制备技术。在甘薯高效低能耗贮存技术与高效燃料乙醇转化技术研究方面，通过对甘薯腐烂原因的研究，攻克了高效、低能耗的甘薯淀粉储藏技术；通过对已有酵母菌株的选育与改造，获得高浓度乙醇发酵酵母菌株，并通过代谢控制研究开发出甘薯淀粉高浓度乙醇发酵技术。

在柑橘加工方面，在国内首次研究建立了8个月成熟期的橙汁加工品种组合和优质化采收技术，提出和验证了不同固酸比原料果的混配生产优质橙汁技术，筛选出一批可用于橙汁加工的低酸甜橙品种；开发出皮渣肥料新品种和皮渣生产沼气的关键技术，为加工柑橘皮渣低成本无公害大规模处理和资源化利用探索了新路。

在浓缩苹果汁加工方面，首次在原料预处理环节采用高效清洗工艺控制原料表面微生物和农药残留，使浓缩苹果汁色值达到70(11.5Brix)以上，耐热菌数<1个/20克，棒曲霉素<25毫克/吨(11.5Brix)，果汁中的甲胺磷农残<10毫克/吨，达到国际市场高端客户的要求；实现了苹果浓缩汁加工离心泵的叶轮、密封件、带式榨汁滤网带和超滤膜系统的国产化，扭转了苹果加工关键零部件大量依赖进口的不利局面。在控制浓缩果汁质量安全和后混浊技术方面，开发了离子交换纤维和螯合吸附纤维等新型后浑浊控制分离功能材料，使我国控制浓缩苹果汁质量安全和后混浊技术取得了显著进展，提高了果汁的质量和安全性。

在农产品现代物流技术研究方面，围绕鲜活农产品现代物流的关键技术、粮食现代物流信息平台技术、农产品现代物流标准体系和发展战略等方面开展研究与示范，在农产品物流关键技术、粮食现代物流信息化等方面取得了一系列技术突破。

在果蔬采后保鲜新技术方面，首次通过抑制果实中成熟关键基因LeACS2的表达，来实现延长番茄果实的贮藏寿命。成功实现了使得番茄果实中与乙烯合成和果实成熟相关的关键基因沉默，从而达到延迟成熟的目的，建立起一种基于VIGS技术的全新的果蔬贮藏保鲜方法。

（三）科技平台建设

2006年，国家各部委都加大了对国家工程技术研究中心、国家工程研究中心、国家技术研发中心及国家和部门重点实验室等有关农产品加工科技平台建设的投入，使农产品加工科技平台建设成效显著。自20世纪90年代以来，科技部和国家发展和改革委员会分别组织实施了国家工程技术研究中心(科技部主管)和国家工程研究中心(发改委主管)建设项目计划。目前，科技部组织建设的与农产品加工有关的中心有国家小麦、大米、大豆、花生、油菜、蔬菜、肉类、乳业和农产品保鲜工程技术研究中心等；农业部设有农畜产品加工与质量控制、功能食品研究、食品安全评价和农业核技术与农产品加工重点开放实验室等。2006年，科技部确定了重点建设国家竹藤、重要热带作物、海藻和糖等工程技术研究中心等；农业部启动实施了国家农产品加工技术研发体系建设项目。国家农产品加工技术研发体系建设项目依托中国农业科学院农产品加工研究所建立国家农产品加工技术研发中心。用3～5年的时间，重点围绕粮油、果蔬、畜产品、水产品和特色农产品五大领域，分品种、分区域、分期、分批地建立150个左右国家农产品加工技术研发专业分中心，其中以中央或地方科研院所、高等院校为依托重点建设50个；以企业为主，鼓励产学研结合的形式建设100个。

五、加工机械与装备

2006年，我国以食品为主的农产品加工机械与装备取得新的成就。产品生产和销售形势良好，出口贸易增幅较大，行业科技进展加快，行业工作成效显著。

（一）行业发展概况

2006年，我国以食品工业为主的农产品加工机械与装备行业保持了高速、稳定的发展态势，全行业全年实现产品销售收入828.4亿元，同比增长了 23.0%，是近几年增长率最高的一年（见图 3）。在全部产品销售收入中，食品机械为 422.5 亿元，包装机械为 405.9 亿元。2006 年全行业产品销售率为 96.2%，基本与 2005 年持平；新产品产值较 2005 年增长 32.5%。出口交货值 83 644.1 万美元，扣除人民币升值因素，可比值约为 80 716 万美元，较 2005 年增长 33.0%。其中，食品机械出口为 30 824.3 万美元，包装机械出口为 52 819.8 万美元。进口食品和包装机械为 213 642.4 万美元，较 2005 年增长 6.8%。通过对食品和包装机械行业进出口情况分析，2006 年进口额增幅不大，与近几年相比呈相对稳定状态（见图 4）；而出口额呈较快增长态势（见图 5）。这说明我国近几年抓产品质量、抓食品安全等措施取得明显成效，极大地促进了食品和包装机械行业质量安全水平的提高，使一些原来需要进口的设备被国内生产的设备所替代。

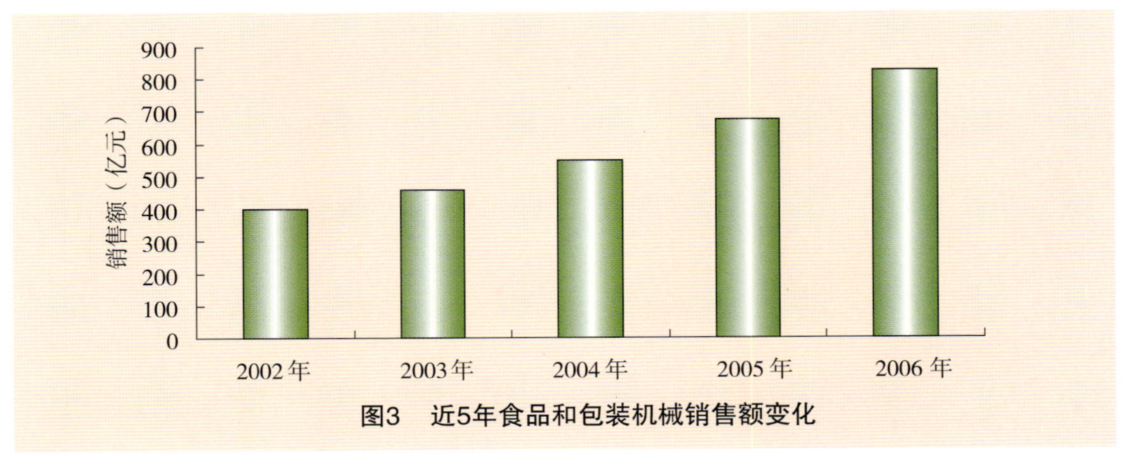

图3 近5年食品和包装机械销售额变化

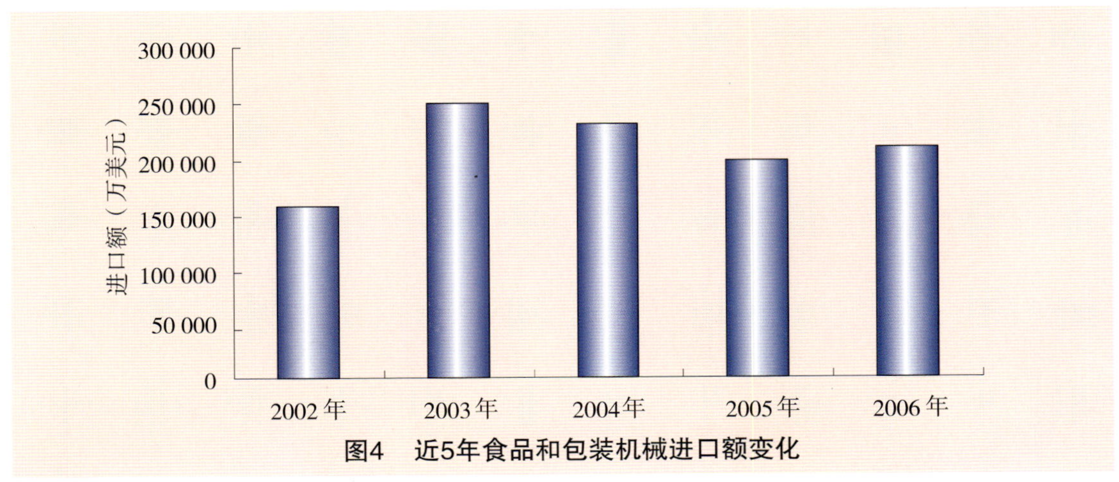

图4 近5年食品和包装机械进口额变化

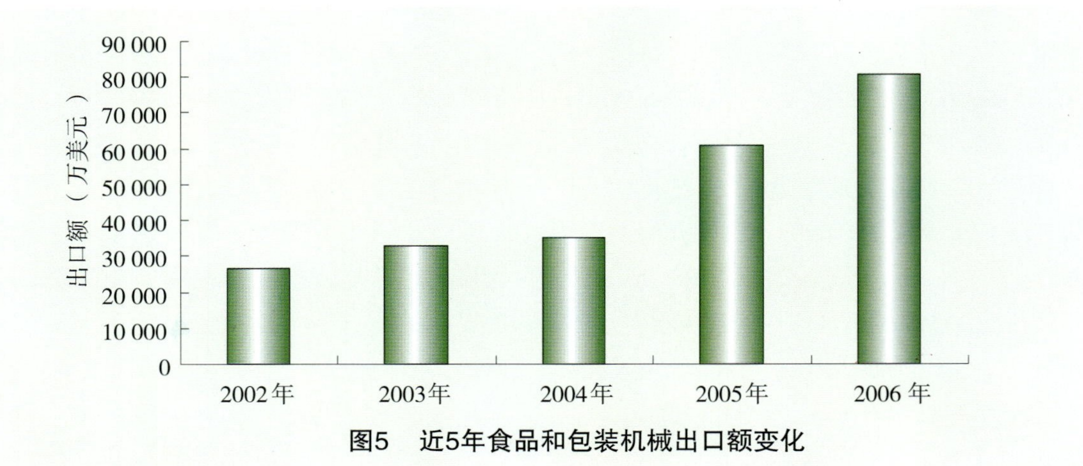

图5　近5年食品和包装机械出口额变化

（二）行业科技进展

加工机械与装备列入食品工业“十一五”发展重点。2006年10月，由国家发展和改革委员会、科学技术部、农业部联合发布了《全国食品工业“十一五”发展纲要》（发改工业［2006］2240号），提出了在“十一五”时期，食品装备制造业要改变自主创新能力弱、技术装备水平低、成套性和稳定性差等现状，重点加强分离设备、冷冻设备、干燥设备、杀菌设备、罐装设备、包装设备等现代食品加工装备的研发制造。在节能干燥设备方面，重点开发流化床干燥、微波远红外真空组合干燥、连续真空冷冻干燥等设备。在连续高效分离与浓缩设备方面，重点开发连续离心分离、膜分离与浓缩、工业色谱柱分离和连续萃取、短程分子蒸馏等连续、高效、节能、环保的分离与浓缩装备。在超低温冷冻冷藏设备方面，重点开发远洋捕捞船用超低温急冻冷藏设备和冷链设备。在新型杀菌与包装设备方面，重点开发非热力杀菌设备，同时研究开发无菌灌装、无菌运输等设备，形成连续高效杀菌、无菌灌装一体化生产线等。

与加工机械与装备有关的科技项目启动。2006年9月，科学技术部组织启动了“十一五”国家科技支撑计划“食品加工关键技术研究与产业化开发”项目，其中涉及加工机械与装备的有：食品高效节能干燥新技术与装备开发、食品包装新材料研究与开发、小麦专用粉和传统面制品工业化技术与装备开发、薯类加工新产品技术装备研究及产业化开发、双低油菜籽制油新工艺与大型冷榨设备开发和大宗低值鱼加工新产品与超低温急冻装备开发及产业化示范等。

涌现出一批技术创新科技成果。2006年涌现出一批加工机械与装备技术创新科技成果。例如，由中国农业机械化科学研究院开发研究的“马铃薯综合加工技术与成套装备研究开发”项目获2006年国家科技进步二等奖；由湖南大学、湖南工业大学和长沙轻工机械有限公司等研究开发的“高速灌装生产线智能检测分拣成套设备研制及其推广应用技术”项目获2006年国家科技进步二等奖；汕头市粤东机械厂有限公司2006年获得欧洲质量大奖——国际质量金星奖；杭州中亚机械有限公司2006年荣获“中国包装名牌”称号，具有自主知识产权的30 000杯/小时的酸奶制杯罐装生产线研制成功，最高能力可达40 000杯/小时，具有国际先进水平；广州达意隆包装机械有限公司自主开发研制的33 000瓶/小时（600毫升）的PET吹瓶机已进入市场，设备为国内独家生产；江苏新美星包装机械有限公司24 000瓶/小时无菌灌装生产线出口到日本大冢公司，这是我国无菌冷灌装线首次成套出口，标明我国无菌冷灌装线已进入国际高端市场。

六、质量标准与食品安全

（一）质量标准状况

国家标准制修订数量增加。2006年，国家标准委共批准发布国家标准1909项，比2005年增加了589项。截至2006年底，国家标准总数为21 410项。其中，强制性标准3 084项，占14.41%；推荐性标准18 231项，占85.15%；指导性技术文件95项，占0.44%。2006年发布的标准中，包括制定标准1 080项，比上年增加390项，修订标准829项，比上年增加199项；其中强制性标准276项、推荐性标准1 613项、指导性技术文件20项；与农产品及食品有关的标准40余项，主要涉及食品中营养成分测定、有毒有害物质测定、地理标志产品和农产品贮运等领域。2006年，国家标准委全年共下达13 800多项国家标准制修订项目，其中的9 500多项为修订项目，这些项目主要集中在资源节约、食品安全、公共安全、环境保护和提高产品质量等方面。

农业标准体系框架基本建立。2006年，农业部重点发布了4批农业行业标准，总计538项，分别是中华人民共和国农业部公告（第604号）：《番茄等级规格》等202项标准；中华人民共和国农业部公告（第614号）：《生咖啡》等8项标准；中华人民共和国农业部公告（第680号）：《香菇等级规格》等220项标准；中华人民共和国农业部公告（第757号）：《柑橘等级规格》等108项标准。废止了1批标准，即中华人民共和国农业部公告（第714号）：《醇基民用燃料》等13项标准。在发布的农业行业标准中，农产品及其加工制品标准138项，主要涉及初级农产品原料标准（含无公害食品、绿色食品标准）、等级规格标准、加工技术规范和贮运技术规范等。

（二）食品安全状况

农产品质量安全水平逐步提高。2006年农业部发布的全国农产品质量安全例行监测表明，我国农产品质量总体上是安全、放心的。但是，与城乡居民日益提高的消费要求及技术性贸易壁垒日益加剧的国际贸易形势相比，我国农产品质量安全工作还存在一定差距。2006年，农业部对全国37个城市蔬菜中农药残留、22个城市畜产品中瘦肉精污染和磺胺类药物残留、8个城市水产品中氯霉素和孔雀石绿污染情况进行了例行监测。其中，对37个城市的18 523个蔬菜样品中的农药残留进行监测后显示，平均合格率为93.0%，比2005年上升了1.6%，寿光、拉萨、南京等9个城市全年平均合格率在95%以上。22个城市8 801个猪肝等样品中的瘦肉精监测结果，平均合格率为98.5%，比2005年提高1.3%，北京、福州、沈阳等8个城市全年5次均未检出瘦肉精。2006年，农业部首次将孔雀石绿作为水产品例行监测对象。从监测结果看，全年平均合格率为91.0%，合格率由年初的88.1%稳步上升到年底的94.4%。此外，对8个城市的1 200个水产品样品进行了氯霉素监测，平均合格率为98.8%，比2005年提高1.3%。

农产品质量安全监管措施逐年加大。《中华人民共和国农产品质量安全法》由中华人民共和国第十届全国人民代表大会常务委员会第二十一次会议于2006年4月29日通过，自2006年11月1日起施行。为进一步贯彻落实《农产品质量安全法》等法律法规，切实解决农产品质量安全存在的突出问题，确保农产品安全生产和放心消费，农业部等部门在2006年采取了五项举措，进一步加强了农产品质量监管：一是加强农产品生产环节监管。包括积极推进畜牧业和水产养殖业生产方式转变，积极建立畜禽和水产养殖标准化体系，积极指导企业和农户合法用药、合理用药等。二是严格农产品市场准入。对问题多发的重点地区、重点市场、重点企业开展专项监督检查。三是加大农产品监督抽检工作力度。深化监督抽查和监测工作，延伸监测区域，扩大监测范围。四是严厉打击非法经营和添加有害化学物质行为。包括进一步严格兽药生产经营企业监管，加强饲料企业监管，加强对养殖环节禁止添加的人用药品的管理等。五是加强农产品质量安全保障体系建设。强化农产品质量安全保障能力，完善农产品质量安全基础设施，强化农产品质量安全行政管理能力，加强机构建设和执法队伍建设。

专栏3：农业部等六部门联手共促农产品质量安全

2006年12月1日，农业部、公安部、卫生部、国家工商行政管理总局、国家质量监督检验检疫总局、国家食品药品监督管理局联合发出通知，要求各地各部门进一步加强农产品质量安全工作。

通知指出，农产品质量安全关系广大人民群众身体健康和生命安全，关系国民经济发展和社会和谐稳定。近些年来，农产品质量安全工作不断加强，农产品质量安全总体水平稳步提高。但也要看到农产品质量安全工作还面临许多困难和问题，工作开展不够平衡，个别地区问题仍较突出。通知要求，各地要全面贯彻落实《农产品质量安全法》等法律法规，强化农产品质量安全监管，保障消费安全，促进农业农村经济发展。

一要切实加强农产品质量安全工作领导。当前要把农产品质量安全工作摆到更加突出的位置，按照“全国统一领导，地方政府负责，部门指导协调，各方联合行动”的要求，切实加强领导，落实责任，周密部署，精心组织，密切配合，做到工作措施有力、事件查处坚决、监督管理有效。二要严格监控农产品生产环节。加快建立农民专业合作经济组织，发展适度规模经营，提高农业组织化程度，发挥行业自律作用。三要强化农产品市场准入管理。四要严厉打击非法经销有害化学物质行为。五要建立健全应急管理体系。六要依法发布农产品质量安全信息。七要集中开展专项督查。要针对重点地区和薄弱环节，集中开展农产品质量安全专项督查。要把蔬菜水果中的高毒有机磷农药、猪肉中的“瘦肉精”、禽蛋中的“苏丹红”、大菱鲆中的硝基呋喃类代谢物及孔雀石绿残留检测作为重点。发现问题，要依法及时查处；对工作不力、失职渎职的，要追究责任人和有关领导责任。

通知最后强调，各级农业、公安、卫生、工商、质监、食品药品监督管理部门要根据有关农产品质量安全法律法规的规定和《国务院关于进一步加强食品安全工作的决定》，各司其职，加强协作，针对存在的薄弱环节和突出问题，健全制度，完善机制，进一步发挥监管合力，提升农产品质量安全整体水平，保障消费安全，促进产业发展，推动社会主义新农村与和谐社会建设。

七、贸易情况

2006年，我国农产品及其加工制品进出口额双增长，农产品及其加工制品贸易逆差同比大幅度缩小。2006年我国农产品及其加工制品进出口总额为630.4亿美元，同比增长12.0%。其中，出口额为310.4亿美元，同比增长13.9%；进口额为320.0亿美元，同比增长11.7%。农产品及其加工制品贸易逆差由2005年11.4亿美元缩小为6.7亿美元，下降41.3%。

表4 2006年全国农产品进出口月度统计报告

月份	出口金额（亿美元）	进口金额（亿美元）
1	25.0	23.6
2	16.6	19.1
3	26.1	30.5
4	24.9	31.8
5	23.6	27.4
6	24.5	29.8
7	24.7	26.2
8	26.4	30.2
9	26.6	24.7
10	27.3	22.5
11	32.4	24.3
12	32.3	29.9
合计	310.4	320.0
总计	630.4	

资料来源：中华人民共和国商务部、中国食品土畜进出口商会的《中国农产品进出口月度统计报告》

（一）农产品及其加工制品出口情况

2006年，一般贸易方式仍是我国农产品及其加工制品的主要贸易方式，继续保持出口增长。一般贸易方式出口同比增长13.8%；进料加工方式出口同比增长14.3%；来料加工装配贸易方式出口同比增长11.9%，边境小额贸易方式出口同比增长14.9%。

2006年，我国出口谷物609.9万吨，同比下降40.1%，净出口250.4万吨，同比下降35.8%。其中，大米产品出口125.3万吨，同比增长82.7%，净出口52.3万吨，同比增长2.2倍；玉米产品出口310.0万吨，同比下降

64.1%，净出口303.4万吨，同比下降64.9%；小麦产品出口151.0万吨，同比增长150%，由2005年净进口293.4万吨转变为净出口89.7万吨。

食用油籽出口下降，食用植物油出口增长。食用油籽出口121.5万吨，同比下降10.7%，其中大豆出口39.5万吨，同比下降4.5%；食用植物油出口40.0万吨，同比增长75.5%，其中豆油出口11.8万吨，同比增长86.7%；菜籽油出口14.5万吨，同比增长3.7倍。

表5　2006年全国部分农产品及其加工制品出口情况

序号	农产品及其加工制品种类	出口量或金额	同比值（%）
1	大米产品	125.3万吨	+82.7
2	玉米产品	310.0万吨	-64.1
3	小麦产品	151.0万吨	+150.0
4	大　豆	38.0万吨	-5.0
5	花生及花生仁	32.0万吨	-28.9
6	食用油籽	121.5万吨	-10.7
7	食用植物油	40.0万吨	+75.5
8	畜产品	37.3亿美元	+3.4
9	家畜产品	9.3亿美元	+2.0
10	水产品	93.6亿美元	+18.7
11	蔬　菜	732.5万吨	+7.7
12	水　果	370.2万吨	+1.5
13	食　糖	15.4万吨	-56.9
14	天然蜂蜜	8.1万吨	-8.4
15	茶　叶	28.7万吨	0
16	辣椒干	7.0万吨	0
17	猪肉罐头	5.8万吨	+10.5
18	蘑菇罐头	31.8万吨	-1.4
19	啤　酒	1.8亿升	+20.8

资料来源：《中国统计年鉴》(2007)

注：大米产品包括大米、大米粉、稻谷和种用稻谷；玉米产品包括玉米、玉米粉、其他加工玉米和种用玉米；小麦产品包括小麦、小麦粉和种用小麦；家禽产品包括加工家禽、其他活家禽、禽肉及杂碎、种禽；水产品包括碘、对虾、活鱼、加工鱼类、其他水产品、裙带菜、饲料用鱼粉、鲜冷冻鱼、珍珠、鱿鱼。

蔬菜、水果出口量、额双增长，食糖出口量下降。食糖出口15.4万吨，同比下降56.9%；蔬菜出口732.5万吨，同比增长7.7%，出口额54.2亿美元，同比增长21.0%；水果出口370.2万吨，同比增长1.5%，出口额24.7亿美元，同比增长21.7%。

畜产品、水产品出口增长，畜产品贸易逆差扩大、水产品贸易顺差扩大。畜产品出口额37.3亿美元，同比增长3.4%，其中生猪产品出口9.8亿美元，同比增长3.8%；家禽产品出口9.3亿美元，同比增长2.0%；水产品出口额93.6亿美元，同比增长18.7%。2006年全国部分农产品及其加工制品出口情况见表6。

2006年出口额居第一位的是山东省，出口额为85.58亿美元，同比增长18.2%；第二位是广东省，出口额为39.09亿美元，同比增长9.2%；第三位是浙江省，出口额为26.84亿美元，同比增长7.8%。具体情况见表6。

表 6　2006 年全国农产品及其加工制品出口较大的省份

排　序	省　份	出口额（亿美元）	同比值（%）
1	山东省	85.58	+18.2
2	广东省	39.09	+9.2
3	浙江省	26.84	+7.8

2006 年，对各国出口继续保持增长，对亚洲、欧洲贸易顺差，对美洲、非洲贸易逆差。亚洲是我国农产品及其加工制品第一大出口市场，2006 年对亚洲出口同比增长 6.4%，占我国农产品及其加工制品出口总额的 61.5%，其中出口额前五位的国家和地区依次是日本、韩国、香港、马来西亚和印度尼西亚。欧洲是我国农产品及其加工制品第二大出口市场，2006 年对欧洲出口 55.9 亿美元，同比增长 23.0%，占我国农产品及其加工制品出口市场的 17.8%，其中出口额前五位的国家依次是德国、俄罗斯、荷兰、英国和西班牙。北美洲是我国农产品及其加工制品第三大出口市场，2006 年对北美洲出口 43.0 亿美元，同比增长 28.7%，占我国农产品及其加工制品出口市场的 13.7%。非洲在我国农产品及其加工制品出口市场中排第四位，2006 年对非洲出口同比增长 34.4%，占我国农产品及其加工制品出口市场的 2.8%。南美洲在我国农产品及其加工制品出口市场中排第五位，2006 年对南美洲出口为 8.2 亿美元，同比增长 55.6%，占我国农产品及其加工制品出口市场的 2.6%，其中出口额前三位的国家依次是墨西哥、巴西和萨尔瓦多。

表 7　2006 年全国农产品及其加工制品主要出口地区及出口额

排　序	出口地区	出口额（亿美元）	同比值（%）
1	亚　洲	193.1	+6.4
2	欧　洲	55.9	+23.0
3	北美洲	43.0	+28.7
4	非　洲	10.2	+34.4
5	南美洲	8.2	+55.6

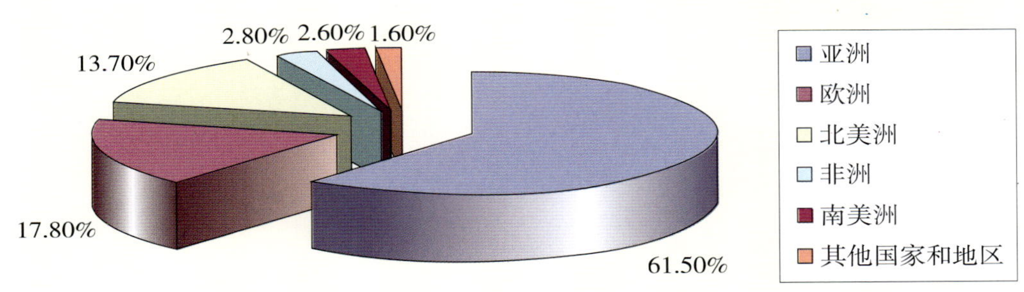

图6　2006年不同国家和地区出口农产品及其加工制品所占的比例

（二）农产品及其加工制品进口情况

2006年，一般贸易方式进口同比增长10.2%；进料加工方式进口同比增长2.2%；来料加工装配贸易方式进口同比下降0.9%；边境小额贸易方式进口同比增长45.0%。

2006年，我国进口谷物359.5万吨，同比下降42.7%，其中大米产品进口73.0万吨，同比增长39.9%；玉米产品进口6.5万吨，同比增长1 530%；小麦产品进口61.3万吨，同比下降82.7%，由去年净进口293.4万吨转变为净出口89.7万吨；大麦产品进口214.1万吨，同比下降1.8%，见表8。

表8　2006年全国部分农产品及其加工制品进口情况

序　号	农产品种类	进口量或金额	同比值（%）
1	大米产品	73.0万吨	+39.9
2	玉米产品	6.5万吨	+1 530.0
3	小麦产品	61.3万吨	-82.7
4	大麦产品	214.1万吨	-1.8
5	大　豆	2 827万吨	+6.3
6	食用油籽	2 928.0万吨	+8.3
7	食用植物油	671.5万吨	+8.1
8	食　糖	136.5万吨	-1.7
9	蔬　菜	11.7万吨	+20.3
10	水　果	125.9万吨	+9.9
11	畜产品	45.6亿美元	+7.7
12	家畜产品	4.8亿美元	+35.6
13	水产品	43.0亿美元	+34.3

资料来源：《中国统计年鉴》(2007)

注：大米产品包括大米、大米粉、稻谷和种用稻谷；玉米产品包括玉米、玉米粉、其他加工玉米和种用玉米；小麦产品包括小麦、小麦粉和种用小麦；大麦产品包括大麦、加工大麦、种用大麦；家禽产品包括加工家禽、其他活家禽、禽肉及杂碎、种禽；水产品包括碘、对虾、活鱼、加工鱼类、其他水产品、裙带菜、饲料用鱼粉、鲜冷冻鱼、珍珠、鱿鱼。

食用油籽、食用植物油进口继续增长。食用油籽进口2 928.0万吨，同比增长8.3%，其中大豆进口2 827.0万吨，同比增长6.3%，占食用油籽进口总量的96.6%；食用植物油进口671.5万吨，同比增长8.1%，其中豆油进口154.3万吨，同比下降9.0%，占食用植物油进口总量的23.0%；菜籽油进口4.4万吨，同比下降75.2%；棕榈油进口508.2万吨，同比增长17.4%，占食用植物油进口总量的75.7%。

蔬菜、水果进口量、额增长；食糖进口量下降。食糖进口136.5万吨，同比下降1.7%，净进口121.1万吨；蔬菜进口11.7万吨，同比增长20.3%，进口额0.9亿美元，同比增长11.7%；水果进口125.9万吨，同比增长9.9%，进口额7.6亿美元，同比增长15.3%。

畜产品、水产品进口增长，畜产品贸易逆差扩大、水产品贸易顺差扩大。畜产品进口额45.6亿美元，同比增长7.7%，贸易逆差8.3亿美元，同比增长32.5%，其中生猪产品进口1.6亿美元，同比下降10.5%；家禽产品进口4.8亿美元，同比增长35.6%。水产品进口额43.0亿美元，同比增长4.4%，贸易顺差为50.6亿美元，同比增长34.3%。

2006年进口额居第一位的是山东省，进口额为64.07亿美元，同比增长13.4%；第二位是广东省，进口额为54.01亿美元，同比增长18.7%；第三位是江苏省，进口额为52.61亿美元，同比增长16.9%，见表9。

表9 2006年全国农产品及其加工制品进口较大的省份

排 序	省 份	进口额（亿美元）	同比值（%）
1	山东省	64.07	+13.4
2	广东省	54.01	+18.7
3	江苏省	52.61	+16.9

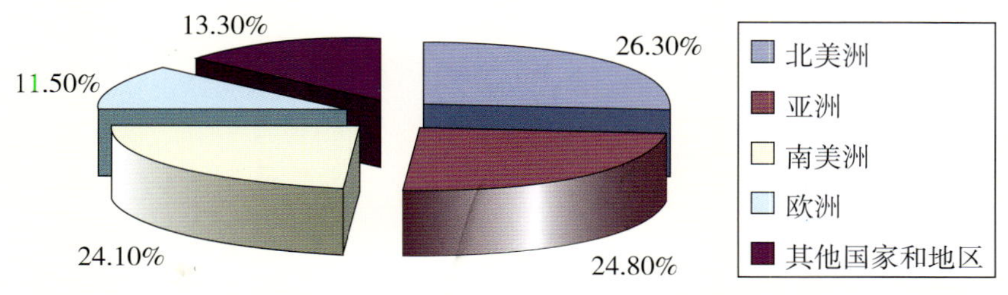

图7 2006年不同国家和地区进口农产品及其加工制品所占的比例

表10 2006年全国农产品及其加工制品主要进口地区及进口额

单位：亿元

排 序	进口地区	进口额（亿美元）	同比值（%）
1	北美洲	84.3	+6.7
	美 国	76.0	+13.1
	加拿大	8.0	-30.4
2	亚 洲	79.5	+40.2
3	南美洲	77.2	+2.1
	巴 西	38.0	+26.2
	阿根廷	24.1	-19.4
4	欧 洲	36.8	+8.5

2006年，对各国进口继续保持增长，对亚洲、欧洲贸易顺差，对美洲、非洲贸易逆差。北美洲是我国第一大进口市场，进口同比增长6.7%，占我国农产品及其加工制品进口市场的26.3%，其中，从美国进口76.0亿美元，同比增长13.1%；从加拿大进口8.0亿美元，同比

下降30.4%。亚洲是我国农产品及其加工制品第二大进口市场，2006年进口同比增长40.2%，占我国农产品及其加工制品进口总额的24.8%，增加5.0个百分点。南美洲是我国第三大进口市场，2006年进口77.2亿美元，同比增长2.1%，占我国进口市场的24.1%，其中，从巴西、阿根廷分别进口38.0亿美元、24.1亿美元，分别同比增长26.2%、同比下降19.4%。欧洲是我国第四大进口市场，2006年进口36.8亿美元，同比增长8.5%，占我国农产品及其加工制品进口市场的11.5%。

第二章

主要行业发展情况

一、粮油加工业

2006 年，全国规模以上粮油加工企业[①] 11 719个，比上年增加 601 个，其中：日加工能力 100 吨以下企业 8 625 个，占 73.6%；100～200 吨企业 1 887 个，占 16.1%；200～400 吨企业 767 个，占 6.5%；400～1 000 吨企业 312 个，占 2.7%；1 000吨以上企业 128 个，占 1.1%。在全部规模以上企业中，国有及国有控股企业 1 252 个，占 10.7%；外商及港澳台商投资企业 125 个，占 1.1%；民营企业 10 342 个，占 88.2%。

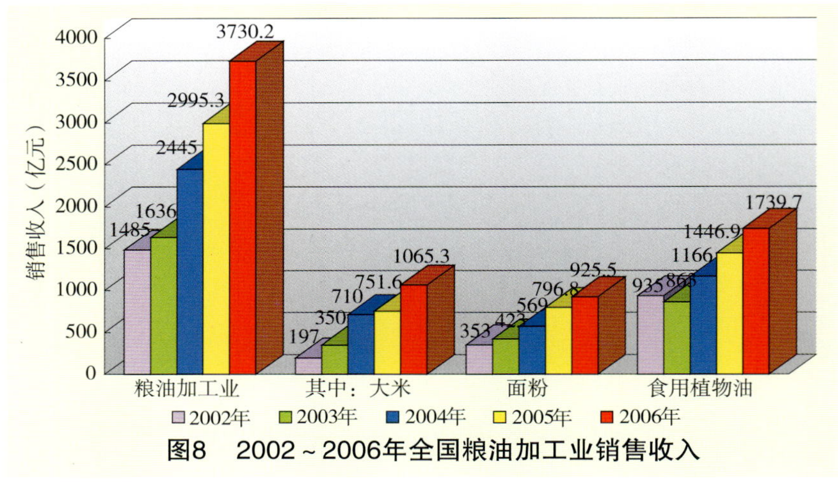

图8　2002～2006年全国粮油加工业销售收入

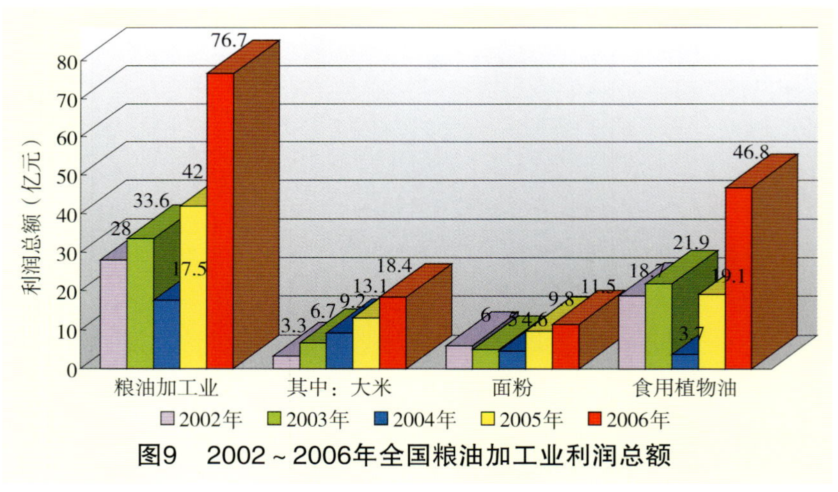

图9　2002～2006年全国粮油加工业利润总额

① 规模以上粮油加工企业指：大米加工厂日处理稻谷加工能力在 30 吨以上（含 30 吨），小麦粉加工厂日处理小麦加工能力在 50 吨以上（含 50 吨），食用植物油加工厂日处理油料加工能力在 30 吨以上（含 30 吨）。

数据来源：中国粮食行业协会

表 11　2000～2006 年全国粮食产量

单位：万吨

年　份	稻　谷	小　麦	玉　米	豆　类	粮食总产量
2000	18 791	9 964	10 600	2 010	46 218
2001	17 758	9 387	11 409	2 053	45 264
2002	17 454	9 029	12 131	2 241	45 706
2003	16 066	8 649	11 583	2 128	43 070
2004	17 909	9 195	13 029	2 232	46 947
2005	18 059	9 745	13 937	2 158	48 402
2006	18 257	9 850	14 549	2 004	49 746

数据来源：《中国统计年鉴》(2007)

表 12　2006 年全国粮油加工业生产经营情况

	企业(个)	生产能力(万吨)	总产量(万吨)	销售收入(亿元)	利润(亿元)	年末从业人数(万)
大　米	7 548	14 778.4	3 844	1 065.3	18.4	15.3
小麦粉	3 159	9 473.2	4 345.8	925.2	11.5	15
植物油	1 012	7 177.4(油料处理) 2 066.2(精练)	1 730.2	1 739.7	46.8	10.7
合　计	11 719	33 495.2	9 920	3 730.2	76.7	41

数据来源：《中国粮食年鉴》(2007)

规模以上企业现价工业总产值 3 734.3 亿元，产品销售收入 3 730.2 亿元，出口交货值 39.4 亿元，利润总额 76.7 亿元，年末从业人数 41 万人，分别比上年增长24%、24.5%、21.2%、82.5%和 8.5%(图 8、图 9、表 11、表 12)。

按现价工业总产值排序，前 10 位的省区依次是：山东、江苏、河南、河北、黑龙江、广东、安徽、湖北、江西、福建。总产值超过 100 亿元的有 13 个省，比上年增加 4 个，其中山东省达 545.5 亿元，江苏省达 525.8 亿元。

(一) 稻米加工业

1. 稻米加工业现状

2006 年，全国规模以上大米加工企业 7548 个，年生产能力 14 778.4 万吨，其中：日加工能力 100 吨以下的企业为 6143 个，占 81.4%；100～200 吨的企业为 1059 个，占 14%，200～400 吨的企业为 251 个，占 3.3%；400～1 000吨的企业为 77 个，占 1%，1 000 吨以上的企业为 18 个，占 0.2%。

在大米加工企业中，国有及国有控股企业 848 个，占 11.2%；外商及港澳台商投资企业 24 个，占 0.3%；民营企业 6 676 个，占 88.5%，标志着国企改制基本完成，民营企业已占主要比重。

根据统计，规模以上企业大米总产量 3 844 万吨，其中：特等米 1 304.6 万吨，占 33.9%；标准一等米 2 229.4 万吨，占 58%；标准二等米 239.6 万吨，占 6.2% （见图 10)。总产量超过 100 万吨的有江西、湖北、江苏、安徽、黑龙江、湖南、福建、吉林、辽宁、四川、广西、浙江、广东 13 个省，其中江西省达 538.9 万吨，湖北省达 483.9 万吨，江苏省达 414.1 万吨，安徽省达 398.5 万吨，黑龙江省达 302.4 万吨。规模以上大米企业现价工业总产值 1 078.9 亿元，产品销售收入 1 065.3 亿元，出口交货值 10.7 亿元，利润总额 18.4 亿元，年末从业人数 15.3 万人，分别比上年增长 46.4%、41.7%、143.2%、40.5%和 11.7%。利润率 1.72%。

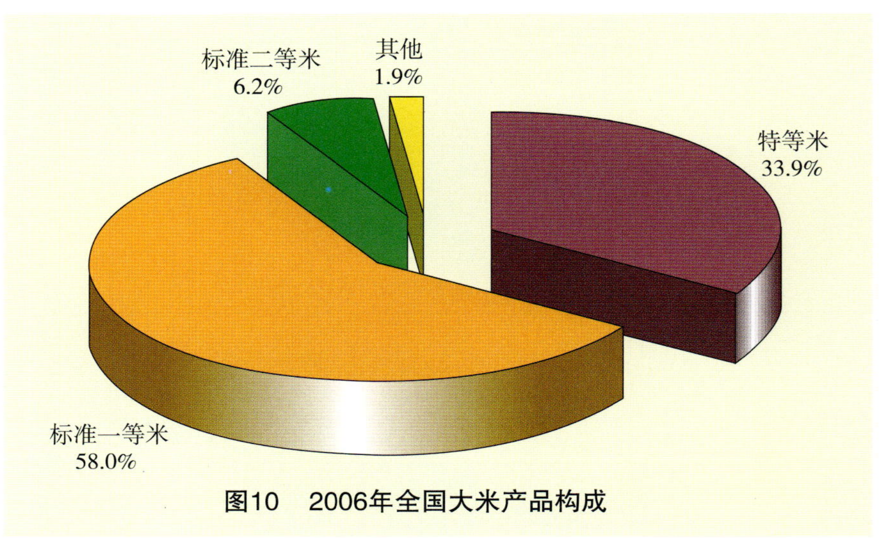

图10　2006年全国大米产品构成

2. 稻米产业的发展概况

纵观稻米产业，应该包括生产、流通、加工、消费等各个环节。它们是一个相互关联的产业链。在市场经济的条件下，消费引导着生产、流通和加工；而好的工业产品又决定于好的生产原料。高产优质是农业生产的目标；好吃、营养、安全、方便是消费者的追求。稻米产业发展的主要特点如下：

（1）企业组织结构和产权结构继续调整优化，企业活力增强，生产集中度提高。

2006 年全国规模以上大米加工企业中，一批骨干企业通过改制重组，整合提升，进一步向集团化发展；一些规模小、条件差、质量低的小企业逐渐被市场淘汰，行业生产集中度进一步提高。

从产品产量来看，年产量 10 万吨以上大米企业 33 个，总产量达 785.1 万吨，占规模以上大米企业总产量的 20.4%。黑龙江北大荒米业有限公司和江西金佳谷物有限公司产量均达到 50 万吨以上，分别为 58.9 万吨和 52.8 万吨。

（2）产品结构逐步优化，名牌产品、放心稻米产品市场占有率进一步提高。

2006 年，大米产品结构继续向优质和高档方向调整，标准一等米以上的精制米（含特等米）在大米中所占比重达 91.9%，比上年提高 1.6 个百分点。

几年来，通过大力培育、宣传知名企业和品牌，普遍增强了企业的质量意识和品牌意识，推动了经营管理水平和产品质量水平的提高，名牌产品越来越受消费者欢迎，市场占有率越来越高，优势越来越明显。

被国家质检总局和中国名牌战略推进委员会授予“中国名牌产品”称号的大米企业产品生产量和经济效益又有大幅度提高。6 个名牌大米生产企业的总生产量(不含黑龙江五常市绿风优质米开发有限公司)达 199.3 万吨，利润总额达 0.87 亿元，比上年分别提高 61.5%和 77.2%。

2006 年，商务部开展了“最具市场竞争力品牌”评价工作。被授予最具市场竞争力品牌的大米品牌有北大荒、国宝、东南香、金佳、乐惠、天山雪等。

通过开展“放心粮油工程”，大大增强了大米企业的质量意识、安全意识、诚信意识和服务意识，提高了产品质量，扩大了市场。2006年中国粮食行业协会和各省市粮食行业协会又推出一批放心粮油产品和放心粮店，进一步提高了放心粮油的市场占有率。

(3) 稻米加工业各项主要经济指标创近年来最好水平。

2006年，规模以上大米企业各项主要经济指标都创近年来最好水平，特别是经济效益又有了较大提高。规模以上大米企业实现利润18.4亿元，比上年提高40.2%。在经济效益提高的同时，企业的资产结构进一步优化。2006年规模以上大米加工企业平均为61.6%，比上年降低2个百分点。

3. 稻米产业的存在问题

(1) 生产能力利用率低，企业开工不足。2006年大米企业生产能力利用率平均为37%，虽比前几年有所提高，但仍属于较低水平。

(2) 产品质量及卫生标准制（修）订工作有待加强。目前，大米生产仍在执行1986年颁布的国家标准，已远远不能适应粮油加工业发展和市场变化的需要。

(3) 加工产业链较短，精深加工、综合利用发展较慢。虽然近几年来一些地方和企业上了一批深加工综合利用项目，但总的来看，稻谷加工业还处在以初级加工为主的状态，许多稻谷资源特别是稻谷加工副产品资源没有充分开发利用。

4. 市场与消费状况

2006年我国稻谷的消费量约为1.8亿吨，其中口粮消费约1.566亿吨，约占稻谷消费总量的87%；饲料消费0.108亿吨，约占6%；工业、种籽、损耗共0.126亿吨，约占7%。2006年我国稻谷出口量为124万吨，进口量为72万吨，因此，实际的稻谷供给量为1.7 904亿吨，供求总量基本平衡，略有节余。

5. 加工技术装备与工艺水平状况

为了适应市场经济的发展，稻米加工业以提高稻米加工技术水平、经济效益和确保食品质量与安全为目标，以市场为导向，依靠科技进步，重点扶植大中型加工企业发展，实现稻米及其加工制成品优质化、安全化、产加销一体化，促进稻米加工业可持续发展。

充分利用稻谷资源，积极开展精深加工。每年稻谷加工副产物产量较大，约有3 240万吨稻壳、1 512万吨碎米、756万吨米糠及米胚。这些副产物资源利用，正日益受到重视。北大荒米业有限公司在黑龙江建立米糠油生产基地和有机肥生产基地，对秸秆、米糠、米胚芽等丰富的副产物资源进行开发利用，提高水稻的附加值，延伸稻米加工产业链条，发展循环经济，带动新农村建设。吉林上禾现代农业发展有限公司将从事绿色有机稻谷精深加工项目，主要生产各种精制大米和利用副产品生产碳棒、米糠油等。江西省稻米加工业结合产业发展正在积极开展稻米深加工项目，不断推广米糠杀酶，集中制油、开发米糠油和米糠食品；不断推广大米配制、调质、小包装技术、开发精米加工新产品，如免淘米、强化米、香米、功能米、留胚米及各种配置米；大力推广米制品的工业化生产技术，发展米粉、快餐米饭、汤圆等产品的规模化生产，建立完善现代物流体系，提高传统米制品生产质量和标准化水平；充分利用稻壳资源，供热发电以及开发稻壳利用新产品，节约能耗，提高企业经济效益和社会效益。

总之，这一年来，稻米产业有了较大的发展，稻米产业从生产、流通、加工直到餐桌消费应是一个完整的、相互联系的产业链。应以优质原料为基础，以市场为导向，以提高综合经济效益为中心，依托科技创新，继续推进稻米深加工，有效地利用稻谷资源，加速米制食品工业化的开发，为提升我国稻米产业的整体水平作出新的贡献。

（二）小麦加工业

1. 产业发展状况

2006年，全国规模以上小麦粉加工企业3 159个，年生产能力9 473.2万吨，其中：日加工能力100吨以下企业2 014个，占63.8%；100～200吨企业603个，占19.1%；200～400吨企业371个，占11.7%；400～1 000吨企业136个，占4.3%；1 000吨以上企业35个，占1.1%。在小麦粉加工企业中，国有及国有控股企业296个，占9.4%；外商及港澳台商投资企业31个，占1%；民营企业2 832个，占89.6%。

规模以上企业小麦粉总产量4 345.8万吨，其中：特制一等粉1 874.7万吨，占43.1%；特制二等粉1 250.6万吨，占28.8%；标准粉456.8万吨，占10.5%；专用粉512万吨，占11.8%（见图11）。总产量超过100万吨的有河南、山东、江苏、河北、安徽、陕西、湖北、广东、新疆、四川10个省，其中河南省达937.7万吨，山东省达886.7万吨，江苏省达503.5万吨，河北省达420.3万吨，安徽省达326万吨。

规模以上小麦粉企业现价工业总产值918.2亿元，产品销售收入925.2亿元，出口交货值6.3亿元，利润总额11.5亿元，年末从业人数15万人，分别比上年增长6.3%、16.1%、10.5%、17.3%和5.6%。年产量10万吨以上小麦粉企业60个，总产量达1 722.2万吨，占统计小麦粉企业总产量的39.6%。

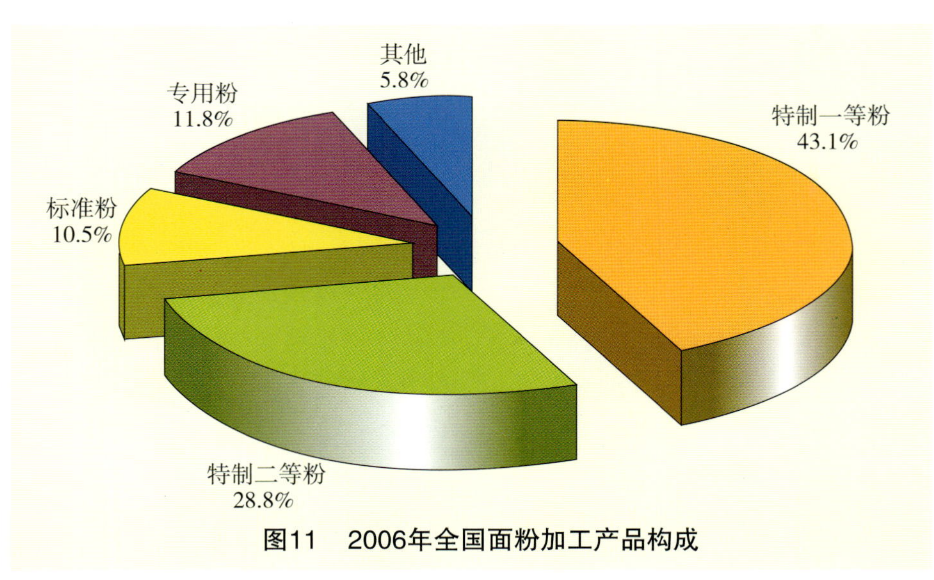

图11　2006年全国面粉加工产品构成

总的情况来看，受2003年和2004年小麦、面粉涨价的影响，截止到2006年底，全国多数地区，特别是小麦主产区的面粉企业数量激增，使得面粉产能迅速提高，带动了相关联粮食加工设备生产企业的快速发展。例如，全球最大的粮食机械生产企业瑞士布勒公司在中国的合资企业—无锡布勒的磨粉机销售 2006 年突破 1 000台（套）。据不完全统计，2004～2006 年的三年时间里，竣工、投产和在建的面粉加工企业的年加工能力新增了 3 000 万吨，若加上漏统的数据，将会达到 4 000 万吨左右。按保守计算，近三年来我国面粉行业的总产能达到 1.9 亿吨，比实际产量高出 1 亿吨，比全国小麦产量高出近 1 亿吨。全国的面粉企业平均开工率不足 50%。

小麦加工业的特点决定了其赢利能力，行业平均利润率 1.18%。当前行业内产品结构相对单一，绝大多数企业依然停留在发展通用粉生产，专用粉品种少且同质化现象严重，产品附加值低，市场竞争激烈。面粉行业的发展趋势：

（1）尽管行业在整合，全行业发展依然呈现大、中、小企业共存比翼发展的格局。中国的国情决定了面粉行业必然存在大、中、小面粉企业并存的格局。但生存下来的企业必须有其特色，或强、或精、或专。大、中型面粉集团企业，由于规模较大，产品深受市场欢迎，效益好，又由于品牌知名度高，资金雄厚，技术实力强，营销策略创新，人力资源开发的好，将在市场竞争中占据优势，因此大型面粉企业要向具有国际竞争力的企业方向发展，以优化小麦产业为基础，开发深加工项目，缩小与国际上先进面粉厂之间的差距。铸造几家有国内外产品品牌优势的特大型面粉集团公司、龙头企业。中、小型企业要发挥自身的特长，走“精”、“专”的路子，壮大发展。

（2）企业更加重视创品牌的战略，以促进企业素质的全面提升。2004 年全行业已被“中国名牌战略推进委员会”和“国家质量监督检验检疫总局”评出 13 家中国名牌产品及众多的省级名牌产品，但这仅仅是开始，目前我们还缺少大的全国性的品牌。面粉企业不仅只是要参加国内市场的竞争，而且还要走出去参加国际大市场的竞争；不仅有国内的各种经济成分的竞争伙伴，而且还将有国际实力雄厚、富有经验的竞争对手；不仅要面对国内市场的价格波动，而且要应对国际市场的风云变幻，企业经营的风险很大。面粉企业在市场经济中一定要以质量为根，以诚信为本，生产合格、优质的产品，创品牌的价值。品牌的建设是企业的科技、管理、诚信营销等多种因素的综合成果，是企业物质文明和精神文明的结晶，是通过诚信市场营销而积累起来的无形资产。实施品牌战略，就是把企业内外各个方面拧成一股绳，把各个环节作为系统工程来抓，推动企业科技水平、管理水平、营销水平以及全员素质的提高，推动企业现代化建设和企业文化建设，推动产品调整结构，转变增长方式的过程，也是坚持质量诚信，承担社会责任，共同维护健康安全的食品市场的过程。

（3）面粉企业将更加重视创建自主的技术创新体系。开展应用型研究，以掌握拥有自主知识产权的实用技术，企业不仅要有先进的产品标准和先进的生产工艺及生产控制体系，严格的品质控制体系和完善的技术服务体系，以科技创新为切入点，进行技术开发，以市场为导向，做好面粉产品研制、改良、优化产品结构、改进操作工艺等方向持续改进，促进我国面粉行业技术创新的跨越式发展。还要在多产品、高效增值、拓展小麦加工领域上下功夫，采用新技术，提高资源利用率水平，开辟新的经济增长点。

（4）面粉企业的经营者们要勇于超越自己，

与时俱进，开拓新局面。在市场经济中，企业间的竞争实质是企业团队的竞争，凸显出是企业经营者的搏弈，因此面对新的机遇和挑战就如何做好现代企业家已提到紧要的地位，未来唯一持久的优势就是比你的竞争对手学习的更多更快，在商业竞争日趋激烈的今天，企业领导者面临着更新观念、提高技能的挑战，因此一个领导者只有不断的学习才会把企业做的更好，才能构建具有参与世界经济竞争的现代化企业，只有学习国内外企业的优秀管理经验，适应企业现代化管理的要求，才能成为领跑行业全面提高企业核心竞争力，才能实现企业可持续发展。

2. 市场与贸易状况

2006年是非常值得小麦加工业值得记忆的一年。在经历了多年的粮食体制改革后，2006年面粉行业的生存发展状态有了一定的轮廓，国家在小麦产业方面的政策也逐渐明朗。小麦托市收购政策的实施对未来小麦产业的走向无疑将产生深远的影响。

2006年小麦播种面积2 296.2万公顷，比上年增加16.9万公顷，增幅0.7%；总产10 446.4万吨，比上年增加701.9万吨，增幅7.2%；实现了小麦生产连续三年丰收，国内市场不仅供需节余100万吨，同时全社会小麦库存在持续6年下降之后首次出现增长。为保护农民种粮的积极性，防止出现“谷贱伤农”的现象发生，根据2006年中央1号文件精神，国家决定2006年在小麦主产区对小麦实行最低收购价政策。国家发改委、财政部、国家粮食局和中国农业发展银行等四部门联合发出通知，公布了2006年小麦（三等）最低收购价格为每50公斤白小麦72元、红小麦69元。根据统计，我国10个小麦主产省共收购小麦5 000万吨，其中国有粮食企业收购4 600万吨。小麦10个主产省5 000万吨，国有粮食企业收购4 600万吨，托市6省执行最低收购价收购4 093.1万吨。分品种来看，白小麦619万吨、红小麦97.5万吨、混合小麦3 376万吨。其中：河南托市收购小麦1 812万吨；山东托市收购小麦361万吨；河北托市收购小麦487.2万吨；江苏托市收购小麦610.9万吨；湖北托市收购小麦199.8万吨；安徽托市收购小麦621.5万吨。

自2006年起，小麦最低收购价政策实施以来，不仅有效地保护了农民利益，增加了农民收入，而且也使国家对小麦市场能够应用自如地进行调控。在我国小麦消费的基本比例为：口粮消费基本稳定，占总消费的85% ~ 88%；饲料消费稳中略降，占总消费的2%左右；工业消费稳中略增，占总消费的2% ~ 3%。同时，由于我国陈化小麦已基本消化殆尽，以及小麦饲料消费的局限性，国内饲料养殖业对小麦的需求不旺，因此近几年国内小麦的饲料消费呈现稳中略降趋势。

在我国，小麦的工业消费主要是淀粉、变性淀粉、谷朊粉、酿酒、工业酒精、麦芽糖、调味品等生产领域。近年来，随着国民生活水平的不断提高，以及科学技术的发展，国内小麦工业消费呈现稳中略增趋势，2007年将保持基本稳定。

尽管我国人口近年来继续呈现刚性增长，但由于国民生活水平不断提高，对食物选择的多样性导致人均面粉消费量有所下降，国内小麦制粉总需求呈现稳中略降趋势。据有关部门统计数字显示，近五年来我国面粉产量维持在6 300万 ~ 6 400万吨，2006 ~ 2007年度我国面粉产量预计为6 300万吨，较2005 ~ 2006年度的6 370万吨下降1.1%，较2000 ~ 2001年度的

6 696万吨下降 5.9%。

根据国家海关统计，2006 年，我国小麦出口量为 1 114 080 吨，小麦进口量为 584 090 吨。进口小麦主要是世界上小麦传统出口国美国、加拿大、澳大利亚等，其中大部分用于国内专用小麦粉的生产，并且集中在沿海的发达地区。

3. 加工技术与工艺水平（科技发展状况）

尽管我国是世界小麦最大生产国，但在专用优质小麦的育种、栽培、种植、加工还需赶上世界先进水平，保证实施我国小麦以自给为主，进口为辅的方针。

小麦粉是发展我国食品工业的最主要基础原料。国家除了“十五”和“十一五”已启动的面粉加工技术攻关课题外，目前科技部、农业部将启动绿色小麦产业科技的 863 和导向重大项目，这些给我们面粉加工业的科技发展带来新的生机。

随着人们生活水平的不断提高，对面制食品的要求也出现了多样化、多层次的趋势，因此对基础原料——面粉也提出了特定的质量要求，这为发展专用粉提供了巨大的市场空间。

营养强化面粉生产推广已在全国范围内启动。目前，中国居民普遍缺乏微量营养素的现状堪忧，对此，国家发改委下属公众营养与发展中心提出以营养强化食品改善公众健康的战略，拟在 2007 年内颁布实施营养强化面粉国家标准；中国七成规模面粉企业生产营养强化面粉；2010 年，面粉强制营养强化法规进入国务院审议程序。尽管我国绝大多数中型以上面粉厂具备生产强化面粉的设备和能力，对现有添加设备略加改造便可实施面粉强化。但是，我国在推广强化面粉的生产和消费方面仍然存在巨大的挑战。消费者的相关认识不够造成消费积极性不高、企业仍然存在一些技术和认识上的障碍以至生产强化面粉的积极性不高、强化面粉的相关法规和标准的缺乏影响了强化面粉在全行业的整体推进。

小麦加工技术的发展与我国市场变化息息相关。我国面粉加工业在改革开放后进行了 3 次调整。第一次调整—企业结构的调整：1986 年改革开放初期，经济模式由计划经济转变为市场经济，在这场变革中，许多国有制粉企业不能适应市场的变化，被市场所淘汰；第二次调整——因市场需求结构的变化：党的十五大之后，国内粮食市场进一步开放，小麦价格一度下降，成品利润上升。在小麦主产区，涌现出数以万计的制粉小机组，加上外资的介入更加剧了面粉市场的饱和，生产力的急剧扩大，使面粉市场出现了供大于求、价格低迷的状态，很多面粉加工企业处于停产或半停产状态。这种现象的出现使得我国的面粉加工业带着开工率低、规模小两大问题进入了 21 世纪；第三次调整——市场细分与量化：我国加入 WTO 前后，由于当时粮食政策的调整，造成小麦价格在一定时期内上扬，制粉企业的利润空间几乎为零。这些情况使面粉市场的再度调整成为必然，这段调整要经历数年的时间，将会进一步完善，小麦产业基地——粮库——面粉加工厂——食品厂之间产业链的有机联系，最终，将形成一批抗风险能力强的巨型航空母舰稳定并支撑中国市场。

在过去的 20 年中，我国的小麦加工产品结构不断更新，小麦加工产品质量不断提高，品种不断增加，产品结构调整取得较大进展。各类小麦加工产品在质量、档次、品种、功能以及包装等方面基本上适应了城乡居民生活水平提高和不同消费层次的需要。面粉产品从以标准粉为主，发展到以特制粉、专用粉为主，特二粉以上精度的面粉已占总产量的85%，专用粉的品种已达几十种。为适应现代社会生活节奏加快，消费者追求膳食方便化、营养化、多样化的需要，粮油主食品工业化进程正在加快，方便面、挂面、速冻食品、主食面包以及工业化生产的馒头、花卷、豆包等各种面制食品大量出现，进入居民的日常消费，方便了居民的生活。其中面粉的制粉设备，机械加工能力有了显著的提高，高新技术在粮油加工业中得到推广应用，取得了一批重要的科研成果，企业的技术水平有了较大提高。面粉加工中的光辊碾磨制粉、小麦剥皮制粉、国产日处理小麦1 000吨八辊磨生产线，在我国已成功应用。这些技术的推广应用，促进了小麦加工业生产技术水平的提高和产品的升级换代。改变了过去主要设备依赖进口的局面，基本上满足了小麦加工业发展和技术改造的要求。

随着我国社会主义市场经济的深入发展，国家粮食流通体制改革的进一步深化，近几年来，我国制粉工业发展很快。自从1996年7月国家对粮食供应政策进行根本性的调整以来，随着面粉价格的全面放开，制粉企业之间的竞争愈来愈激烈，为制粉企业的发展注入了前所未有的动力。为了在激烈的竞争中站稳脚跟，许多制粉企业以市场为导向，以经济效益为核心，以不同的方式加快技术进步，加强技术创新，不断采用新技术、新设备、新工艺，积极进行产品结构的调整，大力开发技术含量高、附加值高的新产品，取得了许多可喜的成绩。

综合实力的竞争使面粉企业间差距明显。一场以拼资金，拼技术，拼管理，拼物流为象征的综合实力较量正在向深处发展。

（1）资金实力。在原粮市场持续紧张的局面，使有无充足的资金来保障原粮的供应，成为面粉企业生存和发展的重要前提；同时货款的回收率管理也直接影响到企业的资金是否良性循环。在企业规模越来越大时，资金实力凸显出制约作用。

（2）技术实力。众多成功的面粉企业都建立以新产品开发为主体业务的技术开发部，以适应食品工业、多元化及多档次等需求；并根据不同食品的品质及工艺需求，选择相应的小麦及加工工艺；加大科研投入力度，通过必要的仪器检测及成品实验，为开发产品、指导购麦、配粉及后处理改良提供科学依据；同时加强企业技术外延力量，扬长避短、优势互补，让技术人员走向市场，在了解市场需求的前提下有针对性的开发产品。哪个企业技术领先了，哪个企业在市场上发展势态就好。

（3）管理创新，提高管理水平。面粉市场的恶性价格战对面粉企业的盈利能力提出了新的挑战，由于面粉企业大多是靠规模效益，从成本管理角度看，实现精细管理，精密生产，压缩一点成本就会带来较大的利润空间。

（4）物流。首先是小麦采购上，从目前小麦供应形势看，小麦的采购半径扩大、采购范围交叉已成为必然趋势，未来制粉企业要发展，必须具备小麦的远距离获取和控制能力。这就必须解决好运输问题，解决到货率问题。同样企业在成品、副产品的发货上，能否保证到货率、及时满足顾客的需求也是面粉企业需要认真对待解决的运输问题。因此物流的问题随着面粉企业的生产规模扩大而凸现来，其作用不仅影响到面粉成本，更重要的是影响到市场的控制能力。

利用高新技术大力开发和充分利用小麦资源及其副产品，使其增值，已是一个主要的发展趋势。

积极开发强力粉、中力粉、薄力粉等多品种面粉，重点是研究与生产中国传统食品饺子、馒头、生面条、拉面和方便面、包子、速冻食品、馄饨皮、春卷皮、油炸食品、饼干等食品专用粉。积极开发预混合、比萨饼混合粉、炸面圈混合粉、蛋糕混合粉、面包混面粉、谷物混合粉、海绵蛋糕混合粉、燕麦皮混合粉、小白面包混合粉、汤用面粉、面拖料等面粉延伸产品，给小麦加工业开辟新的经济增长点。

4. 区域布局状况

经过几十年的发展，我国小麦加工业区域布局的雏形已经基本形成。据中国粮食行业协会统计显示（16 个主要小麦加工省），日处理小麦 200 吨以上的生产企业，小麦主产省河南、山东、江苏分别占小麦加工能力的 21%、22%、23%，面粉品质主要以中、低档产品为主，产品结构单一，主要靠价格应对市场竞争。其中以沿海地区为代表，由于有充足的进口小麦来源，其小麦专用粉生产能力一直居全国首位，基本垄断了国内高档面包粉及糕点粉市场，其专用粉生产占全国生产总量的 80%。我国的面粉行业自市场化以来，由于民营、外资、合资、股份制等多种经济成分的进入，以及国有面粉企业的改制，依靠企业自身的力量在愈来愈激烈的市场竞争中逐步发展壮大并完善起来，目前行业已进入到发展速度加快时期，现已形成具有相当规模和实力的生产体系。纵观全国，目前已经形成以河北五得利、河北华龙、中粮面业、北京古船为代表的特大型面粉加工企业以及以蛇口南顺面粉有限公司、深圳南海粮食工业有限公司、广东白燕实业公司、郑州金苑面业、江苏银河面粉有限公司等大型面粉加工企业扩大产能上规模的新格局。因此客观上也在通过市场竞争的方式促进和加快了行业的整合，呈现出面粉行业的跨越式发展的现象。

目前，我国小麦制粉行业技术水平与总体装备水平与国外有差距，面粉加工品种单一，加工能力过剩，优质专用粉生产能力不足，在一定程度上制约了以面粉为原料的食品加工业的发展。今后 5～10 年，小麦制粉行业应对现有面粉加工企业进行技术改造，扩大企业规模，提高产品技术含量，不断开发新产品。发展从专用小麦种植到加工的产业化经营，对出粉率低、能耗高的小型面粉厂适当控制发展，避免盲目引进国外加工设备。要在提高总出粉率、好粉出粉率的同时，大力发展多种专用面粉，开发冷冻面团、营养强化面粉及特殊人群适用的专用面粉等；开展面制主食品的工业化生产加工。布局上，在北方冬麦区和黄淮冬麦区的优质、专用小麦集中产区鼓励发展具有一定规模的优质、专用面粉加工企业；在大中城市的郊区和沿海地区结合产业调整重组，建设以面粉为原料的食品加工联合企业，推进面制主食品的工业化。

5. 标准体系与质量控制状况

我国政府高度重视农业标准化工作，将标准化作为促进农产品质量水平提高和规范农产品市场秩序的重要手段。在涉农标准中，粮油标准占有重要地位。到 2006 年底，中国在粮食和油料的生产、收购、贮存、加工、运输、销售和进出口等各个环节使用的粮油标准总数为 768 项（不含饲料和淀粉标准），其中国家标准（GB）321 项，行业标准包括 NY（农业）标准、LS（粮食）标准、LY（林业）标准、SN（商检）标准等共计 447 项。

标准化生产是粮食加工业发展的重要内容之一，2006 年国家颁布了 5 项小麦产业方面的标准（见表 13）。

表 13　2006 年颁布的小麦国家标准

序　号	标准批号	标　准　名　称
1	GB/T 20188—2006	《小麦粉中溴酸盐的测定　离子色谱法》
2	GB/T 14614—2006	《小麦粉　面团的物理特性　吸水量和流变学特性的测定　粉质仪法》
3	GB/T 14615—2006	《小麦粉　面团的物理特性　流变学特性的测定　拉伸仪法》
4	GB/T 20571—2006	《小麦储存品质判定规则》
5	GB/T 20264—2006	《粮食、油料水分两次烘干测定法》

(三)玉米加工业

1. 产业发展状况

自2000年以来,我国玉米加工业突破性地发展。突破点表现在建设规模和技术设备达到国际先进水平、破解了长期困绕我国玉米产区的卖粮难怪圈、玉米市场由买方转向卖方和农民卖粮收入明显增加。另外一方面,由于科学技术创新和国际市场原油价格骤涨,驱动玉米深加工业进入石油化工领域,工艺技术和经济效益可行。在经济利益和潜在市场的驱动下,“十五”末期一时出现了盲目投资、发展玉米加工业的苗头。

进入“十一五”期间，为了玉米加工业健康发展，国家领导和有关部门及时进行宏观调控，抑制玉米深加工能力盲目扩张。2006 年 12 月国家发改委下发紧急通知：我国生物燃料乙醇项目的原料应坚持以非粮为主，重点支持木薯、甜高粱以及纤维资源等非粮原料产业发展。此举意味着各地一哄而上的玉米加工乙醇项目将受阻。

目前玉米加工产业正在按科学发展观进行结构调整，转变生产和经济增长方式。控制现有玉米加工量（占总消费量的 26%），延长产业链，提高产品档次，节能降耗，严格执行国家排污标准。在保障粮食安全的基础上，促进我国玉米加工业健康发展。

从 2001 年开始，我国玉米产量（除 2003 年外）呈逐年递增的趋势。2006 年比 2001 年玉米产量增加 3 139 万吨，增幅为 27.5%；饲料消费量增加 580 万吨，增幅为 6.7%；加工消费量增加 2 300 万吨，增幅为 184%（见表 14）。

表 14　2001～2006 年全国玉米产量与消费量

单位：万吨

种 类	2001 年	2002 年	2003 年	2004 年	2005 年	2006 年
产　量	11 409	12 131	11 583	13 029	13 937	14 548
饲料消费	8 720	9 000	9 100	9 450	9 450	9 300
加工消费	1 250	1 400	1 650	2 100	3 150	3 550

数据来源：国家粮油信息中心

（1）玉米淀粉工业。我国 1978 年玉米淀粉产量仅为 28 万吨，随着改革开放形势的发展，国内多家企业引进现代化大型生产工艺与设备，投产后全国玉米淀粉产量逐年增加，1998 年产量达 358 万吨，10 年增长了近 12 倍。2006 年我国玉米淀粉的产量达到 1 070 万吨，平均每年递增 11.17%（见图 12）。

玉米淀粉生产向大规模现代化发展。1995 年全国玉米淀粉产量 215.7 万吨，生产厂家 206 户，企业平均实际生产 1.04 万吨/年。5 万吨/

年生产规模全国有10家，最大规模为12万吨/年。2004年淀粉产量为862.2万吨，生产厂家79户，企业平均实际生产10.9万吨/年。全国5万吨/年生产规模10家，10万吨/年生产规模10家，30万吨/年生产规模5家，40万吨/年生产规模1家，70万吨/年、90万吨/年和100万吨/年的各1家。这29条生产线绝大多数建在玉米主产区东北、内蒙和山东、河北、河南等地。

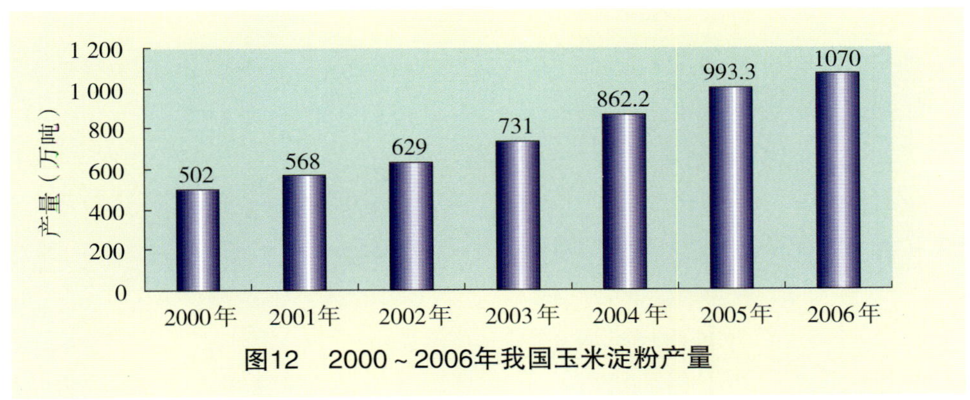

图12 2000～2006年我国玉米淀粉产量

（2）玉米酒精与燃料乙醇工业。到2006年我国玉米酒精产量达约350万吨，其中燃料乙醇为120多万吨。按照生物燃料乙醇“十五”发展专项规划，国家批准建设了4个生物燃料乙醇生产试点项目。截至目前，已形成生产能力122万吨/年，其中黑龙江华润酒精有限公司10万吨/年、吉林燃料乙醇有限公司50万吨/年、河南天冠燃料乙醇有限公司30万吨/年和安徽丰原生化股份有限公司32万吨/年。

（3）发酵工业。2006年我国发酵工业总产值约500多亿元，占食品工业总产值的2.5%。中国发酵工业协会可统计的味精、柠檬酸、酶制剂、酵母、淀粉糖5种主要产品总产量900万吨。

2. 市场状况

由2000年开始，国民经济持续发展，玉米加工技术和装备水平突破性发展，人民生活水平不断提高，国际石油市场价格骤然攀升，诸多因素为玉米深加工产品开拓出新市场，并将玉米加工业挺进崭新的生物能源与生物化工领域。产品畅销，价格攀升，企业赢利，农民增收。可以说，玉米加工产品的市场全面飘红，成为全球投资者的热点。这样飘红的形势延续到2006年下半年。

（1）淀粉及其深加工产品。在我国玉米淀粉的销售分布大体上为：氨基酸占40%，医药占20%，深加工产品（变性淀粉和淀粉糖）占15%，直接食用占10%，其他占15%。主要应用领域包括食品、饲料、医药，造纸、纺织、黏合剂和石油钻井等行业。

淀粉糖是淀粉水解产品，包括葡萄糖糖浆、麦芽糖浆和高果糖浆等，主要用于食品饮料的甜味剂，也是重要的原料药。这类产品的产量主要依赖蔗糖的市场价格，如果蔗糖价高淀粉糖就有市场，反之就无市场。到2005年中国淀粉糖产量超过420万吨（见表15），约占蔗糖产量（1 250万吨）的1/3。

表 15　2000～2006 年全国淀粉糖产量

单位：万吨

年份	2000	2001	2002	2003	2004	2005	2006
结晶葡萄糖	25.9	36.8	45.1	51.2	71.3	112.9	120
液体淀粉糖	93.0	126.7	106.3	173.7	227.5	257.7	300
总　计	118.9	163.5	241.4	224.9	298.8	370.6	420

糖醇是淀粉糖加氢后形成的系列产品。其中以山梨醇为代表，产量最大，我国 2005 产量达到 44.69 万吨，主要用于维生素 C 的生产，占山梨醇总产量的 65%～70%。长春大成公司，以自产山梨醇为原料，经高压裂解，生产多元醇，2007 年已经投产一条 40 万吨/年生产线，需用玉米淀粉 40 万吨。2005 年国内还生产并销售了 3.2 万吨木糖醇，1.27 万吨甘露醇和9 000吨麦芽醇。

玉米变性淀粉主要应用在造纸和黏合剂行业。我国目前已成为世界纸产品的主要生产国和消费国。据中国造纸业协会报道，2006 年我国造纸工业的纸及纸板产量为 6 500 万吨，消费量为 6 600 万吨，生产量和消费量均居世界第二位。对变性淀粉的需求量应在 60 万吨左右。中国 2005 年变性淀粉产量达到 70 万吨，其中玉米变性淀粉约占 70%，约 50 万吨。我国每年进口少量造纸用的变性淀粉。

（2）发酵产品。普通玉米淀粉是发酵工业的主要原料。目前，中国已经成为氨基酸生产和消费大国，年生产、消费量约 140 万吨左右，以谷氨酸和赖氨酸为主，另外还有苏氨酸等。消耗玉米淀粉至少 300 万吨。

谷氨酸是人体必需氨基酸，也是食品呈味剂之一。1958 年，我国上海天厨味精厂开始试验以淀粉为底物，利用“短谷氨酸棒状杆菌”为工业微生物进行发酵法生产谷氨酸的新工艺并获成功。随着发酵生产谷氨酸工艺的成熟，我国的谷氨酸产量开始跃升，从 20 世纪 50 年代初全国年产量仅 600 吨猛增至 1960 年的 6 000 吨。至 80 年代中，全国谷氨酸总产量已接近 8 万吨。到 90 年代中期更上升至 65 万吨，2000 年正式突破 100 万吨大关。据悉，2005 年我国谷氨酸总产量已达 120 万吨，从而确立了全球第一谷氨酸生产大国地位。从 1975 年全国谷氨酸产量不到 1 万吨到 2000 年的 100 万吨，短短 25 年间，我国谷氨酸产量整整增长了 100 倍，堪称为世界氨基酸生产史的一大奇迹。

截至 2006 年，全球对饲料赖氨酸年需求量约 100 万吨，中国约 24 万吨（见表 16）。长春大成公司自 2001 年投产赖氨酸以来，2002 年将生产能力发展到了 5 万吨/年，到 2006 年增添了谷氨酸、苏氨酸等，总氨基酸年生产能力达到 30 万吨。在国内外市场占有率达 30%，具备了与国外公司抗衡的能力和市场主动权。赖氨酸产品品种在 2003 年以前主要为纯度 98.5%的赖氨酸盐酸盐，2003 年后开发生产纯度 65%的赖氨酸硫酸盐有利于降低生产成本，扩大了市场需求量。

尽管最近几年全球赖氨酸的售价处于历史上较低的水平，但由于该企业具有一定规模的玉米综合加工能力，使得玉米淀粉原料成本比中国的其他企业至少低 800 元/吨，因此该企业的赖氨酸生产仍具有较好的经济效益。

表 16　2000～2005 年全国赖氨酸供给量

单位：万吨

年份	进口	进口比例	国产量	比例	总供应量
2000	5.3	75%	1.77	25%	7.07
2001	7.36	66%	5.3	34%	13.4
2002	8.14	66%	5.3	34%	13.4
2003	7.5	48%	7.8	52%	14.5
2004	7.64	45%	9.3	55%	16.9
2005	5.46	16.82%	2.7	83.18%	32.46

注：资料来源于中国饲料工业协会

目前我国柠檬酸产量达到 60 万吨，也占世界第一位（柠檬酸生产原料部分也用薯类），大部分出口。

（3）酒精与燃料乙醇。玉米酒精主要用于生产饮料酒、医用酒精和生产酒精深加工产品，如冰醋酸、乙酸乙酯等。白酒市场需求量自 2000 年以来一直下降，由 476 万吨下降到 2006 年的 312 万吨。燃料乙醇 4 家试点单位，产品不直接进入市场，由中国石油公司和石化公司内部运行和经济核算。我国燃料潜在市场无限，但是粮食安全要重于能源安全，国家目前严格控制新建玉米燃料乙醇项目，鼓励发展非粮能源建设。

3. 加工技术装备与工艺水平状况（科技发展状况）

总体上来说我国玉米深加工的科学技术水平，目前达到国际先进水平，在某些领域处国际领先地位。自 2000 年以来我国玉米深加工业的技术发展主要针对深加工薄弱环节，重点研究传统工艺改造，节能降耗，降低生产成本，加强综合利用，促进循环经济，改善环境保护。创新具有国际水平的新技术，延长玉米深加工产业链，老产品采用新技术以提高产品质量和市场竞争力，扩大产品应用领域。另外，依据生物炼制先进理论，采用玉米纤维为原料，开发绿色能源和化工产品，向发展国民经济战略中急待开发的新领域进军。

一些大中型企业建设了国家级技术开发中心、博士后流动站，对提高企业技术进步，培养行业学科带头人具有积极作用。我国玉米加工业的工程设计建设、成套设备已经开始出口，不但包括发展中国家而且还有发达国家。

（1）淀粉工业。从全行业来看，玉米淀粉的平均收率（干基）从 2000 年的 67.2%提高到 2006 年的 68.45%，先进水平达到 70.5%；产品总收率（干基）从 93.6% 提高到 95.4%。“十五”期间，吨淀粉平均节水 70%，节电 13.6%。全国大型玉米淀粉厂废水排放基本达标。

“十五”期间完成了国家重大科技专项“玉米变性淀粉与酒精深加工技术研究与开发”。掌握具有自主知识产权，取得发明专利 10 项。在研究淀粉颗粒网状结构的基础上，开发了蜡质玉米、高直链玉米变性淀粉的新工艺、新产品及其应用；开发了山梨醇高压裂解催化技术，生产各种多元醇；开发了高效湍流式真空干法变性淀粉生产工艺与设备；开发了玉米酒精改良湿法新工艺等。共建成 6 条生产示范线，3 年销售额达 62 亿元，利税为 6 亿元，其中科技成果产业化产生直接经济效益为 2 亿元以上。

在淀粉水解方面，淀粉糖由原来的 6 个品种，发展成 3 大系列近 30 个品种。开发新技术设备包括：利用膜分离技术生产高纯度无水葡萄糖新工艺，一次结晶并无废水排放，现已建成2万吨/年生产线；设计并制造了110 m³立式连续冷却器；结晶葡萄糖卧式连续结晶工艺与设备。开发了山梨醇生产用的9 m³压力大于35MPa的磁力搅拌加氢釜；吸附制氢替代了水解制氢；普遍采用了3项催化剂；单位产品耗氢、催化剂效率、催化剂寿命达到或超过发达国家。

（2）酒精、燃料乙醇与发酵产品。我国玉米发酵生产酒精已有一百多年历史，传统技术成熟，设备简单。改革开放以来，酒精行业在引进消化吸收的基础上，进行自主创新，在实际生产过程中进行技术改造，提高产品质量，节能降耗，采用节水或无排放工艺，综合利用，使我国酒精工业面貌一新，大大降低了酒精生产综合成本。

具体地说，就是采用耐“三高（温度高、pH高、渗透压高）”工程菌作为发酵的菌种；浓醪发酵，酒精含量11%以上；大罐连续发酵；螺旋板式换热器罐外冷却技术，提高了设备利用率；采用多塔多效蒸馏技术，不但提高了酒精质量，热能得到多次利用，蒸汽分布合理；酒糟离心液的回流节约了拌料用水和蒸汽，提高了淀粉出酒率；采用DDGS全干燥法，消除酒精废液对环境的污染。“十五”期间完成的国家重大科技专项“玉米变性淀粉与酒精深加工技术研究与开发”，其中开发了玉米酒精改良湿法新工艺，玉米油产率提高一倍；应用自动化仪表和微机控制，提高了生产过程和产品质量的稳定性。

其他发酵行业的科学技术水平表现为：味精行业吨耗纯淀粉平均2.24吨，最高2.4～2.5吨，最低1.75～1.85吨。转化率60%，总收率90%。达到国际先进水平。在短短数年间发展起来的赖氨酸产业，使我国由赖氨酸进口国转变为出口国，不但产酸率、转化率和收率处于国际先进水平，而且根据市场需求开发了纯度65%的高蛋白赖氨酸饲料，备受市场青睐。柠檬酸生产的转化率90%，收率80%，处于世界领先地位。乳酸技术得以发展，菌种的性能还赶不上发达国家。发展乳酸产业关键在于聚乳酸的生产与应用，技术是可行的，经济效益要与石油化工产品进行价格竞争。其他发酵产品如酵母、酶制剂、多糖等，在“十五”期间也有较大发展，但与发达国家相比还有一定的距离。

（3）玉米秸秆发酵制取燃料乙醇。目前国内十多家生产企业和科研单位或与国外科研单位进行联合攻关，技术难点集中在原料予处理、酶法水解、五碳糖发酵和综合利用上。从实验室的10公斤/小时规模，100公斤/小时中试规模，已经发展到500～1 000吨/年的实验规模。按实验室数据计算6～8吨玉米秸秆提取1吨酒精。该课题是全球关注的热门，我国现已加入到世界先进研发行列中。

4. 区域布局状况

自2000年以来，我国玉米加工业发展趋向产区优势化。东北、内蒙古是春玉米产区，黄淮海地区为夏玉米产区，玉米产业布局向原料产地转移的趋势明显。2006年，东北三省、内蒙古、山东、河北、河南和安徽等8个玉米产区深加工消耗玉米量合计2 965万吨，占全国深加工玉米消耗总量的82.6%。发挥区域优势，目前加工产业链在玉米产区大跨步地延伸，产品由淀粉、蛋白粉、纤维饲料和油等初加工几种产品，逐渐增加到近百种深加工产品，已经进入10多个应用领域。少量深加工企业建设在市场销区，如玉米果葡糖浆生产线，以玉米淀粉为原料进行水解转化，产品直接应用在可口可乐和百事可乐大型灌装线上。非玉米产区发酵工业、抗生素药业也相当发达。

“十五”以前,企业规模小、分散生产的局面逐渐消失,取而代之的是大规模现代化集约化生产局面,逐步向原料产区聚集。山东、河北和吉林三省在 1995 年玉米淀粉产量占全国总产量的 57%,发展到 2005 年时已接近 80%(见表 17)。

表 17 全国重点玉米产区淀粉产量

单位：万吨

重点产区	1995 年		2000 年		2005 年		2006 年	
	产量	占全国%	产量	占全国%	产量	占全国%	产量	占全国%
山东省	51.1	23.6	167.9	36.8	420.1	41.3	574.2	47.6
河北省	31.6	14.6	108.3	23.7	193.8	19.1	230.3	19.1
吉林省	38.4	17.8	80.3	17.6	189.0	18.6	205.6	17.0
全国玉米淀粉产量	215.7	56.0	455.8	78.1	1 016.6	79.0	1206.8	92.9

数据来源：《赵继湘论文集 4：玉米加工及应用》

近五年由于原料玉米产销处于紧平衡局面，市场价格提高了 50%左右，铁路运输紧张，产区发展加工业是符合经济运行规律的。另外国家为了玉米深加工业健康发展，采取有保有压的政策，保产区压非产区，这是合乎科学发展规律的。“十五” 期间许多企业为抢占快速发展的机遇，突破地域发展的局限，开始走出去异地发展。现在东北内蒙古地区，都有中直企业和外地企业在异地建设与发展。

目前国内大型先进企业计划到东南亚国家、非洲国家去种玉米，随之再发展加工业。当地市场对变性淀粉、淀粉糖、油脂、乙醇和饲料副产品等相当感兴趣。

5. 标准体系与质量控制状况

玉米深加工生产的淀粉及其衍生物、酒精、燃料乙醇等，由生产企业到行业管理以及市场销售都在严格执行国家有关标准。有些企业产品出口到日本、南韩和东南亚国家时，享受进口免检待遇。

我国应该加快制定或修改有关玉米淀粉的标准。随着市场经济的发展，淀粉加工业的产品标准和技术装备标准严重滞后，建议政府有关部门加快修订或制定行业标准。提高国家标准，特别是食品和药品的标准，与国际标准接轨。充分发挥标准化在玉米加工产业中的作用，为我国玉米深加工产品和技术装备参与国际市场竞争创造条件。

6. 行业管理状况

(1) 进入“十一五”期间,国家对玉米深加工业健康发展十分关注。国家发改委于 2006 年下发了《关于加强生物燃料乙醇项目建设管理、促进产业健康发展的通知》、《关于暂停玉米加工项目的紧急通知》。文件要求玉米深加工与玉米饲料工业协同发展,实施有保有压政策,有利于产区玉米产业发展,国家粮食安全重于能源安全。

文件指出了盲目扩张不利影响：一是可能使南方主销区的饲料原料依靠进口，增加国家食物安全风险；二是挤占饲料玉米的供应总量，进而影响到肉禽蛋奶等人民生活必需品的正常供应；三是玉米价格上涨将改变与稻谷、小麦、大豆等粮食作物的正常比价，继而影响粮食种植结构的合理化；四是改变全球玉米供求格局，引发国际粮价的波动。

文件还指出，需要重视的问题是工业加工能力扩展过快，增长幅度远远超过玉米生产增长水平；粗放加工，初级产品多，玉米转化利用率不高；项目布局过于集中，结构出现失衡；不搞循环经济，污染严重。这些问题将会导致国内玉米供求出现缺口，引发主要粮食品种生产格局的调整，影响玉米加工业健康发展。今后要求我国玉米加工业统筹规划，科学发展；完善标准，严格准入；合理布局，结构调整；坚持非粮为主，积极推动燃料乙醇产业发展动燃料乙醇产业发。

（2）中国淀粉工业协会、中国发酵协会及其他有关协会组织对玉米深加工行业健康发展都十分重视。深入调研玉米加工企业，把握发展趋势，行业自律，组织交流技术、统计生产和市场信息，协助政府和企业解决各方面问题，协助审查项目、引导投资方向，促进国际交流，制定行业发展规划。两个协会对我国玉米深加工业的发展作出积极贡献。

表 18　2006 年 10 万吨/年以上玉米淀粉生产企业产量排行榜

序　号	省/市区	企　业　名　称	产量（万吨）
1	山东省	诸城兴贸玉米开发有限公司	171.806 2
2	吉林省	长春大成集团	126.000 0
3	山东省	鲁洲生物科技有限公司	104.781 4
4	山东省	西王集团有限公司	97.601 2
5	山东省	诸城润生淀粉有限公司	70.286 0
6	山东省	山东寿光巨能金玉米开发有限公司	46.310 0
7	吉林省	黄龙食品有限公司	46.092 1
8	陕西省	西安国维淀粉有限公司	45.247 3
9	河北省	秦皇岛骊骅淀粉有限公司	36.417 2
10	河北省	河北健民淀粉糖业有限公司	32.890 0
11	河南省	河南巨龙淀粉实业有限公司	30.000 0
12	山东省	青援食品有限公司	29.290 0
13	吉林省	华润赛力事达玉米工业有限公司	23.140 4
14	河北省	河北燕南食品有限公司	22.750 0
15	河北省	河北梅花味精集团有限公司	22.600 0
16	河南省	郸城财鑫糖业有限责任公司	20.300 0
17	山东省	德州华茂生物科技有限公司	20.110 0
18	河北省	河北玉峰淀粉糖业集团有限公司	17.334 1
19	山东省	茌平县同创生物技术有限公司	16.000 0
20	河北省	石家庄中营淀粉有限公司	13.709 8
21	山东省	山东龙力生物科技有限公司	12.600 0
22	河北省	赵县兴柏淀粉糖业有限公司	12.500 0
23	河南省	河南淇雪淀粉有限公司	11.800 0
24	河北省	河北得瑞淀粉有限公司	11.410 0
25	河北省	赵州利民淀粉集团公司	11.000 0

全国淀粉工业协会

表 19 2006 年 1 万吨/年以上的变性淀粉生产企业产量排序

序号	省市区	企业名称	产量（万吨）
1	山东省	诸城兴贸玉米开发有限公司	15.386 0
2	广西壮族自治区	广西明阳生化科技股份有限公司	6.150 0
3	山东省	寿光金远东变性淀粉有限公司	6.000 0
4	吉林省	长春大成特用玉米变性淀粉有限开发公司	5.580 0
5	浙江省	杭州纸友科技有限公司	5.200 0
6	江西省	江西东永淀粉化工有限公司	5.000 0
7	广东省	东莞东美食品有限公司	3.623 1
8	广西壮族自治区	北海宏泉科技有限公司	3.582 0
9	山东省	衮州熙来精细化工有限公司	3.500 0
10	吉林省	吉林帝达淀粉生化有限公司	2.500 0
11	广东省	佛山市华昊华丰有限公司	2.066 8
12	山东省	青州市晨鸣变性淀粉有限责任公司	1.500 0
13	浙江省	磐安县益纸淀粉有限公司	1.500 0
14	广东省	东莞市汇美淀粉科技有限公司	1.230 0
15	江苏省	东台市琼港淀粉饲料厂	1.200 0

数据来源：中国淀粉工业协会

（四）油脂加工业

2006 年中国油脂工业发展迅速，企业的经济效益明显提高。中国油脂工业的经济效益经过 2005 年的恢复性增长，2006 年的经济效益又有大幅度增长，创造了历史最高记录。

1. 国内油料生产情况

2006 年，我国八大油料的总产量和折油量与 2005 年相比大体持平。据国家粮油信息中心提供的资料，2006 年大豆产量为 1 550 万吨、花生产量为 1 380 万吨、油菜籽产量为 1 220 万吨、棉籽产量为 1 211 万吨、葵花籽产量为 168 万吨、芝麻产量为 72 万吨、油茶籽产量为 83.5 万吨（此产量为估计数，与 2004 年产量相当）、亚麻籽产量为 35.6 万吨，油料合计总产量为 5 720.1万吨，比 2005 年减少 79.4 万吨；折油 1 043.7万吨，比 2005 年增加 29.7 万吨（见表 20）。2006 年较 2005 年油料总产量虽然减少了 79.4万吨，但总的折油量反而增加了 29.7 万吨，其原因是由于增减油料的含油量和油食比不同所导致。

表 20 2004～2006 年全国主要油料生产情况及折油一览表

单位：万吨

年份		大豆	花生	油菜籽	棉籽	葵花籽	芝麻	油茶籽	亚麻籽	合计
2004	产量	1720.0	1431.0	1304.0	1074.0	197.0	89.5	83.5	38.0	5937.0
	折油	127.1	241.8	469.4	154.7	41.4	23.8	16.7	11.4	1086.3
2005	产量	1880.0	1470.0	1120.0	960.0	170.0	76.0	# 83.5	40	5799.5
	折油	139.6	248.4	403.2	138.2	35.7	20.2	16.7	12.0	1014.0
2006	产量	1550	1380	1220	1211	168	72	# 83.5	35.6	5 720.1
	折油	115.1	233.2	439.2	174.3	35.3	19.2	16.7	10.7	1043.7
2006 与 2005	油料增减量	－330	－90	＋100	＋251	－2	－4	0	－4.4	－79.4
增减比较	折油增减量	－24.5	－15.2	＋36	＋36.1	－0.4	－1.0	0	－1.3	＋29.7

注：① # 油茶籽产量暂缺，假设与 2004 年产量相同；② 2006 年国产油料数字来自国家粮油信息中心；③ 油料的油食比和折油按《中国油脂工业发展史》的计算方法计算。

2. 油脂油料的进出口情况

2006年,我国油脂油料的进出口仍显强劲势头,数量继续增加。按国家粮油信息中心提供的资料,2006年我国进口大豆达2 827万吨,较2005年的2 659万吨多进了168万吨;进口大豆油154.3万吨,较2005年的169.4万吨少进了15.1万吨;进口棕榈油508.2万吨,较2005年的433万吨多进了75.2万吨;进口油菜籽73.8万吨,较2005年的29.6万吨多进了44.2万吨;进口菜籽油4.4万吨,较2005年的17.8万吨少进了13.3万吨。2006年进口油脂油料的总折油为1 202.4万吨,较2005年多了92.9万吨(见表21)。

表21　2004~2006年我国油脂、油料进口量

单位:万吨

年　度	进口折油	大豆油	菜籽油	棕榈油	大　豆	油菜籽
2004	1 054.0	252.0	35.3	385.6	2 023.0	47.0
2005	1 109.5	169.4	17.8	433	2 659.0	29.6
2006	1 202.4	154.3	4.4	508.2	2 827	73.8
2006与2005比较	92.9	-15.1	-13.3	+75.2	+168	+44.2

注:① 2006年数字为国家粮油信息中心提供的资料;② 进口大豆出油率以18%、油菜籽以36%计算。

2006年,我国出口油脂油料的数量和品种也有较大幅度增长。据国家粮油信息中心提供的资料,2006年我国出口大豆37.9万吨、出口大豆油11.8万吨、出口菜籽油14.5万吨、出口花生油1.3万吨、出口其他植物油合计2.7万吨、出口花生仁果32.4万吨,出口油脂油料折油为47.9万吨,较2005年的27.6万吨,多出了20.3万吨(见表22)。

表22　2005和2006年我国油脂、油料出口量

单位:万吨

年　度	大豆油	菜籽油	花生油	其他植物油	大　豆	花生果	花生仁	花生仁果	出口油脂油料合计折油
2005	—	—	—	—	—	41.7 折油 10.8	33.6 折油 16.8	—	27.6
2006	11.8	14.5	1.3	2.7	37.9 折油 6.3	—	—	32.4 折油 11.3	47.9
2006与2005比较	+11.8	+14.5	+1.3	+2.7	+6.3	-10.8	-16.8	+11.3	+20.3

注:① 2006年出口油脂油料数字为国家粮油信息中心提供的资料;② 花生仁、花生果的折油参照《中国油脂工业发展史》提供的折油计算方法,花生仁果按35%折油。

3. 食用植物油加工业的基本情况

据统计,2006年,全国规模以上食用植物油加工企业1 012个①,年生产能力为:油料处理能力为7 177.4万吨,精炼能力为2 166.2万吨。其中:日加工能力100吨以下的企业为468个,占46.2%;100~200吨的企业为225个,

① 规模以上食用植物油加工企业是指日处理油料加工能力30吨以上的企业。

占 22.2%；200 ~ 400 吨的企业为 145 个，占 14.3%；400 ~ 1 000 吨的企业为 99 个，占 9.8%；1 000 吨以上的企业为 75 个，占 7.4%。在所有制方面，国有及国有控股企业 108 个，占 10.7%；外商及港澳台商投资企业 70 个，占 6.9%；民营企业 834 个，占 82.4%。

规模以上企业的食用植物油总产量为 1730.2 万吨，精炼油的产量为 1219.7 万吨。其中：精炼油中的一级油为 924.2 万吨，占 53.2%；二级油 170.2 万吨，占 9.8%；三级油 98.7 万吨，占 5.7%；四级油 292.7 万吨，占 16.9%。一级油、二级油和三级油的产量占食用油总产量的 68.7%（见图 13）。在总产量中，大豆油 946.8 万吨，占 54.7%[①]；菜籽油 285.3 万吨，占 16.5%；花生油 87.4 万吨，占 5%；棉籽油 57.9 万吨，占 3.3%。总产量超过 60 万吨的有江苏、山东、广东、河北、天津、黑龙江、福建、河南、上海、湖北、浙江、广西、辽宁等 13 个省市区，其中江苏省达 311.9 万吨，山东省达 224.5 万吨，广东省达 164.7 万吨，河北省达 117.1 万吨，天津市达 101 万吨。

规模以上企业的现价总产值 1 737.2 亿元，产品销售收入 1 739.7 亿元，利润总额 46.8 亿元，资产总计 980.7 亿元，年末从业人数 10.7 万人，分别比上年增长 23.1%、20.2%、145%、10.5%和 8.1%。

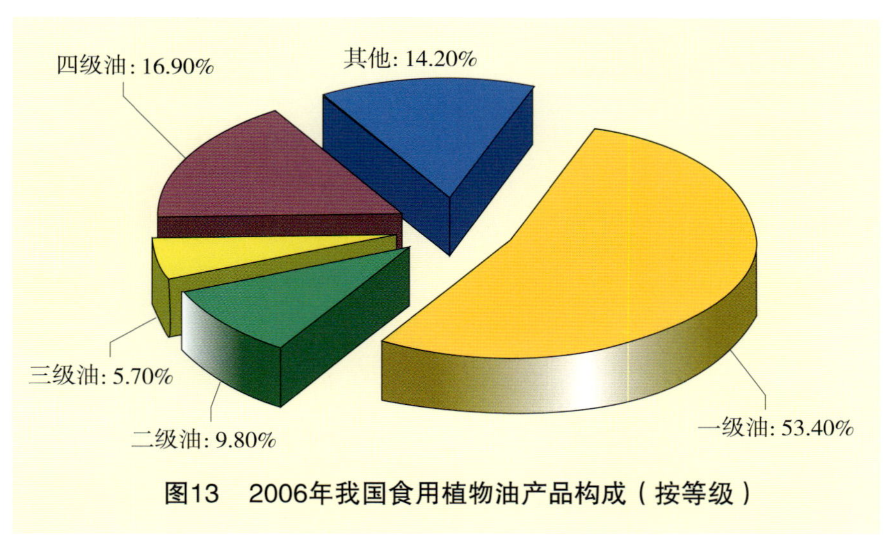

图13　2006年我国食用植物油产品构成（按等级）

通过上述情况和计算，可以看出：

第一，2006 年我国油料总产量为5 720.1万吨，较 2005 年减少 79.4 万吨；折油1 043.7万吨，较 2005 年增加了 29.7 万吨。

第二，2006 年我国净进口油脂油料的折油数为 1 154.5 万吨。

第三，2006 年我国食用植物油的总供给量为 2 198.2 万吨，较 2005 年的 2 095.9 万吨增加了 102.3 万吨。

第四，2006 年我国食用植物油的人均可供

① 946.8 万吨大豆油产量偏大了一点，分析原因主要是有重复计算，如有些大豆加工企业无精炼设备，将毛油或四级油卖给别的厂家精炼销售；其次是去年九月后油价"走高"，油脂库存减少，销量增加。

量为16.91公斤，较2005年的16.1公斤增加了0.81公斤。

第五，2006年我国食用植物油的自给率为47.5%，较2005年的48.4%下降了0.9个百分点。

4. 主要特点

（1）我国食用植物油的总供给量继续增长，进口油脂油料保持强劲势头。2006年我国食用植物油的总供给量为2 198.2万吨，人均可供量达16.91公斤，与2005年相比，均有较大幅度的提高，保证了我国油脂市场和养殖业的发展需要。在这2 198.2万吨的总供给量中，国产食用植物油只有1 043.7万吨，自给率只有47.5%，较2005年又下降了0.9个百分点。这充分说明我国国产油脂的自给率偏低，而进口油脂油料继续保持强劲势头，连创新高。对此，油脂界有两种不同的看法，一种认为，进口油脂油料数量不断增加，对我国的油脂市场和油料生产造成很大冲击，应该控制进口；另一种认为，我国食用植物油的自给率不足50%，是低了一些，建议通过发展我国的油料生产，逐步提高食用植物油的自给率，减少对进口油脂油料的依赖程度，以防将来在国际市场上购不到足够的食用植物油而处于被动。至于对当前国家进口油脂油料，并不断增长的态势，认为这是必要的，是符合我国油脂市场和养殖业发展需要的，而且这种发展态势在今后的若干年内将不会改变。

（2）我国油脂市场和油脂工业的格局发生了很大变化。在油脂市场上，大豆油的供应量超过了菜籽油可供应量，在2006年我国食用植物油2 198.2万吨的总供给量中，菜籽油只有455.7万吨（国产菜籽折油加上进口菜籽油和进口菜籽折油，减去出口菜籽油），占食用植物油总供给量的20.7%。而大豆油的供给量达760.2万吨（国产大豆折油加上进口大豆油和进口大豆折油，减去出口大豆油和出口大豆折油），占食用植物油总供给量的34.6%，远远高于菜籽油的比例，成为食用植物油市场上的第一油源。另外值得注意的是，2006年我国进口棕榈油达508.2万吨，占食用植物油总供给量的23.1%，也高于菜籽油的比例，名列第二，而菜籽油居第三位。

在油脂工业中，大豆加工已成为我国油脂工业的主角。在我国亿吨以上的油料年加工能力中，大豆加工的能力已超过7 000万吨。在2006年全国1 012个规模以上食用植物油加工企业的1 730.2万吨食用油总产量中，大豆油为946.8万吨，占54.7%；菜籽油285.3万吨，只占16.5%。这充分说明大豆加工与其他油料相比，已成为我国油脂工业的主角。

大豆加工已成为我国油脂工业的主角和大豆油的消费量在我国油脂市场上已名列前茅的格局变化，是我国油脂市场和油脂工业的重大变化，也是中国油脂工业突飞猛进的象征。

（3）油脂工业以利润总额为标志的各项经济技术指标好于往年。中国油脂工业的经济效益在摆脱了2004年的阴影后，经过2005年的恢复性增长，2006年利润总额达到46.8亿元，较2005年增长了145%，创造了历史最高记录。这一成果的取得，除了归功于油脂工业企业的自身努力工作之外，在客观上遭遇自去年第四季度后市场粮油价格的普遍“走高”，而且这是恢复性的、合理的“走高”，是粮油产品应该体现的价值。

2006年，油脂工业除了利润总额创历史新高外，其他经济指标也创近年来最好水平。例如：规模以上油脂工业企业的总产值达1 737.2亿元，比2005年的1 410.9亿元增长了23.1%；

规模以上企业的产品销售收入达 1739.7 亿元，比 2005 年的1 446.9亿元增长了 20.2%；规模以上企业的总资产负债率为 68%，比 2005 年降低了 5.7%。

(4) 油脂工业企业的产权结构继续调整优化，生产集中度进一步提高。2006 年在全国 1 012个规模以上油脂工业企业中，国有及国有控股企业 108 个，比 2005 年的 150 个减少了 42 个，比例由上年的 14.4% 下降为 10.7%，减少了 3.7 个百分点；民营企业 834 个，比例由上年的 80% 上升为 82.4%，增加了 2.4 个百分点，产权结构继续调整优化，企业活力进一步增强。与此同时，一批骨干企业通过改制重组，整合提升，进一步向集团化发展；一些规模小、条件差、质量低的小企业逐渐被市场淘汰，行业的生产集中度进一步提高。

从生产能力来看，在 2006 年全国油脂工业规模以上企业中，日生产能力 400 吨以上的企业达 174 个，比上年的 148 个增加了 26 个，其中日生产能力 1 000 吨以上的大型油脂工业企业达 75 个，比上年增加 12 个。

从产品产量来看，2006 年年产量达 10 万吨以上的企业有 30 家，合计产量达 1 079.9 万吨，占规模以上油脂工业企业总产量 1 730.2 万吨的 62.4%。其中中粮集团、嘉里粮油集团和益海粮油集团的食用植物油产量均达到 100 万吨以上，分别为 205.4 万吨、188 万吨和 152.3 万吨。国有油脂企业九三油脂集团，通过实行“公司 + 基地 + 农户”的经营模式，提高了企业的竞争能力，继 2005 年在大连和天津建成两个油厂后，2006 年又在广西防城港建成了一座日处理 5 000 吨大豆的油脂加工厂，从而使九三油脂集团的年加工大豆能力达到了 700 万吨，2006 年食用植物油的产量达到 66.9 万吨。

据统计，中国粮油食品（集团）有限公司、嘉里粮油（深圳）有限公司、益海粮油集团、黑龙江九三油脂有限责任公司、嘉吉粮油（南通）有限公司、金光食品（宁波）有限公司、三河汇福粮油集团饲料蛋白有限公司、东马油脂（广州保税区）有限公司、仪征方顺粮油工业有限公司和三河汇福粮油集团精炼植物油有限公司等十家油脂工业企业，2006 年的食用植物油的合计产量达 773.7 万吨，占规模以上油脂工业企业食用植物油总产量的 44.7%。以上数据表明，我国油脂工业企业的生产集中度有了明显提高。

5. 油脂油料标准制修订工作进度加快

在国家粮食局的重视下，全国成立了粮油标准化技术委员会，主抓粮油标准的制修订工作。在油脂油料方面，为了适应我国油脂油料生产加工发展的需要，加快同国际接轨，国家粮食局自 2002 年起，先后给油料及油脂技术工作组下达了油料及油脂技术名词术语；油料及油脂技术图形等符号、代号；油料及油脂技术信息分类与编码等 11 个基础标准。下达了油料及制品；植物油脂及制品；动物油脂及制品；饼粕及蛋白制品；其他油脂及制品等 62 个产品标准。下达了油料及油脂生产操作规范；油料及油脂卫生规范；油料及油脂安全生产规范；油料及油脂检测方法标准等 108 个方法标准，总计下达了 181 个标准的制修订工作。在这些标准的制修订工作中，通过组织国内油脂行业的科研院所、大专院校和大中型生产企业已经完成了大豆油、菜籽油、花生油、棉籽油、葵花籽油、油茶籽油、米糠油和玉米油等 8 个食用油质量标准和大豆、油菜籽等两个原料质量标准的修订工作，并已陆续发布实施，这对规范油脂工业企业的生产，确保产品质量，促进油脂工业的发展起到了积极的作用。

为进一步加快粮油标准的制修订工作，2005年12月5日国家粮食局又给油料及油脂技术工作组下达了31项国家标准的制修订任务（见表23），其中制订17项修订14项，并要求在2007年按时完成。现在这项工作正在按计划进行，进展顺利。芝麻油、食用调和油等国家标准有望在2007年内颁布。

表23　2005年国家标准（油料油脂部分）制修订计划

序号	项目编号	项　目　名　称	强制/推荐	制/修订	完成年限	代替标准
1	20050432－T－449	油料、油脂储存、加工安全要求及技术规范	推荐	制订	2007	
2	20050442－T－449	葵花籽粕	推荐	制订	2007	
3	20050443－T－449	菜籽粕	推荐	制订	2007	
4	20050444－T－449	芝麻粕	推荐	制订	2007	
5	20050452－T－449	葡萄籽油	推荐	制订	2007	
6	20050453－T－449	花椒油	推荐	制订	2007	
7	20050454－T－449	核桃油	推荐	制订	2007	
8	20050459－T－449	花生果、花生仁	推荐	修订	2007	GB/T 1532—1986
9	20050461－T－449	粮食、油料检验带壳油料纯仁率检验法	推荐	修订	2007	GB/T 5499—1985
10	20050471－T－449	植物油脂检验 比重的测定	推荐	修订	2007	GB/T 5526—1985
11	20050472－T－449	植物油脂检验 磷脂的测定	推荐	修订	2007	GB/T 5537—1985
12	20050473－T－449	植物油脂检验 油脂定性试验	推荐	修订	2007	GB/T 5539—1985
13	20050475－T－449	蓖麻籽油	推荐	修订	2007	GB/T 8234—1987
14	20050476－T－449	亚麻籽油	推荐	修订	2007	GB/T 8235—1987
15	20050477－T－449	桐油	推荐	修订	2007	GB/T 8277—1987
16	20050485－T－449	油料饼粕总灰分、盐酸不溶性灰分的测定	推荐	修订	2007	GB/T 9824—1988
17	20050488－T－449	油料饼粕扦样法	推荐	修订	2007	GB/T 10360—1989
18	20050493－T－449	棉籽	推荐	修订	2007	GB/T 11763—1989
19	20050494－T－449	葵花籽	推荐	修订	2007	GB/T 11764—1989
20	20050500－T－449	食用大豆粕	推荐	修订	2007	GB/T 13382—1992
21	20050501－T－449	食用花生饼、粕	推荐	修订	2007	GB/T 13383—1992
22	20050509－T－449	食用调和油	推荐	制订	2007	
23	20050514－T－449	大豆异黄酮	推荐	制订	2007	
24	20050515－T－449	大豆皂甙	推荐	制订	2007	
25	20050516－T－449	芝麻油	推荐	制订	2007	
26	20050647－T－449	大豆低聚糖	推荐	制订	2007	
27	20050648－T－449	大豆蛋白活性肽	推荐	制订	2007	
28	20050649－T－449	大豆蛋白粉	推荐	制订	2007	
29	20050650－T－449	酶改性溶血大豆磷脂测定 紫外分光光度计法	推荐	制订	2007	
30	20050653－T－449	大豆磷脂酰胆碱测定 HPLC法	推荐	制订	2007	
31	20050652－T－450	食用大豆纤维粉	推荐	制订	2007	

二、果蔬加工业

（一）产业发展状况

2006年，我国果蔬加工业得到进一步发展。在原料方面，我国果品产量达到9 599.2万吨，蔬菜产量达到5.83亿吨；在加工技术及装备方面，我国果蔬产业技术与装备水平与发达国家的差距正在进一步缩短，部分技术与装备已达到发达国家20世纪90年代末水平；在产品方面，我国浓缩苹果汁出口量占世界苹果汁贸易量的60%，罐头中橘子罐头占国际贸易量的80%以上。2006年，我国果蔬产品出口创汇达到79亿美元，果蔬加工业的发展主要呈现以下特点：

1. 产业规模不断扩大

2006年，我国果品产量9 599.2万吨，比2005年增加763.7万吨，增幅为8.6%；蔬菜产量达到5.83亿吨，比2005年增加了0.23亿吨，增幅4.1%。加工方面，2006年，我国加工新鲜番茄430万吨，生产番茄酱近70万吨，出口量为629万吨；2006年我国苹果浓缩汁出口量约67万吨，占世界浓缩苹果汁出口总量的60%以上；蔬菜及加工产品出口达732.46万吨，比2005年增加7.7%；2006年我国葡萄酒产量5亿升，比2005年增长18.1%，销售收入达129.5亿元，比2005年增长26.59%。

2. 产业带日益集中

目前，我国果蔬产品的出口基地主要向东部沿海地区集中，其中脱水果蔬加工主要分布在东南沿海省份及宁夏、甘肃等西北地区；果蔬罐头、速冻果蔬加工主要分布在东部及东南沿海地区；我国已形成非常明显的浓缩果蔬加工带，建立了以环渤海地区（山东、辽宁、河北）和西北黄土高原（陕西、山西、河南）两大浓缩苹果汁加工基地，以西北地区（新疆、宁夏和内蒙古）为主的番茄酱加工基地和以华北地区为主的桃浆加工基地及以热带地区（海南、云南等）为主的热带水果（菠萝、芒果和香蕉）浓缩汁与浓缩浆加工基地；直饮型果蔬及其饮料加工则形成了以北京、上海、浙江、天津和广州等省市为主的加工基地。葡萄酒生产主要集中在山东（张裕）和河北（长城、王朝）两省。泡菜产业主要集中在山东的青岛、东北的沈阳和四川的成都。

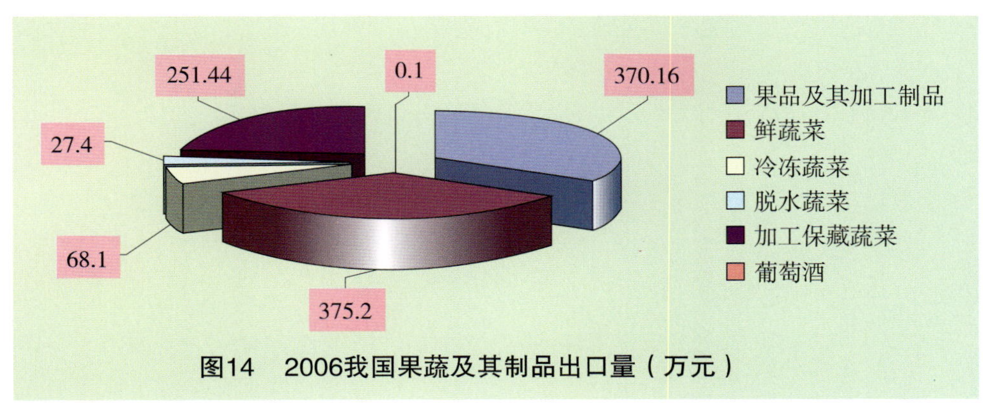

图14 2006我国果蔬及其制品出口量（万元）

3. 装备水平进一步提高

高新技术如高效榨汁技术、高温短时杀菌技术、低温连续杀菌技术、连续化去囊衣技术、无菌包装技术、真空冻干技术、微波干燥、速冻技术、酶液化与澄清技术、超临界流体萃取技术、膜技术等在生产中得到进一步应用。例如，在直饮型果蔬汁的加工方面，中国的大企业集成了国际上最先进的技术装备，如从瑞士、德国、意大利等著名的专业设备生产商，引进PET瓶无菌灌装等生产线，具备了国际先进水平。

4. 出口量及创汇水平稳步上升

2006年，我国农产品出口贸易额为314.0亿美元，同比增长13.9%，其中果蔬及加工品出口额居第二位，约78.9亿美元，占我国农产品总出口额的25.13%，仅次于水产品（2006年，出口额为93.6亿美元）。2006年，我国果蔬及其加工品出口量1 100多万吨。截至2006年底，我国累计出口蔬菜（含鲜冷冻蔬菜、加工保藏蔬菜和干蔬菜，下同）732.46万吨，同比增长7.72%，出口创汇54.24亿美元，同比增长21.01%。具体情况是：鲜冷冻蔬菜出口443.3万吨，同比增长8.55%，占蔬菜出口总量的60.52%，出口创汇22.69亿美元，同比增长27.99%，占蔬菜出口金额的41.83%；加工保藏蔬菜出口251.44万吨，同比增长5.7%，占蔬菜出口总量的34.33%，出口创汇21.45亿美元，同比增长14.94%，占蔬菜出口金额的39.55%；干蔬菜出口37.7万吨，同比增长11.89%，占蔬菜出口总量的5.15%，出口创汇10.1亿美元，同比增长19.74%，占蔬菜出口金额的18.62%。2006年，我国苹果浓缩汁出口量达到67万吨，为世界第一位，年创汇约6.3亿美元；番茄酱出口量达到63万吨，同比增长4.71%；出口金额3.6亿美元，同比增长18.8%；速冻果蔬出口81.9万吨，年创汇近7.01亿美元；脱水果蔬出口35.01万吨，年创汇9.3亿美元；果蔬罐头出口186.65万吨，其中水果罐头出口52.98万吨，出口额4.48亿美元，蔬菜罐头出口133.67万吨，出口额10.79亿美元。腌制果蔬产品出口量约21万吨，其中出口（韩国）泡菜17万吨。

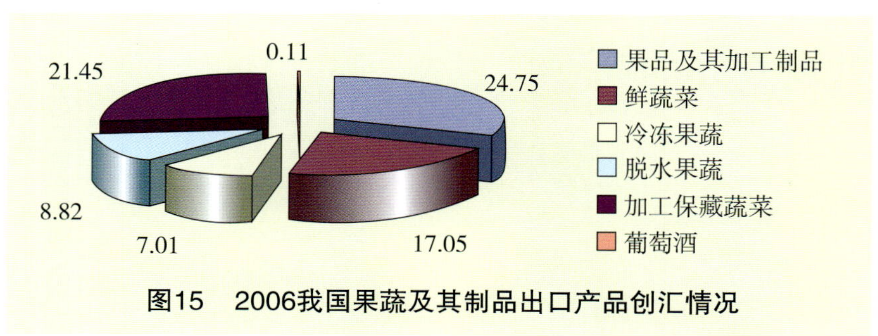

图15　2006我国果蔬及其制品出口产品创汇情况

5. 标准体系继续完善

2006年，国际上先进的危害分析和关键控制点（HACCP）、良好农业规范（GAP）、良好操作规范（GMP）、ISO9000族系、ISO14000等管理方法在我国果蔬加工业进一步得到推广，同时，我国自身在果蔬加工业方面也在不断完善标准体系，已按产品分类、测定方法、产品标准、技术规范等多个方面建立了相关标准，涵盖了绝大部分果蔬及其加工产品。2006年我国又颁布了不少于130项与果蔬有关的新标准，将对我国果蔬加工产品的质量与安全起到更好的保障作用。

(二)市场与贸易状况

2006年，我国水果进出口贸易顺差达到17.14亿美元，同比增长24.83%。全国累计出口水果（含鲜冷冻水果、水果汁、水果罐头和其它加工水果等，下同）370.16万吨，同比下降1.53%，出口金额24.75亿美元，同比增长21.73%；进口125.87万吨，同比增长9.9%，进口金额7.61亿美元，同比增长15.27%。

从出口品种结构看，鲜冷冻水果和加工制品各占一半，主要品种仍是鲜苹果、水果汁和柑橘。从出口地区看，山东、陕西、浙江、广东和福建是我国水果出口的主要省份。2006年，上述五省水果出口金额分别为8.35亿美元、2.97亿美元、2.29亿美元、1.54亿美元和1.53亿美元。从出口目的地看，美国、日本、俄罗斯、荷兰和德国是我国水果出口的主要贸易伙伴。2006年我国向国外出口水果情况见表24。

表24　2006年我国出口水果情况

序　号	出口国家	出口量同比值（%）	出口额同比值（%）
1	美国	+6.87	+29.14
2	日本	-2.43	+3.54
3	俄罗斯	+19.83	+49.33
4	荷兰	+23.99	+60.10
5	德国	-22.08	-0.54

2006年，我国进口的主要水果是香蕉、柑橘、葡萄、猕猴桃和鲜苹果等。水果进口的主要省份是广东、上海、辽宁、北京和山东。我国的进口水果主要来自于东盟、泰国、美国、菲律宾、越南、巴西和智利。2006年我国从国外进口水果情况见表25。

表25　2006年我国进口水果情况

序　号	进口国家或地区	进口额（亿美元）	同比值（%）
1	东盟	3.9	+15.41
2	泰国	1.75	-4.69
3	美国	1.24	+14.37
4	菲律宾	1.15	+23.24
5	越南	0.81	+24.58
6	巴西	0.59	+17.38
7	智利	0.55	-10.52

截至2006年12月，我国累计出口蔬菜（含鲜冷冻蔬菜、加工保藏蔬菜和干蔬菜，下同）732.46万吨，同比增长7.72%，出口创汇54.24亿美元，同比增长21.01%。2006年我国主要蔬菜出口情况见表26。

2006年，山东、福建、浙江、江苏、新疆和广东是我国蔬菜出口的主要省区，出口金额与去年同期相比分别增长30.65%、12.92%、12.4%、49.88%、1.17%和2.74%。蔬菜出口同比增幅较大的省区有海南、陕西、安徽和山西；同比下降的有广西和湖南。2006年，我国蔬菜出口最主要的国家仍是日本，出口166.76万吨，同比下降2.24%。其次是东盟，出口数量和金额同时增长，其中出口数量为155.77万吨，同比上升17%。2006年对美国、韩国、俄罗斯的蔬菜出口增长迅速。对美国出口40.07万吨，同比增长19.04%，创汇4.46亿美元，同比增长33.35%；对韩国出口72.13万吨，同比增长24.28%，创汇3.89亿美元，同比增长31.84%；对俄罗斯出口54.98万吨，同比增长16.14%，创汇2.16亿美元，同比增长34.06%。

表26　2006年我国主要蔬菜出口情况

序　号	蔬菜品种	出口量（万吨）	出口额（亿美元）	同比值（%）	占蔬菜出口金额（%）
1	冷冻蔬菜	443.3	22.69	+27.99	41.83
2	加工保藏蔬菜	251.44	21.45	+14.94	39.55
3	干蔬菜	37.7	10.1	+19.74	18.62

1. 冷冻果蔬

随着冷链技术的普及以及人们饮食结构由温饱型向营养保健型转变，国际市场速冻蔬菜需求量日益增大。我国现拥有出口速冻蔬菜企业300余家，主要集中在山东、江苏、浙江、福建、广东等省，速冻产品主要有甜玉米、芋头、菠菜、芦笋、青刀豆、马铃薯、胡萝卜和香菇等20多个品种，销售到日本、韩国、新西兰、新加坡、德国、瑞士、荷兰、美国、比利时、法国、瑞典、加拿大、澳大利亚、沙特阿拉伯等国家和地区，其中日本是主要销售国，其次为韩国和美国。2006年我国速冻果蔬出口量达到81.9万吨，年创汇近7.02亿美元，进口4.27万吨，进口额7 578万美元（见表27）。

表27　2006年我国冷冻果蔬进出口量额

冷冻果蔬	出　口		进　口	
	数量（公斤）	金额（千美元）	数量（公斤）	金额（千美元）
冷冻蔬菜	680 984 042	564 411	20 623 194	19 905
冷冻水果及坚果	138 422 398	137 323	22 056 676	55 875

数据来源：中国海关统计年鉴（2006年）

2. 脱水果蔬

2006年，我国脱水蔬菜出口27.41万吨，创汇8.46亿美元，进口量较少，仅有3 060.5吨，进口额634.3万美元。我国出口的脱水菜已有20多个品种，包括干制香菇、银耳、竹笋、脱水洋葱、大蒜、胡萝卜、姜、青刀豆、花椰菜、萝卜条、葫芦条等。主要出口日本、美国、澳大利亚、韩国、新加坡、我国台湾和香港地区、印度尼西亚、英国、荷兰、瑞士、拉托维亚、巴西、德国、匈牙利、土耳其等国家和地区。

表28　2006年我国主要脱水果蔬进出口量额

脱水果蔬种类	出　口		进　口	
	数量（公斤）	金额（千美元）	数量（公斤）	金额（千美元）
干制蔬菜	274 093 757	845 531	3 060 461	6 343
椰子干	—	—	579 508	590
鲜或干香蕉	22 807 893	7 228	387 827 899	116 248
葡萄干	23 391 711	30 880	11 112 967	15 700
其他干制水果	29 803 074	48 447	45 056 222	27 907

数据来源：中国海关统计年鉴（2006年）

3. 果蔬汁

2006年，我国浓缩苹果汁出口量67万吨，产品90%以上供国外市场，占世界浓缩苹果汁出口总量的60%以上，位居世界第一位，年创汇近6亿美元。我国浓缩苹果汁的加工能力达到了5 000吨/小时，比2002年增长了3 700吨/小时。浓缩苹果汁的加工设备水平及产品质量进一步提高，涌现出了一批优势企业。此外，我国浓缩苹果汁的出口价格也从4年前的500美元/吨左右，上升到了目前的1 000美元/吨以上。

4. 腌制果蔬

2006年，我国腌制果蔬产品出口量约21万吨，其中醋制蔬菜、咸榨菜和咸蕨菜出口量3.93万吨，出口(韩国)泡菜超过17万吨。在酱菜方面，北京六必居食品有限公司是全国同行业中规模最大、技术力量强、机械设备先进的生产经营酱腌菜及调味品的专业公司，2006年的酱腌菜产品年产量达2万余吨，销售额达1.5亿元(见表29)。

表29　2006年我国腌制果蔬产品进出口情况

腌制果蔬种类	出口		进口	
	数量（公斤）	金额（千美元）	数量（公斤）	金额（千美元）
醋制蔬菜、果品	17 705 038	19 729	747 894	850
咸榨菜	21 452 536	12 957	—	—
咸蕨菜	166 966	1 664	3 034	3

数据来源：中国海关统计年鉴（2006年）

5. 果蔬罐头

2006年，我国水果罐头出口52.98万吨，出口额4.48亿美元，出口品种包括柑橘、菠萝、桃、梨、荔枝和龙眼罐头等，其中柑橘罐头出口量占世界市场的80%。我国蔬菜罐头出口133.67万吨，出口额10.79亿美元。我国罐头主要出口市场是日本、美国、欧盟成员国。近年来，俄罗斯、中东地区、东盟国家每年从中国进口的罐头量也在增加。

在整个果蔬罐头行业，蔬菜罐头出口占整个果蔬罐头出口量的68.8%，水果罐头出口占31.2%，具体见表30。2006年，番茄、番茄酱、豆类、梨、桃、龙眼和柑橘属水果罐头的出口量比2005年表现出较强的增长势头(见表30)。

表30　2006年我国主要蔬菜水果罐头产品进出口情况

果蔬罐头种类	出口		进口	
	数量（公斤）	金额（千美元）	数量（公斤）	金额（千美元）
番茄罐头	6 500 758	3 743	1 095 291	676
番茄酱罐头	629 231 989	356 172	297 425	292
小白蘑菇罐头	251 696 776	258 978	297 648	264
其他伞菌属蘑菇罐头	48 943 020	122 004	242 44	64
其他蘑菇罐头	17 501 905	27 840	1 707	6
脱荚豇豆及菜豆罐头	10 156 019	6 414	207 865	177
未脱荚豇豆及菜豆罐头	16 358 626	13 320	94 615	58
芦笋罐头	85 895 362	165 313	22 187	33
清水马蹄罐头	45 495 741	25 357	—	—
蚕豆罐头	30 429 323	12 523	781	2
水煮竹笋罐头	94 448 158	86 206	3 115	3

续表

果蔬罐头种类	出口		进口	
	数量(公斤)	金额(千美元)	数量(公斤)	金额(千美元)
其他竹笋罐头	100 037 284	815	31 294	24
烹煮的果酱、果冻、柑橘酱、果泥及果膏	74 703 311	62 186	1 897 557	4 277
菠萝罐头	64 501 492	34 247	2 628 270	1 618
柑橘属水果罐头	316 399 325	234 674	22 732	55
梨罐头	36 065 576	23 097	82 040	44
桃罐头	90 924 921	74 362	3 795 906	3 763
荔枝罐头	21 908 566	18 208	—	—
龙眼罐头	2 313 888	1 738	70	0

数据来源：中国海关统计年鉴（2006年）

6. 果酒

2006年我国葡萄酒销售收入达129.52亿元，同比增长26.62%，产量49.51万吨，同比增长18.10%，利润总额13.5亿元，同比增长7.48%，上缴税金16.13亿元，同比增长29.72%。国内葡萄酒市场基本都是国产品牌在唱主角，排名前三位的品牌分别是长城（沙城、昌黎、烟台三个产区）、张裕和王朝（威龙有逾越王朝之势）。张裕、王朝、长城三家的市场占有率总计在60%左右，3家拥有全行业资产的38.1%，销售收入合计达到56.7%。而国外品牌的葡萄酒约占5%的市场份额。葡萄酒前五位品牌的市场占有率超过80%。

2006年，我国葡萄酒目前仍以进口为主，进口量为11.69万吨，进口额为1.38亿美元，而出口量仅为1 025吨，创汇1 134万美元。中国进口的葡萄酒主要来自智利、阿根廷、西班牙、法国和美国等14个国家（见表31）。

表31 2006年我国葡萄酒进出口情况

葡萄酒种类	出口		进口	
	数量（公斤）	金额（千美元）	数量（公斤）	金额（千美元）
鲜葡萄酿造的酒；以外的酿酒葡萄汁	4 297 076(升) 498 733(千克)	10 604	115 507 611(升) 116 856 782(千克)	138 188
味美思酒等加植物或香料的用鲜葡萄酿造的酒	486 014(升) 526 577(千克)	737	61 091(升) 60 447(千克)	147

数据来源：中国海关统计年鉴（2006年）

（三）加工技术装备与工艺水平状况

2006年，我国果蔬加工技术与装备水平显著提高。在果蔬罐头领域，低温连续杀菌技术和连续化去囊衣技术在酸性罐头（如橘子罐头）中得到了广泛应用；引进了电脑控制的新型杀菌技术，如板栗小包装罐头产品；包装方面EVOH材料已经应用于罐头生产；纯乳酸菌的接种使泡菜的传统生产工艺发生了变革，推动了泡菜工业的发展。

在脱水果蔬领域，尽管常压热风干燥是蔬菜脱水最常用的方法，但我国能打入国际市场的高档脱水蔬菜大都采用真空冻干技术生产。另外，微波干燥和远红外干燥技术也在少数企业中得到应用。我国研制的真空冻干技术设备取得了可喜的进步，一些国内知名冻干设备生产厂家的技术水平已达到国际20世纪90年代同类产品的先进水平。

在速冻果蔬领域，速冻果蔬的形式已由整体的大包装转向经过加工鲜切处理后的小包装，冻结方式开始广泛应用以空气为介质的吹风式冻结装置、管架冻结装置、可连续生产的冻结装置、流态化冻结装置等，使冻结的温度更加均匀，生产效益更高。在制冷设备方面也有新的突破，如利用液态氮、液态二氧化碳等直接喷洒冻结，使冻结的温度显著降低，冻结速度大幅度提高，速冻果蔬的质量显著提升。在速冻设备方面，我国已开发出螺旋式速冻机、流态化速冻机等设备，满足了国内速冻行业的部分需求。

（四）区域布局状况

目前，我国果蔬加工产业集群和基地建设逐步向布局集中、产业集聚的方向发展。2006年，山东、福建、浙江、江苏、新疆和广东是我国蔬菜出口的主要省区。1～6月，上述六省区蔬菜出口金额分别为8.59亿美元、4.61亿美元、1.64亿美元、1.29亿美元、1.22亿美元和1.11亿美元。山东、浙江、陕西、广东和福建是我国水果出口的主要省份。1～6月水果进口金额居前五位的省市是广东、上海、辽宁、北京和广西。

1. 速冻果蔬

到2006年，我国速冻果蔬加工已形成适宜四季生产蔬菜的东部及东南沿海产业带，如福建、山东、浙江、广东、江苏、安徽、天津、辽宁、上海等。从品种上看，东南沿海地区主要生产绿叶菜类和豆类速冻蔬菜，而北方则主要生产薯类和蒜类速冻蔬菜。在江苏、浙江、福建、山东一带主要出口豆类、笋类、蘑菇、菠菜、山芋、马蹄、马铃薯、青椒等速冻蔬菜品种。

2. 脱水果蔬

到2006年，我国脱水果蔬加工已形成东南沿海省份及宁夏、甘肃、内蒙等西北地区产业带，其中青椒、红椒主要集中在内蒙及宁夏、甘肃一带加工，内蒙古自治区巴彦淖尔市是全国最大的脱水青、红椒生产基地，年生产能力达5万吨。新疆是我国最大的葡萄干产区，估计年产葡萄干12.5万吨。江苏省兴化市是国内主要脱水蔬菜生产销售基地之一，年生产能力超过6万吨。

3. 果蔬汁

目前，我国已形成在果蔬浓缩汁、浓缩浆和果浆加工产业带，建立了以环渤海地区（山东、辽宁、河北）和西北黄土高原（陕西、山西、河南）两大浓缩苹果汁加工基地，以热带地区（海南、云南）为主的热带水果（菠萝、芒果、香蕉）浓缩汁与浓缩浆加工基地，以新疆、甘肃等西部地区为主的浓缩番茄浆、浓缩葡萄汁、浓缩胡萝卜汁加工基地，以河北、天津、安徽等地为主的桃浆、浓缩梨汁加工基地，以重庆、湖北等地为主的柑橘浓缩汁与非还原柑橘汁加工基地，而直饮型果蔬及其饮料加工则形成了以北京、上海、浙江、天津和广州等省市为主的加工基地。

我国浓缩苹果汁加工企业主要分布在陕西、山东、河南、山西和辽宁。陕西省目前是中国最大的苹果浓缩汁加工基地，也是世界最大的苹果浓缩果汁生产基地，其浓缩苹果汁每年出口量占全国出口总量的1/3以上，全国苹果汁生产有6大企业，陕西占了一半。陕西已成为生产能力中国第一、生产量中国第一、出口量中国第一的苹果浓缩果汁产区。

4. 腌制蔬菜

到 2006 年，我国腌制蔬菜产业中最大的泡菜产业已基本形成区域化布局，山东的青岛、东北的沈阳、四川的成都等地已发展成为我国大规模的泡菜生产出口基地。山东是泡菜出口大省，出口量约占全国的 90%。出口到韩国的泡菜主要由青岛、威海、烟台等地的韩资泡菜厂或其转包企业所生产。

5. 果蔬罐头

我国已形成果蔬罐头的加工产业带，主要分布在东部及东南沿海地区及西北地区，在浙江、福建、湖南、山东、河北等省份集中了果品罐头生产，在西北地区新疆、宁夏、内蒙等省主要为番茄酱加工。

6. 果酒

到 2006 年，我国葡萄酒产业带的基本框架已构成，形成了以胶东半岛、燕山南麓、渤海海滨、怀涿盆地、贺兰山东麓、河西走廊、新疆等优质葡萄酒产区，以及云贵、东北等特色葡萄酒产区。

（五）标准体系与质量控制状况

我国在果蔬汁产品标准方面制定了近 60 个国家标准与行业标准（农业行业、轻工行业和商业行业），这些标准的制定以及 GMP 与 HACCP 的实施，为果蔬汁产品提供了质量保障。在果蔬罐头方面，我国已制定了 83 个果蔬罐头产品标准，而对于出口罐头企业则强制性规定必须进行 HACCP 认证，从而有效保证了我国果蔬罐头产品的质量与安全；在脱水蔬菜方面，我国制定《无公害食品脱水蔬菜》等标准，以保证脱水蔬菜产品的安全卫生；在速冻果蔬方面，我国已制定了一批速冻食品技术与产品标准，包括“速冻食品技术规程”、无公害食品速冻葱蒜类蔬菜、豆类蔬菜、甘蓝类、瓜类蔬菜及绿叶类蔬菜标准，并正在大力推行市场准入制；在果蔬物流方面，与蔬菜有关的标准目前已制定了 269 项，其中蔬菜产品标准 53 项，农残标准 52 项，有关贮运技术的标准 10 项。我国果蔬贮运加工标准体系的构建，有效地保证了我国果蔬产品的质量与安全，对于增加消费者信心及市场竞争力提供了有力保障。目前，在我国果蔬贮运加工标准体系的发展过程中，还存在一些问题，需要加以改进，以更好地为我国果蔬加工产业服务，为市场服务，为消费者服务。具体问题表现为：

1. 标准相互交叉、重叠

如苹果既有国家标准，又有农业部颁布的无公害食品标准、绿色食品标准、苹果外观等级标准，还有商业部颁布的苹果销售质量标准；柑橘也是既有国家标准又有无公害食品标准、绿色食品标准；草莓既有农业行业标准又有无公害产品标准等。

2. 标准更新缓慢

我国现有果蔬标准中标龄 5 年以上的占将近 90%，行业标准中标龄 10 年以上的占一半以上，一些标准自发布起从未修订过。相比之下，美国标准体系的动态性非常强，80% 以上的标准和法规都经过 3 次以上的修订，有的不到 3 年就修订一次，有效地保证了标准与生产、贸易需求的一致性。

3. 标准不足，指标缺乏量化

与发达国家及国际性标准组织如 CAC、ISO 的标准体系相比，我国缺乏一些重要果蔬加工原料的质量标准和分级标准，无法实现对产品的质量认证及优质优价；卫生标准及相应的检验标准不够全面，例如缺乏干制、冷冻果蔬卫生标准；没有果蔬制品中二氧化硫、5-羟甲基糠醛、棒曲霉素等有害物质含量的测定方法标准。一些标准内容不完善，特别是缺乏量化指标，以浓缩苹果汁标准为例，我国苹果浓缩汁尚无国家标准，只有1993年颁布的轻工行标，在内容上也不完善，其中没有判定果汁含量的指标，无法按标准对果汁进行鉴别，此外，我国标准对决定果汁质量非常关键的果糖、葡萄糖、葡萄糖/果糖比、蔗糖、柠檬酸、甲醛值等质量因素都没有要求。国外标准对反映果汁纯度的指标规定较多，而且多用数字表示，如感官指标用了不同分数以利于判定，而我国标准对产品质量因子描述倾向于定性文字描述。再如浓缩橙汁，我国国家标准从6个成分的含量来判断其品质，而德国橙汁标准有30多项指标，这些指标多数有一定的数值范围，我国国家标准只有一个确定值。

此外，在我国，GMP、SSOP、HACCP还没有被广泛推广，HACCP安全保证体系只在一些出口型或大型企业开展了认证，对内销企业还没有HACCP认证强制性要求。很多企业对HACCP体系的内涵和意义认识不够，甚至有些已经通过HACCP认证的企业在具体的生产过程中没有严格按照HACCP体系的要求去做。

（六）行业管理状况

我国果蔬加工产业的快速发展及所取得的成就，除了全球经济一体化的促进作用以外，其内因与国家法规、政策的支持及行业管理水平提高是密不可分的，具体表现在：

1. 国家加大财政资金支持力度

"十五"期间，国家加大对果蔬加工业创新技术研发的投资力度，保证了科技创新工作的财政投入；加大对优势果蔬产业地区及龙头企业的投资力度，向优势果蔬产品收购、营销、加工企业提供低息贷款，鼓励和引导社会资金到优势产区建立基地、发展果蔬产业化经营，财税政策也进一步向优势果蔬产业发展倾斜，减免优势果蔬在流通、储运和交易等中间环节的收费。进一步完善了农产品出口退税制度，取消了农业税，初步建立起符合WTO规则农产品出口促进支持体系。

2. 行业服务体系逐步完善

"十五"，国家进一步加强了行业协会、中介组织建设。果蔬产业各专业组织充分发挥了在提供社会化服务、防止无序竞争、协助解决市场贸易争端等方面的作用，同时，各行业协会在参与行业规划、管理、项目评估、技术咨询、贸易仲裁、反倾销与应诉、法律法规及标准制定、市场监督、人才培训等方面也发挥了积极的作用。此外，各行业协会在对外联络和信息服务工作方面，积极通过与国际行业协会开展合作交流活动，掌握相关领域技术、产业和贸易动态，为我国果蔬加工业的发展服务。

3. 与果蔬加工有关的质量安全法律法规体系进一步加强

"十五"期间，国家进一步完善与果蔬加工有关的质量安全法律法规体系，如完善农药生产、经营、使用的管理制度，制定和完善涉及果蔬产品质量安全的法律法规体系、质量安全监控体系，有效地保障了果蔬产品的质量安全和市场贸易的公平公正。特别值得关注的是2006年4月29日中华人民共和国第十届全国人民代表大会常务委员会第二十一次会议通过的《中华人民共和国农产品质量安全法》，该法于2006年11月1日起正式施行，有力地保障了我国蔬菜的质量安全，增强产品的市场竞争力，同时提高了蔬菜质量安全的监管效能。

三、畜产品加工业

（一）肉制品加工业

1. 产业发展状况

2006年中国肉类食品业的发展并不是顺风前进，产业链中受到几次资源安全性撞击，除局部地区水旱灾外，高致病禽流感的阴影依然笼罩，生猪脑膜炎及不明高热病困扰着养殖，与此同时，引发了价格波动，这些因素给全行业或局部地域在生产上、加工上和市场上都形成了不小振荡，表现出生产起伏，价格迷茫，供需不稳，给企业运行带来许多困难，对社会效益和经济效益都带来一定的影响和损失。但由于企业成熟度不断提升，集约化程度不断成长，因而，2006年行业在推进中仍然稳步发展，全行业取得了良好运作和成绩。表现出继续增长态势：一是肉类产业仍具吸引力、投资量增加；二是肉类市场继续扩容，销售量增加；三是企业运作平稳，经济效益增加。这一成绩的取得为“十一五”创造了一个良好的开局。

据资料显示，2006年全国国有及规模以上肉类屠宰及肉类加工企业为2 686家，其中畜禽屠宰加工为1 613家、肉制品加工1 073家；另外有肉类罐头制造企业83家。肉类屠宰及肉类加工企业总数比上年增加220家，其中屠宰增加137家、制品加工增加83家；罐头制造增加企业5家。

2006年肉类屠宰及肉类加工工业资产总额达到1 302.22亿元，比上年增加158.32亿元，增长13.84%。其中畜禽屠宰加工资产额为656.68亿元，增加99.27亿元，增长17.81%；肉制品及副产品加工资产额为645.54亿元，增加59.1亿元，增长10.07%。另外肉类罐头制造资产额31.15亿元，增加0.47亿元，增长1.54%。数据表明，畜禽屠宰加工对社会仍保持了一定吸引力，近年来，其投资量呈现着持续较快速度增长，而肉制品加工投资量仅保持在缓行中，一些中小企业被淘汰出局或被兼并或转产。

在肉类工业投资形成资产量的分布上，明显地形成了梯次。前十位的地域有山东、河南、内蒙古、辽宁、四川、吉林、江苏、黑龙江、河北、北京，工业资产总额占全国规模以上企业总额80%以上。其中山东、河南两地突显出工业集约水平，其资产量占前十位的50%，占到全国规模以上企业总额的2/5。

2. 市场与贸易状况

2006年肉类屠宰及肉类加工业销售总收入达到2 701.42亿元，比上年增加411.69亿元，增长17.98%。其中畜禽屠宰加工销售为1 417.86亿元，增加278.23亿元，增长24.42%；肉制品及副产品加工销售为1283.56亿元，增加167.64亿元，增长15.03%。另外，肉禽类罐头制造销售为40.08亿元，增加5.91亿元，增长17.3%。数据表明，畜禽屠宰加工生鲜肉销售收入和增幅仍明显大于和快于肉制品销售收入增加和幅度增长。在全国肉类加工行业中，肉类工业销售收入也同样形成明显的地域梯次。前十位的是山东、河南、四川、辽宁、内蒙古、江苏、河北、吉林、黑龙江、北京等十个省、市、自治区，其销售总收入占全国规模以上企业销售总额的80%以上。其中山东、河南、四川、辽宁四省销售收入最为突出，其销售量占前十位的70%，占全国总销售量的3/5。

2006年肉类屠宰及肉类加工业规模以上企业实现利润总额105.27亿元，比上年增加25.9亿元，增长32.6%。其中畜禽屠宰加工实现利润为47.04亿元，增加16.24亿元，增长52.73%；肉类制品及副产品加工实现利润为58.24亿元，增加10.67亿元，增长22.43%。另外，肉禽类罐头制造实现利润为1.95亿元，增加0.91亿元，增长87.5%。在肉类屠宰及肉类制品加工全行业实现总利润中，畜禽屠宰加工实现利润虽比肉制品加工利润的绝对增量少11.2亿元，但其增长幅度明显升高。在全行业中地域的企业效益水平有明显差异，排在前十位的省、自治区有山东、河南、内蒙古、四川、河北、辽宁、江苏、黑龙江、浙江、吉林等地，共实现利润占全国肉类工业规模以上企业总利润90%左右。其中山东、河南、内蒙古三地实现利润占前十位的70%以上，占全国肉类工业总利润的7/10。

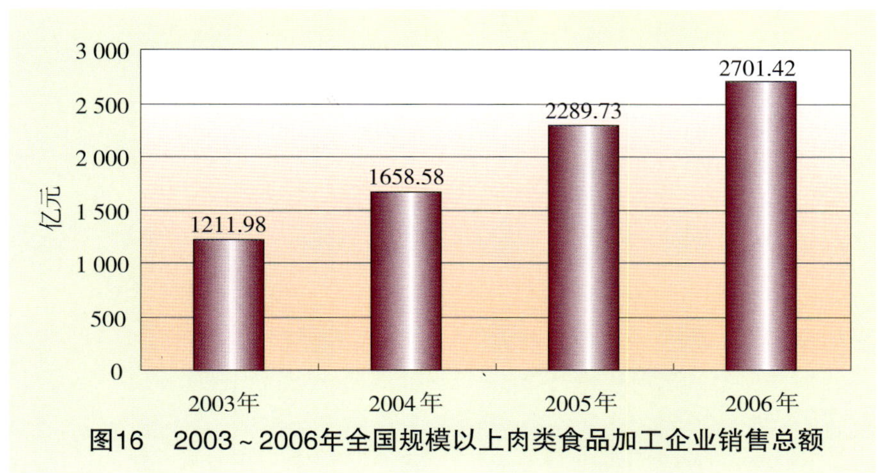

图16　2003～2006年全国规模以上肉类食品加工企业销售总额

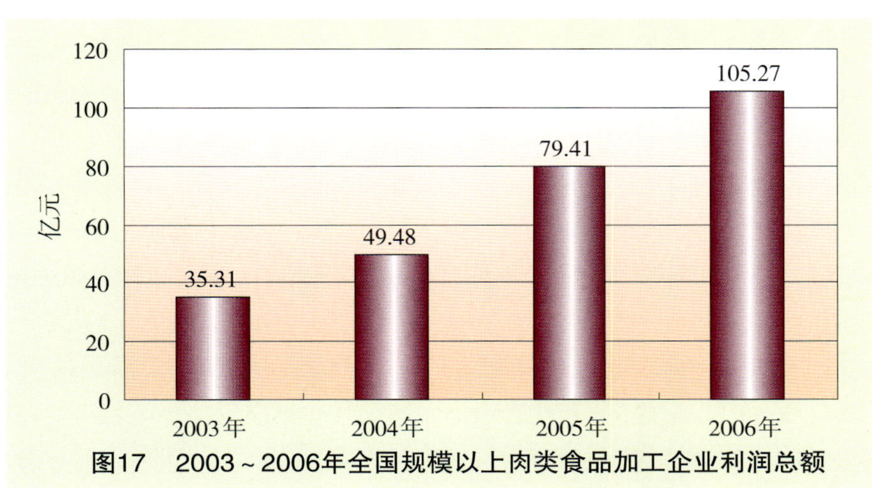

图17　2003～2006年全国规模以上肉类食品加工企业利润总额

肉类屠宰及肉类制品加工业国有及规模以上企业实现利润总额历史性的首次突破百亿元大关，说明企业在市场经济运行中规模效益及管理效益明显提升。

2006年全国屠宰及肉类制品加工企业中，亏损企业仍有354家，占国有及规模以上企业13.18%，亏损金额达到6.6亿元。其中，畜禽屠宰亏损企业为217家，占全国屠宰及肉类制品加工规模企业的8.08%，占屠宰企业13.5%；亏损金额为4.7亿元，占行业全部亏损额的71.2%。肉制品及副产品加工亏损企业为137家，占全国屠宰及肉类制品加工规模企业5.1%，占肉制品加工企业12.8%；亏损金额为1.9亿元，占行业全部亏损额的28.8%。另外，肉禽类罐头制造亏损企业为18家，占肉禽类罐头制造企业的21.7%，亏损金额为0.11亿元。

3. 发展特点

2006年，全国肉类加工业发展的较好态势，有几点值得总结。

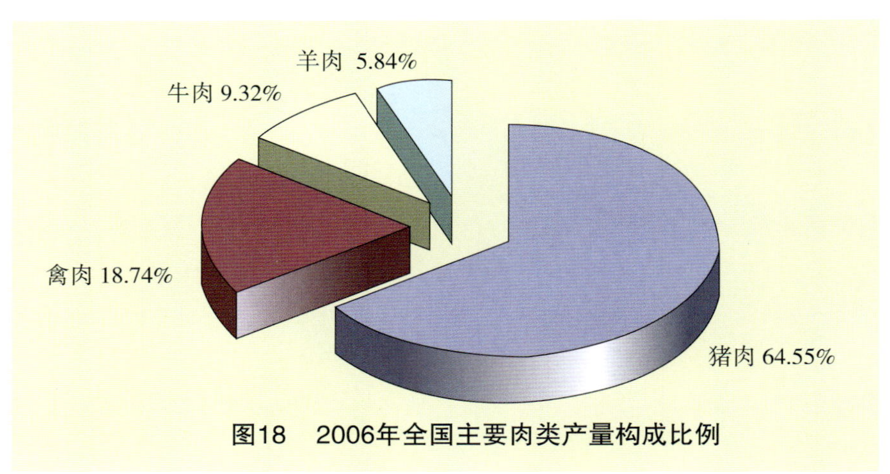

图18　2006年全国主要肉类产量构成比例

(1)“三农”问题是国家农业产业政策倾斜的重点，继续坚持农牧业结构调整，畜禽业发展成为调整的支点。2006年虽然我国部分地域受到水旱灾的影响，同时也连续受到动物疫病冲击，并引发在较长时间里的价格波动，但是由于政府高度重视和支持，稳定了农牧养殖业的信心，据资料显示，2006年全国肉类总产量达到8 051万吨，比上年增加308万吨，增长4.0%。其中猪肉为5 197万吨，增加187万吨，增长3.7%；牛肉为750万吨，增加39万吨，增长5.5%；羊肉470万吨，增加35万吨，增长8.1%；禽肉1 509万吨，增加45万吨，增长3.0%；禽蛋产量2 946万吨，增加67万吨，增长3%。畜牧业的发展，肉类资源稳定扩大，给肉类加工业发展提供了原料基础和可支配货源，给肉类市场提供了可调节的商品量。

(2) 粮食增产与畜禽业发展密切关联，粮食生产与畜禽生产处于平稳的同步循环中。2006年我国粮食产量达到49 700万吨，比上年增产2.8%。畜禽肉类蛋品增加值初步核算约为10 600亿元，占国内生产总值5.1%，占第一产业增加值为43%。

(3) 畜禽产业带不断成长，区域管理加强，产业形成相应联动。肉类产业区域经济，已逐步形成的以长江中下游为中心向南北两翼扩散的生猪生产带；以中原和东北为主的肉牛生产带；以西北牧区和中原及西南为主的肉羊生产带；以东部省份为主的禽肉和以中原省份为主的禽蛋生产带；以东北、华北及京、津、沪等为主的奶业生产带不断成长和加强。肉类工业生产随着畜禽生产集约及市场拓展而进一步调整和组合，形成了有机联动，产生了社会和经济效应。正如上述山东、河南、内蒙古、四川及东北等地肉类工业的资产、销售及效益的增加值扩大，既带动了地域畜禽产业的发展，又带动了全国肉类工业的全面提升。

（4）肉类结构随着市场需求发展在逐渐调整。2006 年，我国肉类结构仍处于稳步的调整中。猪肉、禽肉、牛肉、羊肉、杂畜肉的比重依次为 64∶19∶9∶6∶2，这一结构总体是符合我国肉类发展和消费文化国情的，即在发展进程中适应形成的消费习惯、民族性特点和动物生物体生长周期以及市场变化。我国猪肉已由过去占肉类总量 85% 以上比重渐进调整到现在占 64%，既保障了市场肉类总量需求的平衡，又保障了肉类结构在调整中的替代。我国的肉类结构与世界肉类在品种总结构上虽仍有较大差异，但其变化过程趋势基本是同向的，世界肉类品种总结构比重中，猪肉、禽肉、牛肉、羊肉、杂畜肉分别为 40∶30∶24∶5∶1。所以，我国在肉类发展中依然坚持猪肉业稳定发展，禽业积极发展，牛羊业加快发展的总原则，不断推进肉类品种合理结构。2006 年，我国肉类人均占有量达到 61.3 公斤，其中猪肉 39.6 公斤、禽肉 11.5 公斤、牛肉 5.7 公斤、羊肉 3.6 公斤；鲜蛋 22.4 公斤，分别比上年增加 2.1 公斤、1.3 公斤、0.3 公斤、0.3 公斤、0.3 公斤和 0.4 公斤。

（5）肉类工业企业集约化、规模化、现代化水平提高。中国肉类工业行业 50 强企业的评估档线销售额达到 40 000 万元。虽然 50 强企业仅占全行业规模以上企业 2.4%，但其资产额、销售额已占到近 3/4，其创造利润占到 9/10。强势企业规模化突出，有力地推进了行业集约化、现代化水平提高。2006 年规模以上企业畜禽屠宰和肉类加工产能比由上年 1∶1.98 提高到 1∶2.07，增长 5.1%，其中畜禽屠宰产能比由上年 1∶2.04 提高到 1∶2.16，增长 5.9%；肉制品加工产能比由上年 1∶1.90 提高到 1∶1.99，增长 4.7%。另外，肉禽罐头制造产能比由上年 1∶1.11 提高到 1∶1.29，增长 16.2%。由于其资本投入周期加快，产能比提高，企业竞争力和经济效益明显提升，显现出强势企业逐渐走向良性循环。2006 年肉类屠宰及肉类制品加工行业规模以上企业综合利润率为 3.9%，仍低于全国工业规模以上企业平均 6% 的利润率，整体行业还处于低利运行中，属低利行业，但其利润率达到历史最高水平，由上年的 3.47% 提高到 3.9%，增加 0.4%，其中屠宰加工利润率由上年的 2.7% 提高到 3.3%，增加 0.6%；肉制品及副产品加工利润率由上年的 4.26% 提高到 4.54%，增加 0.3%。另外，肉禽类罐头制造利润率由上年的 3.73% 提高到 4.75%，增加 1%。

（6）肉类制品结构随着市场需求发展在引导中调整。据测算，2006 年肉类制品及副产品加工占肉类总产量的比重为 11.8%，其产量达到 950 万吨，比上年增加 100 万吨，增长 12%，其中，中西式制品结构约为 43∶57，西式技术制作的制品中，高温制品约占到 22%，低温制品约占 35%，中式制品数量在技术的改进中不断提升。

（7）品牌战略成为提升企业形象的杠杆，成为推动地域经济的支持力量 2006 年止，肉类行业获得中国名牌产品共 32 个 28 家企业。其中：

高温制品（高温火腿肠）有：河南双汇、邦杰、汇通；山东金锣；江苏雨润；四川美好；吉林德大。

低温肉制品有：河南双汇、众品；山东金锣、德利斯、喜旺；江苏雨润；湖南唐人神。

速冻调理禽肉熟制品有：山东尽美、凤祥、新昌、九联；河北秦皇岛正大；河南华英、大用、永达；吉林德大；辽宁大连大成；北京双大、华都。

中式火腿有：浙江雪舫工贸“雪舫蒋”、金华“金字”；江苏长寿“如皋”；江西“安福”。

肉类罐头制造有：上海梅林；福建古龙。

2006年止，获肉类蛋品中国驰名商标品牌21个：“中粮集团”；北京“鹏程”；黑龙江“希波”；吉林“皓月”；辽宁大连“咯咯嗒”；山西“冠云”；山东“得利斯”、“龙大”、“金锣”；河南“双汇”、“华英”；河北“福成”；内蒙古“草原兴发”、“小肥羊”、“塞飞亚”、“科尔沁”；湖南“唐人神”；四川“高金”、“美宁”；福建“古龙”；浙江“不老神”。

2006年止，获国家产品质量免检的肉类食品企业有18家19个品种：河南双汇、邦杰、汇通；吉林德大；江苏旺润；山东金锣、江泉；四川美好（以上为2005年）；北京华都、大发正大；辽宁大连大成宫产；吉林德大；黑龙江正大；山东诸城外贸、潍坊美城、新昌、凤祥、龙大；河南永达（2006年）。

2006年获商务部“最具市场竞争力品牌”的企业有6家：河南“双汇”、“众品”；江苏“雨润”；山东“得利斯”、临沂“金锣”；长春“皓月”。

2006年获肉类行业具影响力品牌企业62家，其中肉及肉制品品牌为42个、蛋及蛋制品品牌1个、肉类机械及设备品牌13个、肉类包装材料品牌及肉类添加剂品牌各3个。

在市场竞争日趋激烈，在食品质量安全凸现的今天，品牌战略昭示了企业技术水平和素质水平的提升，是企业持续发展和科学发展结合的体现，对推动地方经济和引导规范市场行为起到了极其积极的作用。

（8）努力构筑合作交流平台，促进企业更加透明、开放。到2006年肉类食品行业与世界肉类组织联合成功的连续举办了四届高层技术的、管理的及安全的多元研讨会和中国国际肉类工业展会，在把中国的肉类企业及其产品推向给世界同行，推向给国内外公众的同时，吸引了众多国家对我国肉类发展和市场潜在的极大关注，来华考察、合作交流、贸易洽谈明显增多。由于行业影响力扩大，我国成功地于2006年在北京承办了国际天然肠衣41届年会，2007年世界猪肉大会也在中国南京举办。

（二）乳制品加工

1. 行业概况

（1）原料奶生产。2006年，全国原料奶生产仍处于快速增长的趋势，全国奶类总产量达3 302.5万吨，其中牛奶产量3 193.4万吨，分别比上年增长15.28%、16.74%。奶类产量前五位的省区市是：内蒙古877.5万吨，占全国总产量的26.57%，同比增长25.91%；黑龙江省464.6万吨，占全国总产量的14.07%，同比增长4.59%；河北省417.0万吨，占全国总产量的12.63%，同比增长19.62%；山东省238.6万吨，占全国总产量的7.22%，同比增长7.96%；新疆187.8万吨，占全国总产量的5.69%，同比增长17.52%。

（2）乳制品产量。全国规模以上企业乳制品产量1438.2万吨，同比增长19.41%，其中液

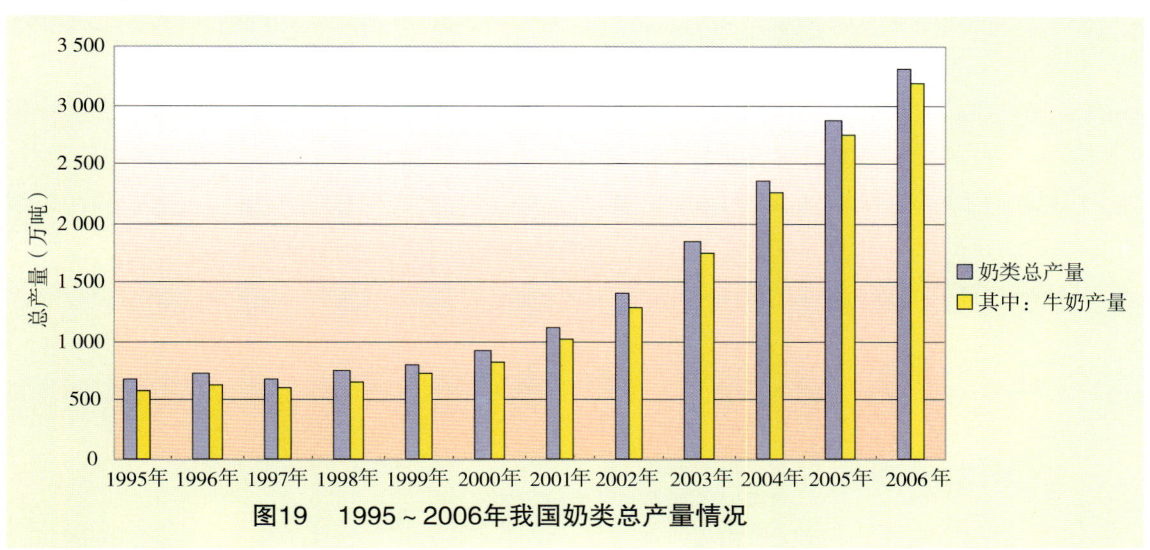

图19 1995～2006年我国奶类总产量情况

体乳产量1268.63万吨，同比增长21.45%；乳制品前五位的省区市是：内蒙古345.8万吨，同比增长18.03%，占全国的24.0%；河北省212.4万吨，同比增长33.26%，占全国的14.8%；黑龙江省122.8万吨，同比增长30.32%，占全国的8.5%；山东省103.3万吨，同比增长27.0%，占全国的7.2%；陕西省73.1万吨，同比增长22.32%，占全国的5.1%。5个省区的产量占全国的59.6%。

液体乳前5位的省区是：内蒙古310.1万吨，同比增长14.14%，占全国的24.4%；河北省187.7万吨，同比增长34.09%，占全国的14.8%；黑龙江省82.2万吨，同比增长47.81%，占全国的6.5%；山东省94.22万吨，同比增长19.6%，占全国的7.4%；北京市61.3万吨，同比增长14.86%，占全国的4.8%。5个省区的产量占全国的57.9%。

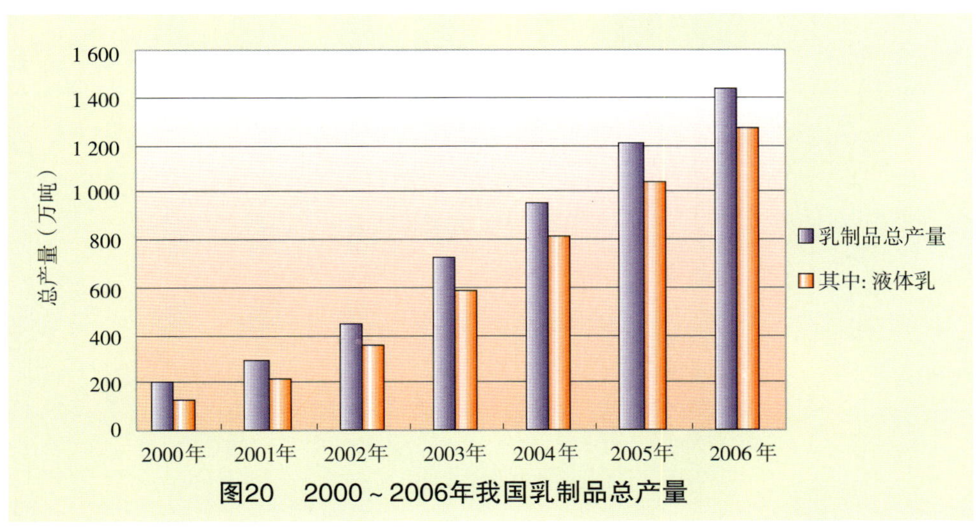

图20 2000～2006年我国乳制品总产量

(3)产值、利润情况。全国规模以上企业乳制品工业总产值 1098.4 亿元，同比增长 23.24%。总产值前 5 位的省区市：内蒙古 240.0 亿元，同比增长 16.24%，占全国的 21.9%；河北省 158.7 亿元，同比增长 24.81%，占全国的 14.5%；黑龙江省 125.2 亿元，同比增长 11.7%，占全国的 11.4%；山东省 106.6 亿元，同比增长 28.27%，占全国的 9.7%；广东省 56.5 亿元，同比增长 49.48%，占全国的 5.2%。5 个省区的产量占全国的 62.7%。

全国规模以上企业利税总额 102.3 亿元，其中利润总额 57.2 亿元，同比增长 18.67%，行业平均销售收入利润率 5.35%。

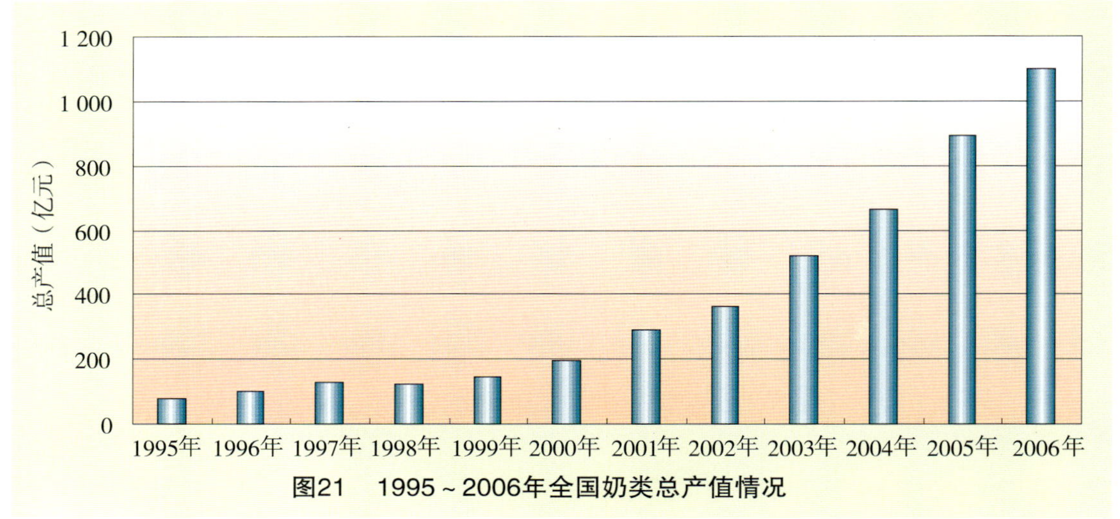

图21　1995～2006年全国奶类总产值情况

(4) 乳制品进口情况。进口：全年共进口乳制品 34.78 万吨，金额 5.58 亿美元，分别比去年增长 8.68%、21.85%。其中乳粉进口 13.5 万吨，同比增长 26.24%，货值 2.89 亿美元，同比增长 24.26%（见表 32）。

表 32　2006 年我国乳制品进口情况

商品名称	2006 年 1～12 月累计			
	数量(吨)	同 2005 年比增长(%)	金额(万美元)	同 2005 年比增长(%)
液体乳	3 766.51	－0.41	516.85	－10.64
乳粉　脱脂乳粉	62 385.86	46.29	13 467.21	41.88
全脂乳粉	67 448.58	9.41	14 328.53	8.75
调味乳粉	5 082.97	97.06	1 145.80	88.67
合　计	134 917.41	26.24	28 941.54	24.26
炼乳	1 077.87	－12.04	204.77	－31.40
酸乳	783.79	57.65	172.43	20.01
乳清粉	184 557.00	－1.64	19 455.31	23.42
奶油	12 831.62	－0.03	2 716.44	－14.47
干酪	9 892.00	37.82	3 813.12	44.33
乳品合计	347 826.19	8.68	55 8204.48	21.67

数据来源：中国海关统计年鉴（2006）

出口，全年出口乳制品7.49万吨，同比增长7.23%，出口货值0.94亿美元，同比增长15.21%。乳制品进出口逆差4.64亿美元（见表33）。

表33 2006年乳品出口情况

商品名称	2006年1～12月累计			
	数量(吨)	同2005年比增长(%)	金额(万美元)	同2005年比增长(%)
液体乳	38 642.04	15.23	2 386.48	5.51
乳粉 脱脂乳粉	968.68	-36.29	302.35	-30.62
全脂乳粉	14 721.34	25.70	4 021.67	29.45
生活用奶粉	4 886.49	7.82	954.47	12.30
合 计	20 576.50	15.83	5 278.50	20.17
炼乳	13 380.45	-17.08	1 440.53	20.23
酸乳	1 060.32	2.81	81.58	10.60
乳清	521.59	-17.89	46.84	-10.45
奶油	138.99	115.28	19.69	102.32
干酪	540.26	-17.92	162.68	-13.91
乳品合计	74 860.14	7.21	9 416.31	15.15

数据来源：中国海关统计年鉴(2006)

（5）产品结构。根据中国乳制品工业协会统计测算，各种乳制品的构成比例如下。

乳粉：全国产量约120万吨。其中：全脂乳粉约占20%；加糖乳粉约占8%；脱脂乳粉2%；婴幼儿乳粉约占45%；中老年乳粉约占9%；其他乳粉16%。

干酪：全国产量约0.8万吨。其中：原干酪约占15%；加工干酪约占85%。

炼乳：全国产量约6万吨。其中：甜炼乳约占95%。

乳脂类产品：全国产量约1.6万吨。其中：稀奶油约占32%；奶油约占58%；无水奶油约占10%。

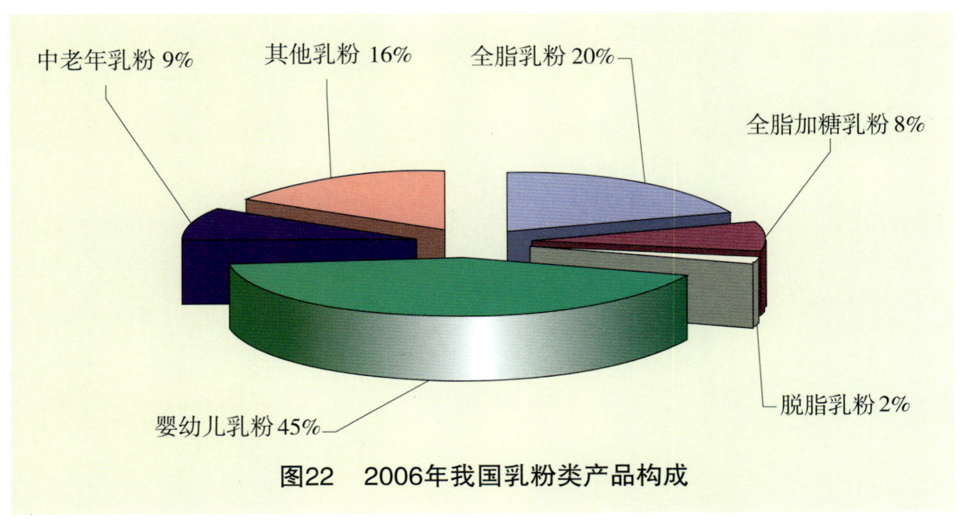

图22 2006年我国乳粉类产品构成

液体乳：全国产量1 244万吨。其中：超高温灭菌乳约占69.6%；巴氏杀菌乳约占13.4；酸牛乳约占16.9%。

含乳饮料：全国产量约580万吨。其中：发酵型约占40%，调配型约占60%。

豆乳粉：全国产量约4.7万吨。其中：豆乳粉约占82%，豆粉约占3%，豆奶15%。

米粉类产品：全国产量约9万吨。其中：婴幼儿米粉约占88%，米片、麦片约占12%。

（6）乳制品企业情况。2006年全国共有规模以上企业709家，其中：国有控股企业83家；集体控股企业71家；私人控股企业468家；港澳台商控股企业24家；外商控股企业63家。固定资产256亿元，资产总计743.0亿元。

2006年乳制品行业的大型骨干企业的规模进一步扩大，行业的集中度进一步提升。据中国乳制品工业协会统计，2006年销售收入超过10亿元人民币的企业有21家，共计销售收入856.3亿元人民币，占全国规模以上企业的78.0%。液体乳产量超过10万吨的企业共计18家，液体乳产量881.1万吨，占全国规模以上企业产量的69.5%。乳粉产量超过1万吨的企业共计20家，乳粉产量82.2万吨，占全国规模以上企业产量的68.5%。

（7）全国部分乳制品企业生鲜乳收购价格。根据中国乳制品工业协会统计，2006年全国生鲜牛乳收购价格基本与2005年相比增幅度在10%左右，少数企业保持持平。但仍然是，东部高于西部，城市高于农村，南方高于北方。主要企业的收购价格如下。

表34　全国部分乳制品企业生鲜乳收购价格比较表

单位：元/公斤

单位名称	2005年平均	2006年平均
北京三元食品股份有限公司	1.85	1.88
天津海河乳业有限公司	2.00	2.04
天津津河乳业有限公司	2.08	1.99
石家庄三鹿集团股份有限公司	1.95	1.96
邢台大曹庄三鹿乳业有限公司	1.54	1.66
丰宁三鹿乳业有限公司	1.63	1.77
张北县鹿源乳业有限公司	1.54	1.64
承德市畜牧场	1.80	2.00
山西古城乳业集团有限公司	2.28	2.29
山西田仁乳业有限责任公司	1.80	1.80
内蒙古伊利实业集团股份有限公司	1.98	2.00
内蒙古蒙牛乳业（集团）股份有限公司	1.75	1.76
呼伦贝尔海乳乳业有限责任公司		1.60
沈阳乳业有限责任公司	1.90	1.79
本溪木兰花乳业有限责任公司	2.00	2.03
黑龙江乳业集团	2.05	2.05
黑龙江省完达山乳业股份有限公司	1.60	1.70
黑龙江飞鹤乳业有限公司	2.05	1.85

续表

单　　位　　名　　称	2005年平均	2006年平均
黑龙江省农垦龙王食品有限责任公司	1.90	1.95
黑龙江红星集团股份有限公司	1.68	1.68
黑龙江兴安岭乳业有限公司	1.51	1.76
黑龙江摇篮乳业股份有限公司	1.75	1.75
哈尔滨金星乳业有限责任公司	1.85	1.82
黑龙江省光明松鹤乳品有限责任公司	1.65	1.65
黑龙江佳润农业发展有限公司	2.90	2.95
铁力市盛中乳品厂	1.75	1.76
黑龙江辰鹰乳业有限公司	1.59	1.64
黑龙江心甜乳业有限公司	1.75	1.80
光明乳业股份有限公司	2.44	2.46
上海晨冠乳业有限公司	2.33	2.65
徐州绿健乳业有限责任公司	2.05	2.05
维维集团	2.20	2.10
南京奶业（集团）有限公司	2.20	2.25
浙江李子园牛奶食品有限公司	1.98	2.10
浙江熊猫乳品有限公司	2.00	1.75
宁波市牛奶集团有限公司	2.28	2.51
杭州娃哈哈集团有限公司	2.00	2.36
瑞安市百好乳业有限公司	1.80	1.80
滁州市奶业有限责任公司	2.12	2.14
安徽益益乳业有限公司	2.80	2.85
福建长富乳业集团股份有限公司	2.31	2.28
福建省圣王乳业有限公司	2.35	2.30
江西美庐乳业有限公司	1.65	1.70
江西维雀乳业有限公司	2.20	2.20
青岛圣元乳业有限公司	1.70	1.80
山东亚奥特乳业有限公司	2.06	2.10
山东得益乳业有限公司	2.07	2.05
济南佳宝乳业有限公司	1.98	2.10
山东百慧乳业有限公司	1.90	1.90
文登市金洋乳品有限公司	1.60	1.80
淄博绿赛尔乳业有限公司	1.94	2.12
山东鹏程食品股份有限公司	1.73	1.81
烟台山村果园绿色生物股份有限公司	1.82	1.81
山东德正乳业有限公司	1.63	1.72
淄博馨牛食品有限公司	2.00	2.10
河南三鹿花花牛乳业有限公司	1.67	1.68
洛阳巨尔乳业有限公司	1.75	2.05

续表

单　位　名　称	2005年平均	2006年平均
漯河三剑客奶业有限责任公司	1.81	1.84
湖南南山食品有限公司	1.80	1.80
湖南亚华乳业有限公司	2.17	2.28
广东燕塘乳业有限公司	2.76	2.80
广州达能酸乳酪有限公司	3.08	3.08
深圳市光明华侨牧场晨光饮料公司	2.96	3.05
湛江市湖光奶业有限公司	2.80	2.75
广西灵山百强水牛奶乳业有限公司	4.00	4.00
新希望乳业控股有限公司	2.00	2.09
四川菊乐食品有限公司	1.90	2.00
贵州好一多乳业股份有限公司	2.70	2.65
昆明雪兰牛奶有限责任公司	1.62	1.60
大理来思尔乳业有限责任公司	1.60	1.65
昆明前进乳业有限责任公司	1.61	1.61
云南多喝乳业有限责任公司	1.85	2.05
西安银桥生物科技有限责任公司	1.98	1.98
陕西神果股份有限公司	1.60	1.80
陕西省关山乳业有限责任公司	1.60	1.70
兰州雪顿生物乳业有限公司	1.75	1.84
甘肃临泽雪莲乳品有限责任公司	1.90	1.90
兰州庄园乳业有限责任公司	1.75	1.75
宁夏红果乳业有限公司	1.49	1.71
银川市金河乳业有限公司	1.68	1.72
新疆明旺乳业有限公司	1.61	1.66
全国平均	1.98	2.03

资料来源：中国乳制品工业协会统计报告（2007）

2. 政策法规

2006年9月13日，国家质检总局发布《复原乳专项监管工作规范》，文件指出，为将液态奶日常监管工作落到实处，确保监管成效，切实维护奶农利益，促进我国乳制品行业健康发展，各具产品质量法、《国务院办公厅关于加强液态奶生产经营管理的通知》（国办明发电［2005］24号）、《关于复原乳标识标注有关规定》（国标委农情［2005］75号）和《食品生产加工企业质量安全监督管理实施细则（试行）》（总局令第79号）等有关法律法规的规定所制定。规范规定：复原乳生产备案制度及基本要求，要求液态奶生产企业凡在生产加工灭菌奶、酸牛奶过程中使用乳粉或者复原乳的必须在产品正式投产前进行备案；复原乳标识标注规定；复原乳生产加工企业禁止性行为；液态奶生产企业的日常监管工作要求；液态奶专项监督抽查制度；严厉查处液态奶生产加工企业违法违规行为；建立完善液态奶长效监管机制等内容。

2006年10月19日，国家发展和改革委员会、科学技术部、农业部发布了《全国食品工业“十一五”发展纲要》。纲要对乳制品工业发展提出了指导意见。指出，乳制品工业发展方向和目标是，逐渐减少普通乳粉生产，提高配方乳粉的比例；大幅度提高鲜奶加工量，扩大液体乳生产；城市型乳品企业重点发展巴氏杀菌乳、发酵乳、灭菌乳、功能乳等液体乳制品，基地型乳制品企业仍以乳粉为主，重点发展配方乳粉、全脂乳粉、脱脂乳粉、功能乳粉及灭菌乳等，有市场、有条件的地方，适当发展干酪、乳清和奶油等乳制品。“十一五”期末，基本建立较为完善的乳制品制造体系，技术装备水平达到或接近世界先进水平。到2010年，乳制品产量达到2190万吨，平均年增长率15%，其中：固态乳制品产量年均增长率为7%，产量达210万吨；液体乳制品产量年均增长率为16%，总产量达到1980万吨。区域布局时，在东北、华北、西北等传统农牧区的奶源基地，培育乳粉和灭菌乳等乳制品等大型加工企业，在北京等大城市和长江三角洲、珠江三角洲等地区，重点发展液体乳和各种乳制品生产企业。

3. 行业重大事项

（1）温家宝总理：“我有一个梦，让每个孩子每天能喝上一斤奶。”

2006年4月23日上午，温家宝总理来到位于重庆江北区鱼嘴的重庆光大奶牛科技园。温家宝一边查看着800多头奶牛的圈舍，一边听着介绍。得知该项目是目前重庆最大的奶源建设项目，丰产期每年将为重庆新增近4万吨优质鲜奶，温总理给予充分肯定。温总理为这个奶牛场题词：“我有一个梦，让每个中国人，首先是孩子，每天能喝上一斤奶。”

（2）第27届IDF世界乳业大会在上海举办。由国际乳品联合会（IDF）、IDF中国国家委员会、中国乳制品工业协会主办，上海奶协、光明乳业承办的世界乳业盛会——第27届IDF世界乳业大会于2006年10月23日～26日在上海光大国际会展中心举办，共有来自世界60个国家的近1400名代表参会。联合国粮农组织（FAO）、世界卫生组织（WHO）、世界动物健康组织（OIE）、国际法规组织（CODEX）等国际重要组织的官员以及来自发展中国家和东南亚地区的乳业界人士也参加了本次大会。如此多的国际组织和东南亚国家参与，这是IDF举办的历届世界乳业大会的第一次。这也是IDF世界乳业大会第一次在中国，在亚洲地区举行。大会的成功举办得到了中国轻工业联合会、上海市人民政府以及国家乳业工程技术研究中心的大力支持和协助。

中国乳制品工业自20世纪80年代即同IDF保持联系，经原轻工业部批准自1985年开始，每年以观察员身份参加活动。1995年经原国家科委批准，中国乳制品工业协会正式加入国际乳联，成为国际乳联的会员单位。能够在中国举办世界性乳业大会是中国乳业界多年来的愿望，也是中国乳业融入世界的重要标志。2002年10月，在巴黎召开的第26届世界乳业大会上，IDF中国国家委员会提出在中国举办世界乳业大会的申请。2003年9月，IDF年会在比利时召开时，会员国一致通过了第27届世界乳业大会在中国上海举行。这个决定的形成，是由于中国国际地位的提高、中国改革开放所取得的巨大成就和中国乳业的快速发展。

此次大会围绕动物健康、牧场、原奶生产、卫生与安全及食品标准；乳品科学、技术和营养；乳品经济、贸易、消费、营销及乳业发展3大主题，通过10个专题会议和6个研讨会在为期四天的大会中同时进行。其中许多课题都涉及中国等发展中国家乳业迫切需要解决的问题。作为“第27届IDF世界乳业大会”热点之一的“全球乳业高层论坛”，特别关注了乳业全球发展和乳业新兴国家的协作和机遇。大会内容广泛，涉及从牧场到餐桌整个乳业链的各个环节，为与会代表提供适合不同人群的营养丰富的大餐。大会的课题设计是由国际乳品联合会选派的专家和IDF中国国家委员会推荐的21位行业专家在国际乳品联合会总秘书处的总体协调和指导下，经过一年多的共同工作制定的。这些专家来自世界各地，代表着世界各国的研究水准，为大会提供了丰富的乳业发展的前沿信息。在10个主题会议中有3个会议是与联合国粮农组织联合举行的，同时还有世界卫生组织和世界动物健康组织的高层官员出席相关的会议并发言。大会还邀请发展中国家的代表做专题报告，进一步体现世界乳业大融合的主题。大会特别安排的青年科学家论坛，墙报展等内容加强了各国青年科学家间的了解和对科研成果的技术交流，增进信息沟通，为他们尽快地融入到乳业大家庭提供了平台。

大会期间，韩国在IDF理事会会议上成为IDF第50个会员国，同时IDF还将IDF奖颁发给了日本人Shuichi Kaminogawa教授，以表彰其在食品科学领域，尤其是营养学方面所作的贡献，国际乳品促进奖（IMP）和IDF营销奖在大会闭幕晚宴上颁发，加拿大赢得了2006年度国际乳品促进奖（IMP），IDF营销奖共分3项，其中中国的蒙牛乳业获得IDF营销新产品开发奖项，意大利Grana Padano公司获得了营养营销奖项，澳大利亚的Dairy Farmers获得了营销沟通奖项。IDF营销奖是今年第一次实行也是我国乳品企业第一次代表中国获此殊荣，向世界充分展示了中国乳业所取得的长足进步。

大会同期还举办了规模盛大的乳制品工业技术展览会，为世界更好的了解中国乳业打开了一扇大门。更为重要的是它也为中国乳业吸取国外成熟市场发展的经验，取长补短，尽快缩小中外乳业发展的差距，更好的实现我国乳业可持续发展提供了一个平台。大会除能够使世界更好的了解中国乳业的发展与前景，加深相互之间的学习与交流外，各国代表还通过技术旅行、社会考察了解了中国的风土人情，感受到了中国的稳定、开放与繁荣。世界乳业大会在中国举办，加强了我国乳业界同世界各国同行的交流与合作，提升中国乳业的国际地位和影响。

4. 科技进步

牛奶去乳糖技术研究成功。由上海尚龙乳业有限公司主办、中科院上海营养科学研究所支持的“牛奶去乳糖科技成果新闻发布会”，于2006年11月9日上午10时，在中科院上海学术活动中心举行。由上海生理研究所研究的“牛奶去乳糖”技术通过鉴定并投入生产。该技术采用物理方法把乳糖从牛奶中去除，而牛奶中的其他营养成分不丢失，营养配比不改变。这将给不适宜吃糖而又需要营养的人，特别是乳糖不耐症人群和中国4千万糖尿病人带来福音。根据检索和专家评定，该项技术在世界上处于领先地位，现已申报国家专利。这项发明专利不同于现行的酶法和发酵法。它依据牛乳和乳糖的理化性质采取组合方案，以多级膜分离技术和离心处理工艺，去除牛乳中的乳糖，降低总糖含量，且基本保留了牛乳营养的精华、理化特点和口感风味。这将使广大的消费者对乳制品有更多的选择。经过该项技术处理的牛乳，其乳糖含量为0.5%，大大低于常规值的4.2%。

四、水产品加工业

（一）产业发展状况

改革开放20多年来，我国渔业及渔业经济发生了巨大变化。我国水产品人均占有量超过了世界平均水平，“吃鱼难”早已成为历史，渔业生产正持续、快速发展，水产品产量以年均15.5%的速度递增。渔业工作重心由数量增加型向质量效益型转变，水产品加工业取得长足的发展，整体实力明显提高，加工技术水平不断上升，质量卫生意识大大增强，一批龙头加工企业与名牌相继涌现，品种结构合理，产品多样化，并已成为水产品出口的主导产品。自1990年以来，我国的渔业产量一直名列世界首位，2000年达到4 279.0万吨，人均占有量33.8公斤。到2006年，我国水产品总量为5 290万吨，同比增长3.7%，已连续10多年名列世界首位（如表35所示），淡水产品比前年增长6.15%，其中甲壳类水产品的增长速率较快，海水产品增长速度趋于平稳。我国目前已形成了冷冻冷藏、腌熏、罐藏、调味休闲食品、鱼糜制品、鱼粉、鱼油、海藻食品、海藻化工、海洋保健食品、海洋药物、鱼皮制革及化妆品和工艺品等十多个门类，有的产品生产技术已达到世界先进水平，成为推动我国渔业生产持续发展的重要动力，成为渔业经济的重要组成部分，水产品出口占据出口农产品首位，在农产品出口及外贸出口中具有突出的地位。多年来，虽然我国水产品加工业有了长足的发展，水产品加工能力有了较大的提高，加工企业发展迅速，加工产品的种类和产量快速增长，加工技术及装备建设成效明显，但与发达国家相比，仍存在有很多不足，主要体现在水产品的加工资源严重衰退、基础研究薄弱、加工与综合利用率比较低、加工产品品种少附加值低、装备落后、标准体系不健全、产品质量不高等方面。

表35　2006年全国水产品分类产量

单位：万吨

分　类	淡水产品（增减比例%）	海水产品（增减比例%）
鱼　类	2 124.6（5.74%）	1 037.3（－0.14%）
虾蟹类	183.3（11.99%）	340.8（5.18%）
贝　类	57.0（5.70%）	1 203.9（4.14%）
藻　类	0.8（34.41%）	153.4（－0.46%）
其　他	36.8（2.72%）	151.9（－7.88%）
合　计	2 402.7（6.15%）	2 887.3（3.7%）

数据来源：中国渔业年鉴2007

（二）市场与贸易状况

（1）国外需求大，外贸逐年增长。2006年，在国家宏观政策的指导和调控下，水产品市场升级改造步伐进一步加快，流通和交易环境得到进一步改善。据统计2006年我国水产品出口总量达301.5万多吨，贸易金额达93.6多亿美元，2006年我国鳗鱼和罗非鱼出口量达16.4万吨，金额达9.7亿美元以上，同比增长17.4%和18.7%，水产品进出口实现贸易顺差50.6亿美元，比上年增加16.3亿美元。水产品出口额占农产品出口总额的30%，继续位居大宗农产品出口首位。日本、韩国、美国及欧盟仍是我国水产品主要出口市场，占水产品出口总额的88.6%，与上年基本持平。世界对水产品市场的需求也稳中有升，据FAO研究表明：世界水产品产量、总消费量、水产品需求量和人均食品消费量在今后30年里将继续增加，全球预测的人均水产消费量将从目前约16公斤增加到2030年的19~21公斤；亚洲经济的崛起使亚洲各国对水产的需求不断增加，仅日本水产需求就占全球的10%，而美国、欧洲和日本则是世界上高附加值加工水产品进口需求最大的市场。

（2）消费水平提高，水产品市场前景良好。新世纪，我国人民生活水平进入小康阶段，经济收入的增加使得人民生活水平显著改善、消费水平不断提高、膳食结构得到明显优化，对食品消费特别是水产品消费提出了更多要求。对深加工产品的消费增加，饮食消费已开始进入追求高质量、多元化阶段，对水产品的需求呈现多样化、方便化、营养化、安全化、个性化的新特点，因此，中低档水产品及其加工产品深受市民的喜爱。青、草、鲢、鳙、鲤、鲫等经济鱼类既是我国淡水养殖的主体产业，又是我国水产品市场供应的主导产品，其产量占淡水养殖总产量的70%以上。因其价廉物美，以鲜活鱼为主，常年供应，很受消费者欢迎，对稳定我国水产品市场、改善城乡居民饮食结构起了很大的作用。但由于过分追求养殖产量，轻视质量，造成淡水鱼肉质欠佳，销量减少，价格走低。2006年，北京的“福寿螺”事件，上海“多宝鱼”事件以及香港的“鳜鱼”事件，造成其产品长时间的停售，生产者、经营者都遭受了重大的经济损失，多宝鱼销售及价格至今未能恢复到原有水平。湖泊和水库养殖方式的水产品单产水平远低于池塘养殖单产，水产质量优于池塘养殖方式，其价格走势相对平稳。近年来，青、草、鲢、鳙、鲤、鲫等经济鱼类的市场零售价一直稳定在6~12元/公斤。

（3）大宗淡水鱼产品占据水产品贸易重要地位。目前我国淡水鱼在满足国内市场的同时，已有较多出口数量，淡水鱼加工产品贸易在我国出口经济中占有重要地位。除了鳗鲡、罗非鱼和斑点叉尾鮰出口较多外，其它的淡水鱼产品出口量甚少。随着近年来国际市场鳕鱼资源的锐减，欧洲、日本、韩国鳕鱼片市场寻找新的替代品，罗非鱼因其具有与鲷鱼、鳕鱼类似的肉质鲜美，富有弹性、骨刺少、蛋白质含量高、营养价值好等特点而越来越被市场接受，全世界对罗非鱼消费需求的数量和质量逐年上升。2006国内自产水产品出口额占水产品出口总额的63.2%，其中，养殖水产品出口额46.4亿美元，占水产品出口总额的49%，鳗鱼、罗非鱼出口分别是7.3亿美元和3.7亿美元。鲢鱼、鳙鱼、罗非鱼、鳗鱼、鲮鱼和鲟鱼等是我国的大宗养殖淡水产品，这几种淡水鱼养殖成本较低、产量高、价格低、实施加工产业化经营的效益高、风险小，实施加工产业化的潜力大，是进行加工开发优先重点开发的对象。烤鳗、冻罗非鱼片、豆豉鲮鱼罐头、鲟鱼籽、冷熏鲟鱼片、冻鲟鱼片等优势的淡水加工产品的优先发展将有利于提高我国水产品国际竞争力，增加我国水产加工产品在国际市场的占有份额。另外值得一提的是，虽然这些大宗淡水鱼加工产品，在国际市场占有重要的地位，但由于工艺技术水平、质量管理体系、生产设备等比发达国家落后，再加上技术贸易壁垒，要真正促进该产业的持续、健康发展，还需要提高的产品的档次和质量形象，必须加强技术改进力度，发明新的加工工艺，要研究和建立质量保障控制体系，更需要政府在政策上的扶持。

（4）发展深加工，抵御贸易压力。随着生产成本不断上涨，汇率变动增大了出口压力，欧盟、日本相继颁布更加严格的质量安全法规和标准，美国继续征收对虾反倾销税，2006年上半年水产品出口增幅一度回落。面对压力，企业加快转变出口增长方式，及时调整产品结构，开发符合国标市场需求的深加工品种，避免恶性竞争。对虾、罗非鱼、贝类、斑点叉尾鮰深加工技术日臻成熟，全年深加工对虾出口占对虾出口总额的83%，同比增长53.4%；贝类深加工出口额增长率高达30%。水产品深加工发展，不仅增加了产品附加值，提高了投资收益率，而且在生产成本上涨和人民币升值的情况下，为水产品价格的上升创造了一定空间。

（二）加工技术装备与工艺水平状况

1. 加工能力稳步增长

纵观近几年我国水产品加工业发展的现状，呈现以下特征：加工企业多、加工产量大，而且加工比例有所提高。从近几年的统计数据显示，水产品加工企业不断增加，如表34所示，2006年达9 549家比2002增加了1 407家，增幅达17.3%。水产品加工能力和总产量随之增长，5年间水产品加工能力增长了67.7%，水产加工业产值占总产值的比重由15.4%提高到18.0%。2006年我国水产品加工产量所占总产量的比例达到30.9%，正按每年增长速度稳步前进。水产品加工总产值的增幅比总产量增幅大，近五年水产品加工总产量年均增幅为15%左右，而总产值的增加高达20%，且呈逐年递增趋势，水产品经深加工后产品附加值有了明显的提高（见表36）。水产品供应已由短缺经济进入到了相对充裕的卖方市场，成为我国国民经济中的相对独立的产业，成为发展高产、优质、高效农业的重要组成部分。

表36　2002～2006年全国水产品加工能力状况

年份	加工企业数(个)	加工能力(万吨/年)	总产量(万吨)	总产量增长率(%)	用于加工水产品(万吨)	占水产品总产量比率(%)	水产品加工产值(亿元)	占渔业总产值比率(%)
2002	8140	1224.7	794.6	13.1	1029.4	22.55	761.1	15.4
2003	8287	1306.3	912	12.9	1181.4	25.10	915.4	15.8
2004	8745	1426.6	1031.9	11.6	1382.3	28.20	1107.5	14.6
2005	9128	1696.1	1195.5	15.9	1548.7	30.36	1321.1	17.3
2006	9549	1799.4	1332.5	11.5	1634.7	30.90	1543.4	18.0

数据来源：中国渔业年鉴2007

据统计，2002～2006年间全国水产品加工产量增长了67.7%，而同期水产品加工产值却增长了1倍，可见水产经深加工其附加值得到显著的提高。而且，机械化程度的提高将进一步增强我国加工产品在国际上的整体竞争能力，适应国际市场的需求。随着技术的进步，瞬间高温杀菌技术、真空浓缩技术、微胶囊技术、高效浓缩发酵技术、膜分离技术、微波技术、真空冷冻干燥技术、无菌贮存与包装技术、超高压技术、超微粉碎技术、超临界流体萃取技术、膨化与挤压技术、基因工程等高新技术正在不断扩大在水产品加工业中的应用，这必将大大提高水产品加工业的技术含量和企业技术改造的力度。

2. 产品的种类和产量快速增长

近20年来，我国水产品加工的比例和经济效益在逐年提高，精深加工比例也越来越高，产品结构也在不断优化。鱼类、虾类、贝类、中上层鱼类和藻类加工工业体系正在建立并逐渐完善，已基本形成模拟水产品、水产保健食品、美容食品、新型水产饮料、调味品、干制品、熏制品、罐制品及动物钙源等近千种产品系列。在烤鳗、鱼糜和鱼糜制品、紫菜、鱿鱼丝、冷冻小包装产品、海藻类等方面食品大规模地被开发和推广，不仅品种繁多，而且质量也达到或接近世界水平。在综合利用方面也研制出了一大批新产品，如水解鱼蛋白、蛋白胨、甲壳素、水产调味品、鱼油制品、水解珍珠液、中华鳖精、紫菜琼胶、卡拉胶、河豚毒素和海藻化工产品等，其中大部分已投入生产，获得较好的经济效益。在海洋药物方面，如藻酸双脂钠、海星代血浆和甘露醇烟酸脂等相继研究成功，有的也投入生产。目前已研究发现了100多种新的有活性的海洋天然化合物，未来几年可望有一批新的海洋药物投入临床应用。

在消费市场上，除了鲜活水产品外，冷冻品、干制品、腌熏制品仍然是市场消费的主体。由表37可见，近几年来，我国各类水产加工品的产量均表现为逐年增长的发展趋势，除罐头制品略有下降外其余都呈现较大幅度的增长。上述三大类水产加工品占整个水产品加工市场的80%。冷冻制品的产量占水产加工品总量的59%，冷冻制品一直以来都是数量增长之冠。近几年来价廉物美的保藏方式已越来越被广大消费者所接受，由于这三大类产品加工成本相对较低，风味独特，加之近年来，高速公路和冷藏链的迅速发展，因此，这几类产品在未来很长一段时期内仍将主导消费市场。反映出我国的水产品加工业仍然是以粗加工为主。

表37　2003～2006年我国水产品加工产品的主要种类和产量

单位：万吨

年份	冷冻制品	鱼糜及干腌制品	动物蛋白饲料	罐制品	鱼油制品	占加工总量比率
2003	543.4（59.6%）	150.1（16.5%）	129.1（14.2%）	14.5（1.6%）	—	91.8%
2004	599.3（58.1%）	170.4（16.5%）	168.2（16.3%）	14.3（1.4%）	2.3（0.2%）	92.3%
2005	725.8（60.7%）	194.5（16.3%）	165.4（13.8%）	17.7（1.5%）	1.8（0.2%）	92.4%
2006	819.7（68.6%）	230.7（19.3%）	171.6（14.4%）	22.3（1.9%）	3.4（0.3%）	93.6%

数据来源：中国渔业年鉴2007

3. 技术及装备建设成效明显

改革开放的政策为我国水产加工业引进国外先进技术和设备创造了条件，加上我国科技人员的努力，一大批新产品、新设备被开发出来。现全行业有冷冻调理食品、鱼糜和鱼片生产数百条，烤鳗生产线50余条，紫菜精加工生产线170多条，干制品生产线100多条，盐渍海带、裙带菜生产线50余条。此外，还引进了许多鱼糜食品、模拟食品、鱿鱼丝、冷冻升华干燥、单冻和冷冻调味食品等的生产流水线或单机。沿海一些加工企业与外商合作、合资等多种形式引进技术、资金、设备和管理技术，转变了企业的机制和体制，改变了产品结构，扩大了生产规模和市场。在加工机械研究方面，我国自行设计和制造了冷冻保鲜船和冷却海水保鲜船，一批加工机械如鱼糜、湿法鱼粉、平扳冻结、烘房、杀菌器和紫菜加工机械等被设计和制造出来,不仅改善了工人的劳动条件,也提高了产品质量和效率,保证了产品的质量安全。

我国的水产冷库数、冻结能力及冷藏能力也有了较大提高，使加工原料及加工产品的质量进一步提高。由于强化了海上生产保鲜，保证了运回水产品的鲜度。近几年来，我国的水产冷库建设趋于稳定，连续几年增长幅度不大。如表 38 所示，实际冻结能力、冷藏能力、制冰能力都又有所增加，说明减少的可能是一些小型冷库，而中型冷库数有所增加，而万吨型的大型冷库目前已基本停止建设。

表 38　2003～2006 年我国水产品冷冻企业的发展和生产能力

年　份	冷库数（座）	冻结能力（万吨/天）	冷藏能力（万吨/次）	制冰能力（万吨/天）	制冰总量（万吨）	冷藏总量（万吨/天）
2003	5 864	21.3	207.9	8.7	891.2	10 050.6
2004	5 964	25.1	218.1	10.1	765.9	18 240.8
2005	6 328	26.4	256.7	13.0	809.4	9 903.8
2006	6 552	29.6	283.2	15.2	859.7	8 064.1

数据来源：中国渔业年鉴 2007

4. 加工技术基础研究少，自主创新能力不强

要转变水产加工业的增长方式，人才和研发经费是关键。我国水产品加工领域基础研究起步较晚，应用研究和高技术研究较为薄弱，学科间的相互渗透不够，缺乏自主技术创新。由于 20 世纪末以来国家对水产品加工技术研究支持减少，科研经费相对不足，很多科研机构无法从事系统深入的应用基础理论研究。基础性研究是应用型研究的后盾和技术保证。没有高质量的基础性研究作为基础及前导，发展水产加工业就等于纸上谈兵。忽视基础性研究，是导致水产品深加工理论基础缺乏，影响我国水产加工业发展的主要原因。水产品基础性研究投资高，风险大，周期长。我国企业本身，一是没有能力研究；二是即使有能力，因为无法立刻看到现实的效益，投资积极性也不高，因此迫切需要政府的支持。我国从事水产品加工的科研机构也较多，主要包括科研单位、大专院校、企业研发机构等单位，这些科研机构隶属国家（部门）、省（区）及企业，分设或挂靠在不同的管理部门而使相应的沟通、合作和联系不紧密，加之科技投入不足，限制了科研水平的整体提高。这些年政府的主要精力放在“以养殖为主”上，尽管对水产加工业也大力支持，但实际政策扶持不够，对基础性研究投资少，关注少，引导力度不大。因为水产业是由捕捞、养殖和加工三足支撑起来的一项产业，而目前加工力量明显薄弱，这不仅在一定程度上制约了捕捞和养殖业的发展，而且在与国际同类产品竞争中处于明显的不利地位，应引起主管职能部门的高度重视。与国外的水产行业比较，我国对水产品加工的重视程度最低，并且我国整个水产品加工行业的基础薄弱，系统性差，水产品加工业的科研自主创新能力低。一是我国缺乏科技创新和技术创新融资渠道，不能为科技创新和技术创新提供长效的资金支持，科研开发投入远远低于发达国家；二是创新主体错位，发达国家技术创新主体是企业，科技创新主体是政府和科研机构，而我国科技创新和技术创新的主体都是政府和科研单位，缺乏创新的主动性。由于企业不是技术创新的

主体，导致技术创新与实际需求脱节，成果转化率低。

5. 精深加工比例较低，废弃物综合利用少

据不完全统计，到2006年底，全国水产品加工企业有9 549家，比上一年增加421家，增长4.6%，年加工能力1 799.4万吨，比上年增长6.1%，实际水产加工品总量为1 332.4万吨，其中淡水加工产品117.22万吨，其中主要以冷冻水产品、鱼糜制品、鱼干制品、鱼油及鱼粉饲料等加工产品为主。水产品加工产量所占总产量的比例达到30.9%，但产量超过100万吨的9个淡水渔业大省生产淡水产品达1 825.4万吨，用于加工产品的原料总量只有87万吨，仅占6.2%，表明我国目前淡水鱼仍以鲜销为主，海水产品加工率要比淡水产品高。表明目前水产品仍以粗加工为主，精深加工产品的比例不高。另外水产品加工后产生的废弃物尚未得到充分的利用，而这些废弃物中仍含有大量蛋白质、高度不饱和脂肪酸、有机钙、甲壳素等多种营养成分和活性物质，如何利用这些废弃物是体现加工水平的一个重要方面。国外淡水鱼加工产品主要有：整条冻鱼、冻鱼片、鲜鱼片、腌熏制品、罐头制品、鱼糜制品、烤鱼片等，而我国淡水产品形式以鲜品为主，其次为经过冷冻加工的冻品，然后是罐头制品和腌制品。与发达国家及我国其他农产品加工现状相比，我国在淡水产品加工比例、加工程度及劳动力分配等方面都存在很大差距，除了烤鳗、豆豉鲮鱼罐头及罗非鱼产品已形成一定的产业规模外，其他淡水鱼加工企业都呈现加工规模小，产品种类少，技术含量低，管理落后和产品研发滞后等现象。我国淡水鱼产量与加工比例严重失调，已经成为制约淡水鱼养殖业发展的瓶颈，从另一角度看来，在突破瓶颈后可换来更大的发展空间。

（三）区域布局状况

由于资源区域优势及出口带动了水产品加工业的非均衡发展，初步形成某些产品集中加工基地并具有很强的地方特色。从2006年渔业经济分析中可以了解到我国水产加工产业的一些特点，如表39所示，水产品产量由高到低依次为山东、广东、福建、浙江、辽宁、江苏、广西，这七省占全国水产加工品产量的70%以上，由于近年内陆地区渔业经济也得到相当的发展，像湖北、四川、湖南等省份大力发展内陆养殖渔业取得明显的成效，沿海省份所占的比例将有所下降。我国的水产品加工企业基本上分布在沿海省份，有接近90%的水产品生产企业都分布在沿海城市，而7省的加工产品产量达到131.0万吨，占全国水产加工品的92.7%。各省的加工能力由高到低依次是山东、浙江、福建、辽宁、广东、江苏、海南，平均比例为43.1%，高于全国平均水平，反映出沿海的水产品加工比例明显高于内地。其中有些明显的现象，由于山东省2006渔业经济为1461亿元，占全国的17%，因为其不但有丰富的水产资源，还有其对水产品加工的高度重视，山东省水产加工比例居全国首位，另外山东省进料加工水产品数量大，导致其水产品加工比例远高于其它省份。辽宁省虽有丰富的资源但水产加工企业不多，导致全省的渔业产值及加工产值都不高。尤其值得注意的是浙江的产效比提高较快，由原来全国排位第五跃升为第二，说明精深加工比例提高较快，江苏虽然加工比例不及全国平均的一半，但由于大量加工烤紫菜和调味紫菜，且都出口，所以经济效益非常明显。

多年来，各地区围绕优势产品、特色产品发展水产品加工业，在全国范围内形成了一批特色鲜明的水产品加工产业带，推动本地区渔业整体素质的提高，除对虾、鳗鱼、罗非鱼等优势区域布局已具规模外，其它品种也正在形成产业带发展格局，如斑点叉尾鮰加工已在湖北、湖北、江西地区已形成区域布局；藻类加工出口已在大连、江苏等地形成区域分布。目前我国水产加工企业大多集中在沿海地区，在这些地区政府部门对水产加工业十分重视，分别制定了优惠政策，加上外资企业的积极介入，这些地区水产加工企业发展迅速，成为我国水产加工业的主力军。目前我国淡水渔业加工企业布局和区域布局基本以原料产地为依托，实行就地就近加工。湖北省已形成了小龙虾和斑点叉尾鮰两大主导品种，国际市场竞争力不断增强，出口取得了突破性发展。广东、广西、海南主要是罗非鱼加工出口贸易为主。2007 年广东罗非鱼出口量达 12.8 万吨，价值 2.8 亿美元，分别比 2002 年增长 5.7 倍和 7.8 倍，5 年间的年均增长率分别高达 46.5% 和 54.6%，继续高居我国罗非鱼出口榜首，加工企业今后应加大罗非鱼精深加工的科研支持力度，不断开发适应国内和国际市场急需的罗非鱼加工制品，不但要巩固和发展原有的出口品种，还要开发适应欧美及世界不同地区、不同消费群体对罗非鱼深加工产品的消费要求，不断提高罗非鱼深加工的附加值。海南省出口总量居全国第二位，罗非鱼已成为海南省农产品出口第一大品种。福建、浙江地区等以加工鳗鱼为主；山东、辽宁等地以海水产品的深加工见长，湖南、安徽、湖北、江西、四川等中西部及北方地区主要是研究鲢鱼、鳙鱼和鲟鱼等加工开发。水产加工业带发展不仅使水产品资源得到了有效的利用，提升了资源的价值，实现了产业增产增效，而且解决了剩余劳动力就业。

表 39　2006 年我国沿海省份水产品加工状况

项　　目	全国	山东	广东	福建	浙江	辽宁	江苏	广西	合计	比例(%)
水产品总产量(万吨)	5290.4	745.9	724.0	600.0	485.3	439.8	405.0	331.4	3731.5	75.2
加工品产量(万吨)	1332.5	509.3	131.0	185.1	191.4	131.9	62.0	25.1	131.0	92.7
用于加工水产品(万吨)	1634.8	662.1	170.3	240.6	248.8	171.4	80.6	32.6	1606.5	91.7
加工原料占总产量比例(%)	30.9	88.8	23.5	40.1	51.3	39.0	19.9	9.8	43.1	—
渔业产值(亿元)	8578.3	1461	1139	1000.1	1104.5	648.3	849.1	192.5	6394.5	74.5
加工产值(亿元)	1543.4	475.7	166.2	197.2	360.1	117	87.6	7.8	1411.6	91.5
加工产值占总产值比例(%)	18.0	32.6	14.6	19.7	32.6	18.0	10.3	4.1	22.1	—
加工企业(个)	9549	1840	1142	1366	2309	758	779	176	8370.0	87.7

数据来源：中国渔业年鉴 2007

（四）标准体系与质量控制状况

水产品质量管理工作得到充分的重视，水产品质量监督检测体系逐渐成形。水产品质量管理工作随着我国社会生产的发展和整体技术的进步，正在逐步健全并参照国际惯例，开始实行水产品质量认证、产品抽查制度和个别产品的许可制度，明显地促进了某些产品的质量改善。积极开展了无公害水产品生产基地认定和无公害水产品认证工作，不断推进建立大中城市批发市场水产品准入制度，确定了全国 69

家无公害水产品产地环境检测机构。加强了水产品药物残留监控和禁用药物专项整治工作，生产经营秩序逐年规范。多次开展了氯霉素、恩诺沙星、孔雀石绿等重点禁用药物的专项治理，渔用药物使用逐渐规范。一系列水产品安全事件（如福寿螺、大闸蟹、多宝鱼等）引起了上级主管部门的高度重视，在一定程度上促进了学科支撑体系建设不断扩大和完善，科研队伍及科研能力不断加强，为新时期渔业实现又快又好得发展奠定了基础。一年来各级渔业行政主管部门加大了对养殖环节的监管力度，规范生产行为，严查生产记录，用药记录等档案落实情况，加强药物残留的监控。全年对产地5 479个样品开展检测，药物残留合格率达到98.6%。在政府加强监管的同时，企业也积极探索“公司+基地+标准化”的生产管理模式，着力构建加工企业和养殖企业的连动方式，规模化、规范化的发展机制。

经过20多年的努力，我国的水产标准化工作取得了可喜的成绩，建立起了以水产国家、行业标准为主体、地方标准、企业标准相衔接、相配套的比较健全的水产标准体系。这一体系体现在法律法规、标准建设、质量检测、环境监测、病害防治、质量认证等方面，实施范围包括从养殖、加工到餐桌管理的全过程，确保提供给消费者符合卫生安全标准的高质量的水产品。迄今为止，现行水产国家标准、行业标准已达640项，其中国家标准65项，行业标准575项。这些标准中，养殖标准224项，水产品加工标准125项，渔具及渔具材料标准62项，渔机及仪器标准56项，渔船标准150项，其他综合和工程类标准23项，无公害食品标准70项。渔业标准化体系正在逐步完善并建立起以国家标准、行业标准为主体，地方标准、企业标准相衔接、相配套的渔业标准体系。这些标准在促进产业结构调整和保持渔业经济持续、健康、稳定发展的过程中，为渔业组织生产、规范化管理和开展贸易活动提供了相关准则和依据，特别是在加强水产品质量安全管理的新形势下，为健全质量安全管理体系提供了较好的技术支撑和保障，产生了很好的经济效益和社会效益。

我国在法规体系建设方面起步晚，缺乏统一的标准和监控体系，没有完全与国际标准接轨，水产品质量时常出现问题。我国水产品加工业的质量标准体系、检验监测体系、食品安全控制体系及质量认证建设相对滞后，在发达国家已普遍接受的SSOP、GMP、HACCP等质量管理与控制体系及标准，在我国只在一些出口型或大型企业开始实施，很多企业对HACCP体系的内涵和意义认识不够。据不完全统计，我国通过HACCP质量控制体系认证水产品加工企业503家，占6.4%，通过欧盟认证的企业196家，占2.5%，数量明显偏低。自我国加入WTO后，明显感到我国出口水产品受到进口国相关的技术壁垒的限制，而国内相关产品的标准制定明显滞后，从而使得国内水产品市场易受国外进口产品的冲击。我国水产品加工虽已逐步健全了质量保证体系，但出口贸易与发达国家相比尚有一定的差距。加入WTO后，水产品的质量和标准问题至关重要，在淡水产品加工过程中，应严格按照ISO9000系列质量标准和ISO14000系列管理标准，同时在生产工艺流程中推行危害分析重点控制（HACCP）方法，实行良好的操作规范（GMP）和安全卫生监控体系，使水产品从生产标准到商品标准与国际接轨，以适应扩大出口的需要。我国必须加强水产加工企业产品的质量和安全认证，争取在更多水产加工企业通过 HACCP 认证。同时加快产品标准体系的建立，争取在近年内所有水产加工品都有国家标准。这样，既有利于扩大水产加工品的出口，又有利于保护国内市场。

（五）行业管理状况

在我国水产品加工行业得到各级领导重视，在不同的发展时期提出针对水产品加工发展的指导思想。“十五”期间，水产品加工得到了党中央和国务院的高度重视。农业部先后发布了《优势农产品区域布局规划》、《全国主要农产品加工业发展规划》、《农产品加工业发展行动计划》等重要文件，明确了水产品加工业的发展重点和布局。指出今后水产品生产和加工要以大宗产品、低值产品和废弃物的精深加工和综合利用为重点，优化产品结构，推进淡水鱼、贝类、中上层鱼类、藻类加工产业体系的建立，培植和引导一批具有活力的水产品加工龙头企业。通过加快企业技术改造，促进适销对路的加工产品的开发，发展既有营养又食用方便的加工食品，不断提高国内外市场占有率。我国水产加工业得以良性的发展离不开国家相关政策正确指引。

我国水产品加工业的管理涉及机械、农业、轻工、食品、粮食等行业，属于多头管理的分散行业，没有统一的管理部门，各行业根据自身需要开展工作，行业间互相交叉、重复管理。生产管理、质量管理、产品营销等以企业行为为主，重大技术创新、技术攻关和新产品开发等课题立项以及区域优势布局以政府行为为主。我国涉及水产品加工的科研机构较多，主要包括科研单位、大专院校、中介组织和咨询单位等，这些科研机构分设或挂靠在不同的管理部门和行业协会，宏观管理比较混乱，各行业协会没有起到应有的协调、管理、咨询等作用。发达国家水产品加工业具有完善的宏观管理体系和严谨的科研机构设置，大部分国家由政府设置了农产品管理部门，也有的国家由行业协会执行管理职能。发达国家的宏观管理，主要是对农产品加工业进行有效的环境支撑，如政策支持、中介服务、技术监督、投资融资、人才培养等。发达国家科研机构的主体在企业，许多企业还建立了专门的研究开发（R&D）机构和开放实验室，开展基础研究、新产品开发、和市场推广等工作，科技开发投入约占企业销售额的 10%，由于科研的主体是企业，因此科研成果可以及时转化。另外，在发达国家，从事水产品加工的科研院所与企业结合紧密，很大一部分科研经费来自企业，也促进了科研成果的及时转化。

面对国际市场，建立行业协会，是发达国家一贯采用并行之有效的措施。国外农产品之所以能迅速抢占我国市场，最重要的一条就是他们背后有强大的代表农民和企业利益的专业协会在有效地运作。目前我国建有的水产品加工协会分别有山东的鱼粉协会、广东的罗非鱼加工协会、福建的烤鳗加工协会、湖北的淡水鱼加工协会、威海的鱼糜制品加工协会等。随着水产品出口贸易的不断发展，行业协会在规范水产品出口秩序，应对国际贸易纠纷中发挥着越来越重要的作用。福建长乐鳗业协会将 76 家鳗鱼养殖场组织起来，采取“统一采购、统一送检、统一价格，统一配送”方式，直接从渔药厂购买渔药。广东塘鱼协会发生在输港活鱼检出孔雀石绿药物残留后，立即对会员养殖场进行调查，并待港方查明真相后，代表全体会员与香港方面及时交换意见，维护了内地养殖企业的全法权益。湖北、江西两省水产行业会面介入养殖生产加工过程，依靠利益连动机制，发展“公司＋协会＋农户（基地）”模式，把分散经营的千家万户与市场联结起来，有效发挥了带动作用。

五、特色农产品加工业

（一）茶叶加工业

1. 产业发展状况

（1）产量持续增长。2006年，全国茶叶产业继续保持稳步发展。2006年，全国茶园面积达到143.1万公顷，较上年增长6%，为世界上茶树种植面积最大的国家；茶叶产量又创新高，达到102.8万吨，较上年增长10%，约占世界茶叶产量的30%，继2005年我国茶叶总产量超过印度，成为世界第一大生产国后，又取得了新的历史性突破。以茶饮料为标志的茶叶深加工产业，继续保持较快发展（见表40）。

（2）产品结构趋向优化。近年来，我国茶叶加工业以市场为导向，产品结构不断调整优化，有资源比较优势和市场竞争力的产品发展迅速。

表40　2001～2006年全国茶叶种植面积和产量

年　份	中　国		世　界	
	面积（万公顷）	产量（万吨）	面积（万公顷）	产量（万吨）
2000	108.9	68.3	257.9	291.4
2001	114.1	70.2	263.8	303.5
2002	113.4	74.5	264.6	304.3
2003	120.7	76.8	271.3	315.3
2004	126.2	83.5	277.5	323.3
2005	135.0	93.5	285.6	325.0
2006	143.1	102.8	293.0	352.3

茶叶初加工产品。2006年，绿茶产量达到76.4万吨，比上年增长10.6%；乌龙茶达到11.6万吨，比上年增长11.5%；红茶加工受出口效益下降的影响，处于停滞状态，红茶产量为4.8万吨，与上年基本持平；普洱茶生产成为2006年的亮点，在商家、媒体共同鼓动下，普洱茶出现异常增长，产量达8万吨，比上年增长达29%；白茶和黄茶虽然所占比重很小，但发展很快，增长幅度也在30%以上。由于茉莉花产区气候异常，茉莉花产量比上年下降了10%，导致窨花绿茶加工量比2005年有所下降，2006年约为8万吨。

从茶类结构看，绿茶的优势地位进一步稳固，乌龙茶有较大发展潜力。2006年，绿茶占茶叶总产量74.3%，乌龙茶占11.3%，红茶占4.7%，紧压茶、白茶、黄茶等其他茶占9.7%。从产品档次看，提高高档茶的比重是茶叶加工业持续增效的重要途径。2006年全国名优茶产量仍然保持增长，名优茶产量达到39.2万吨，比上年增长41.3%，占茶叶总产量的38%。

茶叶深加工产品。茶叶深加工产品包括即

茶饮料、速溶茶、茶多酚等。近年来，茶饮料产业由前两年快速发展转变为稳步发展。2006年，茶饮料生产量达到500万吨，茶多酚生产出现好转的势头，茶多酚生产量达到2 000吨。深加工用茶由2000年的3万吨增加到2006年的6万吨，约占茶叶总产量的6%。

（3）加工企业集聚度提高。目前全国有茶叶初精制加工厂6.7万家，平均每个加工厂的年加工能力约15吨。茶叶加工企业受以下因素影响，2006年开始呈现数量减少、规模扩大的苗头。第一，在政府政策引导下，一些经营业绩较好的企业主动整合、兼并，使加工企业规模扩大；第二，实施QS认证，使一部分条件简陋的茶叶加工厂被淘汰；第三，茶叶企业引进外来资金，扩大生产能力；第四，其他行业的企业投资茶产业。

茶叶龙头企业不断发展壮大。有8家企业入选国家级农业产业化龙头企业。各茶叶主产省也涌现出一批省级农业产业化龙头企业，据对浙江、福建、四川、云南、湖北、湖南、安徽等重点产茶省调查，有省级农业产业化龙头企业67家。

茶饮料加工企业集聚度高。全国有茶饮料、速溶茶生产企业近40家，其中大中型企业有15家，康师傅、统一、娃哈哈三大企业占主导地位，其销售额占整个行业的1/3。同时，世界著名食品饮料公司百事可乐、可口可乐、雀巢等开始进入我国茶饮料市场。

2. 市场与贸易状况

（1）茶叶内销。2006年，全国茶叶内销再创历史新高，茶叶内销量达到66万吨，比上年增加10%，销售额达到240亿元，比上年增加73亿元，上涨44%。

2006年，绿茶消费仍占国内市场主导地位，销售量约为38.5万吨，比上年增长10%，占市场总量的58%；花茶（主要以绿茶为原料再加工）销售8万吨左右，占市场的12%。乌龙茶销售8万吨，均占市场的12%；红茶1.5万吨，约占市场的2%；其他包括紧压茶、普洱茶、白茶、黄茶共10万吨，占市场的15%。

茶叶流通渠道逐步完善。茶叶产区、销区的市场软硬件改造和建设进一步加快，市场的服务功能进一步完善。大约有60%的茶叶是通过市场进行销售的。茶叶专卖店表现出强劲的发展势头，一些以商号为品牌的茶叶企业通过连锁经营扩张，如天福公司在全国有600多家连锁店，吴裕泰公司共开办了122家连锁店，张一元公司有85家店，更香公司有46家店。

2006年茶叶内销呈现以下特点：①绿茶销售稳步增长，绿茶销售增长主要得益消费人数的增加。②乌龙茶特别是铁观音的销售快速增长，铁观音由过去在少数地区消费逐渐向全国大中城市拓展。③普洱茶销售出现异常增长。在媒体宣传下，居民对普洱茶的认知度提高，部分不曾饮用普洱茶的居民开始尝试。但大量的普洱茶受商家操纵，囤积在中间商或收藏者手中。④地方政府举办的各式各样的茶文化节，媒体对茶产业的关注度提高，茶叶有益于健康的公益宣传明显增加，对促进茶叶消费起到了积极作用。⑤茶叶企业更加重视营销和广告宣传，品牌茶叶在市场中影响进一步扩大，规模企业的市场份额增加。

茶叶深加工产品中，茶饮料一枝独秀。2006年，茶饮料销售量超过500万吨，销售额已超过全国茶叶农业总产值。茶饮料市场与居民生活水平密切相关，目前，茶饮料市场具有两个特点：一是主要集中在大中城市，中小城市占有率还较低；二是主要集中在沿海经济发达地区，中西部市场占有率较低。茶叶深加工的发展，有力促进了茶叶产业链的延伸，使全国茶叶供需仍基本平衡。

(2) 茶叶出口。2006年，我国茶叶出口取得了重要成绩，出口金额首次突破5亿美元。据海关统计，2006年我国出口茶叶28.67万吨，与上年持平；出口金额5.47亿美元，比上年增长12.98%；出口平均单价1909美元/吨，比上年增长12.94%。

2006年，我国茶叶出口到116个国家和地区。进口量排前五位的市场分别为摩洛哥(5.68万吨)、日本(2.77万吨)、乌兹别克斯坦(1.90万吨)、美国(1.88万吨)和俄罗斯联邦(1.66万吨)。上述国家和地区的进口量、金额占当年我国茶叶出口总量、总金额的48.45%和45.34 %。

绿茶仍是我国最大的出口大类。2006年绿茶出口量达到21.9万吨，金额3.9亿美元，同比分别增长6.1%、18.0%。红茶出口3.15万吨，同比下降12.0%，出口金额4245万美元，同比增长6.3%。乌龙茶出口2.1万吨，出口金额5188万美元，同比分别增长11.8%和15%；花茶出口8 133吨，出口金额2 947万美元，同比分别下降58.0%和38.3%；普洱茶出口7 158吨，出口金额3 291万美元，同比分别增长12.8%和59.3%。

私营企业成为我国茶叶出口的主力军。2006年私营企业出口茶叶14.39万吨，出口金额2.65亿美元，分别比2005年增长了23.74%和42.5%，其出口量、出口金额分别占全国总量的50.19%和48.45%；国有企业出口10.91万吨，出口金额2.11亿美元，比2005年分别下降13.22%和4.52%，其出口量、金额分别占全国总量的38.05%和38.57%。

大部分企业出口规模较小。2006年，全国有386家企业出口茶叶，其中出口额在2 000万美元以上的仅有3家，1 000万美元以上的有15家，500万美元以上的有9家，200万美元以上的有24家，100万美元以上的有33家。50万美元以上的有41家，50万美元（不含）以下的有261家。

3. 加工技术装备与工艺水平状况

(1) 加工技术装备。2006年全国有专业茶机制造厂500余家，年生产能力达10万台以上，茶机总产值约为12亿~15亿元。浙江省是我国茶机制造业最集聚的地区，有70%以上的茶机产自浙江省。与此同时，福建、江苏、四川等省的茶机制造业也呈现发展的势头，并形成一定的特色。如乌龙茶加工机械主要集中在福建省生产，微波茶叶杀青干燥机械主要集中在江苏省生产，四川省等地的部分机械制造企业已进入茶机行业。由于茶机制造企业的规模还不大，竞争格局还没有进入稳态。

2006年，在政府政策的引导下，茶叶企业适应外部环境的变化，用于加工装备改造和升级的投入明显增加，茶叶加工机械化、连续化水平有了较大提高，全国茶叶加工机械拥有量约100万台，初步满足了茶产业发展的需求。首先，国家质监总局在茶叶行业全面推行QS认证。QS认证使茶叶加工企业的门槛抬高，茶叶加工企业为获得QS认证，对茶叶加工厂房、设备等条件进行改造、扩充。如浙江省2006年完成了1 000家茶叶初制加工厂的改造。第二，部分茶叶龙头企业为应对茶叶市场竞争越来越激烈、消费者对茶叶产品质量的要求不断提高的需要，建设标准化加工厂房和连续化加工生产线，提升茶叶加工技术装备水平。第三，劳动力紧缺和劳动力成本的升高开始凸现，促使企业加快名优茶加工的机械化、连续化。名优茶的机制率已达到70%以上。毛峰茶、芽型茶加工基本实现机械化，连续化生产线进入示范推广。

茶机研发和产业化取得新进展。摊青设备、微波杀青机、汽热杀青机、红外提香机等新设备投入批量生产，并在茶叶加工企业应用。针对不同类型的名优茶，开发生产出连续化生产线，使名优茶加工由单机作业走向连续化、标准化和规模化。

(2) 工艺水平状况。茶叶加工工艺的改进以清洁化、标准化、优质化为目标。我国大宗茶、名优茶加工工艺，一是适应机械化、连续化加工的需要进行变革，如龙井茶手工加工工艺分摊青、青锅、辉锅，采用机械化加工后，其工艺变为摊放、杀青、理条、做形、提香等工序。二是引入新手段，改进工艺水平，如将空调做青技术应用于乌龙茶加工，使乌龙茶品质提高。将汽热杀青技术、微波杀青技术等应用于绿茶加工，有利于提升品质。蒸汽热风混合杀青技术克服了传统蒸汽杀青的不足，使茶叶色泽绿翠；微波杀青技术减少了叶绿素、氨基酸、茶多酚、维生素等品质成分的损失。三是开发新工艺，提高茶叶品质，如将摇青技术、红外提香技术应用于绿茶加工，使绿茶的香气有明显提高。四是研制新工艺，开发新产品，超微绿茶粉、低咖啡因茶已进入产业化。五是针对不同类型的茶叶，优化工艺流程，确定标准化工艺参数，减少人为因素对加工质量的影响。

茶叶深加工产业是近年来刚兴起的产业，它是科技成果产业化的结晶。茶叶深加工企业面临两种技术选择，第一，采用当前最先进的技术，生产高端产品；第二，采用常规技术，降低生产成本。茶叶深加工技术主要包括提取技术、分离技术、浓缩技术、干燥技术、灭菌技术和包装技术。提取技术主要采用逆流技术，分离技术主要采用溶剂萃取、膜分离、柱层析和树脂分离技术，浓缩技术主要采用热浓缩、反渗透技术，干燥技术主要采用喷雾干燥、冷冻干燥技术，灭菌技术主要巴氏灭菌、超高温瞬时灭菌。由于常规技术所用的设备性能比以往有明显改进，因此常规技术还会存在。

茶叶深加工技术研发取得新进展，第一，将超临界 CO_2 萃取技术、逆流色谱等高新技术应用到茶叶深加工。第二，提高茶叶深加工技术的清洁化水平，减少深加工对环境的污染，提高产品安全质量。第三，降低新技术、新材料的使用成本，加快新技术推广。

4. 区域布局状况

茶叶初加工布局与我国茶园分布密切相关。我国茶区分为华南、西南、江南、江北等四大区域。华南茶区是我国最南部的茶区，包括福建省和广东省中南部，广西自治区南部，云南省南部及海南省、台湾省。生产的茶类有红茶、乌龙茶、黑茶和花茶等。西南茶区位于我国西南部，包括贵州省、重庆市，四川省大部、云南省中北部以及西藏自治区的东南部。该区茶类众多，有红茶、绿茶、黑茶和花茶等。江南茶区是我国茶叶的主产区，包括浙江省、湖南省、江西省，以及广东省和广西自治区的北部，福建省中北部，安徽省、江苏省、湖北省南部。该区生产的茶类有绿茶、红茶、乌龙茶、白茶、黑茶和花茶，茶叶产量大约占全国总产量的2/3，是全国重点绿茶区。江北茶区是我国最北茶区，包括甘肃省和陕西省南部、湖北省北部、河南省南部、安徽省北部、江苏省东北部以及山东省东部部分地区，主要生产绿茶。

我国主要产茶省有福建省（20.0万吨）、浙江省（15.2万吨）、云南省（13.8万吨）、四川省（11.3万吨）、湖北省（9.2万吨）、湖南省（7.6万吨）和安徽省（6.4万吨），上述七省的茶叶总产量占全国总产量的81.3%。

浙江省是全国最大的绿茶生产区，其次有云南省、福建省、四川省、湖北省和安徽省。福建省是全国最大的乌龙茶生产区，占全国乌龙茶总产量83.5%。湖南省是全国最大的红茶生产区，其次是云南省，分别占全国红茶总量的35.7%、21.7%。湖北省、四川省和湖南省是全国边销茶主产区，其产量分别占边销茶的33.4%、32.8%、31.6%。

茶叶精加工开始出现集聚。浙江省是全国出口绿茶精制加工基地，精制茶叶20万吨，其中有55%的原料来自于外省。

茶叶深加工主要集中在沿海地区。速溶茶加工企业主要集中在福建省、浙江省和广东省。茶饮料加工主要集中在浙江省、江苏省、上海市、广东省。

5. 标准体系与质量控制状况

随着人民生活水平的不断提高，消费者对茶产品的质量安全越来越关注，促使政府、企业更加重视茶叶质量标准体系与质量监控体系的完善。2006年我国茶叶生产标准化进程加快，到目前为止，已制定的有关茶叶国家和行业标准140余项，地方标准达数百项。茶叶加工标准化从过去重视产品标准逐步转向加工工艺标准化。为督促茶叶企业改进加工条件和提高技术水平，保证茶叶产品安全和质量稳定，国家质量监督检验检疫总局在茶叶行业加大实施QS认证的力度。据调查，2006年地市级以上龙头企业基本上通过QS认证。通过QS认证，企业内部的质量检验机构得到建立和健全，质量管理体系得到加强。部分龙头企业主动适应市场需求，开始进行大幅度的技术改造和设备更新，积极开展ISO9000、HACCP等质量管理体系的认证工作。

各级茶叶主管部门、质量监督部门加强茶叶质量监督检查，既了解茶叶质量动态变化，又可以督促企业加强质量管理，防止不合格产品进入市场。据农业部茶叶质检中心抽检结果，2006年有91%以上的茶叶产品质量安全水平达到或超过《无公害食品——茶叶》标准的要求。

6. 行业管理状况

茶业是我国特色产业，种茶地区主要分布在山区、欠发达地区，其产值和出口创汇尽管在全国农产品中所占的比重不大，但对增加上述地区的农民收入具有重要意义。因此，茶产业越来越受到各级政府的关注。

茶叶行业采取多头管理的模式。农业部管茶树种植、原料采收、茶叶初加工，中华全国供销合作总社分管精加工、内销，商务部分管出口。近年来兴起的茶叶深加工产业还未明确是哪个部门管理。从实际效果看，采取多头管理方式是弊多利少：一是容易造成相关部门的责任不明确；二是容易造成有关部门出台的政策不协调；三是容易造成大家均不重视对茶产业的支持；四是政府难以掌握茶叶行业总体发展情况；五是容易造成政府对茶叶行业的调控不到位，影响茶叶市场的有序竞争。

茶叶行业社会团体比较活跃。目前，茶叶行业有6家全国性社团，每个社团发挥自身优势，承接政府部门委托的任务和转移的职能，为茶叶企业、茶农、茶业工作者提供服务。

产茶省正着手理顺茶叶行业的统一管理，多数产茶省的做法是，第一，明确省农业主管部门作为茶叶行业的主管部门，第二，在主管部门指导下，成立茶叶产业协会，协助政府部门开展行业内部管理和协调工作，代表茶产业向政府反映民意。

（二）蜂产品加工业

2006年是“十一五”国民经济发展规划的开局之年，在宏观经济较快发展的大背景下，人民的生活水平不断提高，保健意识逐渐增强，市场对天然保健食品——蜜蜂产品的需求量逐年上升，国家对蜜蜂产业的政策支持和保障的力度逐年加大，2005年10月颁布的《蜂蜜 GB 18976—2005》强制性国家标准和2005年12月29日颁布的《中华人民共和国畜牧法》和《蜂产品市场准入实施细则》等法律、法规对于鼓励发展养蜂，规范蜜蜂产品的生产、加工和经营，维护行业的合法权益和健康发展等都起到了积极的作用，使蜜蜂产业的生产、加工、经营和质量安全等方面在2006年度均获得不同程度的发展。

1. 国内市场状况

2006年对中国蜜蜂产业来说是进一步规范发展的一年，质量普遍提高较大的一年，《蜂蜜》国家强制性标准，对假蜂蜜和蜂蜜造假行为进行了严厉的打击，有效地遏制了假蜂蜜的蔓延，为蜂蜜行业的发展提供了健康的环境。另外，2006年国家质检总局制定了蜂蜜、蜂王浆的食品安全市场准入实施细则（即生产许可证管理），提高了蜂产品生产加工的门槛，对提高蜂产品质量管理水平和蜂产品质量及安全性，规范蜂产品市场秩序等方面起到积极作用。

从2005年冬开始，至2006年春出现了全国性的持续干旱，特别是北方，蜂农称“是30年来未见的大旱”，影响部分蜂群春繁，蜂群的生产力受到影响，产品的原料价格上涨。

国内蜂产品消费市场的范围和深度有新的发展，企业的经营理念和营消方式不断创新。经济发达地区的市场消费保持较快发展速度，并有进一步扩大的空间，北京、上海、广州、南京、武汉、杭州、天津、沈阳、西安等大中城市的消费能力保持领先。随着市场的逐步扩展，企业的分销网络快速向中小城市和城镇延伸。传统的蜜蜂产品专卖店、连锁店、专柜继续发展，已达1万余个。电子商务等新的现代营销和经营方式不断出现并取得了不俗的业绩，带动了生产和经营的快速发展，改变了我国蜂产品由过去主要依赖国外市场的被动局面，国内市场的竞争也更加激烈。国内消费者对蜂产品的消费信心增长，与上一年度的同期相比，各种蜜蜂产品的内销量均有一定幅度的增长。

（1）蜂蜜市场。由于2005年蜂蜜库存少，蜂蜜涨价趋势自2005年底已见端倪。所以，2006年年初，油菜蜂蜜每吨开盘价就大大高于上年同期将近1 000元，达到4 800元左右。4月份以后，油菜蜂蜜价格一路攀升，每吨调拨价最后竟达8 000元左右，创历史最高。

洋槐蜂蜜的价格更是石破天惊，中原地区，洋槐开花期遭遇寒流，产量锐减，有的地方甚至绝收，洋槐蜂蜜，蜂农的见面价开盘便在每吨1万元以上。随后也是一路飙升，洋槐蜂蜜的调拨价高达每吨1.6万元左右，与去年同期的最低收购价相比翻了一番。

受油菜蜜和洋槐蜜的影响，荆条蜜的开盘价也比去年同期上涨了60%以上，调拨价在每吨8 000元以上。蜂蜜的总产量比上一年度略有减少，原料价格上涨达50%～100%。

蜂蜜生产加工厂家不能消化原料带来的涨价因素，纷纷从5月份起开始陆续上调瓶装蜂蜜的市场零售价格，上调幅度约在15%～30%之间。对蜂蜜的市场销售带来暂时性的不利影响，2006年的国内消费量约15万吨。

（2）蜂王浆市场。蜂王浆国内消费量达1 500吨以上，市场需求旺盛，增长迅速。2006年商务部将蜂王浆被列入2006年商品零售额增长幅度较快的商品，其增长速度为29.1%。

2006年4月初，安徽皖南地区春浆前期形势很好，合肥地区生产的蜂王浆中的王浆酸的含量较高，平均接近1.90%，与蜂农见面价为78～80元/公斤；中、后期阴雨低温，造成蜂王浆减产30%左右，价格上升到80～82元/公斤。同样，汉中地区早期的产情较好，油菜蜜打了3～4次，蜂王浆产量正常，王浆酸的含量平均低于1.85%，与蜂农的见面价为82～84元/公斤。但甘肃天水地区遭受寒流和沙尘暴袭击，蜂王浆减产1/2。4月15日至5月10日天水地区气温逐步回升，蜂王浆生产恢复正常，与蜂农见面价85元/公斤左右。此后，江苏、山东、河南等地气候也不稳定，蜂王浆产量不高。5月下旬至6月，河北及东北辽西地区蜂蜜产情较好，蜂农把主要精力放在价格猛增的蜂蜜生产上，蜂王浆需求不旺，价格随之下跌，东北蜂王浆与蜂农的见面价在65元/公斤上下。7月份是青海油菜浆的生产季节，前期价格降到70多元/公斤，但中后期持续低温阴雨，产量减半，价格开始不断增长，后期达到90元/公斤，原料价格上涨15%左右。

2006年蜂王浆质量安全情况明显好于往年，根据浙江“蜂之语”、南京老山、杭州常青、湖北扬子江等企业统计，抗生素合格率从2005年40%左右提高到60%以上，特别是龙头企业的基地蜂场，合格率超过80%，说明我国养蜂基地建设初见成效。

（3）蜂花粉市场。西北地区油菜花粉减产近一半，内蒙及黑龙江一带的花粉也减产将近1/3，另外2006年蜂农基本上没有采集到玉米花粉，江浙一带的茶叶花粉也有不同程度的减产。蜂花粉收购价格与上一年相比，涨幅在每公斤3～5元，如油菜花粉与蜂农见面价为16～19元/千克；杂花粉10～11元/千克；茶花粉22～23元/千克，总的说来，蜂花粉原料价格上涨10%～30%。

蜂花粉的产量受其他产品价格的市场影响比较大，同时也受天气影响，因为天气不好时，一般养蜂者不采集蜂花粉，据统计，2006年蜂花粉产量大体在6 000吨以上。在产品销售方面，国内除了松花粉比较好以外，其他品种销售一般。做成成品的花粉类产品仍集中在简单的粗加工层面，技术含量普遍较低。

（4）蜂胶市场。2006年的蜂胶市场主流是健康的，市场化的自然调整和产品结构化的调整更趋明显。

总体上看，2006年蜂胶市场表现趋于活跃，蜂胶产品产销量稳中有升，不少企业升幅较大，市场进一步走向成熟。近几年来，由于加工蜂胶产品的企业越来越多，蜂胶原料（毛胶）的需求量也越来越大。因此，不少蜂农将质量好与质量差的毛胶混合后出售，导致其乙醇提取物含量大都在40%以下，乙醇提取物含量能达到55%以上的较为鲜见。毛胶的供货价格与上一年基本持平，每个百分点为3～4元。蜂胶膏（蜂胶提取物）的供货价格差距较大，最低的每公斤180元，这说明真正的纯蜂胶膏不多，大部分蜂胶膏不同程度掺有树胶，有的甚至百分之百是树胶。据统计2006年全年蜂胶原料实际用量已超过蜂胶（毛胶）300～400吨的实际产量。

粗略估计，2006年全国蜂胶产品的总量可能在2 000吨左右，终端市场销售额约15亿元以上。产品产销有升有降，经了解几个重点企业，普遍反映蜂胶保健食品产销量增加幅度较大，普遍增长 30% ~ 50%，个别的增长了 80%，乃至翻番。没有保健食品批号的蜂胶产品总体销量减少辐度较大，例如有的企业原来可年销售蜂胶液 10 吨左右，2006 年基本没有销售。此长彼消，市场销售总体上稳中有升，市场秩序正趋于正常。蜂胶产品品种有所增加，复方产品不断出现，产品剂型结构有所变化，软胶囊类蜂胶产品的销量增势较快，成为蜂胶市场的主打产品，液体类蜂胶产品的销售大幅下滑。

2. 出口状况

出口的主导产品仍然是原蜜和蜂王浆，而蜂花粉、蜂蜡、蜂胶等原料及其加工制品的出口量所占比例则较少。2006 年总的出口数量比上一年度略有下降，但因价格上涨的缘故，致使出口蜜蜂产品的创汇总额比上一年度有所增加。

(1) 蜂蜜。2006 年，全球蜂蜜贸易仍呈买方市场态势，虽然日本、美国和欧盟市场均程度不同地发生了对进口我国蜜蜂中的氯霉素、硝基呋喃、沙星类和磺胺类残留物的通报事件，但未发生因残留物超标造成的贸易事端和因品质问题造成的对我国蜂蜜禁运的事件。

2006 年我国对全球 47 个国家和地区出口蜂蜜 8.11 万吨，创汇 1.05 亿美元，同比数量减少 8.39%，金额上升 20.13%，均价提高 31.13%。蜂蜜出口总金额创本世纪新高。

据海关统计，2006 年我国对日本出口蜂蜜 3.58 万吨，同比减少 13.63%；创汇 5 295 万美元，同比增加 21.17%；平均单价 1 481 美元/吨，同比上涨 40.3%。对美出口蜂蜜 2.63 万吨，同比减少 6.81%；创汇 2 729 万美元，同比增加 21.17%；平均单价 1 036 美元/吨，同比上涨 22.48%。对欧盟出口蜂蜜 8 321 吨，占对全球出口总量的 10.26%，同比增加 19.18%。韩国进口我国蜂蜜 4 123 吨，继日本、美国、西班牙之后，成为我国蜂蜜当年第四大出口国别市场。对阿拉伯联合酋长国出口蜂蜜 572 吨，同比增加 44.52%；对南非出口 461 吨，同比增加 147.25%；对摩洛哥出口 461 吨，同比增加 147.25%；对阿曼出口 72 吨，同比增加 84.2%；对刚果出口 67 吨，同比增加 344%；对约旦、肯尼亚和马尔代夫、科威特均出口同比增加。

(2) 蜂王浆。2006 年蜂王浆产品出口总量为1 271吨，其中 63% 出口到日本，从数量上看与往年相比，对日本蜂王浆产品出口总量变化不大，但与往年对日本蜂王浆出口同期比都呈现增幅的情况相比，2006 年对日本的蜂王浆出口，由于受到“肯定列表”制度的影响，明显不如往年。与此下降趋势形成鲜明对比是我国蜂王浆产品对欧洲和美国的出口量上升，2006 年对欧洲出口蜂王浆 192 吨，占我国王浆出口总量的 15%，比 2005 年上升 4 个百分点；对美国出口 119 吨，占我国王浆出口总量的 9%，比 2005 年上升 2 个百分点；亚洲国家和地区中，对韩国、新加坡、马来西亚、中国香港地区的出口数量和价格也都是稳中有升。

出口鲜蜂王浆平均每公斤售价 16.58 美元，同比增长 7.66%；冻干粉每公斤售价 46.01 美元，同比增长 5.36%，主要出口 10 大国别与地区依次分别是：日本、美国、法国、澳大利亚、西班牙、中国香港、德国、瑞士、韩国、意大利。2006 年蜂王浆已出口到除非洲以外的 5 大洲 35 个国家与地区；蜂王浆干粉已出口到除拉丁美洲以外的 5 大洲的 38 个国家与地区。对主要国别市场的出口价格与 2005 年相比都呈现增幅，鲜王浆对德国、希腊出口价格增幅较大，每公斤分别增加6.08美元和4.75美元，亚洲国家中对中国香港地区增幅加大，为每公斤增加2美元；韩国、新加坡增长幅度也都在每公斤增加1.5美元左右；冻干粉对德国、法国出口价格增幅较大，每公斤分别增加37.35美元和9.77美元，非洲国家中对埃及增幅最大，为每公斤8.26美元；亚洲国家中对马来西亚增幅较大，为每公斤增加5.4美元，对韩国和中国香港地区增幅也都在每公斤2美元以上。2006年1～12月份我国鲜蜂王浆出口773.14吨，同比减少2.7%；出口金额1 282万美元，同比增长4.7%。蜂王浆冻干粉出口数量为166.13吨，同比减少1.1%；出口金额764.4万美元，同比增长4.1%。2006年鲜王浆和冻干粉两项合计出口1 271吨，金额为2 046.49万美元，同比2005年的1 298吨减少2%，同比金额增加4.5%（2005年出口金额1 957.96万美元），见表41。

表41　2006年全国蜂王浆、蜂王浆粉出口10强企业

序　号	公　司　名　称
1	浙江惠灵对外贸易有限公司
2	杭州天地保健品有限公司
3	浙江省医药保健品进出口有限公司
4	天津华瑞源国际贸易有限公司
5	南京豪瑞贸易有限公司
6	北京一品全蜂产品有限公司
7	湖北省扬子江蜂业公司
8	青海新铠实业有限公司
9	宁波顺康保健品有限公司
10	山东物博国际贸易有限公司

3. 区域布局情况

全国蜜蜂产品行业的龙头企业中，有5个国家级农业产业化龙头企业，覆盖北京、上海、安徽、黑龙江、吉林、辽宁、江西、湖北、湖南、广东、江苏、陕西、四川、浙江等省（市、自治区）。2006年全国蜂产品行业龙头企业实现销售总收入24.37亿元，每个企业的年均销售收入达到8 705万元，其中，有九家企业的年销售额超过1亿元。全国蜂产品龙头企业实现年利税2.74亿元，每个企业年均利税达979.9万元。

4. 质量控制状况

（1）扶持和依托龙头企业，加强源头管理，狠抓基地建设。2006年，国际市场（特别是欧美和日本等发达国家），加大了应用技术壁垒阻挠我国出口产品的力度，日本、美国和欧盟市场均程度不同地发生了对进口我国蜂蜜、蜂王浆等蜜蜂产品中的氯霉素、硝基呋喃、沙星类、磺胺类等药残的监管，为应对国际市场的挑战，全面提高我国蜜蜂产品的质量，根据我国的实情，中国蜂产品协会、中国养蜂学会、中国食品土畜进出口商会蜂产品商会和中国医保商会等组织分别采取各种相应的应对措施并举办各种类型和不同层次的培训班，积极推进蜂业产业化经营，提高蜂农进入市场的组织化程度，扶持产业化龙头企业的发展，要求业内的龙头和骨干企业，下决心狠抓蜜蜂产品原料基地的建设，从蜜蜂产品生产的源头就重视安全质量，对蜂农加强技术培训，建立相应的可追溯性技术档案，规范生产管理措施，严禁使用违禁蜂药，确保蜜蜂产品的质量安全。

（2）行业龙头企业依托自身的优势，通过技术推广、质量控制、资金供给、信息服务、培训指导等多种形式，建立了具有一定规模的专业化蜜蜂产品生产基地或相应的蜂农专业合作社，实行“公司＋蜂农专业合作社（或蜂业协会）＋蜂农、公司＋蜂农专业合作社＋基地”等利益共享、风险共担、合作共赢的蜂业产业化经营模式。2006年龙头企业共带动5.32万户蜂农（包括直接带动农户和联系蜂农户），带动蜂群数达276万群，其中，有11家企业带动蜂农达1 000户以上。据统计，全国蜜蜂产品行业龙头企业2006年为农增收10多亿元。

5. 行业管理情况

生产加工能力和水平提升，质量监管力度加大。2006年，国家质检总局将蜜蜂产品列入28类食品的管理范围并实行生产许可证管理，提高了蜜蜂产品加工业的准入条件，规范了生产和经营行为，加大了市场的监管力度，2006年，各省、市、自治区的质量安全部门和蜜蜂行业内各相关组织，从不同的层面普遍开展了各种形式的质量检查工作，企业加快了技术改造的步法并加大了科技投入的力度。

据不完全统计，2006年有21家企业通过了ISO9000国际质量体系认证；4家通过ISO14000环保体系认证；10家通过GMP良好操作体系认证；11家通过HACCP食品危害关键控制体系认证。有11家企业的产品和注册商标荣获省级名牌产品或著名商标；有16家企业的产品荣获中国蜂产品消费者满意十佳产品。有数十家企业申请了技术专利；49项产品获得国家食品药品管理局审批的保健食品批准文号。在国家质检总局的支持下，行业及时启动预警机制，形成多项应对日本“肯定列表”制度之类的技术壁垒的紧急措施，取得了一定的成效。

（三）食用菌加工业

1. 行业发展状况

2006年我国食用菌产量1 474万吨，其中平菇、香菇、金针菇、黑木耳、草菇、滑菇、银耳、灵芝等的产量均为世界第一，总产值达638亿元。西南地区中尤以云南野生食用菌种类最齐全，生物量最大，数量和自然产量居全国首位。云南省每年野生食用菌产量约10万吨，主要品种有松茸、牛肝菌、羊肚菌、鸡枞、块菌、红菇等。全国约70%的野生食用菌产品产自云南。食用菌产业是近年来在我国快速发展起来的朝阳产业。食用菌不仅是营养美味的健康产品，同时也是带动和促进社会主义新农村建设的高效生态农业产业。目前，食用菌生产已成为我国农业种植业、养殖业、菌物业三大产业之一。全国有主产基地县500多个，产值过亿元的县100多个，食用菌产业在发展县域经济中发挥着重要作用，已经成为农民增收的一条重要渠道。

现阶段我国食用菌产业仍存在发展不平衡、科技支撑薄弱、生产经营粗放、质量效益不高等问题，具体表现在：食用菌资源破坏严重、栽培品种退化、物流和加工及深度开发技术落后、产量低、品质差、质量安全问题突出和标准体系研究与建设滞后等方面。因此，在加快食用菌发展，增加产量的同时，必须加强科技攻关，对食用菌产前、产中、产后制约产业发展的关键技术问题进行研究，提高产品的质量，做到产业可持续发展。

2. 市场与贸易状况

食用菌是我国传统优势出口农产品之一。在食用菌的国际贸易中，中国的贸易量占到亚洲的80%，占到全球的40%。据国家海关总署统计，2006年我国食用菌出口量60.39万吨，同比减少了3.91%，出口创汇11.21亿美元，同比增加了16.33%，其中对日本出口创汇达3.08亿美元。最主要的出口产品依然是香菇、食用菌罐头、松茸等品种。据商务部统计，2006年我国香菇出口数量4.01万吨，同比减少20.7%，出口金额21 345.9万美元，同比减少7.8%。按出口额排名前3名的国家和地区是日本、中国香港和美国；分地区出口量前3名的地区是：福建、浙江和上海。2006年食用菌罐头出口数量33万吨，同比减少2.4%，出口金额42，504.8万美元，同比增长38.5%。按出口额排名前5名的国家和地区是：俄罗斯联邦、日本、美国、德国和中国香港地区；分地区出口量居前5名的地区是：福建、北京、山东、四川、辽宁。

受消费习惯和鲜菇供应较充足因素影响，食用菌罐头已不是我国居民日常消费的大宗食品，年消费量只占年总产量的10%～20%。食用菌罐头主要用于出口创汇，是一种对国际市场依存度较高的加工食品。

我国出口食用菌产品被检不合格事件时有发生。例如，12月29日日本厚生劳动省公布了我国输日鲜香菇第三例甲氰菊酯残留超标事件，被检出的甲氰菊酯含量为0.02毫克/千克。2006年福建省出口的干燥白木耳4次被检出氯蜱硫磷或甲胺磷超标。

2006年以松茸、块菌、牛肝菌等为代表的野生菌出口保持稳步增加。野生食用菌占食用菌出口总量不到5%，但是创汇占到约20%。其中云南省鲜松茸出口量占全国的80%以上，牛肝菌干片出口量占全国的58%，块菌出口量约占全国的46%。2006年云南省松茸出口量为1 115吨，创汇5 237万美元。

2006年8月，国家质检总局对食用菌产品质量进行了国家监督抽查，共抽查了北京、天津、黑龙江、辽宁、吉林、上海、福建、江苏、浙江、江西等10个省、市50家企业生产的50种产品，合格38种，产品抽样合格率为70%。其中抽查了36种香菇产品，抽样合格率为77.8%；6种榛蘑产品，抽样合格率为83.3%；8种蘑菇产品，抽样合格率为62.5%。本次抽查结果表明，连续的国家监督抽查促进企业提高了质量意识，加强了质量管理。主要体现在违规使用食品添加剂的现象有所好转。随着市场经济的不断发展，食用菌产品的加工工艺，正逐步从粗加工向精加工、深加工的方向迈进。本次抽查中发现的主要质量问题是：个别产品二氧化硫残留量超标，部分食品标签未标注质量等级，部分食品标签上标注的执行标准错误，个别产品水分含量超标。

3. 加工技术装备与工艺水平状况

我国食用菌加工的整体水平还不高，食用菌资源大部分用于鲜食或干制，市面上的食用菌深加工产品较少，名优产品、高附加值产品、精加工、深加工产品更少，存在着食用菌生产规模迅速扩张与加工相对不足的矛盾。目前食用菌加工的工艺也比较粗放，从目前我国主要栽培的食用菌如平菇、香菇、双孢蘑菇、金针菇、黑木耳、白木耳、草菇等和药用菌灵芝等的加工形式来看，主要有晒干、机械脱水、速冻保鲜、冷藏保鲜、浸渍、制罐加工等，还难以适应国内外市场食用菌产品的多样化、多层次需要。

在生产加工装备方面，因为食用菌罐头一

直是我国的主要出口产品，故生产加工机械设备处于领先水平。近些年随着冷冻技术和冷链在食品工业中广泛应用，我国食用菌的冷藏保鲜、速冻等技术也取得了很大的发展，冷库、速冻设备等比较先进。但冻干和分离提取设备还比较落后，加工技术和装备还处于起步阶段，只是对一些高经济价值的食药用菌进行了研究，对人工食用菌涉及的很少。例如食用菌多糖的提取分离主要还是采用简单的水提醇沉方法，产品多糖含量和纯度较低，需要在机械设备方面加强开发研究。

2006年出台的农产品加工业“十一五”发展规划，要求在食用菌加工方面，加强食用菌加工和保鲜技术研究，提高产品质量和档次，增强国际市场竞争力；重点开发食用菌即食食品和保健食品，增加食用菌产品附加值；大力开展食用菌药用成分提取与利用研究，延长产业链，提高食用菌生产的综合效益。在浙江、福建、山东等食用菌主产区，建立一批食用菌生产加工基地，大力发展无公害、绿色和有机食用菌生产加工，积极推进食用菌即食食品、保健品及药物开发，从根本上提升我国食用菌行业发展水平。初加工主要在主产区进行布局，精深加工主要在中心城市布局。在食用菌加工产品结构中，力争初加工制品比重下降，不超过80%，即食、保健食品和药物制品比重上升，分别达到15%和5%。

4. 区域布局状况

我国食用菌区域发展不平衡现象十分突出。人工栽培食用菌主要分布在东部省份（福建、山东、江苏、浙江等），中西部发展相对缓慢。但近几年，随着西部大开发和中部崛起等政策的实施，中西部食用菌产业也取得了长足的发展，例如河南省食用菌产量已跃居全国首位。一些中西部省份已经利用有利于食用菌生产的气候和资源条件，积极发展食用菌产业。双孢蘑菇主产区已经由福建转移到四川。

野生食用菌在我国各省份均有广泛分布，产区主要布局在云南、四川等西部省市（区），其次是东北林区。主要品种有松茸、牛肝菌、块菌、羊肚菌、口蘑、鸡油菌、鸡枞、香菇、木耳、红菇等。

2006年我国食用菌主要产区和主要品种与2005年相比变化不大。

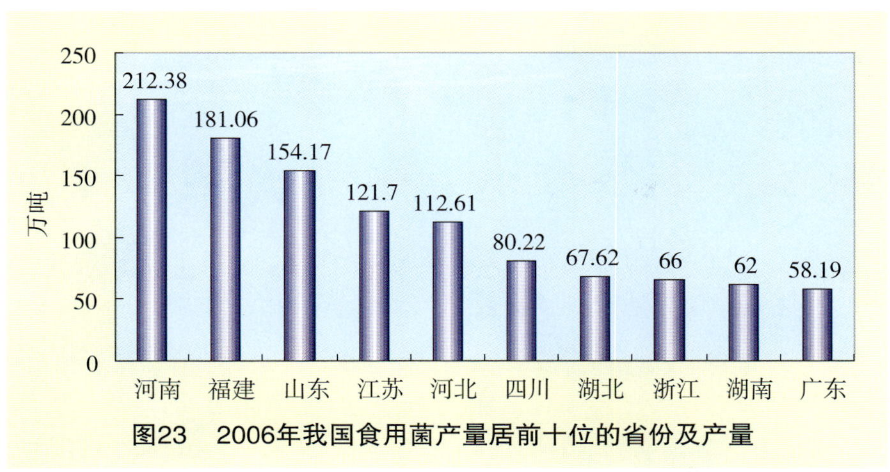

图23　2006年我国食用菌产量居前十位的省份及产量

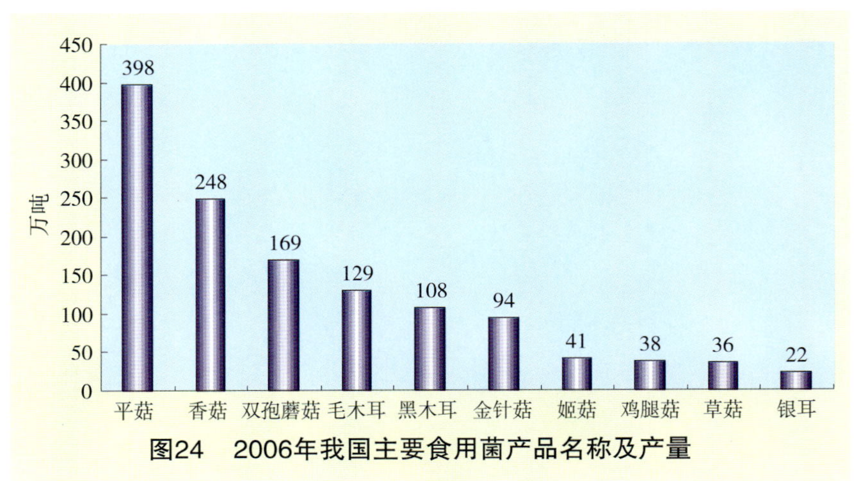

图24　2006年我国主要食用菌产品名称及产量

5. 标准体系与质量控制状况

2006年修订国家标准2项：《食用菌术语》(GB/T12728-2006)和《蘑菇罐头》(GB/T14151-2006),制(修)订的食用菌行业标准11项(见表43)。

表 42　2006 年我国制（修）订的主要食用菌行业标准

标准代号	标　准　名　称	替代标准	标准主管部门
NY/T 1061-2006	香菇等级规格		农业部
NY/T 1257-2006	食用菌中荧光物质的检测		农业部
NY/T 1204-2006	食用菌热风脱水加工技术规范		农业部
NY/T 1097-2006	食用菌菌种真实性鉴定　酯酶同工酶电泳法		农业部
NY/T 1098-2006	食用菌品种描述技术规范		农业部
NY 5095-2006	无公害食品　食用菌	NY 5095-2002 NY 5096-2002 NY 5097-2002 NY 5098-2002 NY 5330-2006	农业部
NY/T 224-2006	双孢蘑菇	NY/T 224-1994	农业部
NY 5330-2006	无公害食品　食用菌		农业部
NY/T 5333-2006	无公害食品　食用菌生产技术规范		农业部
LY/T 1649-2005	保鲜黑木耳		国家林业局
LY/T 1651-2005	松口蘑采收及保鲜技术规程		国家林业局

通过检索，2006年我国食用菌方面的专利申请有100多项。2006年6月，全国食用菌标准培训班在北京举办。2006年6月1日《食用菌菌种管理办法》开始施行。1996年7月1日农业部发布的《全国食用菌菌种暂行管理办法》(农发［1996］6号）同时废止。新办法可更好的保护和合理利用食用菌种质资源，规范食用菌品种选育及食用菌菌种的生产、经营、使用和管理。

在地方标准方面，新疆阿勒泰地区质量技术监督局通过了《阿魏菇标准体系总则》等16项地方农业标准，建立了阿魏菇标准化体系，为阿魏菇栽培提供有力的技术保障；浙江省云和县出台《云和县食用菌生产经营管理办法（试行）》，这是全国首个由政府制定实施的食用菌生产经营管理办法；河南省审定通过了食用菌地方标准31个，涉及香菇、黑木耳、平菇等13个品种。

2006年1月1日，欧盟《食品及饲料安全管理法规》正式实施，欧盟食品安全管理局规定食用蘑菇罐头中不能含双酚环氧树脂、酚醛环氧树脂、邻酚环氧树脂等含量必须小于1毫克/千克。2006年6月1日，日本政府将根据修订后的《食品卫生法》，施行《食品中残留农业化学品肯定列表制度》。这些对我国的食用菌产品出口提出了更高的质量要求，我们必须加强标准化体系建设和质量安全控制技术研究应用。

6. 行业管理状况

我国食用菌行业普遍存在管理分散现象，缺乏统一规划、综合协调。近年来各地方纷纷成立了食用菌协会，为食用菌产业的快速发展作出了很大贡献。中国食用菌协会和各个省市自治区省级食用菌协会，在协助政府主管部门进行食用菌行业管理；向政府部门提出制定行业政策、发展规划和经济法规等方面的建议；协调本行业产、供、销的关系，促进科、工、贸的联营、联销，促进行业多层次、多渠道、全方位的合作和联合，加强行业、部门、地区的横向联系，充分发挥中介组织作用等方面发挥了重要作用，作出了重要贡献。

（四）食用糖（蔗糖）加工业

1. 发展状况与区域布局

随着人民生活水平的不断提高和食品加工业的快速发展，我国糖业取得了长足进展，食糖生产能力不断扩大，糖业的综合竞争能力不断提高，在国民经济中的地位日益显著，在国际糖业界居有重要地位。

（1）食糖产量、消费量连年增长。改革开放初期，中国食糖产量约300万吨，全国食糖消费水平低，不能自给，每年需大量进口食糖。20多年来，国家采取一系列政策措施鼓励糖业发展，全国食糖生产能力不断扩大，食糖产量连年增加。2002～2003年制糖期、2003～2004年制糖期全国食糖产量均超过1 000万吨，2006～2007年制糖期食糖产量再创历史新高，达到了1 199.41万吨，同比增加36.06%，是历史上超过1 000万吨产量的第三个制糖期。2006～2007年制糖期食糖消费量1 250万吨，我国食糖消费连续四年超过1 000万吨。

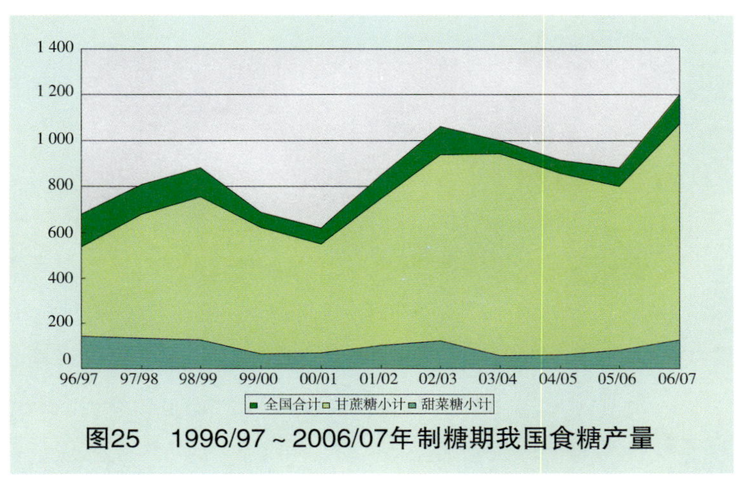

图25　1996/97～2006/07年制糖期我国食糖产量

(2) 中国制糖行业结构日趋优化，糖业综合竞争力提高。中国糖业经过“十五”期间的结构调整，一些非优势产区逐步退出制糖行业，而优势地区的优势制糖企业得以发展壮大；到2005~2006年制糖期，全国糖厂的数量已由结构调整前的500多家，减少到296家，糖厂的平均年产糖规模已由10年前的不足2万吨，提高到3万吨以上，主产区广西糖厂的平均规模达到5.6万吨，最大产糖能力已超过10万吨。与10年前相比，“十五”期末糖厂数量减少了40%，而食糖产量却增长了50%。与此同时，糖厂的体制也在发生着根本的改变，国有企业比例逐年下降，而民营、外资、股份制企业比重逐年上升，企业经营机制更具活力；糖厂的集团化经营也取得可喜进步，涌现出一大批产糖量几十万吨，甚至上百万吨的大型企业集团，中国糖业协会统计的重点企业集团（27家）的产糖量已占全国产糖总量的68%。

截止到2006年12月，全国共有制糖生产企业（集团）139家，开工糖厂296家，其中：甜菜糖生产企业（集团）24家，糖厂45家；甘蔗糖生产企业（集团）115家，糖厂251家；炼糖企业9家。2006~2007年制糖期，全国产糖量超过10万吨的糖业集团已有20个，产糖815.12万吨，占全国产糖总量的67.96%；糖业生产地区性优势越来越明显，广西、云南、广东、海南和新疆五大产区产糖量为1 127.95万吨，占全国产糖总量的94.04%。

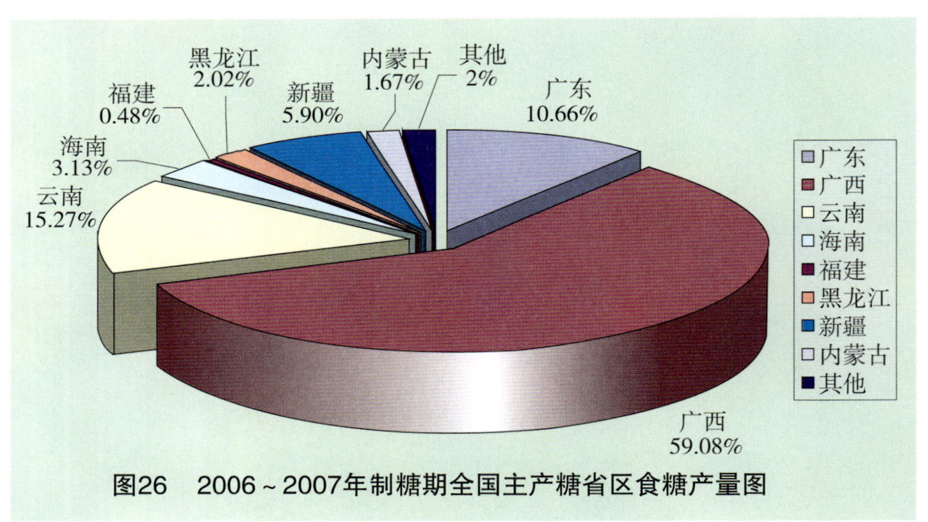

图26 2006~2007年制糖期全国主产糖省区食糖产量图

(3) 中国是世界上主要的食糖生产国和消费国之一。全国有18个省区产糖，沿边境地区分布。主产糖区集中在北部、西北部和西南部，甘蔗糖产区主要分布在广西、云南、广东、海南及邻近省区；甜菜糖主要分布在新疆、黑龙江、内蒙古及邻近省区。与糖料种植相关的人员近4 000万。2006~2007年制糖期全国食糖总产量中，甘蔗糖占89.6%，甜菜糖占10.4%。中国食糖产量居世界第三位；食糖消费量居世界第二位。

(4) 糖料种植、良种培育和推广取得稳步发展。我国的糖料种植面积2006年大幅增加，种植区域相对比较集中。2006年全国糖料种植面积2 360.4万亩，同比增长12%，其中甘蔗种植1 976.5万亩，同比增长8.5%，甜菜种植383.9万亩，同比增长34.23%。全国糖料入榨量9 767.54万吨，其中甘蔗入榨量8 805.8万吨，甜菜入榨量961.74万吨。

2006～2007年制糖期随着糖料种植面积的增加，食糖价格运行平稳，甘蔗收购价格比去年有所下降，甘蔗平均价格267元/吨，甜菜平均价格273元/吨。全国制糖行业主要技术指标：甘蔗平均单产4.45吨/亩，甜菜平均单产2.5吨/亩。甘蔗平均含糖分13.96%，甜菜平均含糖分14.61%。甘蔗糖产糖率12.7%，甜菜糖产糖率13%。

我国已形成自己的良种繁育体系，研究并推广了糖料高糖高产综合栽培技术，如地膜覆盖，稀土微肥应用，甜菜的纸筒育苗移栽等，糖料优良品种的培育和推广，田间管理经验的增加以及投入的加大，使得糖料含糖和单产不断稳步提高。主产区广西每公顷蔗田产糖量平均达到7～8吨，进入世界先进水平行列。

2. 市场与贸易状况

（1）国内食糖市场。2006～2007年制糖期，我国食糖价格运行平稳，全国食糖综合平均价格在3 944元/吨左右（同比下降579元/吨），工业累计销售平均价格为3 781元/吨（同比下降484元/吨）。全国制糖行业销售收入486亿元（其中综合利用产品销售收入28亿元），实现利税总额88.8亿元。农民种植糖料收入同比增加61亿元。

2006～2007年制糖期食糖消费量1 250万吨，比上制糖期增加180万吨，同比增长16.8%，年人均食糖消费为9.6公斤，食糖消费进入新的一轮增长期。随着城市化进程的加快和进城务工人员的快速增加，在食糖消费总量中民用消费比例进一步提高，达到36%（餐饮消费与零售业终端销售商品糖比例为1∶4），工业消费比例为64%。

我国主要含糖食品用糖比例图如下：

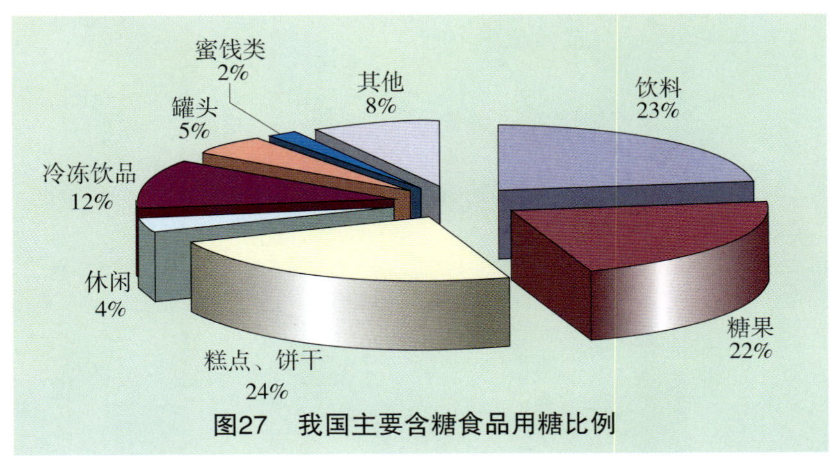

图27 我国主要含糖食品用糖比例

2006～2007年制糖期，我国制糖行业运行特征：

①食糖生产在产业发展优势地区集中度越来越明显，广西壮族自治区食糖产量保持良好的增长势头，10年产量增加两倍，产量占全国的比例由原来34%增加到目前的59%；新疆维吾尔自治区甜菜糖产量10年增加80%，成为全国主要的甜菜糖产区。企业兼并重组工作进展良好，甜菜糖产区成为本制糖期企业间整合的热点。糖厂生产规模不断扩大、技术水平及管

理水平不断提高，经济效益连续好转，行业综合竞争能力进一步提高。

②国际食糖期货市场价格缓慢回落，国内市场进口食糖压力增加。

③随着农产品价格的上涨，食糖价格向合理价位回归并平稳运行，政府有关部门对食糖市场的宏观调控政策透明度进一步增加，对稳定食糖市场价格起到重要作用。

④国家财政收入和食糖主产区地方财政增加，企业经济效益增长幅度减缓，农民收入进一步提高，社会效益愈来愈突出。

⑤食糖消费进入新一轮的快速增长期，全国食糖消费量为 1 250 万吨。

（2）食糖进出口贸易。2006 年我国食糖进口配额总量仍然为 194.5 万吨，配额内关税为 15%。据海关统计，最近 10 年我国食糖进出口量及进出口贸易情况分别见表 43。

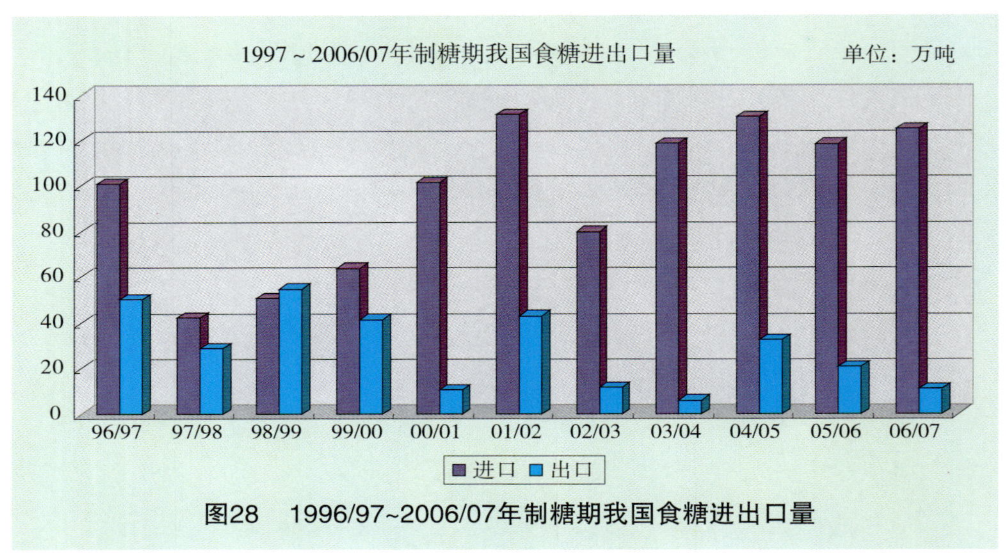

图28　1996/97~2006/07年制糖期我国食糖进出口量

表 43　1997 ~ 2006 年全国食糖进口与贸易方式统计表

单位：万吨

年　度	合　计	一般贸易	来料加工	进料加工	易货贸易	边　贸	其　他
1997	78.32	27.53	19.31	20.56	6.18	1.51	3.22
1998	50.75	12.39	4.93	32.49		0.34	0.60
1999	41.67	10.15	1.22	29.91			0.39
2000	64.07	16.01	0.82	46.61		0.28	0.35
2001	119.87	85.07	3.52	30.86		0.11	0.31
2002	118.31	80.77	1.12	35.24			1.18
2003	77.51	61.74	1.30	14.17			0.30
2004	121.43	99.26	1.19	18.63			2.35
2005	138.97	85.04	5.67	41.29			6.97
2006	136.54	99.30	3.50	20.72			12.93

表 44　1997～2006 年全国食糖出口与贸易方式统计表

单位：万吨

年　度	合　计	一般贸易	来料加工	进料加工	边　贸	其　他
1997	37.86	1.10	18.29	17.30	1.08	0.09
1998	43.58	14.86	4.28	22.22	1.82	0.40
1999	36.74	10.90	0.99	24.01	0.76	0.08
2000	41.48	3.74	0.80	36.80	0.11	0.03
2001	19.56	1.25	2.96	15.31		0.04
2002	32.58	1.77	0.87	29.82		0.12
2003	10.32	2.15	0.88	5.71	1.29	0.29
2004	8.52	1.92	0.87	5.26		0.48
2005	35.83	2.21	4.16	29.11		0.35
2006	15.45	2.49	3.06	9.61		0.29

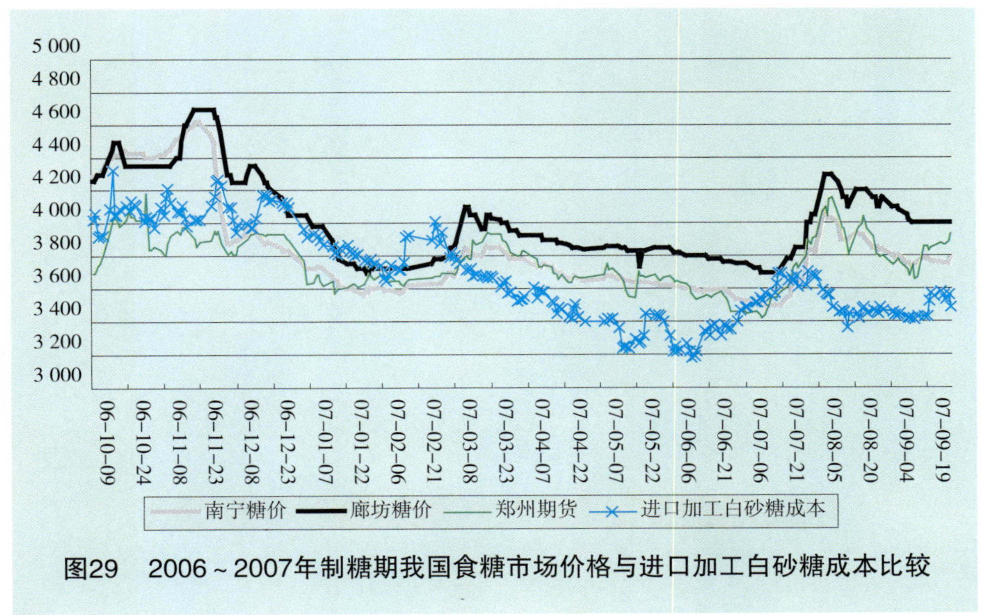

图29　2006～2007年制糖期我国食糖市场价格与进口加工白砂糖成本比较

配额内食糖进口量已经成为影响我国食糖市场的重要因素，2006～20007 年制糖期我国食糖市场价格与进口加工白砂糖成本比较见图 29。

3. 标准体系与质量控制状况

《白砂糖》GB317 － 2006,《原糖》GB15108 － 2006 国家标准已由国家标准化管理委员会发布，国家质量监督检验检疫总局批准，于 2006 年 10 月 1 日实施。新标准为强制性标准，技术要求、试验方法、检验规则和标签、包装、运输、贮存等均要按标准执行，各项要求均不会延期执行。该标准于 2006 年 3 月 31 日发布。

第三章

部分省市区农产品加工业发展概况

一、河北省农产品加工业发展概况

（一）概况及特点

到2006年底，河北省农产品加工企业达到8.2万个，从业人员150万人，完成增加值633亿元，其中，规模以上农产品加工企业达到2 683个，从业人员62万人，完成增加值474亿元，实交税金41亿元。涌现出了一大批农产品加工龙头企业和具有明显特色的优势农产品加工产业集群，已成为河北省国民经济中最具活力的产业之一。其特点为：

1. 农产品加工产业集群初步形成

河北省农产品加工企业开始由过去的“单打独斗”的方式向产业集群发展，各地因地制宜，科学谋划，形成了一批优势农产品加工隆起带和产业集群。如冀中南平原，形成了面粉加工、淀粉加工、方便食品加工等粮食加工优势产业集群；形成了环京津、环省会两大牛奶加工优势产业集群；以唐山、保定、沧州为主的特色果品加工产业集群。2006年，河北省紧紧围绕畜牧、蔬菜、果品三大主导产业和八大优势农产品基地，进一步优化农产品加工业区域布局，组织筛选了15个优势农产品加工产业集群，在政策咨询、科技成果应用、技术信息等方面给予重点指导和服务，提高优势产业的聚集度。利用省中小企业发展专项资金对优势农产品加工产业集群的技术研发机构给予扶持。为促进河北省中小企业产业集群发展，省政府出台了《关于中小企业产业集群发展中小企业产业集群发展的意见》，明确提出促进产业集群发展的总体思路、发展目标和具体政策措施，认定了50个省级产业集群，其中，农产品加工产业集群20多个。

2. 农产品加工业示范基地迅速壮大

按照“一县一业，一乡一品”的工作思路，积极培育县域特色主导产业、农产品加工基地和专业园区。到2006年底，河北省拥有年营业收入5亿元以上的特色主导产业167个，其中，农产品加工业优势产业有50多个。经县级以上政府批准的乡镇工业园区已发展到491个，园区内企业总数86 858个，从业人员132.7万人，园区内企业完成增加值734.4亿元，上缴税金57.9亿元，企业出口产品交货值174.9亿元。其中，农产品加工产业园区和基地占到河北省乡镇工业园区总数的30%以上，已成为促进农产品加工业发展的重要载体。目前，河北省拥有全国农产品加工业示范基地11个，省级农产品加工示范县（市）20个。

3. 加工龙头企业带动作用明显增强

按照农业产业化经营的思路，各地把农产品加工龙头企业作为重点来抓，发展壮大了一批规模大、效益好，带动能力强、辐射面广的农产品加工龙头企业，河北省农业产业化龙头企业由“九五”末的471家，增长到目前的908家，其中，国家级龙头企业达到21家，省级龙头企业达到230家。2006年，龙头企业实现销售收入832.6亿元，比“九五”末增加564.8亿元，年均增长25.4%。龙头企业共带动农户518万户，其中，订单农户达到34.5%，比“九五”末提高12个百分点。

4. 招商引资势头强劲

“十五”以来，河北省各地对农产品加工业的招商引资十分重视，坚持把招商引资工作作为发展农产品加工业的切入点，通过抓环境建设、政策扶持和提供优质服务，吸引了一批国内外知名大气业到河北省兴办农产品加工项目，为河北省农产品加工业的发展注入了新的活力。近两年来，先后内蒙伊利、蒙牛，上海均瑶，四川新希望等知名企业来河北省投资农产品加工业。

（二）主要问题

1. 加工增值转化率低

目前，发达国家农产品加工业产值一般为农业总产值的 2～3 倍，如美国 2.7 倍，日本 2.4 倍，英国 3.7 倍，河北省不足 1 倍。价值 1 元的初级农产品，经加工处理后，在美国可增值3.72 倍，在日本可增值 2.2 倍，我国不足 1.5 倍。发达国家农产品加工转化率一般为 80%～90%，我国为 30%左右，河北省低于全国平均水平。

2. 精深加工程度低

目前，发达国家二次以上深加工产品占 80%，我国只有 30%左右，河北省则更低。据对玉米加工企业调查分析，美国玉米深加工比重占总量的 20%以上，日本为 30%，河北省不足 10%。从加工品种看，河北省加工品种类型较少，品种单调。美国可将玉米加工成2 000～3 000种产品，河北省只能加工出百余种。据对小麦面粉加工企业调查分析，美国小麦加工品种达 100 多种，日本有 60 多种，英国有 70 多种，河北省仅有 20 多种。

3. 规模龙头企业和知名品牌少

到 2006 年底，河北省年销售收入 500 万元以上民营农产品加工企业为 2 600 个，山东省规模以上民营农副产品加工企业达 2 370 个；销售收入超过亿元的企业河北省有 178 个，10 亿元以上的大型龙头企业河北省有 14 个，河北省像华龙、三鹿、五得利、露露等在全国知名的品牌产品屈指可数。

4. 技术创新能力低

目前，河北省农产品加工企业普遍存在着设备陈旧、技术落后的突出问题。据对规模以上企业调查，80%企业技术装备处于 70～80 年代水平，约有 15%居 90 年代末水平，只有 5%左右达到国际先进水平。由于我国农业科技工作的重点一直放在产中、产前领域，80%以上的研究力量和科技经费投入产中，致使农产品加工技术储备严重不足。多数农产品加工企业技术落后，管理粗放，创新能力较弱，缺乏适应农产品加工发展的科学储备和技术支撑，特别是缺乏拥有自主知识产权的技术。

5. 与农户的利益联结机制不完善

由于农产品基地建设、中介组织、专业市场发育不足，制约了农产品加工业龙头企业的发展壮大。农产品加工龙头企业与农户之间的利益联结机制不完善，也是影响农产品加工业发展的一个重要原因。

6. 农产品及制成品的外向度低

河北省农产品加工出口企业较少，出口产品大多数是初级农产品，如腌渍菜和果品出口，深加工产品较少。

（三）主要措施

1. 狠抓政策落实

积极协调有关部门，认真贯彻落实《国务院办公厅印发关于促进农产品加工业发展意见的通知》（国办发［2002］62 号）精神和《农业部推进农产品加工行动计划》以及《河北省人民政府关于扶持农业产业化经营龙头企业的若干意见》（冀政［2004］134 号）的宣传贯彻，落实好国家及省在税收、财政、金融、出口、投资、用地、用电等方面的扶持政策。为进一步完善政策措施，省政府出台了《河北省人民政府关于加快农产品加工业发展的意见》（冀政［2004］146号），明确了农产品加工业发展的总体思路、基本原则、发展目标、发展重点和主要措施，并将国家和省促进农产品加工业发展方面的政策措施进行了汇总，辑印了《农产品加工业发展指南》，免费发给重点龙头企业。

2. 突出抓好农产品加工重点项目建设

把抓好农产品加工项目建设作为促进农业增效、农民增收的重要举措，积极筹备召开了河北省农业项目建设工作会议，提出了用抓工业的思路、理念、机制和办法，抓一批带动能力强、有市场前景和发展潜力的以社会投资为主的竞争性项目，重点抓好“加工转化、市场建设、基地建设、良种繁育和科技型项目，突出抓好农产品储藏、保鲜、精深加工项目。河北省政府确定对农业项目建设实行月报和季调度制度，对投资5 000万元以上项目各市汇总后一月一报，对投资亿元以上重点项目一季度由副省长亲自主持召开重点项目建设调度会，听取各市和省直有关部门汇报，分析研究解决项目建设中存在的实际问题，推进农业项目建设，提高农业综合竞争力。

3. 大力发展优势产业集群

进一步优化农产品加工业区域布局，突出优势农产品产业和优势产区，实行扶优扶强的非均衡发展战略，做大做强一批优势农产品加工产业带和产业区，以“高、大、外、新”为重点，推动农产品加工传统产业、工艺和技术升级。围绕畜牧、蔬菜、果品三大主导产业，重点培育优势产业集群，利用中小企业发展专项资金扶持五大优势农产品加工产业集群建立和完善技术创新机构，提高农产品加工转化能力和附加值，促进农业增效、农民增收。

4. 扶持壮大龙头企业

按照“扶强龙、育新龙、兴小龙、引外龙”的思路，搜集整理了一批国内外知名农产品加工流通企业的基本情况，辑印成册，印发各市，有针对性地引导河北省农产品加工流通企业与国内外大企业、大集团的合资合作，促进农业项目招商引资。按照省政府《关于加快农产品加工业发展的意见》（冀政［2004］146号）要求，组织筛选一批省级农产品加工重点示范企业，在技术信息、贷款担保、招商引资、教育培训等方面，给予重点扶持。支持和鼓励民营企业把发展劳动密集型的农产品加工业作为再次创业的突破口，主动延伸产业链条，与基地、农户建立稳固的利益联结机制，形成一批专用、优质、稳定的农产品加工原料生产基地，为龙头企业提供加工原料。

5. 积极推进科技成果转化

近年来，主动与中国农业大学、中国农业科学院等国内十多所农业大专院校和科研单位取得联系，加强校企、院企合作，推进科技成果转化，组织农产品加工项目对接，收集整理了150多项最新农产品深加工技术成果，辑印成册，举办了河北省农产品深加工科技成果暨技术项目对接会，发布了200多项先进适用的技术项目，当场达成校企、院企技术合作项目意向协议100多项。

（四）总体思路和工作设想

1. 总体思路

以科学发展观为指导，紧紧围绕新农村建设战略目标，以市场为导向，以培育优势产业和加工龙头企业为重点，坚持科技先导，因地制宜，突出特色，合理布局，积极推动河北省农产品加工业由初加工向高附加值精深加工转变，加快农产品加工业发展，实现由农产品生产大省转变为农产品加工强省，推进新农村建设，努力“再造一个河北农业”。到2010年河北省农产品加工业增加值和第一产业增加值分别达到2 000亿元，二者之比由2005年的0.55∶1提高到1∶1。

2. 工作设想

加快农产品加工业发展，推进新农村建设，实现“再造一个河北农业”的目标，任务十分艰巨。当前和今后一个时期，要重点在以下四个方面实现新突破。

（1）狠抓优势农产品加工，努力实现主导产业竞争力新突破。今后一个时期，进一步做大做强畜牧、蔬菜、果品三大主导产业，要把着力点放在发展优势农产品加工上，延长产业链条，完善产业体系，实现国际竞争力新提升。要继续落实好省政府《关于加快农产品加工业发展的意见》（冀政〔2004〕146号），下大力突出抓好乳品、肉类、粮油、果蔬、生物质五大加工业，力争到“十一五”末，产业规模、加工深度和技术水平进入全国先进行列。一是乳制品加工业。为充分发挥奶牛养殖大省的优势，促进奶业快速发展，2004年河北省制定实施了千万吨奶工程规划。从目前发展态势看，规划目标有望提前实现。各地要继续下大力抓好千万吨奶工程，力争2010年接近目标，确保2012年实现目标。二是肉制品加工业。依托生猪、肉牛、肉羊、肉鸡等河北省畜禽养殖主导品种，发展肉制品深加工。到2010年，加工转化率达到75%以上。三是粮油加工业。引导支持加工企业，重点发展玉米淀粉糖、化工醇、变性淀粉、乳酸和聚乳酸、淀粉基生物材料等深加工；发展小麦食品专用粉、营养强化粉、预配粉；发展以花生、大豆、棉籽为主要原料的油脂深加工。四是果蔬加工业。继续扩大葡萄酒、果汁、杏仁露、果脯等优势产品生产，研究开发一批地方特色果品深加工产品。大力发展脱水、速冻、淹渍、罐头蔬菜和食用菌等深加工。到2010年，河北省主要果品加工量由16%提高到25%以上，蔬菜加工率由10%提高到15%以上。五是生物质产业。生物质产业是朝阳产业、新兴产业。河北省是农业大省，生物质资源丰富。要抢先一步，加快发展，确立河北省在生物质产业上的优势。

（2）大力推广应用新技术，努力实现精深加工新突破。切实抓好新技术的推广应用。要加大对企业技改扶持，鼓励发展高科技农产品加工企业，促进企业采用农产品加工前沿技术，为发展农产品精深加工提供科技支撑。当前，要重点抓好酶技术、发酵技术、超临界萃取技术、微胶囊技术等八大技术的推广应用。

（3）加快生产和加工基地建设，努力实现产业集群发展新突破。发展产业集群，能够有效降低交易成本，合理配置生产要素，充分发挥聚集效应，实现规模效益，是今后一个时期产业化经营的发展方向。要坚持“三管齐下”，继续下大力抓紧抓好。一是大力建设生产基地。要根据主导产业，围绕龙头企业，按照区域化布局、规模化生产、产业化经营的思路，继续下大力抓好种养基地建设。要深入开展省院（校）合作，加快“一县一业一园”农业科技示范工程建设步伐，抓好《农产品质量安全法》施行，提高基地生产的科技化、标准化和工厂化水平。到2010年，河北省60%以上的优势农产品要实行基地化生产。二是着重培育加工基地。加快农产品加工示范基地县发展，是省政府推动农业产业化经营的一个关键措施。各地要切实制定优惠政策，创造宽松环境，建立政府推动与市场化运作相结合的机制，支持和鼓励大企业、大集团投资产业发展，壮大产业基地。要全面落实与中粮集团、农发行签订的合作框架协议，筛选一批符合要求的好项目，搞好投资对接。继续抓好农产品加工示范基地县的评定工作，下次的评定标准要由目前销售收入6亿元提高到10亿元，着力培育一批较大规模的示范县。到2010年，河北省建成年销售收入20亿元以上的加工示范基地县50个，100亿元以上的10个。三是着力完善产业体系。围绕加工基地配套建设批发市场、中介组织、质检中心、研发中心，大力发展核心龙头企业上下游相关配套产业，形成专业分工明晰、配套服务健全的产业体系，培育壮大块状、条状经济，构建区域经济的隆起带。

(4) 狠抓大型龙头企业建设，努力实现带动能力新突破。现代农业是依靠龙头企业带动和发展的，没有龙头企业就不可能真正建成现代农业。做大做强龙头企业，是加速农业生产经营方式转变，提升农产品加工水平和竞争力的重要抓手。一要狠抓项目建设。切实落实农业产业化“111”行动计划，按照“大手笔、大举措、大力度、大突破”的思路，制定优惠政策，加大招商力度，加快建设一批顶天立地的大项目。要瞄准世界前十强和国内前十强食品加工企业，主动出击，开展“一对一”招商，寻求全方位合作，每市尽早引进一家这样的企业。二要做强龙头企业。引导企业进一步加大投入，加强技术创新，大力引进人才，努力培育知名品牌，加速低成本扩张，全面提升自身素质和竞争实力。要扶大龙、育新龙、兴小龙，培育一批带动力强的大型龙头企业，扶持发展一批辐射面广的中小型龙头企业，不断壮大企业群体。“十一五”期间，要培育20个以上年销售收入超50亿元的龙头企业、5个年销售收入超百亿元的大型龙头企业。三要完善联结机制。总结近年来龙头企业带动农户致富的好经验、好典型，加大推广力度，引导龙头企业与农户建立风险共担、利益共享的联结机制，把更多的农户纳入产业化经营的链条。要继续抓好农民专业合作组织和行业协会建设，切实维护农民和企业的合法权益。

（河北省中小企业局编写）

二、山西省农产品加工业发展概况

（一）现状及特点

通过几年的的努力，山西省农产品加工业已经成为新兴产业中发展最快的产业之一，同时也是产业结构调整的一个重要成果。据统计，到2006年底，山西省农产品加工企业已经发展到7 927户，实现销售收入155.4亿元，从业人员12.8万人，占工业从业人员的23.2%，带动农户107.7万户。规模以上企业466个，其中销售收入过亿元的企业达23个。农产品加工业主要分布在粮油加工、果蔬加工、畜禽加工等生产领域，总体上看，山西省农产品加工业发展速度快，呈现以下几个明显的特点：

一是形成了龙头带基地、基地连农户的运行机制，呈现出原料基地化的趋势。经过这些年的不断实践，山西省现有规模以上企业285个，其中：销售收入1 000万元以上企业167

个，绝大多数农产品加工企业已经形成了“龙头+基地+农户”、“契约+农户”等多种发展模式，走出了一条龙头带基地、基地带农户的路子，搭起了农户和农产品走向市场的桥梁。在龙头企业的带动下，山西省形成了一批与大企业配套的种植养殖基地，如蔬菜、奶牛、肉鸡、小杂粮、芦笋、蘑菇、干鲜果等基地。

二是涌现出了一批具有农产品加工特色的产业集群，大大提升了农产品的加工水平。目前，山西省已基本形成了以古城乳业、雁门乳业、康喜奶业等为代表的乳制品加工企业群体；以忠民集团、晋美油脂、青玉油脂等为代表的粮油加工企业群体；以沁州黄集团、绿是金集团、纪元实业等为代表的小杂粮加工企业群体；以水塔老陈醋、四眼井醋业、宁化府醋业等为代表的系列醋产品生产企业群体；以天骄枣业、特达干果等为代表的干果特产加工企业群体；以天龙啤酒、厦普赛尔、中鲁果汁等企业为代表的饮料企业群体；以新绛维之王、稷山胃乐、朔州辈辈龙为代表的果蔬加工企业群体；以粟海集团、山西宏明、大象禽业等为代表的畜禽加工企业群体等八大群体。这些群体以农产品加工业为纽带，有力地带动了当地农村经济的发展，使得农产品加工产业化进程大大加快。

三是形成了一批具有区域特色的产业。从区域空间分布看，山西省农产品加工企业主要集中在运城、长治、朔州、太原等地市，越是矿产资源贫乏的地区，农产品加工企业发展越快；越是龙头企业相对集中的地区，农产品加工企业发展水平越高。从产业分布看，山西省已经形成以长治、晋城为代表的晋东南小杂粮等特色农产品加工区域，以运城、临汾为代表的粮油、果蔬加工，以朔州、忻州为代表的畜产品、乳制品加工，以太原、晋中为代表的醋、酒、饮料加工，以吕梁为代表的枣、核桃等干果加工区域和特色产业。

四是涌现出一批市场占有率较高的绿色名牌产品。山西省农产品加工企业产品品种多，有近千种。近些年，各地在培育品牌上狠下功夫，依靠科技进步，不断提升产品质量和包装档次，涌现出一批名牌产品。其中，山西水塔牌老陈醋等多种产品获得全国驰名商标，古城奶粉等十种产品获得中国名牌产品称号。山西省获得国际、国内、省部级以上各种奖项的产品近300种，初步形成了一定的名优产品品牌优势。同时，各地还大力发展无公害产品，发展绿色产品。

（二）主要问题

一是总量少，企业规模小，农产品转化率不高。现在发达国家的农产品加工业产值与农业产值的比例是3:1，全国平均是1.1:1，而山西省是0.4:1。可见，山西省农产品加工业差距很大。山西省农产品加工企业中，大部分企业规模小、转化率低的问题较为明显。多数企业采取分散经营，整体素质不高，品牌杂、小、弱，缺乏市场竞争能力，难以创造知名品牌和形成整体优势。

二是技术装备落后，农产品附加值低。山西省农产品加工企业多是20世纪90年代的技术装备，普遍存在科技含量低，产品开发能力弱，加工程度浅，精、特、优产品少，产业链条短，市场辐射面小等问题。由此造成资源利用率低、产品附加值低、经济效益低。

三是融资渠道不畅，资金投入不足。农产品加工业缺乏必要的投资和信贷政策扶持。由于农产品加工业一次性投入大、生产周期较长、资金占用时间长、周转慢，企业普遍缺乏启动和流动资金。各级财政用于农产品加工业的贷款贴息和周转专项资金数额偏少，且现有的扶持资金集中在重点龙头企业，难以惠及到众多中小型农产品加工企业，相对于其他工业，农产品加工业的信贷资金额度规模太小。

四是产品多，名牌少。山西省农产品加工的产品有近300种，但真正在全国或山西省叫得响的产品很少，即使是已经获得奖项的产品，由于宣传力度不够，营销措施不到位，市场占有率也较低，如山西省永济芦笋，年加工出口量已达2万多吨，虽在国内外市场小有名气，却没有个品牌产品。

五是人才缺乏，技术开发不力。企业普遍存在缺乏专业技术和管理人才。由于农产品加工企业利润薄，职工普遍收入低，福利待遇也比较低，使各类专业技术人才和管理人才聘不到、留不住、养不起。同时，由于资金不足，技术开发难度很大，就连技术引进也受到限制，使山西省农产品整体上科技含量不高，制约了发展。

（三）主要经验和做法

1. 提高认识，加强领导

各级政府和农产品加工业主管部门能够充分认识大力发展农产品加工业的重大战略意义，按照国家和省委省政府的要求，切实履行好职责范围内农产品加工业的宏观管理和指导工作。同时，能够按照农产品加工业的发展规律，转变工作职能，创新工作方式，完善工作机制，提高工作水平。基本建立了统一、协调、高效的工作体系，实施有效指导。我们还积极协调各职能部门，切实落实责任，形成推进山西省农产品加工业发展的工作合力，为山西省农产品加工业创造了宽松、有力的发展环境。

2. 政策引导，完善机制，促进农产品加工产业的发展

为促进山西农产品加工产业的健康发展，山西省委、省政府先后出台了一系列鼓励文件，2000年出台了《中共山西省委、山西省人民政府关于解决山西省农业产业化经营中的几个重要问题的意见》，2002年又出台了《中共山西省委、山西省人民政府关于进一步推进农业产业化经营的决定》等。同时，我们进一步完善了“龙头企业＋农民专业合作经济组织＋农户”、“龙头企业＋农村经济人＋农户”和“龙头企业＋基地＋农户”等各种企业与农户利益的联接机制，建立起利益共享、风险共担、长期稳定的关系，为山西省农产品加工业的健康发展创造了良好的环境。

3. 加大财政、金融以及税收等方面的扶持力度

积极协调金融部门推行积极的金融政策，拓宽了农产品加工企业融资渠道，不断扩大对企业流动资金的支持；争取政策性银行加大对农产品加工业的扶持力度增加中长期贷款，与国家开发银行达成协议，“十一五”期间，该银行将拆资50亿元为山西省中小企业提供融资贷款，其中有相当一部分是面向农产品加工企业；鼓励和支持农产品加工企业利用资本市场直接融资，鼓励有条件的地方建立专业担保机构，为农产品加工企业提供融资担保。

4. 加快技术创新步伐

积极协调有关部门，加大对农产品加工企业的科技投入。促进中小型农产品加工企业技术创新，在产品研发、技术引进、标准与信息体系建设、人员培训等方面加强引导和扶持。鼓励大的农产品加工企业增加科研投入，建立技术研发中心，提高企业技术创新能力，开发具有自主知识产权的新技术和新产品。同时，

我们还鼓励科研院所、大专院校和加工企业之间联系与合作、优势互补，形成以“企业为主体、科研单位为依托”的技术研发体系，从而加快了农产品加工业的技术创新步伐。

5. 建立健全社会化服务体系

鼓励各类服务机构，围绕农产品加工业的需要，发挥其在行业状况、产业规划制定、行业诚信体系建设、项目评估、技术咨询、人才培训等方面的作用，促进了山西省农产品加工业的行业管理和服务逐步规范化。同时，鼓励同类型的农产品加工企业之间组建专业协会，加强行业自律，协调解决行业内部矛盾，促进行业健康发展。对有关农产品加工业的公益性服务，争取各级政府的支持，健全服务网络，强化服务功能。

（四）保障措施

1. 强化政策支持

切实抓好国务院《关于促进农产品加工发展的意见》、《中共山西省委、山西省人民政府关于进一步推进农业产业化经营的决定》等政策文件的督导落实，把国家和省扶持农产品加工业发展的各项优惠政策落到实处。加强调查研究，山西省农产品加工重点行业重点领域发展动态，及时发现新问题，提出新的政策措施加以解决。同时，要积极争取各级财政建立农产品加工业专项扶持资金，加大对农产品加工业的扶持力度。为农产品加工业发展营造良好的政策环境。

2. 积极做好农产品加工业的引导和示范工作，使其真正起到辐射作用，真正成为农民增收的亮点

一是立足山西省农产品特色和市场发展形势，以市场导向、区域特色、品种创新、产业延伸为出发点，提出农产品加工业的发展方向和重点。二是加强和科研院所的联系合作，积极挂靠科研推广项目，提升农产品的科技水平。三是强化公司与基地、农户的协调配合，在保障农民收入逐步提高的前提下，保证龙头企业的原材料基地建设。

3. 大力扶持龙头企业

扶持壮大一批技术创新能力强、产业关联度大、辐射面广、带动力强、具有国际竞争能力的现代化农产品加工龙头企业。一是积极创造条件，改善投资环境，大力吸引资本的介入，不断提升龙头企业档次，加快龙头企业做大做强的步伐；二是通过资产兼并、收购等形式整合资源，推进龙头企业实现低成本扩张，从而提高它们在国内外市场上的竞争能力；三是选择一批大型农产品加工企业，帮助它们与国内外知名农产品加工企业在市场、资金、产品、技术等方面进行对接，建立一批高水平的中外合资合作企业。

4. 加大财政、金融扶持力度，积极探索多元投入机制

一是调整支农资金安排比例，集中资金用于农产品加工龙头企业项目投入。进一步加大农产品加工龙头企业财政贴息范围和力度。二是各级金融部门对调整农业结构，发展高效种植、高效养殖业的农户，放宽政策、简化手续，加大贷款扶持力度。培育一批基地，使之成为相对稳定的农产品加工原料基地。三是加大招商引资力度，通过招商引资和项目建设吸引社会资金，非农资金的投入，实现企业投资方式市场化运作、鼓励外来资金兴办农产品加工企业，建设农产品基地，发展农产品加工业。

5. 完善社会服务

把为农产品加工业服务作为中小企业综合

服务体系建设的重点，强化服务手段，不断加大对农产品加工创业扶持和服务。在山西中小企业网上建立农产品加工信息技术发布平台，及时发布政策信息、市场信息、产品质量信息和技术项目等信息，为企业提供高效优质服务。同时，用好国家中小企业银河培训工程专项培训经费，每年定向为农产品加工企业免费培训一批技术及管理人员，提高农产品加工企业的管理和技术水平。

（山西省中小企业局编写）

三、内蒙古自治区农畜产品加工业发展概况

（一）现状及特点

2006年，内蒙古自治区以科学发展观为指导，依托农牧业资源优势，围绕做好产业聚集、产业延伸、产业升级这篇大文章，大力发展主导特色产业，培育壮大优势产业集群，做大做强龙头企业，打造草原绿色品牌，农畜产品加工业呈现出强劲的发展势头，成为自治区重要的支柱产业。内蒙古自治区销售收入百万元以上农畜产品加工企业1 820家，同比增加279户，增长18.1%；实现销售收入1 159.9亿元，同比增长32.6%；完成增加值375.9亿元，同比增长44.5%。农畜产品加工业完成的增加值占内蒙古自治区工业增加值的21%，成为内蒙古自治区工业第三大主导产业；实现利润总额90.5亿元，同比增长33.9%；实际上交税金42.7亿元，同比增长47.8%。上交税金占内蒙古自治区地方财政收入的10%左右；出口创汇7.8亿元，同比增长8.3%；收购农畜产品资金344.4亿元，同比增长30.5%；带动158万户农牧户加入到产业化经营链条中，同比增加16万户。农牧民人均从产业化经营中得到的纯收入为1170元，同比增长16.5%，约占农牧民纯收入的1/3左右。内蒙古自治区农畜产品加工业正在由点状增长向集聚发展转变，由量的扩张向质的提升转变，由初级加工向深度开发的方向发展，逐步走上名牌带动、集群发展、多业增长、整体推进的路子，呈现出新的特点和发展趋势。

1. 企业规模化水平稳步提高

内蒙古自治区销售收入500万元以上（规模以上）加工企业达到1 233家，占销售收入百万元以上加工企业总数的67.7%；实现销售收入1 144.4亿元，完成增加值370.9亿元，分别占销售收入百万元以上加工企业的98.7%和98.7%，对农畜产品加工业的支撑带动作用十分明显。亿元以上企业153家，10亿元以上企业12家，伊利、蒙牛2家企业的销售收入分别达到163亿元和162亿元。内蒙古自治区有18个农畜产品加工企业成为国家级农业产业化重点龙头企业，伊利、蒙牛等7个企业成为上市公司。

2. 品牌建设初见成效

通过实施品牌带动战略，知名企业和名牌产品明显增加。在“十五”的基础上，新增5个中国驰名商标，内蒙古自治区获得中国驰名商标的农畜产品加工品牌达到18个。这些驰名品牌具有较高的知名度和市场占有率，其销售额占到内蒙古自治区农牧业产业化销售收入百

万元以上企业的44%，代表着区内乃至国内行业最高水平和发展方向，已经成为人们认识内蒙古、了解内蒙古，展示内蒙古经济跨越式发展的重要窗口，对于扩大宣传内蒙古，增加内蒙古农畜产品加工业的知名度和影响力，提升内蒙古经济整体形象具有不可替代的重要作用。

3. 项目建设成效显著

内蒙古自治区在建项目433个，投资规模469.8亿元，当年完成投资127亿元。其中，投资规模1亿元以上项目105项，投资规模367.6亿元，当年完成投资77亿元。项目建设初步实现了三个方面的转变，即由中小项目向大项目转变，由初加工项目向精深加工转变，由内向型向外向型转变，呈现出项目规模大、起点高、带动力强的特点。如：蒙牛集团投资12亿元新建的高科技乳品研究院暨高智能化生产基地，是国内行业规模最大、科技含量最高的集科研、生产、培训等功能为一体的现代化厂区。高起点、大规模的项目建设有力地拉动了农畜产品加工业的发展。

4. 主导特色产业全面协调发展

内蒙古自治区乳、肉、绒、粮油、马铃薯、蔬菜（瓜果）、饲草饲料、特种生物资源及沙产业等六大主导产业继续稳步发展。其中，乳产业和绒产业，不论规模、效益、品牌还是工艺技术装备水平、研发实力、市场占有率都保持全国领先。玉米、番茄、肉羊等产业异军突起，随着一大批国内外龙头企业的陆续引进，生产加工能力和水平逐步进入全国前列，其他产业也都得到了长足发展。按产业划分：粮油产业，内蒙古自治区销售收入百万元以上粮油加工企业达到378家，实现销售收入138亿元。加工转化粮食619万吨，加工率达36.3%。蔬菜产业，内蒙古自治区销售收入百万元以上蔬菜加工企业达到105家，实现销售收入17.8亿元。加工鲜菜230多万吨，加工率达20%。马铃薯产业，内蒙古自治区销售收入百万元以上马铃薯加工企业达到51家，实现销售收入9.4亿元。加工转化鲜薯145万吨，加工率16%。乳产业，内蒙古自治区销售收入百万元以上乳品加工企业达到97家，实现销售收入336.5亿元，同比增长35%。内蒙古自治区加工鲜奶667万吨，加工率达75.3%。肉产业，内蒙古自治区销售收入百万元以上肉类加工企业达到426家，实现销售收入241.7亿元。实际综合加工肉类166万吨，肉类综合加工率达65%。绒毛皮革产业，内蒙古自治区销售收入百万元以上绒毛皮革加工企业达到237家，实现销售收入197.6亿元，同比增长35%。其中，羊绒生产企业181家，生产羊绒衫1 267.66万件，羊绒围巾985.87万条，无毛绒9 617.9吨，实现销售收入180亿元。饲草饲料产业，内蒙古自治区销售收入百万元以上饲草料加工企业达到112家，加工饲草200万吨，实现销售收入64.3亿元，同比增长41.3%。特色产业，内蒙古自治区销售收入百万元以上特色加工企业达到338家，实现销售收入103.6亿元，同比增长47.21%。

5. 优势产业集群初步形成

内蒙古自治区各地以规模骨干企业为核心，以资产、品牌为纽带，大力推进行业整合，促进优势资源向优势产业、优势企业集中，优势产业、优势企业向优势区域集聚，逐步形成了一批种养加、贸工农相结合，企业分工协作，上下游产业和产品有序衔接，梯次开发、深度加工的优势产业带和加工区，形成了区域化集群发展的格局。如：乳产业形成呼和浩特市、包头、呼伦贝尔三大功能较为完善的生产加工基地。呼和浩特被国家有关部门命名为“中国乳都”，全市乳业主营业务收入达到320亿元。中东部地区成为羊肉、禽肉优势产区。锡林郭勒盟形成以锡林浩特市为中心，以小肥羊、伊盛、乌珠穆沁羊业、金易科工贸为龙头的肉羊加工中心及其副产品加工基地。通辽市着力打造中国“肉牛之都”和“世界鹅都”，以科尔沁牛业为代表的肉牛加工企业已形成了年屠宰加工20万头肉牛的生产能力，通辽蒙鹅鹅业计划投资35亿元，将形成年养殖加工2 000万羽匈牙利霍尔多巴吉鹅、4 000万羽匈牙利北京鸭的年产规模，产值将达到40亿元。羊绒加工向鄂尔多斯市和巴彦淖尔市及周边地区集中，仅鄂尔多斯和巴彦淖尔两市就有羊绒加工企业近100家，占内蒙古自治区羊绒企业的55%。玉米产业形成分别以通辽和呼和浩特市为中心、以梅花生物科技、中科天元、华蒙金河等一批大型玉米循环、发酵和生物制药企业为龙头的两大玉米加工区。巴彦淖尔市成为继新疆之后我国又一重要的番茄生产加工基地，年加工番茄250万吨左右，占内蒙古自治区蔬菜加工总量的80%以上。这些高度集中的专业化加工集群，汇聚了一大批具有规模和品牌优势的龙头企业，已经成为资源、要素聚集的洼地和科技、人才集中的高地。

6. 加工增值水平稳步提升

随着产业集群的壮大、企业技术投入的增加和自主创新能力的增强，内蒙古自治区农畜产品加工的产业链条不断延伸，产品科技含量和附加值稳步提高，逐步由初级、大路产品向高科技含量、高附加值产品和绿色、特色、优质、高效的方向发展。内蒙古自治区农畜产品加工率达到55%，精深加工水平进一步提升。乳制品形成七大类1 000多个品种。伊利、蒙牛在确保超高温灭菌奶全国销量领先的同时，加大新产品开发力度，相继推出“冠益乳”、“特仑苏”、LGG益生菌酸奶、金典牛奶等高端产品，高技术、高附加值、多元化产品比重大幅增加，已经接近发达国家乳业巨头的产品结构，摆脱多年过度依赖液态奶产品的局面，形成了高端竞争和差异化竞争新格局。肉羊产业从原来简单的卖卷肉，延伸到实行产品分割，形成了6大类100多个花色品种，产品加工深度和增值水平稳步提高。玉米产业基本形成了饲料加工、玉米淀粉及深加工、医药、酒精制造业四条相对稳定的玉米深加工途径，加工产品包括淀粉、淀粉糖、酒精、添加剂、酶制剂、调味品、药用、化工等8大系列100多个品种，产品科技含量和附加值不断提高。蔬菜产业在脱水蔬菜和番茄酱的基础上，新开发出冷冻菜、蕃茄丁、番茄汁以及天然色素等多个品种。马铃薯制品出现多样化的发展趋势，通过开发铃薯全粉、变性淀粉、薯条、薯片及膨化食品等深加工产品，使马铃薯增值3～5倍，经济效益大大提高。

（二）主要问题

地区、产业间发展不平衡，一些地方主导产业不突出，总量偏小；加工企业总体上规模不大，市场竞争力弱，带动能力不强，羊肉、粮油、马铃薯等产业还没有领军企业和叫得响的品牌；产业链条短，加工增值水平低，产品科技含量和附加值不高；基地建设滞后，原料供应在数量和品种质量上与加工企业发展需求不相适应；投入机制不健全，投融资渠道不畅，资金短缺的矛盾依然突出，特别是中小型加工企业融资困难。

（三）主要经验和做法

第一，坚持把加强领导、完善政策，作为

发展农畜产品加工业的关键。自治区党委、政府高度重视农畜产品加工业发展，把农牧业产业化经营作为农牧业和农村牧区经济发展中的一项带全局性、方向性的大事来抓，在出台的党委一号文件和召开的内蒙古自治区农村牧区工作会议、内蒙古自治区农牧业产业化经营现场会上，都把发展农畜产品加工业作为重要工作任务加以部署。各地、各部门认真贯彻落实中央和自治区有关方针政策，采取有力措施，加大扶持力度，优化发展环境，形成了上下联动、合力推进的工作局面。

第二，坚持把明晰发展思路、突出工作重点，作为发展农畜产品加工业的重要举措。一是在产业指导上，扎实做好调查研究、统计分析工作，及时把握产业发展趋势，根据各产业的运行状况、产业化发育程度等情况，提出了“全面提升绒产业、乳产业、粮油产业，加快扩张肉产业、薯薯产业、饲草饲料产业，创新壮大特色产业”的发展思路，针对不同产业，采取有针对性的工作措施，促进各产业健康协调发展。二是在区域布局上，本着市场导向、效益优先、发挥优势、突出特色的宗旨，着力抓好重点地区、重点企业、重点项目这三个重点，在政策、资金等方面给予倾斜扶持，通过以点带面、点面结合，带动整体发展。引导各盟市根据本地区的资源、区位和加工优势，找准发展定位，有所为、有所不为，通过发展优势产业，培育特色经济，壮大强势企业，打造产业集群，推进品牌建设，实现农畜产品加工业又好又快发展。三是在工作方法上，因地制宜，分类指导，积极探索不同类型、不同特点、切实可行的发展模式，培育一批做的实、推的开的典型，发挥好典型示范作用。

第三，坚持把以项目建设为载体、实施专项推进，作为发展农畜产品加工业的重要手段。内蒙古自治区各地坚持以实施重点项目为抓手和切入点，招大引强，高起点承接区内外产业转移，不断加大项目建设和招商引资工作力度，以大项目建设带动产业上规模、上水平。通过构建“大项目－大集团－产业群”的发展格局，拉动了农畜产品加工业的发展。

第四，坚持把创新投资体制、加大投入力度，作为发展农畜产品加工业的保障。从自治区到盟市，都加大了政府资金投入力度，并在投入方式上创新思路、创新机制，协调财政支农、基本建设、农业综合开发、扶贫等资金，按照总体规划，集中投向重点龙头企业和基地建设，达到了最佳的资金使用效益。各地还积极拓展融资渠道，多途径、多形式吸纳社会资金，并且大力推进银企合作，协调金融机构不断加大信贷支持力度，保障了农畜产品加工业的资金投入。

（四）保障措施

1. 加强组织领导

自治区将推进农牧业产业化工作作为对盟市领导班子实绩考核的重要内容，从自治区到各盟市、旗县都成立了推进农牧业产业化办公室，建立了联席会议制度，及时研究产业化经营中的重大问题，强化了对农畜产品加工业的领导和指导。

2. 加强政府资金投入

（1）自治区农牧业产业化基金继续增加，达到 7 700 万元，各级政府用于农牧业产业化项目建设资金随着财政收入的增长也相应增加。国家和自治区财政支农专项、农牧业综合开发、扶贫开发、以工代赈等各项支农资金与推进农牧业产业化经营项目有机结合起来，发挥了资金投入的综合效益和聚集效应。

（2）农畜产品加工企业增值税地方留成部分，纳入扶持农牧业产业化发展资金，用于扶持农牧业产业化龙头企业和基地建设。

（3）切实落实对国家重点龙头企业农畜产品初加工和农牧业高新技术企业减免所得税的政策。自治区农牧业产业化联席会议认定的自治区级重点龙头企业比照执行国家级龙头企业的减免所得税等优惠政策。自治区新建的农畜产品加工企业，.5年内免征企业所得税。

（4）农牧民专业合作经济组织为其成员销售的农畜产品，可享受自产自销的税收优惠政策。

3. 加强信贷金融服务

（1）对资信好的龙头企业，商业银行实行专门客户管理，核定一定的授信额度，用于收购同基地农牧户签订合同的农畜产品及对外出具投标、履约和预付金保函。积极支持农牧业产业化龙头企业承贷承还产业化专项贷款，确保放得出收得回。

（2）农村信用合作社资金向农牧业产业化经营倾斜，重点支持农牧户进行产业结构调整，参与产业化基地建设，并积极扶持中小企业发展。基层信用社可以吸收专业合作组织成员和龙头企业入股，为产业化经营提供贷款服务。

（3）通过政策引导，财力扶持，催生一批专业性的农村牧区信用担保组织，多渠道筹集农村牧区信用担保基金，积极探索农牧户间有偿担保的可行途径，解决农牧户大额贷款担保难的问题。

（4）积极筹建农牧业保险机构，通过开办农牧业保险、政府对农牧业直接给予补贴等保护性措施，提高农牧业抗御自然和市场双重风险能力，尽可能降低农牧户参与产业化经营的风险。

4. 优化招商引资环境

（1）对重点招商引资项目，实行投资审批代办服务制度，进一步简化审批程序，采取“一站式”服务，进行重点挂牌保护。

（2）对引进国际、国内驰名加工企业和区内外其他工商资本或民间资金进入产业化经营，且一次性固定资产投资在5 000万元以上的项目，所在地政府可投入一定的资本金，实行先股后退、先借后还的办法，促其发展。

（3）允许龙头企业按照国家金融政策进行民间融资，盘活民间游资，融资收益由投融资双方合同约定。积极支持有条件的龙头企业面向市场直接融资，争取更多龙头企业上市或发行企业债券，对上市公司通过配股、投资入股、控股、兼并中小企业等方式扩张资本、壮大规模予以支持。

5. 完善用地扶持政策

（1）各级土地管理部门对龙头企业经营所需用地优先安排，优先审批，其征用土地各项费用按有关规定的最低标准执行或者免除。

（2）农牧民或合作组织经统一规划，兴办规模养殖小区，占用集体荒地的，无偿使用土地；占用耕地建筑饲养场或加工厂的，属非永久性建筑物和构筑物的，土壤耕作层未被破坏或易于恢复的，视同农业生产结构调整用地。

（3）允许龙头企业在农牧民自愿的基础上，通过有偿转让、转包、反租倒包等多种形式获得土地使用权；支持龙头企业因经营需要，租赁、承包“四荒”资源和集体耕地，租赁、承包合同必须由龙头企业与农牧户直接签订，所获得的收益必须全部留给农牧民，防止土地“农转非”及其他与民争利行为的发生。

（内蒙古自治区推进农牧业产业化办公室编写）

四、辽宁省农产品加工业发展概况

（一）现状及特点

截至2006年底，辽宁省规模以上农产品加工企业3 463个，实现销售收入1 679.6亿元，比上年增长34.6%。其中食品加工业销售收入983.1亿元，比上年增长40.7%；纺织农产品加工业销售收入295.2亿元（不含化纤和纺织机械），比上年增长31.1%；其他轻工农产品加工业销售收入401.3亿元，增长62.7%。

辽宁省农产品加工业运行呈现的主要特点：一是发展速度强劲。规模以上农产品加工企业销售收入年度增长幅度达到34.6%，比2004年增长91.6%。2004～2006年的平均增幅高出辽宁省规模以上工业企业销售收入增幅10个以上百分点，可以说是持续快速发展。辽宁省包括在建、新建、拟建投资千万元以上的农产品加工项目464个，比上年增加56个，增长13.7%。出现一批规模较大、拉动性较强的项目。如葫芦岛希瑞集团新上年产6万吨玉米食用酒精、年产10万吨DDGS全蛋白饲料，全部投产可实现产值10亿元，带动1.5万农户；辽宁新大地实业有限公司投资7 400万元上树莓深加工项目，可带动沈阳地区树莓种植面积3万多亩。二是经济效益稳步增长。辽宁省规模以上农产品加工企业实现利润51.3亿元，比上年增长37.9%。完成利税106.9亿元，比上年增长27.3%。三是涌现出一批亿元以上的农产品加工龙头企业。辽宁省亿元以上的农产品加工龙头企业达到206个，其中5亿元以上的28个。四是一批加工园区、加工密集区、加工产业带、加工集群发育起来。具有代表性的是沈阳辉山农高区、朝阳龙城食品工业园区、大连纺织工业园区等；形成玉米、大豆、稻米、水果、蔬菜、生猪、牛羊、禽蛋、乳品、水产品、林木、特产等12大特色农产品加工集群；以沈北新区、海城、庄河为代表的特色农产品加工密集区；以沈大、沈山高速公路沿线为代表的特色农产品加工产业带。五是对现代农业、辽宁省工业经济拉动作用凸显。辽宁省规模以上农产品加工企业实现增加值523.4亿元，占辽宁省农林牧渔增加值的53.6%。通过农产品加工龙头企业带动，促进了农业生产的专业化、规模化、标准化、科技化水平。规模以上农产品加工企业增加值的增长幅度比全部规模以上工业企业增加值的增长幅度高出8个百分点。

（二）主要工作

1. 筹备召开辽宁省农产品加工业座谈会

为加大对农产品加工推进工作的领导、统筹、支持力度，进一步创造推进条件，在省推进小组的建议下，省委、省政府决定召开辽宁省农产品加工行业发展座谈会。省推进办和省振兴办合作进行会议筹备，做了大量工作。辽宁省农产品加工行业发展座谈会于2006年6月14日召开。李克强书记、张文岳省长分别在会上作了重要讲话。省推进小组作了《关于加快推进辽宁省农产品加工业发展意见的汇报》，会上下发了5个配套背景材料。这次座谈会进一步明确了辽宁省农产品加工业发展的方向、重点和措施，坚定了辽宁省上下推进农产品加工业的信心，调动了相关部门参与推进工作的积极性。接着又专门召开会议，研究部署贯彻落实“6·14”座谈会精神的具体步骤，使辽宁省推进工作深入开展。

2. 制定出台《辽宁省农产品加工业发展规划纲要》等重要文件

农产品加工业是新兴产业，涉及面广，以前一直没有制定这方面的发展规划。为了明确“十一五”期间辽宁省农产品加工业发展的目标、思路、重点、措施，发挥对辽宁省农产品加工业发展的引导、规范和促进作用，省推进办制定了《辽宁省农产品加工业发展规划纲要》，省政府办公厅予以转发（辽政办［2006］57号），填补了辽宁省农产品加工业发展规划的空白。另外还起草出台了《辽宁省农业产业化和农产品加工推进行动实施意见》（辽农产领发［2006］1号）、《关于组织开展农业产业化和农产品加工政策培训的通知》等重要文件。这些文件的出台有力地促进了辽宁省农产品加工业推进工作的开展。

3. 全面开展农产品加工和农业产业化政策培训

一是在2005年举办的首届辽宁省农产品加工和农业产业化龙头企业政策培训班的基础上，整理、编辑了《龙头企业政策培训讲义汇编》，下发到重点龙头企业和系统内工作人员手中。二是专门申请了农产品加工政策培训专项资金，制定了资金使用管理办法、政策培训方案，为全面、深入开展政策培训做好准备。三是于2006年10月举办了辽宁省第二届龙头企业政策培训班。组织省经委、省外经贸厅、省国土资源厅、省科技厅、省国税局、省扶贫办、省农业综合开发办、省农干院、省农发行、省农信联社等10个单位的专家作了政策讲授。122个重点龙头企业的法人代表和高级管理人员共143人接受了培训。培训的特点是多角度、可操作、互动式。辽宁日报、辽宁电视台对这次培训作了专题报道。为配合这次培训，协调了近30个厅局，对近年来出台的相关政策进行了精心筛选，编辑、印发了《农产品加工业扶持政策选编》一书，下发给参训人员和辽宁省相关企业，对执行和落实政策起到了积极的促进作用。四是组织辽宁省各地开展多形式、多层次政策培训活动。2006年辽宁省有10个市举办了各具特色的政策培训班，培训人数达1 650多人。目前，政策培训受到省内农产品加工农业产业化龙头企业的普遍欢迎，已在辽宁省形成蓬勃举办之势。

4. 大力开展项目推进

在对辽宁省投资千万元以上的464个农产品加工项目整理的基础上，确定了一批重点推介项目。通过省经委、省推进办、农口有关部门的共同推介，2006年省级农产品加工业技改财政贴息项目的安排达到51个，贴息金额0.99亿元，拉动银行贷款17.1亿元，带动投资31.3亿元，预计全部达产后新增销售收入60亿元。

5. 积极开展各种服务

一是省推进办组织了全国农产品加工示范等企业的申报推荐工作。即按照农业部农产品加工局的要求，省推进办协调有关部门，组织、开展了全国农产品加工示范企业、示范基地、技术创新企业、出口加工示范企业的申报、审核、筛选、推荐工作。2006年辽宁省有30个企业、10个基地被认定为全国农产品加工示范企业和示范基地，16个企业被认定为农产品加工企业技术创新机构，34个企业被认定为农产品加工出口示范企业。二是省推进办积极组织农产品加工企业参加国内外重要的农产品展洽、交易活动。国外1次，国内3次，参加企业达

50多家，签订协议、合同金额5亿多元。三是纺织、轻工、食品等推进分组结合业务工作为企业开展多种服务。纺织分组积极推进行业协会的发展，指导行业协会举办活动，帮助行业企业申报省名牌，加强对企业的运行监测；轻工分组支持和帮助重点企业申报名牌，为企业搭建宣传平台，监测行业运行态势；食品分组积极开展行业信息收集和指导、食品行业质量安全培训、新产品鉴定和技术服务，为产学研合作牵线搭桥，推荐名牌产品等。

6. 深入开展考察调研活动

一是省推进小组领导带领农产品加工业代表团赴奥地利、荷兰、丹麦等国家考察了花卉产业和畜牧业，以及围绕这些产业的物流体系、行业协会和合作服务组织，形成《辽宁省农产品加工业代表团赴奥地利、荷兰、丹麦等国家考察报告》。二是组织开展辽宁省农产品加工科技开发状况的调查，形成了《推进辽宁省农产品加工科技创新工作的考察报告》。三是解剖辽宁仁泰集团肉鸡产业链，形成《关于辽宁仁泰集团肉鸡产业链模式的调查报告》。四是定点调查泳装生产，形成《兴城泳装产业发展现状调查》。五是进行辽宁省农产品加工基地发展状况、发展典型调查，形成《关于建设辽宁优质特色农产品加工基地的意见》等一些调研报告。这些考察和调研活动及形成的成果开阔了农产品加工视野，深化了对农产品加工发展的认识，提出了很有见地的对策、建议和意见，具有重要的借鉴作用。

（三）主要问题

一是规模大、带动能力强的产业化龙头企业少。由于受投入少、技术创新能力不足、深加工水平低、品牌不亮等因素的影响，辽宁省虽然年销售收入亿元以上的农产品加工龙头企业已有206个，但知名企业不多，缺少称雄全国、在国内业界甚有影响、拉动能力强的如内蒙“蒙牛”、吉林“大成”、河南“双汇”那样的大企业。最大的加工龙头企业年销售收入仅在40亿元上下。二是农产品加工业转化程度低、增值链条短、整体规模小。农产品加工业是农业产业化的支柱。辽宁省农产品综合加工率在50%以上，与发达国家相比差距大，与国内发达省份比也有一定差距。2005年，辽宁省食品工业销售收入在全国排第10位，是山东省的17.1%，广东省的44.3%，河南省的46.3%，江苏省的54.2%。三是工业优势和特色资源优势没有充分发挥出来。辽宁省工业基础雄厚，人才、技术和装备都处于上游地位，但这个优势没有很好地转化为农产品加工技术、装备优势，近几年新上的农产品加工线绝大部分来自国外或省外。辽宁省拥有多样化的特色农业资源，但特色农产品的生产优势没有很好地转化为加工和产业化经营优势。四是中介服务组织发展滞后。中介服务组织既是上联龙头企业、下联农户的桥梁，又是团结同行业企业的纽带，在农业产业化经营中地位很重要，但发展比较滞后，难以适应产业化链条经营的要求，影响农企利益联结机制建设的步伐。

（四）主要措施和保障

1. 实施特色品牌战略，做大做强龙头企业

大力实施特色品牌战略，分行业确定重点打造、重点培育对象，实行重点支持。对众多散在的品牌进行整合，抓好优质特色农产品加工品牌的国内外注册，促进品牌向名牌转化。制定鼓励品牌政策。将做大品牌的战略和做强龙头企业的战略有机结合起来，发展一批大中

型优质特色农产品加工龙头企业。对有规模、有市场前景、有资源优势的特色企业，实行重点培育、扶持和推进，打造企业旗舰。积极推进同行业龙头企业之间的联合、并购、重组和参股；积极推进龙头企业跨行业、跨地区、跨国境投资布点；积极推进龙头企业的集团化、连锁化运作；积极推进优势加工企业向优势区域、高速公路沿线、加工园区集中，发展加工产业区、产业带和加工高地，培育示范型加工企业，壮大加工产业集群，进一步构筑区域和行业加工优势。

2. 推进农产品质量和安全体系建设，提高加工产业优质化程度

积极开展农产品质量和安全体系建设，建设农产品原料基地，加快产业结构调整，大力发展优质高效品种和名优特新产品，推进优质特色农产品加工业发展，构筑从“地头—车间—餐桌”的全程化质量和安全监控体系。以优质特色龙头加工企业为依托，打造“龙头企业 + 基地 + 中介服务组织 + 农户”的质量安全链条。大力推进重点龙头企业 ISO9001 国际质量体系和 HACCP 食品安全管理体系的认证，建立与国际接轨的农产品加工标准平台。加强对“双认证”工作的宣传、培训、督导。将企业“双认证”工作和无公害农产品、绿色食品、有机食品的“三品”认证工作结合起来，促进优质特色农产品生产基地和加工基地建设。

3. 充分利用开放优势，推进农产品加工业发展

要充分利用辽宁沿海、沿边、沿境、沿线的开放优势，得天独厚的北方出海港口等条件，大力发展农产品加工业。一要大力开展农产品加工业对外招商。精心筛选、包装、推出一批重大项目，面向国内外持续开展招商引资。创新招商引资机制，改进招商引资方式，提供软硬环境皆优的招商引资平台，促进招商引资手段和迅速变化的国内外产品市场、资本市场、项目市场相适应，吸引大批中外优质企业、资金、技术、人才和管理进入辽宁农产品生产和加工领域。二要扩大农产品加工品出口。进一步扩大畜禽、水产品、水果、蔬菜等优势农产品的加工出口。扶持重点出口企业、出口基地的发展，加快农产品出口企业与国际相关农业标准的对接，不断提高出口产品的质量和水平。进一步拓展农产品出口贸易空间，积极开拓欧洲、东南亚、中东、南美等出口市场。三要鼓励农产品加工企业向省外、国外投资。支持有实力、有品牌、有技术的农产品加工企业走出省门、国门开展跨省、跨国经营，到域外布点建厂，发展生产基地、研发中心、营销网络，鼓励优势农产品加工企业采取股权置换、境外上市等方式开展跨国投资经营。

4. 加强中介组织体系建设，为农产品加工业和农业产业化经营提供服务保障

一要积极发展农民合作服务组织。按照“民办、民管、民营、民受益”的原则，放手发展各种形式的农民协会、农民专业合作社和农村经纪人组织。充实完善功能，规范运行机制，不断扩大和增强其中介力、影响力和带动力。鼓励农民合作服务组织打破区域界限建会设点，推动服务组织之间的联合。农民中介服务组织要在介入订单农业、保障基地供给品质量、实行标准化生产、控制农产品安全等方面发挥重要作用，成为上联加工龙头企业、下联广大农户的纽带。二要积极发展农产品行业协会。可按农产品种类设立行业协会，也可设立跨行业总会。对传统的行业协会进行改革，转变陈旧的管理机制和经营方式。行业协会要在市场准

入、信息咨询、制定行业规划、规范经营行为、搞好价格协调、化解利益纠纷、保护知名品牌、应对外部壁垒、促进行业销售等方面发挥作用，切实维护好行业内农户和企业的合法权益。

5. 加强宏观环境建设，为农产品加工业提供优良发展空间

一是促进农产品加工业管理体制创新。树立“大农业、大食品、大加工、大产业”的新观念，用工业的理念推动农产品加工业管理体制的创新，要改革在计划经济体制下形成的农业行政管理体制、运行机制、运行方式，逐步改变农产品加工业条块分割、多头管理的局面，构建有效整合资源、整合管理的农产品加工业管理新格局。进一步转变政府职能，加强宏观引导，开展综合服务，逐步建立“政府—中介组织—加工企业”的运作模式。二是为农产品加工业创造良好的政策环境。全面贯彻落实国家、省、市有关扶持农产品加工和农业产业化经营政策。结合农政管理体制改革，抓好各项扶持政策的贯彻落实，进一步完善政策措施。三是为农产品加工业提供强大的科技支撑。加大科技投入，大力开展科技创新活动，着力抓好围绕农产品加工的科技开发环节、科技转化环节和科技政策环节。鼓励农产品加工企业自建科技研发机构或与高等院校、科研院所合办技术研发机构，进行产学研联合科技攻关。整合科技资源，组建高水平的农产品加工研发中心，引进国际研发力量，推进科研中试基地建设，强化自主创新和引进消化再创新能力，加快成果转化。实现攻克一批农产品深加工关键技术难题，开发一批具有较大市场潜力和较高市场占有率的产品，建设一批创新基地和产业化示范生产线，培育一批具有较强创新能力的农产品深加工企业和科技队伍，造就一批既有较高专业技术水平、又有一定管理能力的复合型人才，为辽宁省农产品加工业的发展提供持续、强大的科技支撑。

（辽宁省农产品加工办公室编写）

五、吉林省农产品加工业发展概况

（一）基本状况

1. 总量不断扩张，规模实力增强

吉林省农产品加工业近年来进入了快速发展阶段，实现了由小到大，由弱到强，超常规、跨越式发展。2006 年，吉林省各类农产品加工龙头企业发展到 1 680 个，其中 1 亿元以上的 90 个，10 亿元以上的 10 个，50 亿元以上的 2 个，100 亿元以上的 1 个。吉林省粮食加工能力 175 亿公斤，畜产品加工能力 4 亿头（只），辐射带动农户 242 万户，占农户总数的 69.1%。2006 年吉林省农产品加工业销售收入达到 1 260 亿元，是 2000 年的 3.6 倍。

2. 农产品加工系列不断壮大，区域布局不断优化

在市场和政策的双重作用下，优势资源不断向优势产业集中，优势产业不断向优势区域集聚，依托粮食、畜牧业、长白山特产资源和良好的环境资源，在吉林省已形成了 3 大产业、10 大系列农产品加工龙头企业群，对吉林省国民经济发展起到了强有力的推动作用，从而使农产品加工业成为吉林省三大支柱产业之一。

3. 组织方式不断创新，利益联结机制日益

完善

在龙头企业和基地农民之间建立完善的利益联结机制，是发展农产品加工业的重要环节。多年来，吉林省各地围绕提高企业对农户的带动功能，不断创新组织模式，在巩固发展“公司＋农户”的基本联结模式基础上，又进一步探索了“公司＋合作社＋农户”、“公司＋协会＋农户”等新的模式。联结模式的不断创新、完善，为龙头企业加强生产基地建设，充分发挥带动作用创造了条件。2006年龙头企业与农户签订粮食作物订单面积达到2 950万亩，畜产品订单达到2.6亿头（只）。通过产销订单、股份合作、委托协议等多种有效形式，使公司与农户之间的利益联结更加体现了自愿、平等、互惠和双赢。

4. 注重研发创新，产品科技含量不断提升

吉林省不断强化农副产品精深加工技术的系列开发研究，以成果带项目，以项目促产业。新建龙头企业坚持科技高起点，积极探索科研、开发、生产、市场紧密结合的运行机制。现有龙头企业加快了技术改造步伐，努力提高了生产加工环节的科技集成度，依靠科技进步降成本、增效益、创名牌。目前，吉林省级重点龙头企业的技术创新投入占销售收入的比重已达到0.93%。大成集团玉米化工醇的研究与开发、皓月集团利用牛内脏研发的73种生化制品、辽源金昌集团利用牛血提炼的口服SOD等一些具有自主知识产权的核心技术，在世界都处于领先地位，使企业在提高市场竞争力的同时获得了巨大经济效益。

5. 农产品加工基地不断壮大，产业集群迅速发展

在农业部组织实施的“农产品加工推进行动”的推动下，吉林省农产品加工业基地建设发展迅速，规模不断壮大，功能不断增强，结构不断优化，集群优势开始显现，规模效益和带动能力明显提高，已经成为吉林省农产品加工业和区域经济发展新的增长点和工业反哺农业的基地。通过推行标准化生产规程，主要粮食的优质品率超过90%，1 100万亩水稻，800万亩大豆实现了优质专用，按照加工与市场需求生产的专用、特用玉米达到2 000万亩。其中，吉林省有10个农产品加工基地被农业部命名为全国农产品加工示范基地。

（二）主要措施

一是坚持做大做强龙头企业，不断提升带动功能。龙头企业的发展水平是农产品加工业发展水平的重要标志。多年来，省委、省政府始终把龙头企业建设作为推进农产品加工业发展的重中之重，实施产业带动、项目拉动战略，先后启动了重点农产品加工转化“213”工程（20个已建项目，10个在建项目和30个拟建项目）、农产品加工龙头企业工程和“粮变肉”工程等，通过这些有效措施，发展壮大了一批大型龙头企业，逐步使资源优势转变为经济优势，以粮食、畜产品、特产品为原料的产业链条不断拉长，产品附加值不断增加，市场占有率不断提升，基地生产水平不断提高，农业竞争力明显增强。

二是坚持高标准建设基地，为龙头企业提供基础保障。基地是龙头企业生产的第一车间，是农产品加工的基础，基地供给的原料直接关系着龙头企业的产品质量和市场信誉。近些年来，吉林省根据龙头企业的实际需求，结合不同区域的资源特色和生产基础，规划建设了一批具有一定规模和水平的标准化、专业化的农产品生产基地，实现了区域化布局、标准化生

产、规模化经营，使粮食、畜产品、特产品的品质不断提高。

三是坚持实施名牌战略，加大市场开拓力度。品牌是企业的形象，象征着企业经营管理的整体水平。吉林省的粮食、畜产品等主要农产品人均占有量、商品量、调出量多年居全国前列，深加工产品主要销住省外、国外市场，培育具有吉林特色的农产品知名品牌，对开拓市场，搞活流通，推动农产品加工业快速发展至关重要。近年来，通过展会宣传品牌，联合重组整合品牌，开拓市场推介品牌等多种有效措施，培植了大成赖氨酸、德大鸡肉、皓月牛肉、华正猪肉、敖东中药等一批在国内外有较高知名度和影响力的品牌企业及名牌产品，在市场开拓中发挥重要作用。

四是坚持科技创新，增强发展的内在动力。科技是企业生存、发展的第一要素，特别是核心技术已成为龙头企业在市场竞争中的致胜法宝。多年来，吉林省采取鼓励、支持、引导相结合的办法，支持企业成立研发中心或与大专院校、科研单位联办科研机构，提升科技创新能力，开发具有自主知识产权新技术、新产品，并引导龙头企业坚持高起点建设，已取得明显成效。

五是加强政策扶持，营造发展氛围。把农产品加工业做大做强，必须加大政策的扶持力度，创造良好的发展环境。2005 年省委、省政府先后出台了《关于进一步促进乡镇企业快速高效发展的若干政策意见》（吉发［2005］26 号）和《关于进一步促进农业产业化经营的意见》（吉发［2005］27 号）两个文件，在财政、税收、土地等方面，对农产品加工业给予有力的扶持。省财政在 2005 年安排 5 000 万元、2006 年安排 1 亿元专项资金支持农产品加工龙头企业，从 2006 年起，每年还安排 1 500 万元中小型农产品加工企业扶持资金，扶持中小型农产品加工企业发展。这些资金主要采取贷款贴息、项目补助、投资参股等形式，引导工商资本和金融资本进入农产品加工业。2006 年拉动社会投入 160 亿元，比上年增长 54.7%。同时，我们还鼓励多渠道为发展农产品加工业招商引资，2005 年招商引资到位资金达到了 250 多亿元，实际利用外资突破了 10 亿美元。从实际效果看，政策的有力扶持，起到了“四两拨千斤”的作用，为吉林省农产品加工业发展注入了强大的推动力。

（三）“十一五”期间的目标和任务

“十一五”期间，是吉林省农产品加工业发展的重要战略机遇期，关键是用活政策，形成合力，加快发展，将吉林省农产品加工业做大做强。今后一个时期，吉林省农产品加工业总体思路是：紧紧围绕龙头企业建设，充分利用市场调节和政策扶持，加快建立促进农产品加工业发展的多元投入机制、资源整合机制、技术创新机制和企业家成长机制，实现资本、资源、技术、人才各种要素向优势区域、优势产业、优势企业快速集聚，推动吉林省农产品加工业走上区域联合、集群发展、多极增长、群体推进的路子，在建设社会主义新农村的进程中，实现更好更快的发展。

发展的奋斗目标是：经过 5 年的努力，形成与优势农产品产业带相适应的加工业布局，建成一批农产品加工骨干企业和示范基地；建立农产品加工业的技术创新体系，健全农产品生产及加工制品质量安全标准；农产品加工业增加值占国内生产总值和工业增加值的比重有较大提高。

具体目标是：到 2010 年，建设 5～10 个销售收入在100亿元以上的特大型企业，建设20个销售收入在50亿元以上的大型企业，建设50个销售收入10亿元以上的大中型企业，建设100个销售收入在1亿元以上的中型企业，培育一大批具有良好市场前景，能够充分发挥吉林省特色农产品资源优势的成长型企业，推动农产品加工业上层次、上水平。使吉林省农产品加工业中的粮食综合加工率达到75%以上，畜产品综合加工率达到50%以上。农产品加工业销售收入达到3 000亿元，利税达到300亿元。粮食加工能力预期达到300亿斤以上。

围绕这一目标，吉林省农产品加工业重点抓好粮食加工、畜产品加工和特产品加工3大产业；玉米、大豆、水稻、生猪、肉牛、禽类、乳业、蔬菜（山野菜、食用菌）、中药材和林特产品10大系列。同时，围绕资源优势建立100个优质农产品生产基地。

（吉林省农产品加工局编写）

六、黑龙江省农产品加工业发展概况

（一）基本状况

1. 农产品加工业综合实力逐年提高

黑龙江省农产品加工业近年来已经进入快速发展阶段。2006年农产品加工业实现产值690亿元，比上年增长86.6%；实现增加值207.2亿元，比上年增长120.5%。北大荒米业、五常绿风米业、九三油脂、完达山乳业、双城雀巢、北大荒肉业、青冈龙凤玉米、金鼎亚麻、绿地亚麻编织集团等一批大型加工型龙头企业迅速壮大。

2. 优势产业发展迅速

一是绿色食品产业在全国独占鳌头。黑龙江省绿色食品种植面积已发展到4 150万亩，约占全国绿色食品种植面积的37.7%；建成具有一定规模化、专业化的绿色食品生产基地324个，其中国家级基地52个。黑龙江省绿色食品企业403家，其中龙头企业329家，年产值超亿元的企业发展到46家；被评为国家级农业产业化龙头企业的19家、省级农业产业化龙头企业的103家。绿色、无公害产品生产总量达到3 380万吨。初步形成了贸工农、产加销相联结的绿色玉米、大豆、水稻、乳品、肉类、山产品、饮品和特色产品八大产业体系。黑龙江省绿色、有机和无公害农产品已发展到14大类、1 300多个品种。有效使用绿色（有机）食品标志的产品总数达1 054个。绿色、无公害食品基地面积、生产总量和经济总量等主要指标在全国居首位。二是非转基因大豆加工业独步全国。在外资企业已控制国内50%以上的压榨能力、跨国粮商将我国本土大豆逐渐排挤出油脂企业的采购单的情况下，九三油脂公司和中国最大的大豆工业园区——大庆日月星大豆高新工业园，依托黑龙江省非转基因大豆主产区的优势，生产非转基因的绿色、有机、无公害的大豆产品，标志着黑龙江省及国内大豆产业开始进入科技引导、自主创新、规模发展的历史新阶段，促进了全国大豆蛋白行业和大豆精深加工行业国际竞争力的迅速提高。三是乳品加工业迅速壮大。到2006年末，黑龙江省奶牛存栏178.1万头，较上年增长8.4%，牛奶产量达到460.3万吨，较上年增长4.6%。目前，国人每喝五杯牛奶中，就有一杯来自黑龙江省。随着奶业的发展，黑龙江省相继引进和建设了一大批乳品加工龙头企业，继雀巢、光明、完达山上马新的生产线之后，伊利、蒙牛、新希望、娃哈哈等企业也相继在黑龙江省投入巨资建设乳制品生产企业，使鲜奶日处理能力由7 000吨达到1.3万吨。四是皮革加工业异军突起。大庆市肇源皮革工业园区已成为全国重点制革基地之一，现已入驻企业21户，投产12户，实现产值4亿多元。在具备国家一级排放标准的现代化污水处理厂的支持下，浙江、河北、河南、辽宁等省外的皮革投资商纷至沓来。企业生产加工项目多样化，涵盖了牛皮、猪皮、羊皮、狐貉皮、鱼皮等各种皮张及各类皮革精深加工。园区企业现已具备了年加工100万张牛皮、300万张羊皮、300万张猪皮和3 000万张细杂皮、300万张鱼皮的生产能力。按照规划，肇源皮革工业园区将在数年内逐步发展成为集产、学、研、科、工、贸于一体的现代化、规模化、集约化的皮革产业基地，经济规模达到100亿元的中国北方皮革工业名城。五是黑木耳产业实现“买黑龙江省、卖全国”。中国绥阳黑木耳批发大市场2006年市场实现交易量35万吨（折合干品2.5万吨），交易额10亿元，成为国家农业部定点市场、省级产业化龙头企业、省级标准化市场和全国最大的黑木耳集散中心。

3. 集聚发展态势逐步成形

在黑龙江省81个产业集群中，农产品加工业产业集群为48个，占产业集群总量的59.3%。在依托当地资源的基础上，水稻、玉米、大豆、马铃薯、乳品、木制品、亚麻、食用菌、山特产品、白瓜籽、食用葵花、皮革等加工业均呈集群化发展态势。其中大庆市大豆深加工产业集群，穆棱市、绥芬河市、尚志市、安达市的木材加工产业集群，东宁县的黑木耳、山野菜及其他食用菌类产业集群，五常市、宁安市、庆安县、依兰县的大米加工产业集群，讷河市、海伦市的马铃薯产业集群，肇源县皮革产业集群，兰西县亚麻产业集群实力较强。

4. 地域分工格局初步形成

黑龙江省各地依托资源、区位和传统产业优势，基本形成了各具特色的地域产业发展分工格局。在哈尔滨、绥化、佳木斯、牡丹江、鸡西等水稻主产区，初步形成了无公害米、绿色稻谷和有机米加工区；在齐齐哈尔市的讷河、绥化市的海伦形成了马铃薯种薯生产基地及淀粉加工区；在牡丹江、绥芬河、大兴安岭、伊春等地，形成了山特产品及食用菌生产加工区；在哈尔滨市的双城、巴彦，大庆市的杜蒙，绥化市的肇东、望奎、安达等地形成了原料乳生产及乳制品加工区；在牡丹江市、伊春市形成了木材加工区。

5. 绿色品牌影响力逐步增大

在食品安全日益受到重视的情况下，黑龙江省绿色食品以其品种丰富、供应量大而享誉全国。黑龙江省7个中国驰名商标中有4个是绿色食品，22个中国名牌产品中有10个是绿色食品、无公害农产品。通过参加“东西经贸合作洽谈会”、“中博会”、“哈洽会”、“绿博会”、“北京·北大荒绿色特色农产品展销会”等各类展销活动，黑龙江省绿色食品的品牌影响力和销售渠道不断扩大，现已销售到全国除西藏外的所有省、市、区（包括我国台湾省），并远销欧洲、美国、日本、东南亚等30多个国家和地区。以产自北大荒的优质粮油为代表，已与浙江、上海、福建、北京、天津、江苏、云南、山西、陕西、甘肃等十省市建立了产销合作关系，每年协议购销粮食数量100多亿公斤。

6. 循环经济正在起步

由益海集团总投资10亿元人民币，在佳木斯建设黑龙江省最大的粮食深加工项目，通过对水稻、大豆、玉米等进行深加工，除生产出优质珍珠米、米粉产品外，还可以生产出具有高附加值的米糠营养调和油、维生素E、卵磷脂、谷维素等系列保健食品和医药产品，稻壳用来发电，产品加工链可达到16个，对农产品做到了吃干榨尽。哈尔滨大成新资源（集团）有限公司在黑龙江宾西经济开发区建设60万吨玉米深加工项目，采用先进的生产技术生产商品淀粉、淀粉糖以及粗玉米油、纤维饲料等多种主、副产品，玉米总收率可达到99%，可极大地提高玉米的附加值。穆棱和海林木材加工园区，木业产业链条逐步清晰，边角废料得到了充分利用。

（二）主要措施

1. 坚持“打绿色牌，走特色路”不动摇

黑龙江省绿色食品产业起步于1990年，十多年来，绿色食品产业由小到大，由弱到强，在全国始终处于领军位置。2001年，黑龙江省提出了“打绿色牌，走特色路”的大力推进绿色食品强省建设的发展战略，并出台了《黑龙江省绿色食品管理条例》。2003年，省委省政府把绿色食品产业开发列为重点工作进行推进，抓好“一个提升”（普遍提升绿色食品质量）、“三个延伸”（生产领域由种植业向养殖业延伸，产业链条由粗加工向精深加工延伸，产品开发由绿色食品向有机食品延伸）和“三个一批”（加快建设一批较大规模的生产基地，扶强扶壮一批竞争力较强的龙头企业，在全国叫响一批知名品牌）的关键性措施的落实，促进黑龙江省绿色食品产业持续健康、快速发展。近年来，黑龙江省深入实施“打绿色牌、走特色路”的发展战略，绿色食品产业实力不断增强，牢牢地构筑起新时期的农业竞争新优势。

2. 实施《奶业振兴计划》与“主辅换位”战略，做大做强乳品产业

奶业是黑龙江省农业和农村经济调整中最具优势的战略性产业。2002年，省委、省政府提出实施奶业振兴计划，并作为省委重点推进工作之一，在黑龙江省强力推进；2004年，实施粮牧“主辅换位”战略。几年来，各地按照省委、省政府的总体部署，强化领导，确立目标，加大投入，科学组织，不断增大奶牛存栏数量与饲养规模、壮大优势区域规模、扩大龙头企业加工能力，黑龙江省奶业产业规模进一步扩大，整体素质进一步提高，乳品加工龙头企业数量增加，竞争力提高，对农民增收的带动功能进一步增强。

3. 发挥黑龙江省资源丰富与环境绿色的优势，以招商引资促发展

一是发挥黑龙江省粮豆薯肉乳及特色动植物资源数量多、品质好的优势，吸引投资商投资。二是发挥黑龙江省废弃地与能源丰富的优势，开辟“哈大齐工业走廊”，制定优惠政策，吸引发达地区受土地与能源约束的企业转移到黑龙江省投资。三是发挥黑龙江省毗邻俄罗斯的区位优势，以“对俄农副产品出口生产基地”、“木业工业城”等对俄罗斯经贸优势招商引资。目前，已有雀巢、正大、蒙牛、伊利、光明、新希望、草原兴发、娃哈哈、汇源、金锣等众多国内外知名企业到黑龙江省投资农产品加工业。

4. 加大对农产品加工企业的扶持力度

一是加大对龙头企业的扶持力度。省发展非公有制经济工作领导小组于 2006 年开始推进省级重点扶持非公有制骨干企业工作，在确定的 100 户亿元以上省级重点扶持非公有制骨干企业中，有 40 户是农产品加工企业。二是加大对中小企业农产品加工企业的扶持力度。在 2006 年确定的 205 户省级中小企业专项资金扶持名单中，农产品加工企业数量为 103 户，比重超过 50%。三是对企业技术先进、产品科技含量高的农产品加工企业，列入国家中小企业发展专项资金项目库，申报国家专项扶持资金。

5. 深入实施品牌战略，培育名牌产品

为鼓励企业创名牌，黑龙江省出台政策规定，凡注册商标被认定为中国驰名商标或产品被评为中国名牌产品的企业，由省政府奖励 100 万元。被认定为省著名商标或省名牌产品的企业，由各级政府给予奖励。

（三）工作重点

1. 坚持“打绿色牌，走特色路”战略，突出重点促进绿色食品产业升级

2007 年将通过七项重点工作促进绿色食品产业全面升级。这七项重点工作分别是：以创建全国绿色食品原料标准化生产基地为载体，进一步提高基地建设水平。在原来 67 个国家级大型绿色食品生产基地的基础上，再启动 6 个大型国家级标准化生产基地创建工作，新增国家级生产基地面积 300 万亩。以壮大加工企业集群为目标，进一步提升骨干加工企业的牵动能力。2007 年将重点扶持一批集种养加于一体，有发展潜力和出口创汇能力的绿色食品加工企业，尽快形成对俄罗斯加工出口企业群体，逐步改变对俄罗斯出口以“原字号”为主的格局。以“一体化”推进为主要手段，坚决完成黑龙江省种植业无害化生产的目标。力争主要农产品产地全部实现无害化宗旨，成为全国首个完成种植业无害化生产省。以搞好大型展销活动为重要内容，进一步提高绿色食品的市场占有率。2007 年黑龙江省绿色食品销售额要达到 220 亿元。以加快科技创新为突破口，大力开发新产品。以创新品牌培育机制为目的，进一步提升绿色食品品牌的影响力。以加强农业投入品控制为重点，进一步提高质量安全管理水平。

2. 坚持“主辅换位”战略不动摇，做强做大奶业和生猪产业

一是稳定奶业生产。落实《关于推进奶业持续健康发展的意见》，为尽快恢复和稳定奶业生产提供了政策保障。制定出台扶持奶业发展的配套项目和具体措施，对产业予以集中扶持，稳定奶源市场，实现奶业的健康、可持续发展。扶强扶壮龙头企业，完善产业化经营格局。二是加快现代生猪产业建设步伐，做大做强黑龙江省生猪产业。黑龙江省中部农区生猪主产区已经初具规模，龙头企业、生产基地、科技水平、市场开发及配套服务已有良好基础。2007 年，我们要借助生猪及其产品市场全面回暖、生猪加工产业初具规模的良好机遇，大力扶持其向规模化、标准化、基地化方向发展，叫响龙江绿色生猪品牌，支持其进一步做大做强。

3. 加大科技创新力度，推动农产品加工业走新型工业化道路

一是由全面招商逐步改为“选商”。农副产品加工基地在招商引资时，要优先选择投资额度大、技术先进、产品数量丰富、产业链长的投资商。二是加大对省级农副产品加工共性技术研发推广中心的支持力度。三是加大政府助推力度，推动相关高等学校、科研院所与农副

产品加工中小企业紧密结合，逐步形成产、学、研创新体系。加快企业自主创新与科技成果转化的步伐，增强中小企业技术创新能力。

4. 发挥专项资金的引导作用，支持企业发展

一是申请省政府增加省级中小企业专项资金额度，增大对农产品加工企业的扶持力度。二是在确定年度专项资金扶持项目时适当向农副产品加工企业倾斜。三是增大对农产品加工产业集群的扶持力度，主要是支持产业集群公共服务平台建设。

5. 继续坚持招商引资，做强做大黑龙江省农产品加工产业

一是发挥农业资源、能源、土地等丰富的优势，打造招商引资“洼地”吸引各类资金。二是利用黑龙江省东部建立对俄罗斯、韩国农产品出口加工基地的优势招商引资。三是利用进口俄罗斯原料设立的农产品加工基地招商引资。四是继续支持相关企业参加国内有关经贸洽谈会、博览会，增强招商引资的针对性，提高成功率。

（黑龙江省乡镇企业管理局编写）

七、福建省农产品加工业发展概况

（一）基本状况

2006年，福建省乡镇企业农产品加工业总产值近3 000亿元，企业数1.9万余家，从业人员约200万人。其中：“乡镇规模”农产品加工企业数4 738家，从业人员124万人，完成现价产值2 439亿元，比2005年增长27.36%，实现利润119.14亿元，比增26.5%，增加值569亿元，比增28.15%。其中：“乡镇规模”农副食品加工业、食品、饮料制造业企业1 035个，从业人员17.8万人，实现增加值112.81亿元，比增32.16%，现价总产值535.56亿元，比增24.3%，利润总额21.45亿元，比增32.4%。有国家级农业产业化龙头企业23家，省级龙头企业150家，市级龙头企业614家。农产品加工企业总体实力不断增强，涌现了一批规模化、集团化的现代化加工企业和知名品牌。厦门罐头厂、福建省紫山集团有限公司、厦门银鹭集团有限公司进入中国罐头行业十强，其产量及出口量在福建省处于领先位置，主要产品在国内外市场具有较高的占有率。银鹭、惠尔康、达利园、金冠、雅客、蜡笔小新、福马、古龙、安记、雪津、惠泉等11个品牌的农产品获得中国名牌，其中银鹭、惠尔康获得中国驰名商标。年均产值超5 000万元有300多家，产值超亿元的企业130多家，产值超亿元大型企业3家，其中厦门银鹭集团年产值突破15亿元。其特点为：

1. 分布较齐全，主导产业地位突显，部分拳头产品居全国领先地位

福建乡镇企业农产品加工业主要分布于果蔬食用菌、水产品、粮油糖产品、畜禽肉蛋乳、休闲调理食品、茶叶、林产品、饮料食品、皮革羽绒和饮料等十大产业。这十大产业中，拥有本省丰富资源的果蔬食用菌加工业及水产品加工业优势明显，不少拳头产品居全国首位。2006年福建省果蔬食用菌加工业实现产值约250亿元，占福建省农产品加工业总产值13%，位居福建省农产品加工业十大产业首位，这个

产业中有不少产品居全国领先地位，如果蔬食用菌罐头总产量达60多万吨，总产值达50亿元，出口交货40多亿元，其产量、产值、出口量均多年稳居全国首位。福建省水产品加工业的加工量120多万吨，产值达150多亿元，其产量、产值居全国第二、三位。在这个产业中烤鳗加工业年达10多万吨，全部出口创汇达8亿美元，其产量居世界总产量的2/3，其产量、产值、出口额均稳居全国首位。再如漳州市的紫山集团蘑菇罐头年产超万吨，产量居全国同行业前列；进入全国罐头十强企业，漳州盈丰食品有限公司的糖姜产量全国第一，在欧洲占有70%份额，被誉为“中国姜王”。

2. 产业集中度进一步提高，已初步形成区域特色的产业集群

福建省乡镇企业农产品加工业经“十五”计划实施，现已形成以资源体系为依托，加工体系为载体的较合理区域产业布局。漳州市作为国务院批准的“海峡西岸农业合作实验区”，正在着力发展闽台合作合资，果蔬食用菌加工业及水产品加工业、饮料加工业三大产业，并已位居全国、福建省前列；厦门市正在着力培植系列饮料、八宝粥、罐头、速冻蔬菜，力争“十一五”末，这四项主导产业产量居全国或福建省前列；泉州市着力发展休闲食品加工业、茶叶加工业及皮革羽绒加工业；福州着力发展以菜篮子工程为主的肉蛋乳加工业、粮油糖加工业、水产品加工业；三明、南平两个山区市着力发展林产品加工业、肉蛋乳加工业和经济作物加工业；龙岩着力发展经济作物及龙岩八大干系列产业开发。莆田、宁德着力发展水产品加工业。根据上述已经基本形成的区域产业布局，厦漳果蔬食用菌加工业已被确认为省级重点产业集群、泉州市休闲产品加工业为省级产业集群，此外还形成一批市级产业集群：福州市水产品加工业产业集群、宁德水产品加工业产业集群、南平市肉蛋乳加工业产业集群、三明市林产品加工业产业集群、龙岩市经济作物加工业产业集群、莆田市粮油加工业产业集群。

3. 已从传统产业向现代产业迈进，有力地推动了农业产业化

改革开放初期，福建省农产品加工业主要采取传统的腌制手段进行作坊式粗加工，存在品种少、质量差、档次低等问题。改革开放20多年来，福建省农产品加工业积极加快结构调整，改造、新引进了一批具有一定规模的先进生产工艺、先进生产线，推进农产品加工业从作坊粗加工向集约化、系列化、精深加工迈进，新产品不断崛起，初步形成以果蔬罐头、速冻脱水、果蔬饮料、蛋白饮料、调理休闲食品、保健茶、乳制品及胶合板、微粒板、竹木工艺品、水产品系列深加工、饲料系列深加工等新型的现代产业，产业及产品结构调整日益适应国内外市场需求，大大增强了在国内外市场的竞争力。

4. 闽台合作迈上新台阶

福建省和我国台湾省一水相隔，地理人缘相似，台湾的优良农产品品种很适合在福建栽种。近几年来福建省从台湾省引进水果、蔬菜、粮食类的优良品种2 700多种，有150多个粮种得到规模化的推广和应用，并以定单农业的形式在福建发展农产品生产基地，连接农户，以此形成闽台合资式融资的闽台农产品加工示范区。如漳州市自1997年7月国家批准设立为“海峡两岸农业合作实验区”以来，批办农业合资企业200多家，总投资6亿多美元。尤为突出的是龙海、漳浦的民营企业与台湾合作，并

以定单农业形成果蔬闽台加工示范区，在加工区内分布着近50多家台资企业，年生产加工果蔬食用菌速冻、保鲜、脱水产品40余万吨全部出口。目前闽台农业合作现已从引进台商从事初级农产品的小规模生产开始起步，逐步向资金、品种、技术、市场经营管理等一揽子引进转变。在利用台资的项目中，农产品加工业已占47.7%。产业合作逐步朝整体配套方向发展。

5. 产业链已趋完善

完善农产品加工产业链，是确保省、市级产业集群健康发展的关键，多年来福建省重视产业链的配套和完善，已建成一大批仓储、物流、保鲜、包装原料马口铁、纸板、发泡塑料的配套产业，产业链的配套与完善可以确保福建省农产品加工业的发展。以厦门、漳州果蔬食用菌加工业产业集群为例，该集群果蔬食用菌加工业企业所需的空罐，镀锡镀铬马口铁、纸质包装箱、塑料发泡包装箱及彩印已得到相应的配套。在35家产值超亿元和56家产值超5 000万元的企业中，生产上述配套产品的企业分别有7家和13家。又如漳州市角美农产品加工合作区，引进一批台资食品加工企业后，又相继引进了统一马口铁、福贞制罐、日茂塑料等食品加工上、下游关联企业，产生了良好的产业聚集效应。产业链的配套趋于完善，确保了集群发展的需要。

（二）有利条件与主要问题

1. 有利条件

（1）具有区域特色的农产品资源体系。福建地处中、南亚热带，是全国六个温带中条件最优越的地区，热量充足、雨量丰沛，是同纬度地区一块得天独厚的宝地。此外，还有着丰富的自然资源，多森林，多花果，多水域，多岛屿，为福建省发展农产品加工业奠定坚实的基础。

（2）已初步形成具有区域特色的农产品加工体系。各地发挥资源优势，选准项目，基本形成了水产、果蔬食用菌、茶叶等区域明显的特色农产品加工体系。如闽东南沿海的水产品加工，厦门的饮料和果蔬加工，漳州的速冻蔬菜和罐头加工，闽南和闽北的乌龙茶加工、闽东的绿（花）茶系列加工等，成为地方经济和农民收入增长的有利引擎。

（3）具有发展农产品加工业的区位优势。福建地处东南沿海，与我国台湾隔海相望，可以利用国家赋予闽台农业合作实验区先行探索的有利条件，引进台湾的优良品种、先进技术和设备、科学的管理方式和资金。福建不仅海域辽阔、而且海岸线曲折绵长、海边的优势极为突出，为福建今后大力开发利用海洋生物资源、发展港口、海运，引进外资等提供了良好的条件。

（4）具有发展农产品加工业的产品优势。福建省许多农产品在国内外有突出地位，如福建省水产品人均占有量为全国第一，水果总产值人均全国第二，茶叶、食用菌总产量全国第一。近几年来，福建省的罐头、烤鳗、茶叶、水煮笋、速冻蔬菜、黑木耳、香菇、脱水蔬菜等农产品及加工品在出口贸易中占有明显的总量及价格优势，在国际市场中具有较强竞争力。

2. 存在问题

（1）企业总体规模偏小，加工技术与设备落后，产品以中低档为主。主要表现在：一是现有企业普遍起点低、规模小、营销水平差、市场适应能力弱、自身效益不高、辐射作用不大，具有较强竞争力的大型名牌企业或企业集团较少，中小型企业较多，福建省乡镇企业最大规模的农产品加工业在国内同类行业中属于中等规模企业。二是企业设备简陋，生产手段落后，科技含量低，生产效率差，发展后劲不足，产品档次偏低，大部分农产品的加工企业都是以粗加工为主，没有实现多层次、多环节增值。根据调查统计，全行业的平均加工增值率不会超过57%，对比国外发达国家200%～300%的增长率，差距甚远。

（2）专用加工的原料基地建设相对落后。目前，福建省优质高产农产品生产基地建设还只是初具规模，缺少产地贮藏、保鲜和加工环节。大多数农产品加工企业没有固定的原料基地，收购的原料品种混杂，难以实现标准化，造成加工企业成本增加和产品质量的不稳定，影响企业的经济效益。

（3）管理模式陈旧，产业内部缺少联合协作，市场欠规范。福建省乡镇企业农产品加工业绝大部分属于民营企业，普遍实行家族式、家庭式管理，随着企业规模的不断扩大、决策随意，企业缺乏有效的管理知识等内在的缺陷逐渐暴露出来，制约了企业规模的进一步扩张和企业管理的科学化发展。同时，企业基本处于各干各的单兵作战，行业间无序竞争、恶性竞争、内耗等现象时有发生，降低了福建省农产品加工业的整体竞争力。市场体系发育与建设发展置后，市场交易方式传统，储运方式和工具落后，信息网络建设不完善，相应的法律体系不配套，造成市场秩序混乱，严重影响着农产品加工业的健康发展。

（4）农产品加工企业在参与国际竞争中还有些不适应。很多企业对农产品国际贸易和规则认识不足，特别在反倾销方面经验明显不足。此外，福建省有关农产品的质量标准和相关认证工作滞后，缺乏与国际标准和进口国的认证标准的接轨，企业不能很好地按照国际市场的标准组织生产，产品竞争力弱，导致福建省部分农产品出口屡遭退货。

（5）发展环境尚待进一步优化。环境不佳突出表现在管理体制不顺，多头管理，各行其是，使得农产品加工业的标准化体系、检测体系、食品安全体系、技术推广服务体质量认证体系以及信息网络体系不健全，对农产品加工企业的投资和信贷扶持政策和措施不够有力，资金投入不足成为产业发展最重要、最普遍的制约因素之一。此外，农产品出口退税手续麻烦、周期长，增加了企业负担，又影响了企业正常的经营活动。

（三）思路和保障措施

1. 发挥比较优势，优化区域布局

突出优势农产品、产业和优势产区，实行扶优扶强的非均衡发展战略，坚持有所为有所不为，做大做强一批优势农产品的产业带和产业区。坚持以“高、大、外、新”为重点，推动农产品加工传统产业、工艺和技术升级。实施名牌带动战略，着力发展地域特色产品，形成“一乡一品、一区一业”的专业化特色化开发格局。在优势产区配套建设一批优势农产品生产和加工基地，并配套建设物流中心、科技研发中心、质量检验检测中心，促进福建省形成若干个各具特色、具有一定规模和竞争力的优势农产品产业带和区域性农产品加工中心，建成若干个国家级或省级农产品加工示范区。

2. 加快科技创新，提高产品质量安全水平

依靠科技进步，开创名牌产品。集中人力、物力、财力对大宗农产品加工技术和加工工艺进行攻关，加强引进工作，加快对传统产业的技术改造，形成一批技术含量高的名牌农产品。

福建省组建农产品加工技术推广中心，加快农产品加工业成熟适用技术的推广和运用。鼓励大型龙头企业走“产学研”联合，生产、科研开发一体化的路子，使逐渐成为技术创新的主体。加快农产品质量安全标准体系建设，健全社会化服务体系，建立和完善农产品质量检验检测体系，省一级建立中心检测机构，依托现有的设区市农业系统检验检测机构和设施，建成市、县两级农产品质量检验检测体系，并配套建立企业检验检测体系。建立健全技术推广、职业培训等社会化服务体系。

3. 建立出口“反壁垒”机制，设立“反壁垒”专项资金

“反壁垒”专项资金主要用于：一是指导、鼓励农产品加工企业开展国际标准认证；二是实施出口贸易伙伴国的多元化扩展，鼓励企业对外参与展览、展销、设立营销点、办事处等，一方面可以反制设置“壁垒”国家；另一方面可以自主市场和品牌，提高参与国际竞争的主动性和利润回报率；三是加强对企业厂长、经理及高层人员的再教育与业务培训，强化市场经济意识，掌握国际贸易规则，加快在观念和行动上与国际接轨；四是加强国际贸易后备人才及有关人才的培养；五是推动相关协会的建立与运作，建立有序竞争与协作环境，打造区域性农产品加工业的“航空母舰”或“联合舰队”；六是建立农产品出口“反壁垒”快速反应机构，及时收集、整理国外增设的进口产品及绿色壁垒情况，及时通报有关企业。协助企业理顺有关关系；七是推进加工原料的基地化建设。

4. 加快农产品流通体系建设，规范传统零售渠道

应尽快改变农产品流通环节多、流通成本高、市场秩序混乱的状况，建立顺畅高效、便捷安全的农产品流通体系。大力推动农产品零售市场改造升级，努力提高连锁超市、食品超市、大型综合超市等新型零售业中农产品的经营规模，力争不断提高销售份额，规范传统的农产品零售渠道，加快农产品集贸市场的经营设施改善，强化管理。积极鼓励和引导农产品批发市场和农产品加工业企业直接向综合超市、食品超市、社区菜市场、便利店配送产品。鼓励有条件的大型超市、食品超市和便利店的经营企业直接从产地采购，与农产品生产基地建立长期的产销联盟。大力推行食品放心工程。抓紧完善农产品流通领域的标准体系和监测体系，实行采购、储加工、运输、销售等全过程质量安全控制。

5. 依托闽港澳中小企业平台，积极推进闽台农产品加工业合作

借鉴闽港澳合作经验，逐步推进闽台农产品加工业合作与交流，拓展闽港澳中小企业合作平台为闽港澳台中小企业合作平台，闽台农产品加工业间的合作交流，应坚持以台资农产品加工企业的引进为主体，内外联动，加强内资企业与外资的“嫁接”、“改造”，全方位推动福建省农产品加工业升级，充分发挥海峡两岸农业合作实验区的作用，落实实验区有关政策，引导农产品加工企业相对集中。要突出传统文化，联手发展东方食品，要立足长远，不断完善和优化闽台农产品加工业向宽领域、多层次方向发展。

6. 加大政策扶持，整合理顺农产品加工业管理机构

农产品加工业发展需要给予必要政策支持，特别税收方面，要完善农产品出口退税政策；借鉴发达国家的农业生产经验，以税收重农，

对农产品加工企业实行比工业企业更低的税率，以促进农产品加工业发展。同时，要加大对农产品加工企业的金融支持。将农产品扶持基金列入农业发展银行贷款业务范围，适当放宽担保抵押条件，合理确定贷款期限。有条件的地方鼓励中小企业自愿组织具有独立法人资格的互助担保联保机构，开展信用担保联保业务。整合、理顺目前农业、林业、水产、农办、经贸等多个部门各自管理农产品加工业的局面，财政上应扶持农产品加工业龙头企业的贷款贴息，并有专项经费扶持农产品加工科技投入，支持农产品加工示范园区建设。福建省发改委、经贸委、农业、林业、海洋与渔业等省直有关部门的专项经费，也应该划出一定的比例支持农产品加工业的发展。各市、县（市、区）也要制定相应措施，安排专项经费支持一批农产品加工龙头企业进行技术改造。

（福建省经济贸易委员会编写）

八、山东省农产品加工业发展概况

（一）基本状况

到2006年底，山东省规模以上农产品加工龙头企业达6 100多家，其中，销售收入过亿元的950家，规模以上农产品加工龙头企业实现销售收入6 630亿元，利税557亿元。2个过百亿元企业中，魏桥棉纺实现主营业务收入480亿元，金锣集团实现主营业务收入157亿元。山东省农产品加工业的发展，主要呈现出如下特点：

1. 东部地区整体水平不断提高，中西部地区快速跟进

潍坊、烟台、青岛和威海4市规模以上农产品加工龙头企业的数量、销售收入分别占山东省总数的32.53%和38.64%，过亿元、外向型、省重点及国家重点农产品加工龙头企业分别达到山东省总数的36.20%、40.75%、36.21%和57.78%。内陆地区的临沂、济宁、滨州和德州4市，近几年跟进速度较快，规模以上农产品加工龙头企业数量、销售收入已分别占山东省总数的38.85%和37.85%。随着东西结合步伐的加快，聊城、菏泽两市农产品加工龙头企业也进入快速发展的轨道，规模以上农产品加工龙头企业已达到619家，实现销售收入400.67亿元。

2. 经营领域不断拓宽，主导产业优势区域逐渐形成

山东省规模以上农产品加工龙头企业主要集中在粮食、棉花、蔬菜、肉类、油料、果品和水产等产业，企业数量分别达到1 266、896、873、565、371、342和282家，在龙头企业的带动下，形成了潍坊蔬菜、威海水产、烟台果品等各具特色的专业经济区和产业经济带。

3. 多元化发展格局已经形成，民营企业成为主要力量

山东省规模以上农产品加工龙头企业群体中，民营成分龙头企业（包括集体企业、股份制企业、私营企业）达到5 273家，占总数的89.86%；销售收入达到3 749.64亿元，占总数的83.52%。

4. 经营链条不断拉长，农产品转化增值能力提高

许多地方凭借自身优势，围绕主导产业发

展农产品加工龙头企业，上中下游龙头企业协调发展，大大提高了农产品转化增值能力。据测算，龙头企业农产品加工增值率已达65%。

5. 龙头企业集团化趋势明显，市场竞争力增强

一些农产品加工龙头企业利用自己的资金优势、品牌优势和市场优势，实行低成本扩张、多渠道联合、多层次发展，形成了大龙带小龙、小龙带农户的可喜局面。西王集团始由小作坊式的油棉厂发展为职工3 100余人，总资产16.7亿元，辖有16个子公司的中国制造业500强企业。企业现年加工玉米能力50万吨，年产30万吨玉米淀粉、20万吨结晶葡萄糖、8万吨麦芽糊精、10万吨玉米色拉油、10万吨高蛋白玉米纤维饲料、1万吨酵母。淀粉系列产品、结晶葡萄糖、麦芽糊精、玉米色拉油先后打入国际市场，远销亚洲、欧洲、非洲、澳洲的十几个国家和地区，2006年实现销售收入45亿元，计划2007年销售收入过100亿元。

（二）主要做法

一是多形式建设农产品加工龙头企业，壮大龙头企业群体。国有、集体一起上，独资、合资、合作一齐上，调动社会各方面力量参与龙头企业建设。许多国有大中型企业把生产经营触角延伸到农业领域，凭借其雄厚的人才、资金、设备优势，逐步发展成为农业产业化经营的重要推动力量。据统计，目前山东省投资农业产业化开发的大中型国有工商企业已达1 000多家。外商投资农产品加工龙头企业数量达到677家，资产总额达448.53亿元，固定资产为216.81亿元，实现销售收入638.20亿元，出口创汇32.05亿美元，税后利润36.10亿元，上缴税金18.14亿元，分别占山东省总数的8.06%、15.47%、9.99%、39.12%、15.00%、14.46%。莱阳市积极引导社会资本进入农产品加工领域，打造出了一支整体实力比较强的“农字号联合舰队”。到2005年底，全市规模以上农产品加工龙头企业共有95家，资产达到85.03亿元，实现销售收入123.29亿元，形成了以龙大、鲁花、天府、吉龙、春雪等具有一定规模企业为代表的龙头企业群体。以这批龙头企业为依托，在莱阳城区东部已建成一个在全国颇具影响力的食品加工城。

二是外延扩张与内涵挖潜并举，增强农产品加工龙头企业的规模优势。为了加快农产品加工龙头企业的技改步伐，省政府专门制定了大中型龙头企业改造规划，引导龙头企业由单一经营向多种经营转变，拓展经营领域，发挥综合经营优势。诸城市外贸集团经过十多年的发展，围绕肉鸡、淀粉、色素、包装等主导产品形成了肉鸡良种繁育、饲料生产、产品包装、宰杀加工、熟食品生产、淀粉生产、色素提炼、热电联产等支柱产业。其中肉鸡一体化生产体系形成年产父母代种鸡200万套、商品代雏鸡1亿只、饲料50万吨、加工冻鸡15万吨、分割出口5万吨、加工熟食品8万吨的规模，是全国最大的肉鸡出口生产基地之一；玉米淀粉年产能力160万吨，居全国同行业前列；色素提炼形成年加工色素2亿克的能力，带动基地20万亩，是全球最大的饲料级天然色素出口生产基地，2006年实现主营业务收入62.9亿元。

三是推行“三改一加强”，提高农产品加工龙头企业的整体素质。目前，山东省国有、集体性质的龙头企业有90%以上实行了公司制、股份制、股份合作制改造。谷神公司通过产权改革，引进外资，创立民营合资的谷神集团，使企业焕发出勃勃生机和充沛活力。有的放矢

的引进人才、信息资金、设备、技术等资源，使企业规模扶摇直上。同时开展了用人制度、分配制度、管理机构、营销体制等多方面的改革，增强了企业凝聚力和竞争力，目前企业达到年加工饲料14.4万吨、籽棉500吨、大豆20万吨、养殖种猪3 000头、出栏育肥猪5 000头的规模。

四是实行标准化生产，积极参与国际市场的竞争。鼓励农产品加工龙头企业积极引进国外资金、技术、设备、人才和管理经验，建立各类农产品出口生产基地，并按照国际规范标准加强对农产品及其加工企业的标准质量认证，努力实现与国际市场的全方位接轨。山东省规模以上农产品加工龙头企业建立质检机构的有5 151家，占总数的61.38%；实行现代管理制度的有5 246家，占总数的62.5%；通过ISO体系认证的有1 817家，占总数的21.65%；通过ISO14000体系认证的有1 099家，占总数的13.1%；通过HACCP体系认证的有904家，占总数的10.7%。龙大集团不断加大投资规模，加快发展步伐。在兴建多个国际一流水准的大型全封闭无菌加工工场的基础上，建有总容量达8万多吨的恒温库、低温库和气调库；按国际标准建立了规模化的PIC种猪繁育、养殖、屠宰和加工基地；与日商合资，新建了国内大型的一流的调理食品专业加工场、国内最先进的水产品加工出口专业化企业，以及真空冷冻干燥制品项目。生产加工保鲜果蔬、冷冻蔬菜、调理食品、FD（真空冷冻干燥）制品、水产品、粮油制品、肉类食品、调味品共八大系列400多个品种，出口日本、韩国、美国、德国、俄罗斯等国家。

五是加大科技创新力度，促进企业的快速健康发展。引导各地相继建起了一批规模较大、科技含量较高的高起点龙头企业，并在此基础上，鼓励龙头企业建立自己的科研机构，加强同大专院校、科研院所的协作，实行产学研结合。山东省规模以上农产品加工龙头企业拥有研发机构1 937个，专职研发人员2.15万名，获得国家级科研成果166项，省级科研成果414项，获得发明专利718项。临沂市三维油脂股份有限公司，加大科研投资力度，在稳定发展豆油、花生油、高级烹调油等10多个品种的基础上，又确定研究开发粉末油脂、食用磷脂、卵磷脂、大豆异黄酮以及生物肥、生物农药等高新技术产品。经过几年努力，农产品加工龙头企业中拥有省级以上技术开发中心达35家。

六是加强政策扶持，为龙头企业创造良好的发展环境。自1994开始，省委、省政府陆续出台了多项关于扶持龙头企业、鼓励招商引资、支持个体私营经济和农村合作经济发展的政策措施，并在项目审批、资金投放、税费减免等方面给予倾斜扶持，调动各方面参与产业化经营的积极性。2002年4月29日，省委、省政府在潍坊召开了山东省农业产业化工作会议，会议确定继续加大对产业化经营的扶持力度。从2002年起连续五年，省财政每年安排不少于5 000万元专项资金，与银行信贷资金捆绑滚动使用，支持龙头企业发展；省财政今年安排5 000万元资金，用于农业标准和检测体系建设；农业综合开发和扶贫资金的安排使用，要与推进农业产业化经营结合起来，从多种经营资金中每年安排不少于5 000万元，直接用于扶持农业龙头企业；省高新技术产业贴息专项资金和科技型中小企业创新专项资金，每年安排一定比例用于扶持农业龙头企业；对农业龙头企业申报国家扶持的高新技术产业化推进项目、农产品深加工项目和技改贴息项目，省有关部门优先推荐上报。另外，在税收、信贷、用地、用电等各方面，也要在国家政策允许的范围内予以倾斜和优惠，提供更加优质高效的服务。

（三）存在问题

一是农产品加工龙头企业规模偏小。据统计，2006年山东省规模以上农产品加工龙头企业的销售收入平均为1.09亿元，销售收入过亿元的企业只占总数的15.6%。

二是加工层次偏低，创汇能力较弱。农产品加工龙头企业多数以初加工为主，出口创汇产品也以原料型的居多。

三是出口市场过于集中，受国际市场的波动影响大。出口创汇企业的市场过于集中，主要集中在日本与韩国，日韩市场稍有波动，都会对企业造成很大的影响。

四是质量监督监测体系不健全，受国外非关税壁垒制约严重。山东省农产品质量监督监测体系，尤其是畜产品的检疫防疫体系，远远不能适应加入WTO的需要，农产品的出口受到很大的限制。

（四）目标重点

“十一五”期间，立足山东省的资源优势和基础条件，着重培植粮食、棉花、油料、蔬菜、果品、畜禽、水产品、林产品等八大优势产业；引导农产品加工龙头企业向主导产业优势区域集中，形成八大优势产业的农产品加工龙头企业群，完善八大优势产业的产业化体系。重点建设以潍坊、聊城、滨州、德州、济宁、菏泽等为中心的粮食加工企业群体，辐射带动鲁中、鲁西平原小麦、玉米生产基地；重点培植以滨州、东营、菏泽等沿黄地区为中心的棉花加工企业群体，带动鲁西北、鲁西南和鲁北地区等棉花优势种植区域的棉花生产；重点培植以青岛、烟台、临沂为中心的东、西两大花生加工企业群体，带动胶东半岛和鲁南花生生产基地；重点培植鲁东蔬菜加工出口型企业群体，促进山东省蔬菜产业的发展；培植壮大以烟台为中心的胶东半岛水果加工企业和鲁南、鲁西北干杂果加工企业群体，带动胶东、鲁中、鲁南、鲁西北林果业生产；重点发展鲁中和胶东肉禽加工、鲁中南生猪加工、鲁西北牛羊加工、胶济沿线乳品加工企业群体，全面促进畜牧业产业发展；重点培植胶东半岛、北部沿海地区的海产品加工和鲁西南及沿黄地区的淡水产品加工企业，带动沿海、滨湖及内陆地区渔业的发展；重点培植鲁南、鲁中、鲁西北地区林产品龙头企业群体，带动花卉、林纸林板一体化、草柳编、茶叶等特色产业的发展。

1. 粮食

坚持初加工与精深加工协调发展的原则，建设五大优势加工企业群体：以潍坊为中心的淀粉、饲料加工集中区；以临沂为中心的淀粉、食品加工集中区；以滨州为中心的玉米加工集中区；以济宁为中心的玉米、小麦加工集中区；以济南、菏泽为中心的面粉、食品加工集中区。重点带动山东省专用小麦优势区域之内的菏泽、济宁、泰安、潍坊、济南等地的3 000万亩小麦生产基地，专用玉米优势区域之内的鲁中、鲁西平原的玉米生产基地。

2. 棉花

重点培植德州、滨州、聊城、菏泽、济宁、潍坊、济南、东营等沿黄地区的棉花加工企业，形成沿黄棉花加工产业带，带动鲁北、鲁西北和鲁西、鲁西南等地区棉花优势种植区域的棉花生产，推进棉花规模化生产、产业化经营，提高效益，在山东省初步形成棉花加工三大优势区域，一是以滨州为中心，东营、潍坊等组成的鲁北棉花加工产业带；二是以德州为中心，与聊城、济南组成的鲁西北棉花加工产业带；三是以菏泽、济宁区域的鲁西南棉花加工产业带。

3. 油料

山东是花生生产和贸易大省。规划建设一批花生蛋白制品和油脂加工企业，带动山东省两大花生优势区域的花生生产，即以种植春花生为主的胶东半岛、鲁中和鲁东南地区；以种植夏花生为主的鲁西和鲁西南地区黄河故道生产带。引导龙头企业加大科技创新力度，协调发展食用花生和油用花生，稳步发展花生油用企业和食品加工业；巩固传统花生加工制品，全力开发诸如花生酸酪、花生饮料、花生酥等新品种，进一步加快花生分离蛋白生产加工技术的研制开发。

4. 蔬菜

目前山东省蔬菜生产形成了四大优势区域。一是鲁东蔬菜加工出口区；二是济青高速公路沿线冬暖日光温室集中产区；三是鲁中南拱棚蔬菜及传统名特优蔬菜集中产区；四是鲁西北秋延迟、春提前及露地蔬菜、出口蔬菜、食用菌集中产区。依托四大优势产区，重点发展一批产品科技含量和附加值较高的带动型企业，培育50家品牌知名度较高的大型企业集团，壮大蔬菜加工出口企业群体，主要分布于莱阳、苍山等鲁东、鲁中和鲁西三大加工区。继续强化速冻、保鲜、脱水、腌渍、罐头等强项产品的传统优势，努力开发多类别、系列化的调理食品和熟制终端食品；鼓励和引导大型骨干企业建设无公害、绿色和有机蔬菜自有基地，设立自己的研发中心，广泛引进和采用先进设备和技术，开发储备一批高技术含量、高附加值的精深加工产品。

5. 果品

果品是山东农业的优势产业之一。重点建设三大果品加工企业群体，一是以苹果、梨加工为主的烟台果品加工集中区；二是以冬枣、金丝小枣加工为主的滨州、德州、聊城、东营果品加工集中区；三是板栗、核桃、山楂、柿子等加工为主的泰沂山区。加快引进、培育适宜加工的新优品种和标准化基地建设；大力发展气调贮藏，提高水果采后商品化处理程度；改进加工工艺，搞好精深加工和综合利用，开发系列果品加工品，重点发展浓缩果汁、果酒、果汁饮料、果酱、果粉、罐头和膨化果品等产品；注重山东省名优果品和野生果品资源加工品的开发。在烟台、威海、青岛、临沂等水果主产区，有计划地建设设备先进、自动化程度高的大型水果自动分级包装厂、气调保鲜库，重点发展壮大一批档次高、水平高的果品加工龙头企业；对鲁中、鲁西、鲁南等地的罐头、果酱、果酒、果干等企业进行技术改造和资源要素整合。

6. 畜禽

重点建设以下四大畜禽产品生产加工区域。一是以潍坊、青岛、烟台、威海为中心，重点建设鲁中和胶东肉禽出口加工区；二是以临沂、枣庄、泰安、潍坊、淄博等市为中心，重点建设鲁南鲁中生猪加工区；三是以东营、滨州、德州、聊城、菏泽为中心，重点建设鲁西鲁北肉牛肉羊加工区；四是沿胶济铁路，重点建设乳品加工区。鼓励企业发展精深加工制品，重视畜禽加工副产品的开发利用。通过畜禽龙头加工企业，重点带动山东省沿黄牛羊生产基地；鲁中、胶东及聊城德州为主的家禽养殖基地；鲁中南为主的生猪养殖基地；胶济铁路和京福高速山东段沿线两个奶牛产业带基地发展。

7. 水产

在沿海及内陆渔业重要水产基地，培育和扶持一批水产品加工企业和高科技园区，发展企业集群。一是重点培育青烟威日为主的水产品加工出口工业园区，构建东南沿海水产品精深加工产业带。大力发展来进料加工、藻类加工、模拟食品、贝类净化、综合利用及海洋药物、保健食品；二是北部沿海地区的滩涂贝类、甲壳类等大宗产品精深加工，培植北部沿海特色海产品加工产业带；三是以济宁、泰安为中心的滨湖及沿黄淡水产品加工基地，要突破淡水产品加工的瓶颈制约，重点发展鱼类、甲壳类等产品的加工增值和出口产品。

8. 林产品

重点培植以济宁、菏泽、聊城为中心的西部林产品加工产业群体 、以潍坊、济南、淄博、德州为中心的中部林产品加工产业群体和以临沂、枣庄为中心的南部林产品加工产业群体。以菏泽、聊城、淄博、潍坊、德州、滨州、东营为主，重点扶持建设一批林纸林板一体化经营龙头企业集团，做大做强木浆造纸、人造板生产等木材加工产业；以临沂、滨州、菏泽为主建设一批草柳编加工出口企业群；以济南、潍坊、青岛、济宁为主发展壮大一批苗木和园艺花卉生产企业；以潍坊为中心，建设一批桑蚕生产加工企业；以日照、青岛、临沂为中心培植一批茶叶生产基地和加工企业。

（五）工作措施

1. 制定科学的发展规划，加快构建山东省农产品加工业体系

尽快制定山东省农产品加工业发展规划。在布局上，突出各地、各传统产业经济带的农产品资源、市场资源、地理位置及经济发展等方面的优势。在形式上，打破所有制、行业和行政区域界限，坚持国有、集体、民营、合作、外资、混合所有制一齐上，调动社会各方面的力量参与农产品加工业发展。鼓励工商企业换业、转产、兼营，兴办农产品加工项目，努力形成农产品加工企业多元化发展的局面。在结构上，重点培植一批规模大、层次高、市场竞争力强的大型农产品加工龙头企业，大力发展以加工转化优势农产品、特色农产品、吸纳农村剩余劳动力的中小型劳动密集性企业，大力支持发展外向度高、科技含量高、附加值高的农产品加工企业。通过强化政策措施，改善农产品加工企业发展环境，尽快构建起与农产品生产、市场需求相配套的农产品加工业体系。

2. 加强农产品基地建设，为农产品加工业提供原料保障

在现有农业商品基地的基础上，新建、扩建一批市场潜力大、加工增值高的原料型农产品生产基地。要通过大力推行农业标准化，规范基地的生产与管理，提高基地的生产能力和产品质量；通过实施品牌、名牌战略，加快发展无公害、绿色食品等优质产品原料开发与生产，尽快形成与农产品加工企业配套发展的专用、优质、稳定的农产品生产基地。鼓励农产品加工企业建设自己的原料生产基地，或通过定向投入、定向服务、定向收购等方式与基地农民建立稳定的合同购销关系。

3. 加快标准体系和检测体系建设，提高农产品加工业质量安全水平

参照国际标准，抓紧制（修）定农产品及加工制品的质量安全标准和技术规范，并逐步与国际标准接轨；加强农业质量检测机构建设，提高检测水平和检测能力；加强质量认证工作，

逐步建立产品质量等级标识制度；完善有关法规，建立产品质量监督制度，加强对农产品加工业的质量检测、检查和监督。农产品加工企业必须依照国家强制性标准建立相应的质量控制体系，确保产品质量。鼓励农产品加工企业采用国外先进标准，或按照市场需求，采用高于山东省现行标准的外埠标准组织生产。

4. 加快经营机制创新，促进农产品加工业的健康发展

要进一步深化企业改革，建立现代企业制度，为农产品加工业发展创造良好的体制条件；鼓励农产品加工企业采用先进的管理方式，提高企业的管理水平；支持农产品加工企业实行产品研发、基地建设、生产加工、营销服务一体化经营，与基地农民建立效益联结机制，形成利益共同体，共同发展农业产业化经营。同时，加强农产品加工业行业协会、专业协会等中介服务组织建设，发挥其在社会化服务、开展行业自律、防止无序竞争、协调解决贸易争端等方面的作用。

5. 加大科技创新力度，推动农产品加工企业走新型工业化道路

抓紧制定农产品加工业技术发展的政策措施，加快农业科技创新，加快农产品加工科技成果转化和先进适用技术的推广，为农产品加工业发展提供技术支持。当前的重点是加快开发与推广农产品精深加工工艺、技术和装备。积极扶持鼓励农产品加工业实施“产学研”对接工程，提高自主创新能力，并采用引进、合作开发等形式不断提高技术与装备水平。培育一批拥有自主知识产权、产业关联度大、带动能力强的科技型农产品加工龙头企业。

6. 努力开拓国外市场，着力提高农产品加工业的外向度

实行全方位、多层次、宽领域的对外开放，充分利用两种资源、两个市场，加快发展农产品加工业，提高农产品加工业的外向化水平。引导和鼓励农产品加工企业积极开展对外交流合作，大力引进国外资本、优良品种、先进技术、管理方法和高级人才，转变生产经营方式。支持农产品加工企业加快建立健全国际市场营销体系和网络，开展多种形式的营销活动，积极开拓多元化国际市场，扩大农产品出口创汇。鼓励有条件的农产品加工企业“走出去”，输出技术、劳务、品牌和资金，到境外投资创办生产基地，发展加工项目，不断提高农产品在国际市场上的占有率。

（山东省乡镇企业办公室编写）

九、河南省农产品加工业发展概况

（一）发展现状

2006年，河南省农产品加工企业达到4万多家，规模以上农产品加工企业达到3 500多家，粮食加工能力达到3 370万吨。主要产品产量小麦粉1 713万吨、挂面150万吨、方便面117万吨、饼干47万吨、速冻米面食品117.7万吨、啤酒300万吨、肉类737万吨、畜肉制品106万吨、牛奶147.68万吨、果汁及果汁饮料38.71万吨、味精29.33万吨、棉纱188.3万吨、棉布18.8亿米、机制纸及纸板800万吨、皮革2 750万平方米。河南省农产品加工业实现销售收入3 600亿元，同比增长20%。农产品

加工业已经成为河南省乡镇企业发展中总量最大、发展最快、效益最好的支柱产业，是解决农民就业、增加农民收入的有效途径，为社会主义新农村建设作出了重要贡献。

1. 农产品加工业的发展已成为农民就业的主要渠道

2006年，河南省农产品加工企业从业人员达到250万人，占河南省乡镇企业从业人员的14.32%，新增就业人员占河南省乡镇企业新增就业人员的21.16%。

2. 农产品加工业的发展已是农民增收的有效途径

通过大力发展农产品加工业，实现农产品在生产、加工、流通等环节的增值，增加了农民收入。"十五"期间，河南省农产品加工企业累计支付职工工资、股份分红、向农民发放福利和补贴资金180亿元，河南省农民人均257元，占农民现金收入的10%。

3. 农产品加工业是新农村建设的重要支撑

农产品加工业的发展，不但增加了农民收入、地方财政收入和集体积累，其税后利润用于小城镇建设，公共福利事业的投资逐年增加，为中小学校、托儿所、敬老院、影剧院、村镇建设等文化教育娱乐场所和农村基础设施建设提供了大量资金，促进了社会主义新农村建设。"十五"期间，河南省农产品加工企业用于兴教办学、社会公益事业资金12亿元。

4. 农产品加工产业集群推进了小城镇建设

2006年，河南省有农产品加工产业集群72个，创工业总产值653.2亿元。郑州的速冻食品、啤酒，许昌、漯河的粮食加工、方便食品、冻鲜肉和肉制品，信阳的毛尖茶，商丘、驻马店、新乡的面粉，三门峡的果品加工，周口的皮革及制品等，都已形成了具有一定规模、市场占有率高、特色鲜明的产业集群。农产品加工产业集群的发展，在推进农村工业化的同时，带动了基础设施和公共事业建设，有力地推进了农村城镇化建设，加快了城乡一体化进程。

5. 农产品加工业促进了外向型农业的发展

2006年，河南省已形成了221个具有一定规模的农产品加工出口基地，出口产品达200多个品种，远销50多个国家和地区，出口创汇15亿美元。形成了农产品加工出口基地、龙头企业和农户相结合的外向型经营模式，加快了农产品加工业向一体化、规模化、标准化、国际化发展，促进了农产品加工业对外合作与交流，扩大了出口创汇。

（二）主要特点

第一，形成了以粮食、畜禽加工为主的优势产业。依托粮食和畜禽业资源优势，形成了面粉、食用油、速冻食品、啤酒、皮革、畜产品加工等优势产业。河南省南街村集团公司年加工粮食40万吨，成为河南省规模较大的粮食加工骨干企业之一。河南省金星企业集团公司年产啤酒100多万吨，已进入全国五强行列，占河南省啤酒产量的30%以上。河南鞋城皮革集团公司年加工牛皮150万张，年产牛皮鞋面革、沙发革540万平方米，实现营业收入17.57亿元，成为全国最大的牛皮加工企业。河南华英禽业集团股份有限公司年屠宰加工鸭7 000万只、肉鸡2 000万只，年销售收入达到24.17亿元，是全国乃至亚洲最大的鸭加工企业。

第二，形成了一批农产品加工加工业示范基地和产业集群。目前，河南省有农产品加工业产业集群72个，年销售收入653.2亿元，其中全国农产品加工业示范基地3个。郑州的速冻食品、啤酒，许昌、漯河的粮食加工、方便食品、冻鲜肉和肉制品，信阳的毛尖茶、鸭肉，固始的柳编，商丘、驻马店、新乡的面粉，三门峡的果品加工，安阳的鸡肉、纺织，周口皮革、尾毛加工及制品，焦作的皮革皮毛加工，南阳的丝毯、地毯产业，长垣的卫生材料等产业集群等具有浓郁的地方特色。

第三，外向型农产品加工业发展迅速。2006年，河南省已经形成了以鹤壁、信阳为重点的禽肉，以漯河、许昌为重点的肉类，以郑州为中心的食品加工，以驻马店为重点的芝麻加工，以周口、焦作为重点的皮革、皮毛及其制品，以三门峡为重点的浓缩果汁等221个特色鲜明的农产品出口基地，出口产品达200多个品种，远销50多个国家和地区，出口创汇15亿美元。2006年河南省有16家企业获全国农产品加工业出口示范企业称号。

第四，农产品加工业带动了现代农业的发展，促进了农民就业增收。河南省符合农业部统计标准的各类农业产业化组织总数达9 102个，其中属龙头企业带动型的有3 918家，占总数的43%；龙头企业年销售收入达1 399亿元，有287家龙头企业销售收入达1亿元以上。河南省各类农业产业化组织带动农户1 022万个，占河南省农户总数的50.9%，平均每户从中增收1 025元。

（三）主要问题

一是加工总量不足，精深加工程度较低，科技投入严重不足。目前，河南省农产品加工业产值与农业产值之比仅为0.5:1，农产品加工程度只有45%，初加工与精深加工的比例仅为1:0.8，农产品加工增值比例仅33%。2006年河南省规模以上农产品企业的研发投入约50亿元，仅占销售收入的1.49%，开发投入不足，导致农产品加工业装备和工艺水平落后，产品开发和科技创新能力弱，科技成果转化率低。

二是技术装备落后，企业规模较小。目前，河南省农产品加工企业的技术装备水平处于20世纪80年代的世界平均水平，15%左右处于90年代水平，只有5%左右达到目前国际先进水平。企业规模普遍偏小，企业自主开发新产品的能力较低，此外在产品质量、卫生标准、环境保护等方面也存在着一些不容忽视的问题。

三是利益机制不完善，产加销脱节。多数粮食加工企业与农户还是一种松散的买卖关系，企业与农户之间没有形成利益共同体，也没有产加销一体化经营；签订的合同缺乏履行保证机制，存在着价高时农民惜售，价低时企业违约压级压价，双方互不信任的现象。

（四）主要做法

1. 加快产业结构调整，拉长产业链条，提高农产品加工深度

引导农产品加工企业采用高新技术和新型适用技术改造、提升传统农产品加工业，拉长了产业链条，提高了精深加工度。如小麦加工由过去的普通面粉发展为现在专用粉、饺子粉、自发粉、面包粉、面筋粉、全营养素面粉以及方便食品、膨化食品、营养食品、保健食品、高档休闲食品等系列产品。大豆加工由原来的腐竹、豆腐、大豆油等发展到药用异黄酮、新型纤维蛋白丝等高新产品。油料加工由过去的普通食用油发展为现在的精炼油、色拉油、茶树油、米糠油。玉米加工由过去普通淀粉发展为现在的变性淀粉、葡萄糖、饴糖、巧克力糖、糖果、酒精、饲料、麦芽糊精、高麦芽糖等。利用农产品生产精细化工产品、医药制品也取得了突破性进展。汤阴县豫鑫有限责任公司利

用玉米芯生产木糖和木糖醇，年产木糖5 000吨、木糖醇1万吨，年实现销售收入2.2亿元，创汇1 500万美元，利税4 000万元，已成为亚洲第一、世界第二大木糖、木糖醇生产企业。目前该公司已形成了一条由玉米芯提炼木糖、木糖精加工木糖醇、木糖渣废料栽培食用菌、食用菌废料做有机肥、木糖渣晾晒替代燃煤的产业链，带动5 000余农户从事企业生产、玉米芯收购运输、食用菌栽培。

2. 培育名牌产品和知名企业，提高市场竞争能力

为培育壮大名牌产品和知名企业，河南省各级政府出台了一系列优惠政策，积极引导农产品加工企业扩大生产规模，加快技术创新，加强企业管理，提高产品质量，增强品牌效益和竞争能力，发展壮大了一批经营规模大、技术含量高、辐射带动作用强的知名企业，创出了一大批名牌产品。目前，河南省食品工业有17家企业21个产品荣获“中国名牌”，食品行业的“中国名牌”总数占河南省“中国名牌”总数的60%；有100多种食品产品获得省名牌产品和省优质产品称号；有82个粮食加工企业的235个产品分别获国家和省放心粮油称号。目前，河南省的肉制品、方便面、速冻食品、面粉等均为全国销量第一，火腿肠的国内市场占有率达到70%，速冻食品、方便面的国内市场占有率分别达到60%。涌现出“思念”、“三全”牌速冻食品，“众品”、“汇通”、“大用”、“永达”、“华英”牌肉制品，“南街村”、“斯美特”、“白象”牌方便面，“金丝猴”牌奶糖，“十三香”牌调味品，“金星”牌啤酒等知名品牌。

3. 积极实施东西合作工程，促进农产品加工业发展

1995年以来，河南省认真贯彻执行国务院关于“实施乡镇企业东西合作示范工程”的战略措施，积极组织乡镇企业实施东西合作工程。在农业部的指导下，连续10年承办了全国乡镇企业东西合作（驻马店）经贸洽谈会，先后组织企业参加了牡丹江、兰州、贵阳、桂林、太原等全国乡镇企业东西合作经贸洽谈会，取得了明显成效。到2006年底，河南省已建成东西合作企业（项目）6 792个，其中农产品加工企业（项目）2 717个，累计引进资金994.34亿元，其中农产品加工项目资金447.45亿元。通过积极实施东西合作工程，新建了一批规模大、加工能力强、市场占有率高、经济效益好的农产品加工企业。吸引了可口可乐、杜邦、丹尼克斯、娃哈哈、旺旺、康师傅、统一、汇源、华龙、三鹿、雨润、鲁花、皓月、蒙牛、光明等一大批国内外著名品牌落户河南，促进了河南省农产品加工业的发展。

4. 加快科技进步，建立健全农产品加工业质量管理体系

积极引导农产品加工企业加快科技进步和技术创新，鼓励企业与科研单位、大专院校加强合作，不断开发新产品、新工艺、新技术，加快技术改造，调整产业结构，增强市场竞争能力。2006年底，河南省农产品加工业90%以上的企业采用了国家标准，95%以上的企业建立健全了质量检测体系，80%以上的企业推行了ISO9000质量管理标准，已通过ISO9000质量体系认证和HACCP认证的企业3 000多家。目前，河南省的大豆蛋白纤维、谷朊粉、米糠油、玉米油、木糖醇、肉制品、乳酸等一大批产品的加工技术处于国内领先水平。滑县华康实业有限责任公司董事长李官奇发明的“利用大豆饼粕生产大豆蛋白质纤维”技术，荣获国家科

技进步奖二等奖，被誉为世界第八大纤维。河南省龙云集团有限公司，以面粉、挂面、方便面和绿色无公害蔬菜为主导产品，投资100多万元建起了无公害农产品检测中心，加强对产品生产过程中跟踪监测，实施无公害农产品标准化生产程序，提高了农产品在生产和深加工中的质量管理水平。

5. 大力发展循环经济，推进节能减排工作

引导企业坚持资源的高效利用、循环利用、综合利用和再生利用，提高资源的利用效率，鼓励企业循环式清洁生产、建设绿色工厂。自2004年以来，在河南省农产品加工企业推广利用和开发沼气技术，从试点示范入手，狠抓技术培训，已培训沼气工程技术人员和沼气技术推广人员570多名；组织实施了农业部“国家星火计划乡镇企业沼气产业化推广项目”；制定了乡镇企业大中型沼气产业化推广实施方案，推广了辉县市百泉春酒业公司、河南财鑫集团糖业有限公司、焦作市河阳酒精有限公司等一批农产品加工企业沼气产业化项目和示范工程。目前河南省已有65家农产品加工企业建成大中型沼气工程123处，废弃物处理量达399万吨，年产沼气12 700万立方米，可节约原煤8.89万多吨。焦作市河阳酒精实业有限公司，投资800万元进行污水处理，年处理污水80万吨，不但实现了达标排放，而且可产沼气2 000万立方米，供5台锅炉燃烧，每吨酒精综合成本降低165元，年增效益1 320万元。新郑奥星实业有限公司，将红枣去核后开发成枣干、枣片、枣粉、枣饮料等180多个产品，枣核加工成活性炭，枣仁做成饮料，红枣制品废料作为饲料养畜，牲畜粪便又作为枣树的有机肥料，充分循环，拉长了产业链条。辉县市百泉春酒业公司，投资1 100万元对酒精生产过程中的废水进行二级厌氧处理，产生的沼气直接供应二台300千瓦/时沼气发电机和2 000户居民使用，年可发电255万度，节煤750～1 000吨，可增收入500多万元。

6. 加强融资担保工作，拓宽融资担保渠道

一是加快担保体系建设，为农产品加工企业提供融资担保服务。河南省政府下发了《关于加快河南省乡镇企业、中小企业信用担保体系建设的若干意见》和《关于加快建立和完善信用担保体系促进乡镇企业、中小企业发展的意见》，加强对农产品加工企业的贷款担保业务。近几年来，河南省134家各类担保机构，累计为2 254家农产品加工企业提供信用担37.85亿元。二是积极推进政、银、企合作，努力缓解农产品加工企业融资难。制定下发了《关于加强和改进对乡镇企业中小企业金融服务工作的指导意见》，召开了河南省乡镇企业民营企业银企洽谈会，积极与商业银行、投资机构、产权交易机构、担保机构协调，争取增加对乡镇企业中小企业的贷款规模。省农业发展银行将在“十一五”期间安排300亿～500亿元的信贷规模，用于支持农产品加工企业的发展。三是积极做好乡镇企业、民营企业改制上市培育工作。河南省制定了《关于推动河南省乡镇民营企业改制上市工作方案》。河南众品、河南思念二家农产品加工企业已分别在美国、新加坡成功上市，三全食品等一批农产品加工企业在国（境）外上市的各项准备工作正在进行之中。

7. 加强服务体系建设，加快农产品加工业发展

河南省印发了《关于建立健全河南省乡镇企业、中小企业社会化服务体系若干意见》。两年来，重点为企业提供了以下5项服务：一是人才培训服务。会同省委组织部印发了《关于

加强中小企业、非公有制企业经营管理人员教育培训工作的意见》，积极实施国家“银河培训工程”和“蓝色证书培训工程”。河南省已免费培训企业经营管理人员到24万人次，其中农产品加工企业10.3万人次。二是信息网络服务。制定印发了《河南省中小企业信息化服务平台建设实施意见》，投资150万元对中国中小企业河南网进行了升级改造。目前，河南省18个省辖市的158个县（市、区），有136个县（市、区）建立了中小企业信息网站，为广大乡镇企业、中小企业提供综合性信息服务。三是技术创新服务。建立了漯河食品产业公用的检疫检测中心等8个乡镇企业、中小企业技术创新公共支持平台，为企业提供公共技术支撑。四是创业辅导服务。制定下发了《河南省中小企业创业工作指导意见》，组织实施乡镇企业、中小企业创业工程，培育了一批创业辅导师队伍，漯河市以农产品加工为主导产业被确定为全国创业试点城市。五是政策法律服务。成立了河南省乡镇企业、民营企业投诉中心，按照《河南省民营企业投诉处理办法》，认真受理乡镇企业、民营企业投诉。

（五）工作思路

1. 进一步落实好国家和省扶持农产品加工的各项优惠政策

省政府即将出台《关于加快发展实业产业化龙头企业的意见》，按照“扶优、扶大、扶强”原则，采取财政扶持、增加信贷投入、税收、用地、用水、用电等一系列优惠政策，加大对业产业化龙头企业的扶持力度，培育壮大一批起点高、规模大、带动力强的重点龙头企业，围绕农产品优势产业带建设，建立一批产业关联度大、精深加工能力强、规模集约水平高、辐射带动面广的龙头企业集群和示范基地，通过科技创新，拉长产业链条，增强产品附加值和市场竞争能力。省中小企业发展专项资金，要重点扶持农产品加工企业及其节能减排项目，推动农产品加工业又好又快发展。

2. 积极推广新技术、新产品、新工艺

引导农产品加工企业与科研单位、大专院校加强合作，加快技术创新步伐，不断开发新产品、新工艺、新技术，增强市场竞争能力，积极争取农业部农产品加工局在河南省开展农产品加工技术对接活动，邀请国内农产品加工业专家，到河南省解决企业的技术难题，推广农产品加工新技术、新产品、新工艺，河南省将积极组织农产品加工企业参加对接活动。

3. 进一步加快农产品加工业产业结构调整

依托优质小麦生产基地、玉米主产地的优势，努力实现粮食加工品种多样化、系列化、专用化，提升深加工集约化水平，提高品牌知名度和市场占有率。一是围绕“小麦——专用粉——面制品精深加工产业链”建设，重点发展专用面粉、工业化主食、速冻方便食品、饼干烘烘食品。二是围绕“玉米（小麦、薯类）——淀粉精深加工产业链”建设，重点发展变性淀粉、淀粉糖、糖醇、氨基酸、有机酸等生物化工产品。三是围绕“畜禽——屠宰——肉制品精深加工产业链”建设，大力发展冷鲜分割肉、调理肉制品、熟肉制品。四是围绕“牛奶——奶制品精深加工产业链”建设，加快发展纯奶、酸奶、配方奶及奶饮料等主导产品。

4. 大力实施名牌战略，发展大型联合企业集团，增强产品抵御市场风险能力

支持企业按照国际先进标准进行生产管理、产品加工和储运销售，鼓励优势企业发挥品牌优势，实施区域化、国际化发展战略，努力培

育一批具有较强竞争力的名牌产品。鼓励优势企业、名牌产品生产企业为龙头组建大型企业集团，着力培育一批有自主知识产权、产业关联度大、带动能力强、具有国际竞争力的企业集团，以增强产品抵御市场风险的能力，全面提升河南省农产品加工业竞争力。

5. 加快农产品加工产业集群发展和工业园区建设

以龙头企业为中心，促进专业化分工与协作，培育一批专业化分工明显、企业间协作紧密、产业链完整、服务体系健全的产业集群和工业园区，形成在国内外有影响力和明显区域优势的产业集聚区，增强龙头企业的市场竞争力和辐射带动力。

6. 大力发展循环经济，促进农产品加工业可持续发展

以科学发展观为指导，支持鼓励企业采用先进技术，提高小麦麸皮、胚芽、蛋白质，玉米油、米糠油，动物（皮、血、骨、内脏）等副产品综合利用水平。积极推进农业剩余物的资源化，支持利用秸秆发电、生产沼气和燃料乙醇，提高资源利用率。加强废水深度处理，提高水资源利用率，鼓励淀粉、酒精、柠檬酸、乳酸、养殖企业利用高浓度废液和动物粪便生产饲料和沼气，积极推进沼气产业化发展。大力推进绿色生产，全面推进清洁生产，减少污染物排放，促进农产品加工业的可持续发展。

（河南省中小企业服务局编写）

十、湖南省农产品加工业发展概况

（一）基本状况

1. 农产品加工业规模不断壮大，逐步形成了有较强竞争实力的龙头企业队伍

湖南省农产品加工企业已发展到了3.67万家，主要涉及粮油、棉麻、果蔬、茶叶、畜禽、生猪、水产品、乳制品、竹木林纸、中药材、皮革加工等20多个行业。2006年，湖南省农产品加工企业完成销售收入1 338亿元，农产品加工业增加值占规模工业的比重达到近30%，成为湖南经济名副其实的重要支柱产业。湖南省规模以上农产品加工企业已有1 995家，省级、国家级龙头企业220家，年销售收入过30亿元的2家，过10亿元的10家，过亿元的164家。泰格林纸、正虹科技、洞庭水殖、唐人神集团、太子奶集团等一批龙头企业综合实力位居全国同行业前列。

2. 农产品基地建设不断优化，逐步形成了按区域化布局的优势农业产业带

在龙头企业的带动下，湖南省在最具优势的集中产地建设了100多个优质农产品基地县和200多个重点生产基地，使生态优质食用大米、高支棉花、双低油菜、柑橘、优质绿茶、苎麻、外销生猪、肉牛（羊）、牛奶、加工出口淡水产品等10大优势农产品产业带初见成效，带动了农产品优质率的不断提高。目前湖南省无公害农作物面积由2003年不到500万亩增加到2 900万亩，优质稻基地面积占水稻播种面积的比重达到了50%以上，油菜、棉花优质率都在90%以上，三元杂交瘦肉型生猪比重提高到了55%，农产品综合优质率达到了60%以上。

3. 农产品科技质量水平不断提高，逐步形成了有市场影响力的老牌产品

针对农产品品牌多而杂，缺乏市场竞争力的状况，各地加大名牌创建力度，先后有唐人神、正虹科技、金健米业、隆平高科、加加酱油等5家企业获得“中国驰名商标”，益鑫泰、唐人神、金健米业3家企业获得“中国名牌”，获得“湖南省著名商标”的企业有116家，获得湖南省名牌的企业有120家。名牌战略的实施有力的提升了龙头企业的市场竞争力，进一步增强了农产品在国内外市场的开拓能力。目前，湖南省农产品销售渠道已从传统的广东市场扩大到了全国和世界各地，农产品出口已从1990年的1亿多美元，增加到了4亿多美元。

4. 农产品市场销售领域不断拓展，逐步形成了功能不断完善的市场流通体系

湖南省已形成农产品市场1 100多个，年交易额过亿元的专业批发市场49个。长沙马王堆农产品市场，年蔬菜成交量30亿公斤，成交额突破了50亿元。大多数龙头企业都建起了以直销连锁经营为主要形式的营销网络。金健米业近几年共建立直销网点近万家，形成了覆盖全国25个省级城市、150个地级城市、85%以上大中城市市场的网络销售体系。各地在发展营销协会，鼓励农民营销大户进入市场流通方面也做了大量工作。湖南省农产品市场流通体系开始向多渠道、多层次、多元化方向发展。

5. 龙头企业与农民的利益联结机制不断完善，逐步形成了带动农民增收致富的经营格局

各地积极探索与市场农业相适应的组织形式，创造出了“公司+基地+农户”、“公司+协会+农户”以及“订单农业”等多种利益联结模式，使龙头企业与农户的利益结合日益紧密。目前，湖南省龙头企业参与组建各类协会1.4万个，会员占总农户数的比重达到了15%。龙头企业与农户相联结的基地面积不断增多，每年仅国家级、省级龙头企业就联结基地面积1 200万亩，带动农户490万户，户均增收在1 000元以上。湖南省订单农业生产面积不断增多，主要经济作物订单比重在45%以上，养殖业订单比重也达到了40%以上。

（二）主要工作

1. 加大了政策支持力度

近几年，湖南省积极争取有关部门支持，加大政策执行力度，重点狠抓了农业部、财政部等八部委《关于扶持农业产业化经营重点龙头企业的意见》，洞庭水殖、隆平高科等一批国家级龙头企业每年税费减免都达到了1 000万元以上。积极争取省政府支持，出台了《关于加快农业五大产业链建设，推进农业产业化经营的意见》（湘政发［2005］24号），从财政扶持、税收扶持、收费减免、信贷等方面对省级龙头企业发展出台了一系列扶持政策。加大对市州农业产业化工作考评，每年都设立奖项对农业产业化工作突出的先进市县、龙头企业和先进个人进行表彰，营造了农业产业化发展的良好氛围。

2. 加大了资金扶持力度

湖南省将省财政扶持乡镇企业的资金用于扶持农产品加工业发展。通过银企合作洽谈，省农发行2006年一般贷款由2005年的10亿元增加到20亿元，“十一五”期间还将向湖南省农业产业化项目提供600亿元政策性金融贷款。长沙市、怀化市、株洲市、湘潭市政府已分别与农业发行湖南省分行签订了总额210亿元的信贷合作协议。近几年农业银行新增贷款的30%用于了支持农业产业化建设。农村信用社新增贷款累放额的60%用于了支持农户参与以农业产业化经营为主的产业。随着新五丰股份

有限公司的成功上市，湖南省农业类上市公司已有 12 家，募集资金达到了 100 多亿元。积极争取社会资金投入，湖南省各地都兴起了民营资本参与农业产业化经营的热潮。

3. 加大了科技创新力度

通过狠抓龙头企业科企对接，湖南省有 60 家企业与中国农科院、中国科学院等科研院所签订了科企合作协议，龙头企业已自主组建研发中心的有 51 个。金健米业、隆平高科等龙头企业还启动了“博士后流动站”，吸纳海内外高科技人才为企业的产品创新服务。结合农业部“蓝色证书工程”，大力开展龙头企业职业技能培训，每年开设培训工种 20 多个，培训人员 10 多万多人。

4. 加大了标准化生产力度

湖南省已有 12 个市州建立了农产品质量检测中心，10 个市州建立了畜禽水产品质量检测中心，30 多个县市建立了检测机构。获得国内产品质量认证的龙头企业产品已有 300 多个，获得国外产品质量认证的 100 多个。积极参与“三湘农产品质量安全行活动”，每年都集中开展农产品质量安全专项整治行动，通过集中整治，湖南省农产品质量安全水平有了明显提高。

5. 加大了招商引资力度

湖南省共签订农业招商引资合同项目1 100 多个，实际到位外资 2.39 亿美元、内资 130 多亿元。通过举办湘粤农业产业化经贸洽谈会，一次性签订招商引资正式合同 154 个，引资额 199 亿元。把引进战略投资伙伴作为加快推进农业产业化进程的重要工作来抓，许多龙头企业通过引进战略投资伙伴，实现了企业的跨跃式发展。

（三）工作措施

1. 按照新型工业化发展要求推进农产品加工业发展，不断做大做强龙头企业

按照“扶优、扶强、扶大”的原则，培育壮大一批起点高、规模大，带动能力强的龙头企业，形成龙头企业产业集群。重点实施好农业产业化“131”工程，抓好十大标志性企业建设和 50 个示范企业建设，帮助指导有实力的龙头企业努力开展与国际大公司，尤其是与世界 500 强企业和农业跨国公司的合作，积极引进战略投资者。借助“中部崛起”的机遇，引导国内大企业、省内工商资本和民营资本，参与农业产业化经营。鼓励龙头企业盘活存量资本，整合资源，开展跨区域、跨行业、跨所有制的联合、兼并和收购，通过低成本扩张，做好资源重组的文章。进一步抓好工业园区建设，引导龙头企业向工业园区集中，推进优势产品向优势企业集中，优势企业向优势产业和优势区域聚集。支持龙头企业以质量创品牌，以品牌拓市场，“十一五”末，力争湖南省农产品“中国驰名商标”和“中国名牌”产品达到 20 个以上，省级“著名商标”和“湖南名牌”达到 300 个以上。

2. 按照农业结构战略性调整要求推进农产品加工业发展，不断加强农产品原料基地建设

按照区域化布局、专业化生产、标准化管理、产业化经营和社会化服务的发展思路，以农产品加工企业为龙头，建立一批与加工企业相配套的原料基地。重点是建设好生态优质食用大米、高支棉花、双低油菜、柑橘、优质绿茶、苎麻、外销生猪、肉牛（羊）、牛奶、加工出口淡水产品等十大优势农产品产业带，形成规模较大的农产品生产基地。为高标准建设好十大优势农产品产业带，将不断加大有机农业和绿色农业发展力度，大力推进农产品无公害生产，努力为农产品加工企业提供安全、优质、

合格的加工原料。大力引导龙头企业通过定向投入、定向服务、定向收购，建立稳定的农产品原料基地，尤其要引导龙头企业建设符合企业加工需要的优质专用农产品原料基地，形成一批与加工企业相配套、示范效应大、质量安全好、带动面广的现代化农产品原料基地。力争通过3～5年时间的努力，湖南省优势农产品基地面积达到4 000万亩以上，龙头企业从基地采购量占加工量的比重要达到70%以上，优质专用农产品加工原料基地面积达到1 000万亩以上。

3. 按照转变农业增长方式要求推进农产品加工业发展，不断加快科技创新发展步伐

鼓励龙头企业成为科技创新的主体，重点抓好龙头企业的科研开发，引导龙头企业与高等院校、科研机构联合协作，实行技术资本、产业资本、人才资本的优化组合，加速科技成果的转化。支持龙头企业引进、消化和吸收国内外先进适用技术，自主组建研发中心。加大龙头企业技术改造力度，引导企业广泛采用先进技术、设备和工艺，加快产品更新换代步伐。鼓励龙头企业成为标准化生产的主体，重点是引导龙头企业对生产基地、产品加工、包装销售的各环节实行全过程质量控制，逐步推行ISO9000、ISO14000、HACCP等质量管理体系认证，进一步增强湖南省农产品在国内外市场的开拓能力。鼓励龙头企业成为循环经济发展的主体，引导龙头企业积极开展农产品初加工后的附产品及其有机废弃物的系列开发、深度开发，实现增值增效。

4. 按照产加销一体化要求推进农产品加工业发展，不断加大农产品市场开拓力度

继续抓好农产品专业市场建设。重点在10大优势农产品产业带，规划建设一批或区域性的农副产品专业批发市场。抓好现有农产品专业批发市场的改造升级，重点培育一批年交易额50亿元以上、辐射全国的农产品专业批发市场；抓好龙头企业营销网络体系建设，重点扶持100家龙头企业形成自己的控制到终端的大营销网络。抓好农产品物流配送体系建设，逐步在农产品重要集散地和交通枢纽建立集加工、保鲜、流通为一体的大型农产品物流配送中心。加强农产品营销队伍建设，积极支持组建农产品流通专业协会，大力发展以农产品流通为主的农村各类营销组织、经纪人和农民营销大户，充分发挥以农民为主的农村中介组织在农产品市场开拓中的重要作用。大力发展外向型经济，以龙头企业为主体，加大政策扶持力度，进一步抓好出口型农产品生产加工基地建设，不断增强湖南省农产品在国际市场的开拓能力。

5. 按照新农村建设要求推进农产品加工业发展，不断提高农业产业化服务水平

大力发展农民合作经济组织，充分利用国家已把湖南省列为农民专业合作组织试点省份的有力时机，在试点的基础上，重点培育1 000家示范性农民专业合作组织。到“十一五”末，湖南省农民专业合作组织要力争发展到2万个以上，入社（会）成员占总农户的30%以上。加大农业招商引资力度，紧紧抓住当前社会资本充裕、民间投资活跃、国际资本看好中国市场和沿海企业向内地梯度转移的机遇，进一步加大招商引资力度。同时，充分尊重人们的家乡情结，通过完善政策，引导一批已经完成原始积累的打工农民，带着资金、技术、经验和市场信息，回乡创业，发展地方经济。认真实施农民技能培训工程，依托“阳光培训工程”、“蓝色证书工程”和现代远程教育，开展大规模的订单培训、定向培训，加强农民转移就业能力，促进农村劳动力快速、有序向非农产业转

移，塑造与新农村建设相适应的一代新型农民。抓好农村第三产业发展，大力发展面向农村的流通运销、物流配送、休闲旅游、物业管理和各种农村服务业，使农村第三产业总量进一步扩大、结构进一步优化、效益进一步提高。

（湖南省乡镇企业局编写）

十一、广西壮族自治区农产品加工业发展概况

（一）基本状况

1. 快速发展的农产品加工业成为广西工业的重要组成部分

2006年，广西壮族自治区农产品加工企业已达近7.5万家，从业人员47多万人，农产品加工业总产值达890亿元，增加值达232亿元，分别比上年增长22.3%和19.6%。广西农产品加工业总产值已占全自治区规模以上工业总产值的四分之一。其中：产值超200亿元有两个大类产业，分别是食品280亿、增长25%，制糖250亿、增长43%，其他农产品加工行业也有程度不同的增长。农产品加工业呈现以下特点：

（1）优势产业基本形成，地域分工格局初具雏形。农产品加工业快速发展，基本形成了制糖、果蔬加工、烟草、中成药、水产、禽畜、茧丝等优势产业，近几年来，农产品加工业总产值年均增长速度在15%以上。农产品加工业的制糖业，从1993年以来，制糖工业年产值占全自治区工业总产值的10%以上，最高年份达到16%，提供的财政税收占全部工业的16%左右，占全自治区税收的6%～10%。

广西壮族自治区农产品加工业以优势资源、优势产业为依托，经过多年的发展，基本形成了各具特色的地域加工分工格局。如桂北的果加工业；桂南剑麻加工业；桂西北特色酒业；桂西北山野蔬菜深加工；桂西南及桂东的茶叶加工；桂东南竹藤棕草编加工；鹿寨、合浦、蒙山等蚕丝加工业；武鸣、横县等地的木薯淀粉加工业；南宁、桂林、柳州、贵港、玉林等主要城市的优质谷精深加工企业；防城港及钦州港的大型粮油加工企业；防城、藤县、凤山等地八角、玉桂、茴油、茴香醇、茴香精等食用、烟用、医用和化妆品用香料香精加工企业；南糖、贵糖、凤糖、迁糖、农垦糖业等重点制糖企业集团的制糖业；北海、钦州、防城港3市的海水产品加工业；南宁、桂林等市果蔬深加工业、现代中药业等各具特色的地域加工分工格局。

（2）培育了一批较强实力的骨干企业。截至2006年底，全区产值500万元以上农产品加工企业有1 151家。涌现了南糖集团、凤糖集团、黑五类食品集团、广西卷烟总厂、广西高峰集团、明阳生化集团、广西壮族自治区农垦永新畜牧集团等一批经济实力较强、装备较先进、技术水平较高的大型农产品加工龙头企业和企业集团。广西壮族自治区共有25家企业获得全国农产品加工龙头企业；6家企业获得了全国农产品加工业出口示范企业，广西壮族自治区凤糖生化股份有限公司甘蔗加工业示范基地、广西壮族自治区农垦糖业基团蔗糖加工示

范基地、南宁糖业甘蔗加工示范基地等全国农产品加工业示范基地的建设也取得好的成效。

（3）培育了一批较强竞争力的名特优产品。广西壮族自治区农产品加工企业适应市场需求，通过引进技术、改进工艺、产品和技术创新、培育市场，提高了产品质量和产品知名度，形成了一批较强竞争力的名特优产品。截至2006年底，获国家和自治区优质产品616项，获国家绿色食品证书18项。神冠牌蛋白肠衣、南方牌黑芝麻糊、都乐牌金嗓子喉宝、象山牌罐头、美通牌罐头、中草药加工业的“三金”系列、“天和”系列等产品享誉国内外。

通过科技攻关，广西壮族自治区的罗汉果甜甙提取技术、天然植物有效成分提取技术、竹产品加工技术等方面达到了国内领先水平。桂林莱茵生物科技股份有限公司“从罗汉果中提取罗汉果甜甙的方法”、“分离提取松树皮低聚体原花青素的方法”、桂林集琦实力天然物科技有限公司从天然植物中提取分离食品功能因子的生化技术、广西壮族自治区千方药业有限公司采用分子变形法高新技术提取和精制芦丁，其技术均达到了国内领先水平。广西农产品加工龙头企业科技水平的提高，为企业的壮大积蓄了发展后劲。

（4）农产品加工业是县域工业的主体。兴安县大力发展农产品加工业，形成了以白果、柑橘、罗汉果、蔬菜罐头、竹制品等农产品加工企业群，产值达到6亿元，占全县工业总产值的51%，农产品加工业增加值占全县生产总值的43%，农产品加工业成为兴安县经济的主体。荔浦县坚持“小产品大产业”的方针，以食品加工和木制品加工为主攻方向，在荔城、新坪、马岭、青山、双江等国道沿线形成上规模的工业长廊，光木衣架生产企业就达90多家，年产木衣架6亿多个，产值达到5亿元。玉林市福绵区大力发展服装加工业，形成了广西最大的专业化服装生产基地，目前共有服装生产企业600多家，从业人员近5万人，年产服装近1.5亿多件（套），产品出口30多个国家和地区，成为广西最大的服装出口基地。

（5）加工农产品是重要的出口创汇产品。2006年，全区农产品出口总额占外贸出口总额的18.1%。兴安县出口日本的白果罐头占日本市场同类产品进口总量的2/3；荔浦县衣架出口量占全国的50%以上。博白县的竹、藤、芒等编织企业形成了庞大的产业集群，目前，全县编织工艺品生产企业345家，从业人员15.5万人，品种达上万个，畅销美国、日本、欧盟、东南亚等国家和地区。

2. 农产品加工业是解决“三农”问题的重要措施

农业效益低、农民收入增长缓慢、农民就业难、农村落后是广西壮族自治区当前的突出问题。农产品加工业是与农业关联度最强的一个工业门类。发展农产品加工业还可以把第一产业、第二产业和第三产业有机地结合起来，最大限度地延长产业链，既可以提高农产品的附加值，提高农业的效益，增加农民的收入，又可以提供更多的就业机会。农产品加工龙头企业广西美通公司，每年收购农产品5万多吨，每年安排劳动力3 500多人，农民增加收入2.1万元，较好解决了当地同类产品卖难的问题，增加了农民的收入，而且有力地促进了农产品区域化专业化生产，加快了农业现代化步伐。

3. 农产品加工业是农业结构战略性调整的重要途径

大力发展农产品深加工，最大限度地延长农业产业链，是当前解决农产品卖难的迫切需要，是实现农业结构战略性调整的迫切需要，既是将资源优势转变为经济优势的必由之路，也是进一步深化农业结构战略性调整的主攻方向。随着农产品加工龙头企业的不断发展壮大，企业产业链逐步延伸。如来宾市围绕制糖产业链的延伸，在甘蔗制糖的基础上，发展蔗渣制浆造纸项目，同时，东糖集团与法国乐斯福集团合作，利用甘蔗制糖过程中的废糖蜜为原料，生产高活性干酵母以及通过高活性干酵母深加工的酵母提取物，延伸甘蔗制糖产业链，带动整个制糖业发展；桂林力源粮油饲料有限责任公司最初只生产饲料，随着养殖业规模化、集约化的发展，现已形成饲料加工——鸡苗孵化——肉鸡饲养——肉鸡加工——鸡产品销售的肉鸡生产产业链。

4. 农产品加工业是加快推进广西城镇化的重要途径

目前，全自治区各市、县（市、区）普遍把发展农产品加工业与发展县域经济有机地结合起来，使得农产品加工企业迅速增长和发展壮大，不少具有地方特色的农产品加工企业集群正在逐渐形成。例如，宜州市着力打造的茧丝绸产业集群，到“十一五”期末将可安排20万人就业，这将使更多的农村富余劳动力从农村转移到城镇，变成稳定的城镇居民，城镇化水平也会因此得到大幅的提高。

（二）主要措施

1. 政策支撑，规划引导

2003年广西壮族自治区人民政府出台了《自治区人民政府关于促进农产品加工业发展意见的通知》（桂政发［2003］29号）等政策文件，并编制了《广西壮族自治区农产品加工业发展规划》(2003～2010年)、《广西壮族自治区农产品加工业重点项目表》。

2. 统一思想，加强领导，强化服务

各级党委、政府切实把发展农业产业化龙头企业提到重要的以事日程抓紧抓好，各市、县区结合资源特点、发挥比较优势，按照“一县几品”或“一乡一品”的农产品加工工作思路，以点带面，以点促面，把工作的重点放在培植、壮大农产品加工龙头企业方面上来。同时，切实加强领导。如实行领导挂钩联系制度，每一个龙头企业由一名县区四家班子的领导联系，帮助企业发展生产。一是建立机构，市、县（区）相应成立了农业产业化工作领导小组等领导协调机构，由分管副市长、副县长分别兼任领导小组组长，经委及相关部门为成员单位。二是制定政策，加大扶持力度。自治区财政每年安排2 000万元专项资金扶持农产品加工企业，支持力度不断增强。柳州市下发了《关于加快工业经济发展的若干意见》等政策，市财政每年安排500万元专项贴息和补助资金重点扶持农业龙头企业的发展。三是做好服务，为民办实事。强化了服务、宣传和接受监督，制作了“服务卡”，写上了服务范围和联系电话，便于联系，贴近了企业。同时，大力培育农产品市场体系，社会化服务体系正在逐步建立健全。全自治区已建立城乡农产品市场289个，年交易额100亿元以上，特别是近年新建的专业批发市场如玉林中医药材市场、北海水产品批发市场、南宁五里亭蔬菜批发市场、田阳农副产品批发市场、灵山农产品批发市场等，为农产品加工企业获取原料提供了便利。四是注重从结构调整、优化农产品加工入手，利用本地丰富农林资源，发展农产品加工业，实现农产品加工增值。

3. 加大招商引资力度，增加对农产品加工

的投入

加大招商引资力度，是克服资金、人才、技术短缺，经营管理落后等困难，加快工业发展的首选途径。广西壮族自治区一直把项目招商引资作为发展农产品加工业的重要工作来抓，先后组织有关部门和企业到广东、江苏、浙江及东南亚国家和地进行招商引资活动。各地不断改善投资软硬环境，加强项目建设的统筹协调，主动协助业主做好项目建设的前期工作，把工作着重点放到加快推进项目开工建设上来。通过招商引资、引进嫁接等方式，吸引国内外企业来广西投资落户，加快优势资源开发和优势产业的形成。一批国内知名企业集团相继进入广西壮族自治区农产品加工业领域。

通过实施“百企入桂”活动，进一步加大了广西壮族自治区招商引资力度，取得了很好的效果。广西壮族自治区连续组团参加在广州举办的“中国中小企业博览会”，通过组织参加各种招商引资活动，为农产品加工企业牵线搭桥，促进广西农产品加工业的对外经济技术合作与交流，推动农产品加工业的产品走出广西。

（广西壮族自治区乡镇企业局编写）

十二、四川省农产品加工业发展概况

（一）基本状况

到2006年，四川省规模以上农产品加工企业已达有2 659家，从业人员达58.91万人，实现增加值740.67亿元，比上年同期增长20.45%，占当年四川省工业比重28.52%。四川省农产品加工业呈现以下特点：

1. 龙头企业示范作用明显

四川省各地通过支持大企业跨地区、跨行业、跨所有制的资源整合实现产业升级和多元扩张。在产业政策、建设用地、基地建设、市场营销等方面，出台各种优惠政策，着力培育科技型、外向型龙头企业，重点发展粮油、肉制品、白酒、果蔬、茶叶、纺织、竹木制品加工等优势资源行业，形成区域化布局、规模化生产、产业化经营和市场化运作的现代农产品加工体系。新希望、四海实业、美宁、高金食品、全友家私等重点龙头企业已经发展成为全国行业排头兵；部分外向型企业的产品，如猪肉制品、纺织服装、皮鞋、品牌白酒、薯类制品、泡菜等已远销欧、美和东南亚市场。

2. 食品工业稳定增长

2006年，四川省共有规模以上食品工业企业1 274户，同比增长11.46%；从业人员25.45万人，同比增长11.23%；完成销售收入1 272.65亿元，同比增长26.86%；实现利税186.21亿元，同比增长20.15%，其中利润78.28亿元，同比增长25.79%。主要产品产量大幅提高，纳入国家统计范围的26种食品工业主要产品中，有24种产量较去年同期有不同增长，其中15种增长速度超过全国平均水平。排名前十位的精制茶、罐头、酱油、味精、大米等产品增幅均在40%以上。

3. 产业（产品）链进一步延伸

一批重点龙头企业加大了技术改造投入力

度，产品质量、档次及技术含量不断提高，农产品加工种类渐趋多样化、专业化，一批农产品“精品”及其产业链正在形成。四川省肉食品加工产业链不断延伸，以高金、四海、美宁等企业为龙头的肉食品加工企业，从主要生产分割肉，发展成为生猪养殖、屠宰、分割、冷藏加工、鲜销连锁及熟食品生产为一体的外向型猪肉食品综合加工企业，扩大了四川肉食品在国内外市场的占有率；纺织业产业链从解决制约因素入手，加大对印染、污水处理等环节的投资，带动了棉、麻、丝产品从粗纺向精纺，再到服装成衣设计、生产和销售一条龙发展，推动了整个纺织服装产业迅速扩大规模。

4. 产业集群不断建立，呈现典型集聚发展态势

近年来，农产品加工企业间、区域间协作配套日趋紧密，呈现出典型的集聚发展态势，形成了多种形式的特色产业集群。现在以宜宾、泸州为代表的酿酒（白酒）产业集群，特色资源为依托的名山茶叶、通江银耳、南充丝绸、达州苎麻、广元油橄榄等农产品加工企业集群，呈规模发展态势；以全友、明珠、双虎和武侯女鞋、崇州皮革制品、郫县豆瓣、眉山和新繁泡菜、成都送仙桥艺术城旅游工艺品等为地域品牌的同行业生产集散地日益壮大，正在成为当地招商引资，加速集群成长规模的重要平台。

5. 品牌建设和自主创新能力增强

一是越来越多的农产品加工企业在走过创业初期依靠来料加工、贴牌、团体定单生产等模式来完成资本、技术原始积累的同时，更加注重品牌经营。目前，四川省农产品加工业共有12个中国驰名商标，6个中国名酒，8个中国名牌，2个中国重点出口品牌，27个国家免检产品，12个地理标志，181个四川省著名商标，168个四川名牌产品，34个全国农产品加工示范企业，12个全国农产品加工业示范基地。二是越来越多的龙头农产品加工企业更加重视培育自主创新能力。目前，四川省已经建立了技术研发机构的大型农产品加工企业，在新产品研制开发，新技术、新工艺推广应用和科技成果转化等方面取得了可喜成绩。

（二）主要经验和做法

1. 制定政策，做好规划

2003年，四川省出台了《四川省人民政府关于加快发展农产品深加工业与营销工作的意见》，为四川农产品加工业的长期稳定发展提供了强有力的政策保障。在此基础上，为确保四川农产品加工业在“十一五”期间继续迈上新台阶，四川省制定了《四川省工业优势产业整合与发展规划》，将农产品加工业明确为四川省四大优势产业之一加以重点发展。2006年，四川省又正式发布了《四川省农产品加工业“十一五”规划》，详细制定了未来5年四川省农产品加工业的发展原则、思路和目标。

2. 培育主导产品和产业，巩固行业领军地位

依托丰富的农产品资源优势，通过不断延伸产品连，四川省重点发展了肉食品深加工、优质粮油、传统优质白酒及饮料加工、名优茶叶加工及提取物开发、川产道地中药材加工等具有四川省特色的主导产品、产业，在行业地位上，四川省的白酒、鲜冷藏肉、中成药等优势农产加工品产销量稳居国内同行业领先地位。

3. 实施龙头企业培育工程，促进企业持续做大做强

一是围绕特色资源培育龙头企业，在畜牧、禽肉制品、果蔬、茶叶等领域培育了一大批国

家级和省级龙头企业。二是围绕市场扩张龙头企业。四川省通过加大技改贴息资金支持力度，重点确保省级以上龙头企业按照市场需求实施产能技改，扩大生产规模，占领国内外消费市场。三是立足招商引资发展龙头企业。四川省先后引进了华润、统一、汇源、蒙牛等国内知名的农产品加工龙头企业，外地“军团”的到来不仅繁荣了地方经济，同时通过竞争与合作，本地企业也获得了成长壮大的机遇，强强联手、共同发展的格局逐步显现。

4. 巩固利益连结机制，促进企业和农户共同发展

一是进一步鼓励各地推行“公司＋基地＋农户”、“公司＋协会＋农户”等农业产业化经营模式，积极引导龙头企业与农户建立稳定的产销关系。二是在巩固完善订单农业、二次返利等利益连结机制的基础上，鼓励和引导龙头企业本着农民以入股等形势参与企业的经营。三是探索发展新型集体经济。支持龙头企业在生产基地基础上进行“村企合一”的试点探索，鼓励和支持集体经济组织直接出资、以集体土地入股参与农业产业化经营。

5. 基地建设向高水平看齐，质量保障能力得到增强

大力进行种养殖基地建设，加快骨干企业基地建设步伐，带动农民增收。引导龙头企业基地推广良种良法。重点引进推广高产、优质、专用、多抗品种以及配套技术，建立特色农产品良种繁育体系，加速良种的引进、试验、示范和推广。以大力发展绿色基地为重点，实现生产加工标准化。全力推进无公害农产品、绿色农产品、有机农产品的生产，确保农产品加工质量安全。

6. 依靠科技支撑，提高加工技术水平

四川省把运用高新技术改造传统农产品加工产业，提高加工能力和深度，增加产品的科技含量和附加值，作为增强农产品加工企业竞争力的重要措施。一是引进开发新品种，扩大良种的养殖数量和种植面积；二是改造更新加工设备，提高新产品品质和开发种类；三是加强科技支撑，促进技术成果转化，积极推动企业、科研院所联合开展科研攻关，提升企业整体竞争力。

7. 创新融资机制，破解农产品加工企业资金瓶颈

通过建立并不断完善“一体两翼多层”的信用担保体系，整合担保机构资源，提升担保能力，规范担保行为，积极为广大中小型农产品加工企业开展担保融资服务，极大地缓解了四川省农产品加工企业资金短缺问题。2006年，四川省大力发展会员制担保机构，会员制担保机构一成立就迅速得到银行、企业的认可，发挥出重要作用。此外，地方企业也积极在融资模式上开拓思路，以资阳市为代表，在粮油加工企业探索建立了“四方合作”模式、在肉食品加工企业创立了“六方合作”模式等融资新机制，中小型农产品加工企业获得金融机构信贷的资金逐年增加。

（三）主要问题

1. 农产品加工原材料存在的问题

农产品加工原材料基地建设还相对滞后，布局分散，发展不平衡，标准化、专业化程度低，优质专用农产品品种缺乏。目前国际上有专用小麦、玉米、大米品种多达几十乃至上百种，而四川省适合食品工业的专用小麦品种仅六、七个，形成规模的品种三、四个。

2. 加工企业存在的问题

(1) 加工率低于我国平均水平，和先进省差距大。目前，发达国家农产品加工率为80%以上，我国为45%～50%，四川仅为35%～45%。2005年四川省农业总产值与食品工业总产值之比为1∶0.7，山东、广东、江苏等省达到1∶3。

(2) 产品技术含量低，同质化严重。加工企业的新产品、新技术研发投入少，创新能力弱，缺乏精深加工关键技术，导致加工企业的精深度不足，加工链条短，一般性产品多、传统产品多、资源性产品多，高技术、高附加值的产品少，产品同质化严重，品种单一。

(3) 加工企业规模小，带动能力弱，盈利能力差。四川农产品加工种类较多，但出省、出口产品相对较少，市场主体仍在省内。消费者选择余地小，导致恶性市场竞争，企业利润空间缩小，影响了企业的扩张发展。省内大部分市场、尤其是高端市场都被外来产品所抢占。

3. 产品标准和质量控制体系不健全

对农药、兽药的生产、使用监管乏力，农产品原料质量安全难以保证，已经严重影响加工产品的质量安全。

农产品质量标准滞后，包括企业标准、国家标准标龄长、采标率低，与国际标准体系接轨尚有差距。产品标准中农药残留、兽药残留限量等质量安全指标低，已经严重影响了农产品的国内及国际市场竞争力。

农产品质量检测机构建设迟缓，质检机构数量与社会的实际需要存在较大差距，从事高精尖检测、综合类检测的机构较少，检测能力较弱，多数企业没有进行ISO9000、ISO14000、HACCP等管理体系认证。

4. 产业链协调存在的问题

(1) 供求信息不对称。产品供求信息不对称，缺乏系统化的信息收集、整理、发布体系，生产加工与原料供应之间、生产加工与终端市场之间的信息衔接不对称，存在农户盲种盲收，企业盲目生产的现象。

(2) 种植农户与加工企业协调差。虽然经过近几年的摸索、探讨，初步形成了龙头带动型、直接租赁型和订单农业型等多种形式的企业与农户连接经营模式。但在这些模式中，农产品加工企业与农户关系多数是一种松散的买卖关系，相互之间缺乏履约机制，压价收购和高价惜售等现象时有发生，没有真正形成利益共享、风险共担、长期稳定的利益联结机制。农民没有真正得到加工与流通环节的利益。

5. 财政及金融支持力度不够

农产品加工业与农业紧密联系，不但具有工业企业市场风险的特征，同时还具有自然风险和季产年销等明显的农业特性，流动资金使用集中、量大、季节性强。但农产品加工企业大多是一些中小企业，在财政及金融支持上，只有极少龙头企业能够享受到优惠政策，绝大多数成长型农产品加工企业得到政府或金融部门的支持较少，企业融资能力弱，融资范围窄，难度大，严重制约了企业的快速发展。

6. 社会化服务亟待完善

目前农产品加工业发展的中介服务组织很少，公益性社会化服务平台尚未形成。农产品加工企业在创业辅导、融资担保、信息服务、法律援助、人员培训、技术推广、质量检测等方面难以得到有力的支持。缺乏专门的农产品加工专业协会，现有部分协会，不仅针对性不强，而且协会之间、协会与企业之间、协会与行业之间缺乏联系与沟通，缺乏对产品生产、加工、贸易等的有效指导作用。

(四) 保障措施

一是突出优势，明确重点领域发展规划。围绕区域布局，划分四川农产品加工业优势产业带，明确区域内重点发展的产业和产品，通过引进龙头企业和新建中小企业集聚发展，将各地的农产品资源优势尽快转化为产业优势，促进四川省农产品加工业迈上一个新台阶。

二是坚持抓大与扶小相结合。抓大——要善于引导规模企业通过创新实现产业升级；支持龙头加工企业形成一定经济规模，尽快做大做强。通过扶持培育、嫁接改造、招商引资等多种形式造就一批龙头骨干企业；扶小——重点放在加大对中小企业的服务上，扶持农民自主创业，对成长性好的企业，要加大培育力度、政策倾斜的力度，使之形成新的增长极。

三是加快产业升级的力度。重点是大力实施重点项目，加快现代农业产业化经营企业建设步伐，促进企业走多元化、集团化的发展道路。另外要在产业集中度上升级，打造专业产业经济区，推进布局优化和结构调整。

四是落实政策措施，优化发展环境。加快设立支持农产品加工业发展专项资金，加大对农产品加工业财政支持力度；进一步拓宽融资渠道，加强与农发行等金融机构的合作，把农产品加工企业作为重点服务对象；积极探索政策性农业保险，对加工原料基地的生产实施政策性农业保险，降低原料生产的自然和市场风险。同时，加大对农产品及相应生产资料市场秩序的监管，从源头上解决农产品质量安全的问题。

（四川省乡镇企业局编写）

十三、云南省农产品加工业发展概况

（一）基本状况

1. 优势特色农业产业不断壮大为农产品加工业发展创造了良好的基础条件

到2006年，粮食总产达到1 542万吨，甘蔗1 678万吨，茶叶13.8万吨，橡胶26.4万吨，马铃薯826万吨，蔬菜1 033.4万吨，水果162.6万吨，鲜切花39.9亿枝，药材面积达到47万亩，鲜蚕产量2.8万吨，肉类产量322万吨，奶类36.4万吨，禽蛋20.5万吨，水产品29.2万吨。极大地丰富了农产品原料，为农产品加工业的发展奠定了良好的原料基地。

2. 农产品加工业总量不断增加

到2006年，云南省农产品加工业除烟草外实现产值达到450亿元，其中年产值10万元以上的各类加工企业达到2 095个，年销售各类产品总量达1 658.1万吨，销售收入316.3亿元，实现加工产值271亿元，增加值75.3亿元，净利润24.5亿元。

3. 进一步繁荣地方经济，促进农民增收和劳动力转移

年产值10万元以上的农产品加工企业，每年为地方上缴税金达到14.6亿元，促进繁荣地方经济和发展，同时吸纳劳动力就业28.4万人，加快农村劳动力的就地转移，促进农民增收95.7亿元，农产品加工业辐射区内户均增收1 087.5元。

4. 农产品加工企业核心竞争力不断加强

目前，云南省年产值500万元以上的农产品加工企业达到716户，农产品加工业增加值的72%是由这些企业创造的，并有效地带动了关联企业的发展，已成为云南省农产品加工业的中坚力量。

5. 特色农产品加工业转化率逐年提高

农产品加工企业已涉及到云南省的所有优势特色产业，进一步增强了农产品的附加值，增强了产业的整体竞争力。优势农产品加工转化率达到29%，精深加工转化率达到15%。

6. 农产品加工业质量安全管理逐年提高

到2006年云南省共有81户农产品加工企业进行HACCP认证，有8户进行GMP认证，有74户进行有机食品认证，有144户进行绿色食品认证，有164户进行无公害食品认证。

7. 农产品加工机械装备更加合理

装备水平及科技含量不断提高，云南省累计各类优势农产品加工机械96.5万台，年加工能力达到3 260万吨。

（二）主要问题

1. 整体水平与全国发展存在较大差距

与全国和先进省区比较看，云南省除烤烟外的农产品加工产值为450亿元，只有山东的1/10，河南的1/5，仅占全国的1%；农产品加工率为29%左右，低于全国水平16个百分点，农产品精深加工率为15%，低于全国水平15个百分点；农产品加工产值与农业总产值（除林业外）比只有0.4:1，全国为1.1:1，差距仍比较大。与西南几省发展比较看，四川省农产品加工产值已突破1 000亿元，达到1 200亿元以上，重庆农产品加工产值达到831亿元以上，广西也接近600亿元，云南省农产品加工产值和发展情况，只比贵州和西藏发展情况好。

2. 农产品加工业整体规模和效益仍然滞后

2006年云南省农产品加工业（除烟草外）实现加工产值450亿元，其中年产值10万元以上企业创造了271亿元的加工产值，只占总量的一半弱一点，而271亿元产值是由2 095户企业创造的，从而可以看出云南省农产品加工业从规模和效益上仍然处于比较低的水平。

3. 农产品加工装备水平比较粗放

云南省农产品加工技术装备水平绝大部分比较粗放，处于20世纪70～80年代世界装备水平，机械设备陈旧，成套组装设备少，家庭型的加工机械比重大。

4. 农产品加工业科技创新能力比较弱

目前云南还没有专门从事农产品加工研究的专门机构，缺乏统一规划，科技投入不足，专业人才还比较匮乏。同时还存在企业自主创新能力比较弱小，通过产学研结合提高农产品加工科技创新的机制尚未形成等诸多问题。

5. 农产品加工企业实力不强和经营者观念落后

目前云南省从事农产品加工产值达到1亿元以上的有75户，但没有全国知名度高的企业。同时企业经营者观念仍然比较保守，应用现代观念管理企业的还比较少，“小富即安，小进则满”的意识还比较突出。

（三）主要做法和措施

1. 加强组织领导，强化农产品加工业的职能建设

《中共云南省委 云南省人民政府关于加快推进农业产业化经营发展的意见》（云发［2006］13号）文件提出“将原云南省农业产业化经营协调领导小组更名为云南省农业产业化经营与农产品加工领导小组……领导小组办公室设在

省农业厅”，要求各地也要建立相应机构负责指导和协调农业产业化经营和农产品加工工作。在现有办公室基础上，建立一个统一高效的农产品加工管理职能机构，加强对农产品加工业的管理和服务。各地农（牧）业局要积极争取各级党委政府的重视，尽快建立、完善相应机构，切实统筹做好农产品加工业发展的各项工作。要加强动态管理，落实责任，建立工作绩效考核制度。要加强农产品加工业的统计信息体系建设，掌握情况，总结典型，加大宣传力度，营造农产品加工业发展的良好氛围。要积极争取发改、财政、商务、银行、税务、国土、工商、科技等部门的支持，主动协调，加强协作，改善服务，形成多方联动、共同推进的工作局面，共同推动优势农产品加工业持续、健康快速、发展。

2. 加大扶持力度，切实加快农产品加工业发展

按照扶持农产品加工业，就是扶持现代农业建设，农民就业和增收的理念，不断创新扶持方式，在现有省级农业产业化专项资金（每年6 000万元）中重点支持和主要用于扶持农产品加工业的发展，并力争省财政设立云南省农产品加工业发展的专项扶持资金，加大财政投入，重点支持农产品加工专用原料示范基地建设补助，农产品加工科技创新工程补助，农产品加工技术装备和先进工艺应用补助，农产品加工质量安全控制体系认证及企业质量安全体系建设补助等关键环节，切实加快云南省农产品加工业的跨越式发展。

3. 逐步建立多渠道、多元化投入机制，进一步拓展农产品加工业发展扶持渠道

进一步加强与金融部门特别是农业银行、农业发展银行的沟通与合作，增加农产品加工业发展的信贷支持力度，采取金融部门对农产品加工企业简化贷款手续和基准贷款利率等优惠政策，政府部门在农产品加工专项资金给予一次性贷款贴息等方法加大投入。充分发挥云南省农业投资有限责任公司的融资平台的作用，承接大额信用贷款，进一步吸纳社会资金支持农产品加工业的发展。

4. 进一步加大招商引资力度，吸引先进发达地区资金和企业加快农产品加工业发展

充分发挥云南资源丰富多样优势，按照优势产业和特色产业的规划布局，积极开展多形式、多层次的招商引资活动，创造良好的投资环境，根据产业发展实际需要积极引入先进地区的有效资本和大型企业进入云南省农产品加工领域，帮助云南深度开发农业产业资源，按照“优质、高效、生态、安全、低耗”的要求，促进云南省农产品加工业的跨越式发展，实现双赢的局面。

5. 加快农产品加工业科技进步，提高加工科技含量

加快引进、推广应用先进的加工技术、设备、工艺和管理，改造传统农产品加工业。科技机构要进一步明确科技攻关重点，优先研究开发一批关键技术，为农产品加工业提供有力的技术支撑。在省级有关科研院所成立农产品加工研究所，通过列项攻关，培养一批专业人才，为云南省农产品加工业的发展提供有力的科技支撑。鼓励有条件的农产品加工企业组建自己的研究开发机构，以多种形式与科研单位、大专院校等部门联合，提高新技术、新成果的转化效率。鼓励和扶持农产品加工骨干企业设立科技发展中心，开发拥有自主知识产权的技术和产品。

（云南省农业厅编写）

十四、贵州省农产品加工业发展概况

（一）基本状况

2006年，贵州省农产品加工业保持了较快的发展势头，各类农产品加工企业已达2 442家，从业人员13.8万人。其中规模以上农产品加工企业583家，资产合计387亿元，实现工业总产值333亿元，上交利税112亿元，分别占贵州省规模以上工业企业总量的22%、14%、19%和48%。产业涵盖烟草、现代中药加工、调味品加工、畜禽加工、粮油加工、林产加工、果蔬加工、饮料加工、饲料加工、乳品加工、特色农产品加工等11个行业。如今，贵州省农产品加工业已发展成为贵州省工业经济中增长较快、后发优势突出、极具发展活力的重要产业。

1. 一批主业突出、优势明显、带动力强的龙头企业迅速崛起

经过多年发展，贵州省规模以上农产品加工企业已超过500家，其中年产值过亿元的企业达到36家，57家企业被评为国家级、省级、市级龙头企业，涌现出了像贵阳老干妈风味食品有限公司、贵州益佰制药股份有限公司、贵州永红食品有限公司等一批经济实力较强、具有相对优势的农产品加工龙头企业和企业集团。如2006年贵阳老干妈风味食品有限公司完成产值12.8亿元，税收1.6亿元，公司员工2 000余人，带动种植辣椒、原辅料等农户95万人次，消化105万亩耕地农作物。该公司生产的辣椒制品占全国市场份额60%以上，居全国第一位，产品荣获“中国名牌产品”称号。贵阳花溪全国农产品加工示范基地内贵阳程域辣椒天然素有限公司，投资1.5亿元建成一条年产优辣素150吨、色素300吨的生产线，该项目每年消耗万余吨干辣椒，为农民带来1.6亿左右收入。铜仁和泰有限公司投资5 000万元，建成年产40万担出口珠茶加工厂，实现产值800万元以上，出口创汇500万元，经济和社会效益十分显著。

2. 以优势资源为依托的农产品产业带和示范基地初具规模

近年来，贵州省按照“围绕主导产业发展龙头企业、围绕龙头企业建设生产基地”的思路，大力发展辣椒、茶叶、畜产品、马铃薯、中药材等特色农产品加工业。在特色龙头企业的带动下，相继形成了辣椒、茶叶等几大优势农产品产业带和优质特色畜产品产业带。产业带中产品品种结构不断优化，农产品综合优质率普遍提高，规模不断扩大。目前，贵州省已建有辣椒基地6.67万公顷，茶园面积59.73千公顷，发展起2 100多个生态养殖示范小区，规模养殖场达5 309个，2005年肉猪出栏1 911.34万头，大牲畜（牛、羊）873.81万头。

3. 独具贵州特色的农产品加工体系逐渐形成

在市场机制的带动和相关政策的引导扶持下，贵州省各地依托自身资源优势，建立与之相适应的加工业体系，初步形成了以辣椒制品为主的调味品加工、以牛猪肉制品为主的畜禽

食品加工、以油菜籽加工和稻谷加工为主的粮油食品加工、以酒和茶叶为主的饲料加工、以林竹为主的林产品加工和以中药材加工为主的特色农产品加工企业群。据统计，目前贵州省已发展起各类辣椒加工企业100余家，茶叶加工企业300余家。随着特色农产品加工企业的快速发展，农产品产业链条不断扩展和延伸，农业综合效益大大提高，促进了农民收入的稳定增长和农村富余劳动力的有效转移。

4. 以优势农产品为主体的市场营销体系初步建立

近年来，贵州省通过扶持农产品批发专业市场建设、培育农民经纪人营销大户、发展专业合作经济组织等市场主体，参加各种部、省级产品或境外、国外农产品会展，举办各种农产品加工展销会等形式，促进了农产品加工网络向多渠道、多层次、多元化方向发展。2006年，贵州省已建成各类农产品批发市场199个，其中有6个年成交额在2亿元以上，有28个年成交额在1 000万元以上。

5. 支持农产品加工业发展的各类运行机制日趋完善

为支持农产品加工业的发展，近年来，贵州省从质量管理体系建设到科技创新，从融资担保到扶优扶强，从提高从业人员素质到推动龙头企业与农户建立利益联结机制等方面开展了大量工作，取得了显著成效。据统计，贵州省已有350家乡镇企业通过ISO9000质量体系论证，15家企业通过HACCP食品安全管理体系认证，113家制药企业通过GMP认证，31个项目获无公害农产品产地认定或产品认证，35个产品获绿色食品认证，13个产品获有机食品认证，43个产品获省级名牌产品称号，1个产品获中国名牌产品称号；经过乡镇企业系统培训的农民工和农产品加工企业职工达到22.5万人；“企业＋农民专业合作经济组织＋农户”、“企业＋农村经纪人＋农户”、“企业＋基地＋农户”等利益联结机制逐步完善。目前与国家开发银行、农业发展银行、建设银行、农村信用联社等多个机构开展政银企合作，并已初步在辣椒加工、茶叶加工等方面达成了融资担保意见，其中已对茶叶、辣椒等加工项目整合安排2.6亿元信贷资金，支持优势特色农产品加工业做强做大。

（二）主要问题

虽然近年来贵州省农产品加工业保持了较好的发展势头，但与现阶段农业农村经济发展的要求相比，仍有较大差距，一些制约农产品加工业进一步发展的问题还很突出，主要表现在：

从自身情况看，一是贵州省农产品加工原料基地建设滞后，发展农产品加工所需的专用、优质原料仍很缺乏，原料产地分散，规范化程度低，难以满足加工业发展的需要；二是多数农产品加工业规模小，实力弱，难以与省外或周边大型农产品加工企业抗衡；三是多数企业科技含量低，创新能力弱，加工水平低，制约了农产品加工转化增值。

从外部环境看，一是发展资金严重不足。如2005年，贵州省农产品加工业固定资产投入仅23.28亿元，占全社会固定资产投入的2.29%，企业可用于更新技术装备和加工工艺的资金更为匮乏。同时，农产品加工企业大多数是小企业，可抵押物少、担保难、融资难，加上农产品加工原料收购季节性强，正常周转流动资金量较大，资金供需矛盾尤其突出。据统计，贵州省农产品加工流动资金缺口达30亿元以上。二是政策落实不到位。农产品加工企业是直接为“三农”服务的企业，投入大、风险大、回报低，离不开政府引导和政策扶持。虽然国家和省制定了一系列扶持政策，但总体上落实比较困难。特别是农产品加工税费减免、出口退税等优惠政策不能很好落实，农产品加工企业收购原料抵扣问题更难落实。高税费、低回报影响了农产品加工企业的生产经营。三是外部发展环境欠佳。存在农产品加工企业管理体制不顺，多头管理，多头收费等问题，“三乱”现象还不同程度的存在。

（三）发展思路

1. 以结构调整为主线，做大做强优势农产品加工业

发展农产品加工业是贵州省乡镇企业参与社会主义新农村建设、加快贵州省传统农业向现代农业转变的重要途径。要结合《农业部关于实施发展现代农业重点行动的意见》，加强对贵州省农产品加工业的组织领导和统筹协调，按照产业集聚、优势互补、突出特色的要求，创新机制，大力发展辣椒、茶叶加工业，改造提升马铃薯、牛肉、中药材加工业，逐步形成一批优势农产品加工企业群和加工产业示范带，培育一批在国内、国际具有较高知名度的“黔”系列品牌，努力把农产品加工业培育成为贵州省农村经济中的支柱产业。

2. 以增强自主创新能力为动力，加快农产品加工业增长方式转变

重点支持农产品加工企业开展关键技术、共性技术、核心技术攻关；引导更多农产品加工企业与大专院校和科研院校建立多形式、多层次“产学研”联合体，进行技术研发。进一步加大工作力度，在农业部支持下搞好农产品加工科企对接活动和农产品技术创新活动，推广使用农产品加工重大关键技术筛选成果。加强国内、国际技术交流合作，鼓励企业引进国内外先进的技术和工艺装备设备，争取全国甚至世界农产品加工优强企业与贵州省农产品加工企业联姻，或到贵州省落户。

3. 以推进项目建设为支撑，增强农产品加工业的发展后劲

项目建设是农产品加工业发展的助推器。要进一步加大项目前期工作力度，以资源为依托，以市场为导向，积极“走出去、引进来”，大力开展招商引资，推进东西合作，积极宣传贵州省独具特色的资源、产业、产品优势，组织推荐一批重点项目、大项目争取亚行、世行等贷款支持。加快建立政银企合作协调机制，争取金融部门对产业前景好、带动面广的项目直接给予信贷扶持。进一步规范项目评估机制，形成“县、市推荐项目，专家银行评估项目，企业申报贷款，多形式连环担保，省局贷款贴息，企业承贷承还”的新型机制，努力搭建支持农产品加工业发展的融资平台。

4. 以提高产业集聚程度为重点，推进农产品加工业布局结构优化

根据各地农产品加工业发展的基础和特点，选择资源和市场配套性强、可以形成产业集聚和经济优势的农产品加工区域，重点建设一批农产品加工示范基地。选择一批龙头加工企业作为示范基地的依托单位，使其形成与优势农产品生产规模相适应的配套加工能力。在大宗农产品集散地形成市场带动型产业加工集聚区。同时，积极开展产业集聚的基础性工作，建立健全农产品加工产业集聚区的信息统计平台，使信息通畅，上达下传。

5. 以完善利益联接机制为突破口，提高农

产品加工业对农业的反哺力度

积极加强对农产品加工企业与农户之间建立有效利益联结机制的引导。具体讲，一是要强化契约连接。积极引导加工企业与农户在自愿、平行、互利的前提下，签订具有法律效力的产销合同，明确规范双方权利义务，使产销行为由原来松散、随意的组合变为正规、紧密的结合。使企业有稳定的供给，农户有稳定的收益。二是要强化服务连接。鼓励和支持加工企业通过提供产前、产中、产后服务的方式，与农户结成利益连接体，认真探索企业通过利益再分配，使农户在生产、加工、销售环节都能得到收益的有效实现途径，使加工企业与农户的利益连接机制更加紧密、牢固。三是要强化中介连接。努力培育各类专业合作经济组织和专业合作社，把加工企业与农户紧密连为一体，架起企业与农户之间的桥梁，有效解决分散农户直接与企业对接难、保护自身利益难的问题。四是要强化股份连接、鼓励和支持加工企业采取股份制、股份合作等形式，与农户之间建立起利益共享、风险共担、长期稳定的利益联接机制，使农户最大限度地分享农产品加工、流通等环节的利益，实现农产品加工业和农民稳定增收的“双赢”。

（贵州省乡镇企业局编写）

十五、新疆维吾尔自治区农产品加工业发展概况

（一）基本状况及特点

1. 基本状况

截至2006年底，新疆维吾尔自治区农产品加工企业发展到5 168家，资产总额651亿元，实现年销售收入545亿元，完成增加值90亿元，职工总数23.84万人。年销售收入达亿元以上的企业94家，建成农产品批发交易市场226个，已发展各种形式的国家、自治区、地州三级重点龙头企业400家，其中国家级重点龙头企业16家，自治区级重点龙头企业139家，地（州、市）重点龙头企业245家。新疆维吾尔自治区155家重点龙头企业资产总额上亿元的企业已发展到65家，5 000万元~1亿元企业达44家，1 000万~5 000万元企业达40家；从经营成效上看，作用不断显现。155家龙头企业，资产总额370.84亿元，固定资产135.72亿元；年销售收入290.36亿元，净利润10.70亿元，上缴税金9.03亿元。从带动能力看，整体实力不断增强，订单带动农户数189.8万户，促进农民增收40亿元，户均增收1 987.9元；基地种植面积1 744.99万亩，基地牲畜养殖量297.31万头。龙头企业已成为新疆维吾尔自治区农业增效、农民增收的重要来源，并在有序转移农村富余劳动力，促进农村经济发展等方面发挥出明显的带动作用。主要农产品加工业发展现状如下：

（1）粮油加工业。新疆维吾尔自治区粮油加工企业实现工业销售产值106亿元。面粉加工能力400万吨，实际年产168万吨；油脂加工能力280万吨，实际年产87万吨；大米加工

能力20万吨，实际年产15万吨。2006年新疆维吾尔自治区规模以上粮油加工企业440家，年生产能力815万吨，实现工业销售产值46.4亿元。

（2）纺织加工业。规模以上企业49家，环锭纺纱锭267.36万锭，气流纺7.7万头，生产棉纱24.81万吨，在全国排名第10位，棉坯布9 343.77万米，在全国排名第21位，实现销售收入42.2亿元，从业人员近5万人；毛纺行业产能为5.95万锭；亚麻纺产能为2.8万锭，年产亚麻纱3 800吨。

（3）林果加工业。截至2006年底，新疆维吾尔自治区林果总面积已达到1 192.6万亩，果品总产量367.7万吨，林果业总产值74.78亿元，农民人均林果业收入超过390元。果品加工业。截至2006年底，新疆维吾尔自治区重点发展的产品有杏、香梨、石榴、红枣、鲜食葡萄、樱桃李、黑加仑的浓缩汁，黄桃、胡萝卜的浓缩浆以及核桃、巴旦杏、葡萄干等的特色干果等。设施农业加工有芳香植物加工等，杏浓缩浆加工业发展较快，年产杏浓缩浆约2.3万吨，产品全部出口，约占国际市场杏浓缩浆贸易量的13%；特色果蔬汁饮料年生产能力达35万吨，饮料总产量30.7万吨；全新疆维吾尔自治区香料作物种植面积8万多亩，总产精油200吨；年产石榴4.8万吨；年产杏干5万～6万吨，主要产品湿杏脯、杏话梅、杏肉、杏酱、杏罐头和杏汁等；番茄加工业。截至2006年底，新疆维吾尔自治区种植番茄102万亩，番茄制品年生产能力85万吨。2006年加工番茄241万吨，生产番茄制品43万吨，占全国番茄制品总产量的61.4%。目前新疆番茄制品在产品产量、质量、出口量、生产技术位居全国第一位，已成为新疆主要的特色型出口创汇产业。酿酒加工业。截至2006年底，新疆维吾尔自治区已形成了年产白酒15万千升、葡萄酒15万千升、啤酒40万千升的生产能力，生产饮料酒34.58万千升，实现销售收入13.14亿元，利税3.6亿元，利润1.04亿元。其中啤酒总产量24.90万千升，白酒6.08万千升，葡萄酒3.5万千升。

（4）畜产品加工。新疆维吾尔自治区优质牛奶、牛羊肉和细羊毛三大畜牧业主导产品，80%是在天山北坡、焉耆盆地和伊犁河谷三大产业带。乳制品加工业。截至2006年底，新疆已形成日处理鲜奶3 686吨的生产能力，实际生产乳制品15.3万吨，其中液体乳12.69万吨。肉制品加工业。目前肉类总产量141万吨，其中猪肉13.5万吨。皮毛产品。截至2006年底，新疆维吾尔自治区皮革产量361.3万平方米，革皮服装2.70万件，皮鞋31.2万双，形成年处理牛皮400万张、羊皮1 000万张的生产能力，主要生产企业12家，以加工口岸进口原料皮生产蓝湿革等皮革工业半成品为主。饲料加工业。新疆维吾尔自治区饲料工业企业已达324家，配合饲料产量达130万吨。饲草料基地建设稳步发展，新疆维吾尔自治区人工种草1 156万亩，饲料玉米、豆类、青饲玉米、苜蓿种植面积达1 100万亩。

（5）农产品加工业及手工业。新疆维吾尔自治区甜菜、红花、大芸、啤酒花、蜂产品、亚麻、枸杞、阿魏菇、沙生、麻黄、甘草、肉苁蓉及手工地毯、艾得莱斯绸等已经成为特色农业开发和结构调整的新亮点。其中，糖料加工截至2006年底总生产能力为日加工甜菜3.78万吨，年产糖能力达60万吨。2005年加工甜菜305万吨，产糖37.26万吨，成为北方最大的糖料生产基地。啤酒花产量占全国总产量的70%

以上。红花种植面积45万亩，占全国的50%，产量占全国红花产量的60%以上。设施农业迅速发展，温室大棚面积达40.9万亩，年产反季节蔬菜瓜果119万吨。

2. 发展特点

（1）推进农产品加工业的发展，龙头企业实力有明显增强。全新疆维吾尔自治区各级党委和政府对培育龙头企业非常重视，坚持多种途径、多种方式、不分地区、行业和所有制限制，谁有能力谁牵头，谁是龙头扶持谁的原则，大力扶持培育龙头企业。龙头企业已成为调整产业结构和增加农民收入重要支柱。截至2006年底，农产品加工企业5 168家，建成农产品批发交易市场226个，国家、自治区、地州三级重点龙头企业近400家；其中自治区重点龙头企业有155家，国家重点龙头企业22家（包含兵团8家）。155家龙头企业，其资产总额361亿元，占总量651亿元的55.4%；固定资产129亿元，占总量263亿元的49%；净利润7.04亿元，占总量15亿元的49.3%；上缴税金6.8亿元，占总量12亿元的56.7%；增加值40亿元，占总量90亿元的44.4%。辐射带动了新疆维吾尔自治区65%的农户，农民来自农产品加工业的收入人均达到850元以上。资产总额过10亿元的企业5家。固定资产263亿元，固定资产过5亿元企业4家。年销售收入545亿元，年销售收入10亿元以上企业4家。从生产经营所得净利润的15亿元，占总数90.4%；上缴税金的企业4 017家，占总数77.7%，上缴税金合计12亿元，同比增长23.7%；上缴增值税的企业1 385家，占总数的26.8%，上缴增值税7亿元。

（2）农产品加工业稳步发展。随着新疆维吾尔自治区新型工业化的发展，工业化理念和经营方式被引入农业，在农业生产过程中引进工业手段，大力发展农产品加工业，延长农产品产业链，已经开始取得好的效果。截至2006年底，新疆维吾尔自治区共有农产品加工企业5 168家，其中，4 670家企业生产经营所得净利润15亿元，4 017家企业上缴税金12亿元，同比增长23.7%。生物医药、绿色食品等新兴产业正成为新的经济增长点，逐步形成以粮油、棉纺、特色林果产品、畜产品、番茄、葡萄酒、药材等为主的优势特色农产品加工业。农民增收快，要靠龙头企业带，也已成为不争的事实。

（3）农产品质量的不断提高。截至2006年底，新疆维吾尔自治区各类农产品加工企业有94家企业139个产品通过无公害产品认证，113家企业201个产品通过绿色食品认证，204家企业292个产品通过QS认证。391家企业有注册商标，总数为411枚，其中：中国名牌产品6个，自治区名牌产品51个，中国驰名商标19个，自治区著名商标47个。

（4）调整产业结构，区域特色主导产业日趋明显。在龙头企业的带动下，新疆维吾尔自治区形成一批布局相对集中的区域特色主导产业。经过多年发展，新疆维吾尔自治区的葡萄酒、啤酒花、枸杞、红花、番茄等特色农产品产量分别占全国的17%、70%、50%、60%和90%以上。已成为我国最大的商品棉、啤酒花和番茄酱生产基地，形成我国北方重要的甜菜糖产区和食用油调出基地，建成为全国重要的畜产品和特色优质林果基地。

（二）主要问题

（1）农产品加工企业规模小、数量少、科技含量较低、加工转化和增值率不高，市场开拓能力较弱，辐射带动能力不强，制约了农业增效和农民增收。

(2) 农产品加工企业布局不合理。对农产品加工业缺乏整体科学规划，主攻方向不明确，扶持重点不突出，布局分散，没有形成区域性农产品加工业优势。

(3) 农产品加工企业生产基地分散，规模化、标准化程度低，基础设施不配套，基地建设滞后，缺乏农产品加工业发展需要的专用、优质原料。

(4) 企业与农户利益联结机制不完善。虽然经过近几年的探索，初步形成了龙头企业带动型、协会带动型和订单农业型等多种形式的企业与农户联结经营模式。但在这些模式中，农产品加工企业与农户关系只是一种松散的买卖关系，相互之间缺乏履约机制，压价收购和价高惜售等现象时有发生，没有真正形成利益共享、风险共担、长期稳定的利益联结机制，农户没有真正得到加工与流通环节的利益。

(5) 农民专业合作组织发展较慢，各种类型的农民专业合作组织数量少、规模小、影响不大，企农利益联结机制比较薄弱。

(6) 农产品加工企业资金筹措困难，融资渠道匮乏，贷款难，投入不足。

(7) 市场开发力度不够。大部分企业都没有形成比较健全的信息和销售网络，产品的宣传力度不够，竞争能力不强，难以形成名牌效应和无形资产，销售渠道狭窄，开拓国内、国际市场难。

(8) 社会化服务体系不健全，农产品加工业的标准化体系、检测体系、食品安全体系、技术推广服务体系、质量认证体系以及信息服务体系不适应农产品加工业发展的要求。

(三) 主要目标和保障措施

1.“十一五”主要目标

(1) 大力扶持培育龙头企业。到 2010 年，规模以上农产品加工业增加值由目前的 66 亿元增加到 150 亿元。国家及自治区级重点龙头企业在现有 155 家基础上，逐年递增，到 2010 年力争超过 200 家，建成农产品加工示范区 30 个，力争规模以上企业达到 600 户左右，其中，年销售收入 10 亿元以上的龙头企业达到 10 家。

(2) 农产品加工水平有较大提高。到 2010 年，新疆维吾尔自治区农产品加工业产值与农业产值的比值由目前的 0.4:1 提高到 1.1:1。农产品加工转化率由目前的 30% 提高到 60%；主要农产品二次以上加工的产品占其产量的比例达到 30% 以上。

(3) 基地建设布局有较大优化。到 2010 年，根据优势企业、优势产业、农产品销售以及农产品出口需要，建设一大批高标准农产品生产和加工基地。农业标准化种植面积占新疆维吾尔自治区总播面积的比重达到 70% ~ 80%，无公害粮油作物、林果、蔬菜瓜类作物播种面积分别占各自总播种面积的 90% 以上，畜牧业得到较快的发展，如奶业，年产乳制品 60 万吨，创 3 ~ 4 个国内知名品牌。规模达到日处理鲜奶 500 ~ 1 000吨以上的企业 3 ~ 4 家，在全国总量上占据一定地位。使用绿色食品标志的企业由目前的 56 家达到 150 家，认证的绿色产品由目前的 126 个发展到 200 个，有机食品由目前的 24 个发展到 60 个。

(4) 农产品品牌建设有较大进展。到 2010 年，培育一批优质、高效、安全、生态名牌产品，新疆维吾尔自治区名牌从 2006 年的 51 个达到 70 个，中国名牌产品从 6 个达到 10 个。

(5) 农产品加工业带动能力有较大提升。到 2010 年，扶持发展一批农民专业合作经济组织和其他中介服务组织，新疆维吾尔自治区农产品加工组织发展到10 000个，完善农企利益联结机制，为农户平均增收800～1200元，新疆50%以上的农户加入各类农民专业合作经济组织，提高农民的组织化程度。

(6) 完善市场体系建设。到2010年，新疆维吾尔自治区改建、扩建农产品批发市场108个，其中农业部定点农产品批发市场37个（已建成7个），农业部定点农资市场10个，自治区级定点市场61个。培育标准化、规范化的农产品批发市场80个。

2. 保障措施

(1) 提高思想认识，加强组织领导。各级党委、政府要充分认识到发展农产品加工业是实现农业两个根本性转变和提高农民收入的重要战略措施，是推进社会主义新农村建设的重要途径。要进一步更新观念，增强危机意识和使命感，将此项工作纳入各级党政工作的重要议事日程，牵头研究和拟定促进农产品加工业发展的规划、政策措施、协调和服务，指导重大农产品加工项目的实施。从龙头企业到基地、农户，一抓到底，从项目到论证、立项到建设、投产运营，全面落实责任制；建立农产品加工龙头企业定点联系制度，及时协调解决农产品加工业发展过程中出现的问题和困难，每季度对重点企业发展情况督查一次，形成制度。对在农产品加工业中作出突出贡献的单位和个人，各地要定期予以表彰、奖励。

(2) 制定发展规划，加大指导力度。加强对自治区农产品加工业发展的宏观指导。自治区农产品加工管理部门要按照市场需求、资源条件和产业政策，进一步深入进行调查研究、科学规划、合理布局。积极组织实施《自治区主要农产品加工业“十一五”发展规划》。各地要根据国家和自治区有关发展农产品加工业的规划和指导性意见，制定本地区的规划并组织实施。要结合各地实际，因地制宜，突出发展优势特色农产品加工业，防止盲目铺摊子和低水平重复建设。县及县以下发展工业应以发展农产品加工业为主，通过发展农产品加工业，转移农村剩余劳动力，带动小城镇建设。

(3) 加快基地建设，提供基础保障。按照农产品加工业标准化、优质化的要求，调整和优化农产品生产结构。按照区域化布局、专业化生产、标准化管理、产业化经营和社会化服务的发展思路，突出地方特色，充分发挥区域比较优势。积极实施农业部《农产品加工专用原料基地建设工程》，以农产品加工企业为龙头，建立一批与加工企业相配套的原料基地，促进农产品加工业发展。大力提倡发展有机农业和绿色农业，生产无公害绿色和有机农产品，为农产品加工企业提供安全、优质的加工原料。农产品加工基地建设，要在农户家庭经营的基础上，坚持走“小规模、大群体”的路子，鼓励农户、专业合作经济组织与农产品加工企业通过合同、合作等方式，形成稳定的利益联结关系，通过定向投入、定向服务、定向收购等方式，兴办稳定的农产品原料基地。

(4) 培育龙头企业，增强带动能力。把发展农产品加工业与农业产业化工作结合起来，不断发展壮大农产品加工龙头企业，形成布局合理、大中小企业并举、初深加工搭配、多种所有制共同发展的加工企业体系；大力实施特色品牌战略，把做大品牌战略和做强龙头企业战略有机结合起来，分行业确定重点打造、重点培育对象，实行重点扶持；对众多散在的品牌进行整合，抓好优质特色农产品加工品牌的国内外注册，促进品牌向名牌转化，发展一批大中型优质特色农产品加工龙头企业；积极推进同行业龙头企业之间的联合、并购、重组和参股；积极推进龙头企业跨行业、跨地区、跨国境投资布点；积极推进龙头企业的集团化。发展加工产业区、产业带和加工园区高地，培育示范型加工企业和加工产业集群，构筑区域加工和行业加工优势；对有规模、有市场前景、有资源优势的特色企业，实行重点培育、扶持和推进，打造企业旗舰。

（5）加快技术进步，提高企业素质。有关部门要抓紧制定农产品加工业技术发展政策措施，加快实施农业部《农产品加工技术创新工程》，加强协调配合，加强科技项目和资金的捆绑整合，促进加工企业和科研院所紧密联系，提高新技术、新成果的转化效率。在30家农产品加工骨干企业进行建立技术研发中心的试点，鼓励和扶持农产品加工骨干企业设立科技发展中心，开发拥有自主知识产权的技术和产品。抓好龙头企业职业技能鉴定、“蓝色证书”培训和“阳光培训”等农产品加工企业培训工程，加强企业家队伍建设，提高职工队伍的科技素质。

（6）加大对外开放力度。实施“走出去、引进来”战略，充分利用国内国外两个市场，两种资源，大力引进资金、技术、设备和管理经验，提升企业生产和管理水平。大力发展与周边国家的农产品加工贸易。积极争取国际组织、外国政府、非政府组织的援助资金、优惠贷款和赠款，努力扩大利用外资规模。鼓励外商和区外企业及个人投资办厂，支持国内企业到国（境）外办厂，发展农产品加工等产业。

（新疆维吾尔自治区农产品加工局编写）

第四章

社会关注热点问题透视

一、农产品加工业科技创新与体系建设

（一）农产品加工业科技创新现状

1. 农产品加工业发展的基本情况

自20世纪90年代期末我国农业发展全面进入新阶段以来，在国家高度重视和相关政策的大力支持下，农产品加工业得到迅猛发展。2006年我国农产品加工业产值达到6.25万亿元，年增长速度21%。全国规模以上的农产品加工企业达9.3万家，从业人数近2 100万人，占全部工业从业人员的27.8%，带动3 000万农民就业。农产品加工业日益成为拉动国民经济发展的重要产业、农业产业结构调整的重要力量、增加农民收入和提高农业国际竞争力的有效途径。而推动农产品加工业快速发展的诸多因素中科技创新起到举足轻重的作用。

2. 农产品加工业科技创新的现状

（1）搭建了科技创新的平台。全国95所大专院校和40多家科研院所设置农产品加工专业或从事有关农产品加工科研与开发工作；“十五”以来形成了一批国家工程技术中心、技术研发中心、技术创新机构、重点实验室和博士后流动站。

（2）取得了一批科技成果。形成了一批以“稻米深加工、荔枝贮藏保鲜、油菜检测技术、全程质量控制体系建立”等为标志的、拥有自主知识产权的重大科技成果、专利、标准和知名品牌，行业科技贡献率达40%。

（3）形成了一支人才队伍。全国95所大专院校和40多家科研院所中约有5万~6万人从事科研与教学工作，每年培养2万~3万名专业技术人才；6万多家规模以上的农产品加工企业技术人员队伍不断扩大。

（4）增加了科技投入。国家发改委农产品重大科技专项到位资金总额为12.2亿元；国家农产品深加工专项工程总投资460亿元，农业综合开发共投入资金1 335亿元；地方政府、企业和协会资金投入不断加大。

（5）加大了成果转化力度。农业部组织全国知名专家对农产品加工重大关键技术进行筛选，选出100多项对推动行业发展具有重要作用的实用技术进行示范与推广；财政部“农业科技成果转化项目”每年投入3个亿，大约有20%~30%支持农产品加工业，而且2001~2006年连续5年农产品加工都是支持的重点。

（6）提出了相关扶持政策。连续4个中央1号文件、国务院62号文等国家重要文件中提出了一系列有关农产品收购、加工、销售等方面的财政、金融、贸易扶持政策。在科技项目申请、管理与评价机制等方面完善了相关政策。

3. 农产品加工业科技创新的战略定位

要把科技创新作为农产品加工业发展的首要推动力量，把提高自主创新能力作为调整产业和产品结构、转变增长方式、提高农产品加工业国际竞争力的中心环节。同时，把建立以企业为主体、市场为导向、产学研紧密结合、全社会共同参与的技术创新体系作为科技创新的重要途径，把完善体制机制和政策环境作为科技创新的重要内容。既要充分发挥政府的主导作用，也要充分发挥市场在科技资源配置中的基础性作用，特别是充分发挥企业在技术创新中的主体作用。

（1）科技创新内涵上。科技创新包括原始创新、集成创新和引进消化吸收再创新。农产品加工科技创新在这3方面都应加强，但目前要以技术集成创新为重点。

（2）科技创新各行为主体上。科技创新除包括技术创新外，还包括管理创新、机制创新、企业制度创新等内容，农产品加工科技创新工作需要政府、科研单位、企业和社会力量的共同参与，不断形成政府行为、企业行为、科技行为、社会行为“四位一体”的连动创新机制。

（二）农产品加工业科技创新存在的主要问题与差距

1. 存在的主要问题

尽管农产品加工业科技创新工作取得重要进展，但仍面临着严峻的挑战。主要体现在：拥有自主知识产权的原创性科技成果储备不足、技术集成与引进消化吸收再创新能力有待加强、创新型人才缺乏、科技投入机制不完善、科技成果转化率不高、相关配套政策不完善。

2. 与发达国家相比存在的主要差距

与发达国家相比，我国农产品加工业在技术创新方面尤显不足，主要表现在：一是自主创新能力弱，缺乏完备的科技创新支撑体系，许多农产品加工领域的主要核心技术和关键设备仍依赖进口，缺乏具有独立知识产权的技术成果。二是企业作为技术创新主体的作用没有充分显现，而发达国家的企业在技术创新领域包括技术开发、产品研制、成果引进与转化等方面发挥着重要作用。目前我国主要农产品加工企业缺乏技术创新的主动性和驱动力，对新产品开发、技术储备、成果转化，以及与科研单位合作研发等重视不够。三是政府资金支持不足，又缺乏优惠贷款、风险投资等其他融资渠道，不能为技术创新提供持续的资金保障。四是科技成果转化率低，我国农产品加工科技成果的转化率仅为30%，而发达国家科研成果转化率一般为60%～80%。五是技术创新的组织和管理机制不健全，绝大部分企业没有技术创新的建制。六是大部分从业人员素质较低，尤为缺乏具有技术创新能力的专业人才。

（三）农产品加工科技创新体系建设的科学内涵与重点内容

1. 农产品加工科技创新体系的科学内涵

“农产品加工科技创新体系”是由参与农产品加工的科研、生产、推广、管理及培训的各种行为主体，通过特定的组织结构和调控机制所组成的网络结构体系，是“国家农业科技创新体系”的重要组成部分。

“农产品加工科技创新体系”主要包括由科研单位和创新型企业构成的技术创新体系、企业组成的技术开发体系、各社会团体和中介组织构成的推广服务体系、高等院校与专业培训机构组成的技术培训体系，以及各级行政主管部门组成的科技管理体系。各行为主体间分工协作，上下联动，共同推进农产品加工技术创新体系的不断完善与发展。

围绕提高自主创新能力，做好各项政策的相互协调，加快建立以企业为主体、以市场为导向、产学研紧密结合、全社会共同参与的技术创新机制，引导企业成为研究开发投入的主体、技术创新活动的主体、创新成果转化与推广的主体是当前我国农产品加工技术创新体系建设的核心内容。

2. 农产品加工业科技创新体系建设的重点内容

根据农产品加工业科技创新体系的科学内涵，其建设的重点内容主要是加强技术创新体系、推广服务体系、技术培训体系、管理与机制创新体系四个核心体系的建设。这里重点介绍技术创新体系建设内容：

（1）农产品加工技术创新重点方向。结合农产品加工业发展的现状与特点，今后很长时期内我国农产品加工业技术创新的方向和任务主要体现在六个方面：一是加工专用品种的筛选与优质原料基地的建立；二是利用高新技术改造传统产业，实现产业技术升级；三是提高农产品加工综合利用技术水平，增强可持续发展能力；四是加强农产品加工标准体系与全程质量控制体系建设，提高产品的质量安全水平和国际竞争力；五是加快传统食品的工业化生产，积极发展餐桌经济；六是加强农产品加工信息体系建设，建立农产品加工物流信息化平台。

（2）农产品加工科技创新工作重点。通过以下“六大工程”的实施，不断提升农产品加工技术创新能力，为推进我国农产品加工业健康、稳定发展提供有力的支撑。“六大工程”是：（a）农产品加工示范基地建设工程；（b）加工专用原料基地建设工程；（c）农产品加工技术创新工程；（d）农产品加工质量安全保障工程；（e）农产品加工信息化建设工程；（f）农产品加工创业工程（详见农业部发布的《“十一五”农产品加工业发展规划》）。

（四）农产品加工技术研发体系建设构想

1. 技术研发体系建设的目标与任务

（1）目标。结合我国农产品加工业发展现状和各地加工业发展的优势和特点，选择研发基础好、技术优势明显、辐射带动能力强的科研单位和农产品加工企业建立农产品加工技术研发中心与专业分中心，通过3～5年的建设，基本形成以企业为主体、以科研单位为技术依托、产学研相结合的农产品加工技术研发体系，搭建农产品加工科技创新平台，形成一支农产品加工科技创新队伍，加速科技成果转化，推动行业技术进步和产业升级。

“十一五”期间，依托大专院校、科研单位和企业，建立粮油、果蔬、畜产品、水产品、传统特色农产品加工等专业分中心150～200家。

（2）任务。开展农产品加工业宏观发展战略及相关政策研究；开展农产品加工基础与应用基础研究、前沿技术研究、重大共性关键技术研究与集成；开展农产品加工科技成果转化、示范与推广；培训农产品加工科技创新和管理人才；加强农产品加工国际合作与交流；为行业发展提供信息和咨询服务。

2. 中心的管理与运行

（1）任务与职责。

（a）任务：国家中心重点开展国家农产品加工科技、发展战略及相关政策研究，开展国际合作与交流，培训高级科技人才，促进科技成果转化、示范与推广；专业分中心重点围绕粮油、果蔬、畜产品、水产品和传统农产品等，开展行业和区域农产品加工科技、发展战略及相关政策研究，培训行业科技人才，促进行业科技成果转化、示范与推广。

（b）职责：国家中心职责：协助农业部农产品加工局编制并发布研发中心项目指南，组织项目申报、评审和认定工作；配合农业部农产品加工局对专业分中心进行监督、管理，组织对专业分中心的验收与定期考评；协助争取国家资金支持。专业分中心职责：根据农业部农产品加工局发布的项目指南，进行项目申报，并组织实施；承担农业部及地方农产品加工主管部门和国家中心安排的工作任务（培训、信息上报、技术推广等）；接受有关部门的监督、检查和管理。

（2）权利与义务。

（a）权利：国家中心的权利：优先享受国家有关农产品加工政策扶持；优先申请并获得国家及地方有关项目的支持；指导、监督、管理和协调专业分中心开展工作；组织项目申报、评审和认定。专业分中心的权利：优先享受国家有关农产品加工政策扶持；优先申请并获得国家及地方有关项目的支持；在国家中心的指导下，进行专业分中心的建设与运行管理。

（b）义务：国家中心的义务：协助农业部农产品加工局组织实施研发体系建设项目，协助制定项目发展规划，进行项目定位和总体布局，并协助争取资金支持；协助制定《国家农产品加工技术研发中心管理暂行办法》；为专业分中心在项目申报、实施、验收、运行和管理过程中提供指导和咨询服务；开展农产品加工业宏观发展战略及相关政策研究，重大基础性关键技术研究与集成、开展国际合作与交流，培训高级科技人才、促进科技成果转化、示范与推广。专业分中心：定期参加并承担农业部农产品加工局和国家中心安排的技术研讨、推广、示范和培训活动；项目严格按照国家有关规定和协议执行，接受农业部和地方农产品加工主管部门，以及国家中心的监督和考核；提供必须的配套资金和硬件条件，以保证中心工作的顺利开展；上报有关地方或行业发展的相关信息、资料和数据；开展农产品加工行业、区域发展战略及相关政策研究，行业核心技术研究，培训行业科技及管理人员，为行业发展提供信息和咨询服务。

（3）管理与运行。

（a）研发中心实行主任负责制，主持研发中心全面工作。研发中心主任的任职条件是：具有较深的学术造诣和开拓创新意识；熟悉相关行业技术发展趋势；有较强的组织管理能力；身体健康。

（b）国家中心主任由承担单位提名，农业部农产品加工局审核和聘任；专业分中心主任由承担单位提名，国家中心审核，农业部农产品加工局聘任。

（c）农业部农产品加工局是研发中心的行政主管部门，对研发中心实行定期评估、动态管理、优胜劣汰和滚动发展的管理机制；国家中心受农业部农产品加工局委托，指导、监督、管理和协调专业分中心开展工作；专业分中心在国家中心的指导下开展工作。

（d）农业部农产品加工局每两年对研发中心的运行情况及绩效进行考评。经过考评，对运行正常并取得突出成绩的研发中心，将给予表彰；对管理不善者，责成限期改进；对连续两次考评不及格者，取消其研发中心资格，并向社会公布。

（e）在研发中心组建期间，涉及项目经费支出和基本建设管理问题时，按照《农业部财政项目支出管理暂行办法》和《农业基本建设项目管理办法》执行。

（五）农产品加工技术研发体系建设的战略构想

1. 建设的原则

(1) 统筹规划，分步实施：按照国务院办公厅《关于促进农产品加工业发展意见》精神、农业部《农产品加工业“十一五”发展规划》、《农业部“十大行动”》和《优势农产品区域布局规划》等，统筹兼顾，整体规划，分步实施，分期推动，分类指导。

(2) 合理布局，突出重点：充分考虑优势农产品区域布局、各地农产品加工业发展特点、东中西部地区布局平衡和各级各类农产品加工技术研发机构合理搭配；优先选择一批有一定研发基础和经济实力的企业、科研单位和大专院校，按照农产品加工重点领域与相关区域布局进行建设。

(3) 整合资源，提高水平：在整合农产品加工技术研发中心现有资源的基础上，优化配置，补充配套。在整合过程中应充分考虑各农产品加工技术研发中心现状和隶属关系，充分发挥地方主管部门的作用。经过建设，国家农产品加工技术研发中心的主要仪器设备应接近或达到国际先进水平，专业分中心应达到国内领先或先进水平。

(4) 建管并重，保证质量：健全制度，加强管理。坚持验收、评估和考核制度，严格制定验收标准，逐一进行验收，确保体系建设合乎规划要求，运行正常。在搞好仪器设备配置和研发体系建设的同时，重视人才队伍、信息化与服务平台建设。加强后续管理，确保建设成效的持续发挥。

2. 重点布局

以《农产品加工业“十一五”发展规划》提出的农产品加工重点领域与区域布局为依据，结合《优势农产品区域布局规划》，本着“突出重点，优势优先”的原则，重点围绕粮油、果蔬、畜产品、水产品和传统特色农产品加工等五大领域，分品种、分区域、分期、分批地认定一批专业分中心。

(1) 粮油加工领域（50个）。在东北、内蒙、黄淮海专用玉米优势产区建立玉米加工专业分中心；在黄淮海、大兴安岭沿麓优质强筋春小麦产区和长江下游优质弱筋小麦优势产区建立小麦加工专业分中心；在南方籼稻主产区、东北优势粳稻产区和南方特色稻米产区建立稻谷加工专业分中心；在东北、中原地区、珠江三角洲、长江三角洲、黄渤海等沿岸、沿海地区建立大豆加工专业分中心；在长江中游油菜籽优势产区建立油菜籽加工专业分中心；在黄淮海地区、长江中游及西南地区等花生优势产区建立花生加工专业分中心；在东北、华北、西北和西南马铃薯优势产区，西南、华南木薯优势产区，华北、东北和西南甘薯优势产区建立薯类加工专业分中心；在华北、西北、西南杂粮优势产区建立杂粮加工专业分中心。

(2) 果蔬加工领域（40个）。在西北、中原、渤海湾地区建立苹果加工专业分中心；在长江上中游、赣南—湘南—桂北、浙南—闽西—粤东柑橘优势产区建立柑橘加工专业分中心；在华南、西南热带亚热带地区建立热带亚热带水果加工专业分中心；在渤海湾、东南沿海、西北、中原建立蔬菜加工专业分中心。

(3) 畜产品加工领域（40个）。在东北、中原、西南肉牛优势产区建立牛肉加工专业分中心；在内蒙古中东部、河北北部、西北和西南肉羊优势区域建立羊肉加工专业分中心；在东北及内蒙、中原、华南、西南、华东等地建立猪肉加工专业分中心；在东北、中原、沿海地区建立鸡肉加工专业分中心；在东北、华北和京津沪地区建立乳品加工技术研发中心；在东北、中原、西南地区及洞庭湖、鄱阳湖等蛋品优势产区建立蛋品加工专业分中心。

（4）水产品加工领域（30个）。在浙江、福建、广东、广西、海南、辽宁、江苏、山东、安徽、江西、湖北、湖南、四川等淡水鱼加工产区，在辽宁、浙江、福建、山东、广东等海水鱼主产区，在山东、广东、广西、海南等虾蟹产区，在辽宁、福建、山东、广东等贝类产区和海带、紫菜、藻类主产区及其他海产品优势产区建立水产品加工专业分中心。

（5）传统特色农产品加工领域（30个）。在茶叶、蜂产品、糖料、食用菌、人参鹿茸等优势产区分别建立茶叶、蜂产品、糖料、食用菌、人参鹿茸等传统特色农产品加工专业分中心。

（6）其他农产品加工领域（10个）。在粮食主产区和重点林区，建立以农作物秸秆、林木废弃物、废弃油脚等为原料加工燃料乙醇、生物柴油为重点的生物质燃料加工专业分中心。

（中国农业科学院农产品加工研究所　王强）

二、农产品加工与新农村建设

建设社会主义新农村是我国现代化进程中的一项重大历史任务。发展现代农业，繁荣农村经济，提高农村生产力水平是新农村建设的核心。农产品加工业是现代农业产业体系的重要组织部分，大力发展农产品加工业，对加快我国传统农业向现代农业转变，推进社会主义新农村建设，具有深远的战略意义和重要的现实意义。

（一）农产品加工在新农村建设中的地位和作用

农产品加工业不仅是国民经济的重要产业，而且是工业领域中与农业关系最为紧密的产业，在新农村建设中具有非常重要的地位，是新农村建设的重要产业支撑和推动力。首先，农产品加工业本身就是现代农业产业体系的组成部分和核心环节；其次，农产品加工业发展对解决“三农”问题具有积极的带动作用。

1. 农产品加工业是现代农业的核心环节

现代农业产业体系由现代种养业、现代农产品加工业以及现代农产品及其加工品市场三大子系统构成，包括农业生产→农产品收储→加工转化→农产品及其加工品销售→消费等完整的产业链。农产品加工业是这个体系中承上启下的枢纽和产业链的中端，对上游产业起到拉动作用，对下游产业具有推动作用。通过农产品加工业的带动作用，把农业产前、产中、产后的各个环节连接在一起，实现农业产业化经营，促进农业的专业化、规模化、标准化和市场化，并充分诱发和带动储藏、运输、保鲜、包装、营销等相关产业发展，延长农业产业链条，丰富农业产业内涵和外延，从而把农产品资源优势变为加工增值后的产品优势，增强农业的国际竞争力，提高农业的产业体系效应。因此，发展农产品加工业是推动传统农业向现代农业转变的切入点，是农业产业化经营和现代农业的重要动力。

2. 农产品加工业是农村产业结构升级的重要力量

从农村产业结构看，发展农产品加工业是推进我国农村工业化进程的重要内容，有利于促进农村从“农牧渔”传统产业循环开始向“贸工农”现代产业循环的发展，实现农村一、

二、三产业的协调发展。从农业结构来看，目前我国农产品加工业正在从被动发展的“原料导向型”传统加工业，开始向主动发展的“市场导向型”现代农产品加工业转变。传统农产品加工是把剩余的农产品作为加工原料，主要目的是减少浪费、便于贮运。而现代农产品加工是以市场为导向、以满足消费需求为目标，终端消费品逆向决定着农产品的生产品种、生产区域和生产规模。因此，拥有不同资源的不同区域，必然依靠资源优势、区域优势、产品优势，在种植业、畜牧养殖业、林果业、瓜菜业和水产业等不同产业优势中做出选择，有重点地生产初加工产品和精深加工产品，使得农业产业结构调整与农产品加工业结构的需求紧密地结合在一起，在实现自身发展的同时，也促进区域性农业和农村经济结构的优化升级。

3. 农产品加工业是促进农民增收的重要途径

农产品加工业的发展为农业发展提供广阔的市场空间，不仅能够维护农产品的市场价值，而且还可以通过多层次、多环节的加工转化，增加农产品的附加价值，提高农业综合效益，增加农民收入。同时，广大农民在与组织化、集约化水平不断提高的农产品加工企业合作过程中，受到现代企业管理理念、现代市场营销方法等方面的实践教育，市场经济意识日益浓厚，不断催生农民经纪人、农民个体商业者和个体手工业者等一批新型农业经营主体，拓宽了收入来源渠道。

4. 农产品加工业是农村劳动力就业和转移的重要渠道

农产品加工业大多以劳动密集型企业为主，农产品加工业是农业产业链中是农民就业较多的环节之一。如美国在现代农业产业链各环节的就业人数占全国总就业人数的18%左右，其中在农业生产领域仅为2%，其余16%在农产品加工及相关领域就业。另外，由于农产品的集散地和农产品加工业的产业集群往往集中在小城镇，必然会带动相关产业尤其是各项服务业的发展，引起农村人口的聚集和转移，从而推动小城镇发展。

5. 农产品加工业是拓展农业功能和提升农业战略地位的重要载体

农产品加工业在小农户与大市场之间架起了一座桥梁，是农产品品种结构和区域布局调整的重要推动力量。农产品加工企业根据市场的多元化需求决定加工产品路线，引导农民为加工而种、为加工而养，从而推进农业从单一的食用农业向食用、饲用、工业用、能源用的“多元农业”方向发展，实现农业资源的优化配置，打造多功能、多业态的农业。同时，通过农产品加工业还可以吸引城市优势要素向农村流动并优化配置，把现代工业发展的理念导入到农业生产和经营之中，有效地提高农业的产业层次。因此，可以说农产品加工业是农业结构调整的“推进器”、农业功能的“拓展器”和农业产业层次的“提升器”。

（二）充分发挥农产品加工业对新农村建设的支撑作用需要处理好的几个重大问题

目前，我国农产品加工业既存在良好的发展机遇，也面临着不少需要破解的难题。为推动农产品加工业又好又快发展，充分发挥农产品加工业在新农村建设的产业支撑作用，必须处理好5个重大问题：一是自主创新；二是产业升级；三是利益联结机制；四是资源利用；五是产业安全。

1. 自主创新问题

当前，我国正在朝着快速实现工业化的道路上前进。展望未来，我国实现工业化的最大挑战之一就是自主创新问题。目前，我国许多农产品产量在世界上虽然排名第一，但产品质量和档次同世界先进水平相比仍有较大差距。主要问题是：我国农产品工业自主创新能力不强，关键技术自给率低，特别是企业核心竞争力不强；高新技术产业在整个农产品工业中所占的比例还不高，产业技术的一些关键领域存在着较大的对外技术依赖，不少高技术含量和高附加值产品主要依赖进口，部分领域和环节的核心技术与装备基本依赖进口。这些问题不解决，我们就难以发展成为农产品加工业强国，产业发展的可持续性就会受到影响。胡锦涛总书记2006年1月9日在全国科技大会上指出，2020年把我国建成创新型国家，使科技发展成为经济社会发展的有力支撑。农产品工业必须按照建设创新型国家的要求，全面提高原始创新能力、集成创新能力和引进消化吸收再创新能力，推动产业发展从资源依赖型转向创新驱动型。这是摆在我们面前的一项刻不容缓的重大使命。

2. 产业升级问题

企业规模偏小、增长方式粗放是我国工业结构中存在的突出问题。农产品加工业的情况更为突出。以占农产品加工业产值一半的食品工业为例，目前我国食品生产单位多达百万户，但大多数企业的规模比较小。饮料酒行业虽然有一些全国性的龙头企业，但几乎每个地级市、很多县（甚至乡）都建有自己的小酒厂；稻谷加工达到日生产能力400吨及以上合理规模的企业不足1%；大部分油菜籽加工企业年加工能力不足10万吨；甘蔗糖厂的平均日榨能力仅为2500吨；罐头加工企业的平均规模仅为1000吨左右。大部分农产品加工中小型企业生产设备落后，资源消耗多，竞争力弱，经济效益低。如我国甜菜糖平均耗煤率7%～7.5%，比国外高1倍多；每吨甜菜糖用水10吨，国外仅用1～2吨。这种粗放型增长方式不符合科学发展观的要求，不符合建设节约型社会的要求，必须改变。如何改变？重点要在产业升级上做文章，要改变农产品加工企业规模小、布局分散的格局，促进生产要素加快向资源利用效率高、效益好的优势企业集中，提高产业的集中度。如果没有产业的调整和升级，农产品加工业发展就很难摆脱高消耗、高污染、低产出的局面，增长方式也难以实现真正转变。

3. 利益联结机制问题

农产品工业与农业生产的衔接还不够紧密，农产品原料生产、加工和销售脱节的问题仍然普遍存在，农产品工业对农业的反哺能力有待加强。一方面，农产品加工企业与农业生产者仅仅是简单的商品买卖关系，而不是一种长期稳定的合作关系，农产品加工与农业生产互为促进的机制尚未建立起来，容易造成原料供应与农产品工业发展的要求不相适应的状况。如我国虽然有300多个小麦品种，但适合加工优质面包和饼干的专用品种缺乏，每年不得不从国外进口1 000多万吨加工专用小麦。我国95%的柑橘为鲜食品种，适合加工的仅占5%，适合加工橙汁的品种很少。另一方面，农产品工业布局与农业生产布局不协调，增加了农产品长途运输的成本和物流过程的损失，导致资源浪费。中西部地区食物资源丰富，但农产品加工业发展滞后，资源优势没有能够转化为产业优势。我国总体上已经进入以工促农、以城带乡的发展阶段。农产品加工业要顺应经济社会发展阶段性变化和建设社会主义新农村的要求，积极探索“工业反哺农业”的模式，加快建立以工促农的长效机制。这就要求我们在产业发展思路上做出调整。长期以来，我国农产品加工业走的是原料导向型发展模式，即农业生产什么，就加工什么。在市场经济条件下，这种模式已难以为继。这就要求我们及时调整农产品加工业发展思路，按照市场需要什么——就加工什么——然后再指导农民种植的路径指导产业发展。这是一种以市场为导向，通过农产品加工企业，把信息传递给农民并指导农民改变种植结构的发展模式，与以前有什么原料就加工什么的传统模式相比，既能体现市场的导向作用，又能保持与农业生产的紧密联系。

4. 资源利用问题

我国人多地少，人均资源占有量低，资源和环境约束将是我国工业化进程必须面对的重大问题。这个国情要求我们必须合理高效的利用好各种资源。虽然农产品加工业是以可再生的农业生物质为原料，但再多的资源也承受不起无序的开发和低效的利用，更何况我国是耕地和水资源严重短缺的国家。对农业生物质的综合利用，提高精深加工水平，既是提高农产品加工业经济效益的需要，也是有效节约资源、解决环境污染的要求，这也已成为全球农产品加工业的发展方向。如对植物的根、茎、叶、花、果的充分利用，对畜禽、水产品副产物利用等在世界上已有很多成功的例子。同时，农产品精深加工正在逐步向分子水平进军，研究利用原料的功能成分、分子水平提取，开发人体所需的营养保健食品。

5. 产业安全问题

最近两年来，理论界和实践部门都非常关注我国的产业安全问题。这个问题很重要，而且也迫在眉睫。我国利用外资数量近几年来一直都保持在国际第一、第二的地位。外资对我国的经济发展和产业结构升级作出了重要的贡献，继续合理利用外资是仍是我们今后始终坚持的原则。但是，在全球经济一体化的趋势下，我国产业发展环境发生重大变化。跨国公司的极度扩张及其通过集中控制和使用市场、技术等方面的垄断优势，在相当大的程度上钳制了发展中国家产业升级的正常途径，增加了我国产业发展的不稳定因素，也威胁着部分战略性产业的安全。就农产品加工业而言，有没有产业安全问题？回答是肯定的，如大豆加工业。有关研究指出，我国大豆加工业有1/3的产能控制在外资手中，外资企业实际大豆加工能力占全国半壁江山。外资企业主要使用进口转基因大豆为原料，由于价格比国产非转基因大豆低，给国内大豆产业带来了较大冲击，使内资大豆加工企业和豆农遭受重大损失。再有，2005年美国高盛集团拆资20亿元人民币收购了我国最大食品企业双汇集团。虽然双汇在肉类加工业的市场份额只占10%，还不会构成对市场的控制和垄断。但是，将来谁还敢保证不会有第二、第三个双汇呢？果真如此，那么未来肉类加工业也可能会重蹈大豆加工业的覆辙。可见，农产品加工业也存在安全问题，我们对此要给予足够重视，加强研究探索应对之策。

（三）发展农产品加工业、促进新农村建设的政策建议

农产品加工业发展要以科学发展观为统领，围绕现代农业发展和新农村建设的要求，紧紧依靠科技进步，确实转变经济增长方式，推动产业升级，提高农产品精深加工程度和附加值，

逐步实现由初级加工向精深加工的转变，由数量增长向质量和效益提高转变。

1. 围绕农产品加工业的要求，推动专用原料基地建设

建立专业化的生产基地是农业产业化经营的客观要求。要从农产品加工业对原料的需求出发，按照工业化思维组织生产，使农产品种植成为加工业的第一生产车间。为此，必须加强农产品生产的“三化”建设（标准化、专用化、区域化）。一是以市场需求为导向，从种子入手，加强科研攻关，培育和开发农产品加工专用品种，通过品种创新带动加工创新；二是引导农民按照企业需要扩大专用农产品的面积，实现连片种植；三是以加工龙头企业为依托，建设一批稳定、优质、安全的农产品生产基地；四是加强农产品质量标准体系、质量监测体系建设，使农产品生产和流通做到有标（准）可循。

2. 加强产学研联合，提高农产品加工业整体技术和装备水平

要加大对农产品加工技术和装备的科技研发投入，加强基础性技术研究，激励企业自主开发创新。鼓励加工企业与高校、科研院所的合作与联合开发农产品加工新技术和装备，积极推动科技成果产业化应用。要积极采用生物技术（发酵工程、酶工程）、计算机技术（自动控制、信息化）和现代化工技术（膜分离、高效分离、干燥、浓缩），更新改造农产品加工技术，提高资源利用效率，降低能耗，减少污染。

3. 支持农产品加工龙头企业做强做大，开发知名品牌

以已经形成的农产品加工企业集团为基础，按照扶优扶强的原则，对具有一定生产规模、市场前景看好、发展后劲大的企业，通过联合、兼并等方式，培育形成一批大型农产品加工企业，不断做大做强。支持有自主知识产权、产业关联度大、带动能力强、有国际竞争力的大型农产品加工企业，引进国外资金、技术和管理经验，提高加工水平，增强产品的国际市场竞争力。鼓励龙头企业开发农产品及其加工产品知名品牌，开拓国内外市场。

4. 提高精深加工水平，拉长加工产业链

农产品精深加工如果没有较大突破，农产品加工业就很难搞上去。因此，必须把农产品精深加工作为重点，按照建立现代农产品加工业的要求，用高新技术武装农产品加工企业，提高企业的现代化水平和产品的科技含量。要盯住国际农产品加工技术的前沿，引进和开发达到世界先进水平的设备与技术，同时努力提高关键设备的国产化率。当然，强调发展农产品精深加工，并不是要我们超越现实能力和市场发展阶段，为了深加工而搞深加工，而是需要我们立足现实，加大市场调研和预测，以市场需求为导向，开发适销对路的农产品深加工产品，实现多层次加工增值。同时，要从我国经济社会发展所面临的能源和环境矛盾出发，积极发展市场前景看好的能够替代化石资源的生物能源和生物化工材料，缓解我国能源短缺、环境恶化的矛盾。

5. 积极探索加工企业与农户的利益联结机制

按照自主自愿、平等互利、风险共担的原则，鼓励企业、农户和中介组织之间进行联合和合作。一是农产品加工企业要采用合同契约或股份合作章程等进一步明确规范产、加、销各方的权利与义务；二是通过设立风险资金、利润返还等方式，与农户建立更加紧密的利益关系；三是引导农户以土地承包经营权、资金、技术、劳动力等生产要素入股，与龙头企业结

成利益共同体。特别是要鼓励和引导农民、供销合作社、社会事业单位创办各类合作经济组织，开展生产和经营服务，提高农民参与市场竞争的能力，通过横向联合实现纵向协作的联结模式；四是引导农村合作组织创建农民自己的加工企业。在单纯的“龙头”企业带动农户的模式中，农民没有成为农业产业化经营主体，只是龙头企业的原料供应者，享受不到农业产业化经营带来的增值效应，也难以提高农民进入市场的组织化程度。在美国，通过合作社加工的农产品占到总量的80%。可见要实现把农业的附加值留在农村，要创新农村合作组织，发展农民自己的农产品加工业。总之，要通过各种渠道，采取多种方式，使参加一体化经营的农户获得利益最大化。

（国家发改委宏观经济研究院　黄汉权）

三、农产品加工与现代市场体系建设

现代农产品加工业以原料供应、加工制造、产品分销构成的纵向相依性和由此形成一体化协调发展的产业链运作模式，决定其必须以现代市场体系为支撑。现代农产品加工业是高度商品化、规模化、集约化的产业。市场开拓能力和物流成本是构成农产品加工企业核心竞争力的要素之一。《中共中央国务院关于积极发展现代农业扎实推进社会主义新农村建设的若干意见》（即2007年中央1号文件）明确指出：“发达的物流产业和完善的市场体系，是现代农业的重要保障。必须强化农村流通基础设施建设，发展现代流通方式和新型流通业态，培育多元化、多层次的市场流通主体，构建开放统一、竞争有序的市场体系。”党的十七大报告强调把“健全现代市场体系”作为“促进国民经济又好又快发展”的重要举措之一。据此，要加快建设现代农业、发展农产品加工业，就必须建立与之相适应的现代市场流通体系。

（一）现代市场体系是发展现代农产品加工业的重要保障

市场流通体系是连接农产品生产、加工与居民消费不可或缺的关键环节，是沟通城乡经济社会关系、促进和谐发展的桥梁与纽带。

1. 加强现代市场体系建设，是发展农产品加工业、优化农业和农村经济结构的需要

经过改革开放以来近30年的建设与发展，我国农产品生产与供给告别了长期短缺的局面，实现了历史性的转变。发展农产品精深加工业从而调整优化农业和农村经济结构，成为新时期新阶段农业农村工作的一项重要任务。而当今调整优化结构的着力启动点，首先不是“产”而是“销”，不是看你种养和加工什么，能不能把东西生产制造出来，而是看你的产品是不是适销对路，能不能赢得市场，以利于农民增收致富和企业增效。实践表明，市场流通产业已成为带动农业、农产品加工业和整个国民经济发展的先导产业。新时期新阶段建设现代农业、发展农产品加工业要有新思路，必须坚持以市场为导向，通过加强现代市场体系建设，带动

农业和农村经济结构的调整。一是在短期适应性调整方面，要适应市场需求，着力引导农产品及其加工品的品种调多、品质调优。二是在中期开拓性调整方面，着力开拓国内国际市场的潜在需求，大力发展农产品精深加工业。同时根据各地区的资源、技术、区位、市场等特点，建成各类优势农产品的产业带和加工业集群地区。三是在长期战略性调整方面，按照优质高产、高效低耗、生态安全的要求，培育一大批成规模、在国内外市场占有率较高的知名品牌，同时促进我国农业和农产品加工业的可持续发展。

2. 加强现代市场体系建设，是发展现代农产品加工业的需要

现代农产品加工业是用现代科学技术、现代设施装备和现代经营管理理念武装起来的新兴产业。在现代市场经济条件下，消费通过市场流通引导、带动生产。市场流通对现代生产要素的配置起着基础性作用。小流通、小市场带动小生产，大流通、大市场带动大生产，现代化生产必须以现代市场和流通体系为支撑。一方面，农产品精深加工技术的研发与推广，离不开以市场为导向、充分发挥市场机制的作用；另一方面，必须建设与现代农产品加工业相适应的、顺畅的现代市场流通体系，使农产品及其加工品的价值得以顺利实现，才能在满足社会消费需求日益增长的同时，促进农产品加工业增长方式的转变，给现代农产品加工业发展注入持续动力与活力。

3. 加强现代市场体系建设，是推行农产食品市场准入制度，保障消费安全、构建和谐社会的需要

农产食品的质量安全，已成为各级政府和广大消费者共同关注的热点与焦点问题，它既关系到消费者的生命安全与健康，又与构建和谐社会密切相关，在推进现代农产食品市场体系建设过程中，通过强化流通环节的信息系统、产品质量检测检验和监管系统建设，严格实行农产食品市场准入制度和质量安全可追溯制度，有利于保障消费安全，引导和促进消费，维护社会稳定。

4. 加强现代市场体系建设，是提高农产品及其加工品的流通效率，构建农民持续增收和企业效益稳定增长长效机制的需要

根据我国国情，农业以小规模农户分散经营为主、农产品加工企业以中小企业占绝大多数的格局短期内难以根本改观，小生产与大市场的矛盾仍将是制约农业和农产品加工业发展的一个重要因素。如何为小批量、分散生产出来的产品适时找到销路，力争卖个好价钱，这既是个重大现实问题，又是关乎解决“三农”问题的长远之计。在加强现代市场体系建设过程中，一是通过搭建公共信息服务平台，注重对国内外农业、农产品加工业发展态势的研究把握和市场行情分析，减少由于中小加工企业获取信息难、信息不对称而导致生产上的盲目性；二是通过培育、发展一大批代理采购商、代理批发商和代理销售商组织，形成稳定的产品销售渠道和供应链，减少农产品流通环节，降低物流成本。

5. 加强现代市场体系建设，是促进东、中、西部地区农产品加工业协调发展和增强我国农产品加工业参与国际市场竞争能力的需要

大流通、大市场格局的形成，促进东、中、西部地区充分利用自身的各种要素禀赋和资源优势，开发建设优势产业、主导产业，创立农产品加工企业和产品的品牌，同时主动破除地区封锁等束缚商品流通、要素流通的陈旧规则，

以更加迅捷、便利、自由的流通向特定地区输出产品和输入生产要素，形成产业集群和区域经济圈。而这种格局一旦出现，就会以其在商流、物流、信息流、资金流方面的便利优势，成为产业集聚和贸易活跃的竞争高地。

同时，在经济全球化、市场一体化的背景下，现代市场体系的建立，无疑将进一步推动我国充分利用国内国际两种资源、两个市场，扬长避短，扩大优势产品出口，增强我国农产品加工业的国际竞争力。

（二）我国农产食品市场体系的现状、问题和主要障碍因素

1. 农产品及其加工品的市场体系建设与发展取得重要成果

（1）市场流通基础设施状况逐步改善，新型流通业态和营销方式快速发展。多年来，在市场化改革不断深化和进一步扩大对外开放的背景下，在国家产业政策的引导和扶持下，按照“谁投资、谁收益”的原则和投资主体、产权结构多元化的改革要求，有力地调动了国有、集体、私营、个体以及外资等多种经济主体投入市场体系建设的积极性，使农产品及其加工品的市场流通基础设施状况逐步改善。一是传统农产品批发市场和集贸市场改造升级的步伐加快，各级政府安排了相应的资金，给予专项扶持；二是从20世纪90年代以来，一大批基础设施条件好、技术装备先进、服务功能比较完善的各类连锁超市、物流配送中心等在我国蓬勃兴起与发展，成为市场流通现代化的重要标志。

（a）连锁超市。近些年全国连锁超市的门店数量和销售总额的年均增长速度在25%以上。随着超市经营的快速发展，农产品及其加工品通过超市销售的品种、数量快速增长，成为大中城市的重要零售渠道。

（b）物流配送。一些国有和民营农产品加工、营销企业，包括农业产业化龙头企业，通过与上游农产品生产基地建立稳定的产销关系或实行代理收购，或依托大型农产品批发市场，建立配送中心或企业集团，集中各种农产品及其加工品货源，既保证加工所需原料供应，又向下游延伸，按时保量保质向机关、厂矿、学校等团体伙食单位供应消费，以及为超市、社区便民店等零售终端提供货源。

（c）电子商务。目前多数采用网上沟通信息与洽谈、网下验货成交与支付的初级形态。可以预见，随着信用系统、银行结算支付系统、纠纷仲裁系统和验货配送系统的建立健全，农产品及其加工品电子商务将从初级形态向网上交易支付的高级形态发展。电子商务升温，为城乡居民提供了通过最迅捷、便当、低成本的流通渠道购买生活必需品的机会。

（2）市场主体和流通组织多元化的格局已经形成。目前从事或参与农产品及其加工品流通的主体主要有：农业生产者、各类农民合作经济组织、农村经纪人（含专业运销户）、国有或国有控股的工商外贸企业、供销合作组织、民营（含个体、私营、股份制）工商外贸企业，外商独资或中外合资企业等。它们各自发挥优势，相互竞争，相互补充，优胜劣汰，促成市场流通空前活跃，购销两旺，富有活力。

2. 存在的主要问题

尽管我国农产品及其加工品的市场体系建设取得了丰硕成果，同时应当清醒地看到，由于我国的社会主义市场经济体制还刚刚建立，建设功能完善的现代市场体系尚需要有个过程。与发展现代农业和农产品加工业、以顺畅高效

的市场流通引导、带动现代化生产的要求相比，与满足人们生活水平日益提高、从而对农产食品消费既要有数量、更讲究质量，愈来愈重视安全卫生、优质营养、快捷便当的趋势相比，还存在许多不相适应的矛盾和问题；与市场经济发达国家成熟、完善的现代市场体系相比，还存在明显的差距。

（1）地区发展不平衡，布局不够合理。目前农产食品市场体系的建设速度和发展程度，中、西部地区明显低于东部地区，农村远远落后于城市。在农村地区，特别是中部农区、以及西部边远地区的市场发展不足，交通、通讯和市场交易条件差。这是落实统筹城乡发展和区域协调发展重大战略必须解决的一个问题。

（2）基础设施薄弱，服务功能不配套。总体上看，我国农产食品市场流通领域的加工包装设施、现代经营与管理设施、冷藏保鲜设施、物流配送设施等基础设施建设严重滞后，造成流通过程中的生鲜农产品及其加工制品的损失浪费巨大。据有关专家提供的资料，仅蔬菜、水果两大类生鲜产品，每年采后损失价值1 000亿元人民币左右。

（3）经营管理粗放、市场秩序比较混乱。多数批发市场和部分大型商场在管理上“重收费轻服务”，停留在一般的物业管理与收费，以及卫生、保安等管理上，缺乏为商户提供便捷的信息查询、冷藏保鲜等配套服务。用现代信息技术加强和改善市场运营管理还做得不够，对市场内商流、物流、人流的方向和节奏缺乏及时有效的协调掌控机制。管理制度不够规范和健全。

（4）市场主体的组织化程度低，营销规模小、效率低。目前，个体户或农村经纪人、民营小企业是承担农产食品运销的主要力量，除一些地区的专业协会能发挥较好作用外，绝大多数运销商都是散兵游勇，各自为战，营销规模小、效率低，规范化的大批发商、代理商组织严重不足，因此不能形成稳定的、规模化的原料采购和加工制品供应链条。

3. 主要障碍因素

（1）认识上有误区。建设和发展现代市场体系，直接关系到农业生产者和加工企业增效增收、稳定市场供应和落实扩大内需的经济发展战略方针，也是推进社会主义新农村建设的一项基础性工程。目前一些地区一些人恪守长期以来形成的“重生产、轻流通”的思维定式，不能正确认识在市场经济体制已经建立和农产品供求格局发生根本性变化的背景下，市场流通对生产的引导、带动和促进作用。更不知道怎样去抓市场流通。

（2）政府对市场基础设施的资金投入不足。近些年，我国有关部门下拨专项资金支持农产食品的市场设施改造建设，但从总体上说，投入的资金总量和覆盖面均与农产食品市场体系现代化的要求远不适应。

（3）缺乏统一规划与布局。长期以来，对农产食品市场流通体系包括从产地收购与批发、到物流运输、贮藏加工与城市销地批发、配送、零售等各个节点，缺乏统一权威的全国性和区域性规划与布局。一方面总体上建设资金不足；另一方面，在一些地区由于重复建设带来的“有场无市”或恶性竞争现象屡见不鲜，这不利于建立健全畅通、安全、便捷、高效的现代市场体系。

（三）构建现代农产食品市场体系的思路与对策

1. 基本思路

根据建设现代市场体系、发展现代流通业的要求，落实城乡统筹发展方略，围绕发展现代农业和现代农产品加工业、建立农民持续增收和企业增效的运行机制，同时为适应城乡居民收入增长和消费水平提高的需要，提供品种丰富、卫生安全、优质营养的农产品及其加工品的要求，加强市场流通的基础设施改造升级，完善功能，稳步发展现代流通业态，培育、壮大市场主体和流通组织，规范市场运作，降低流通成本，通过示范带动，全面推进我国农产食品市场体系的硬件设施和软件管理向现代化迈进，加快构建体系完整、功能配套、规范有序、顺畅便捷、安全高效的现代市场流通网络。

2. 遵循的原则

（1）统筹城乡发展，为社会主义新农村建设提供重要的基础性保障。市场流通一头连着农业生产者和加工企业，一头连着广大消费者，是城乡两大利益集团的重要关注交汇点。但是，在现代市场经济条件下，只有建立起顺畅、便捷、安全、高效的市场流通体系，才能保证农民增产增收和农产品加工企业持续增效，并不断满足城乡居民对安全、优质农产食品的消费需求。因此，必须从落实统筹城乡发展方略、为社会主义新农村建设提供重要基础性保障的角度，切实加强农产品及其加工品的现代市场体系建设。

（2）科学规划，合理布局。对构建市场体系中的各类批发交易设施物流中心和分销零售网点的建设与发展，各级政府要在认真调查研究和科学论证的基础上，制订切实可行的规划。要综合考虑以下因素：一是商品资源，即商品流量流向及其储运销售特点；二是目标市场，即居民购买力水平、消费群体规模和消费习惯；三是地理区位和交通通讯条件。从而在规划布局和组织实施过程中，避免出现“有场无市”、重复建设或恶性竞争。

（3）因地制宜，分类指导。我国东、中、西部地区之间，大中城市、集镇与广大农村之间，不仅在经济社会发展和购买力水平方面存在较大差异，而且对各类农产食品的供需特点及其流通方式也很不相同。因此，推进现代市场体系建设，一定要坚持因地制宜、区别对待、分类指导的原则，不能搞“一刀切”，不能强求一个模式。

（4）注重实效，改造提升现有市场流通产业发展现代流通业相结合。要正确处理整合、改造和提升现有市场流通产业与推广新型流通业态的关系。不能把它们相互对立起来，而应当相互融合，相辅相成，相得益彰。也就是说，必须立足现实基础，把整合盘活现有资源、改造和提升现有市场流通产业与推广新型流通方式相结合，讲求实效。

（5）政府扶持协调，企业市场化运作。鉴于农产食品市场体系建设事关“三农”和整个国民经济社会的持续稳定发展，是具有一定公益性质的社会公共基础设施。依据我国国情，并借鉴日本、韩国等国家的经验与做法，政府在加强规划布局、监督管理的同时，要根据市场流通的不同节点、不同类型的基础设施，给予适当资金扶持，并着力加强部门之间的协调配合，形成合力。在此基础上，要遵守市场经济规律，放手鼓励多种所有制企业和其他社会力量广泛参与，实行投资主体多元化，经营管理企业化，运作方式市场化。

3. 发展目标

围绕促进农产品加工企业增效、农民持续增收和从数量、质量上满足城乡居民对农产食品日益提高的消费需求，基本建立起以连锁配送、现代物流、电子商务、期货交易等现代流通业态为先导，以大型批发市场为枢纽，以便民超市、规范化的社区菜市场或集贸市场、经营门店等零售终端为基础，布局合理、结构优化、设施配套、功能完备、法制比较健全，现代化水平较高的统一开放、竞争有序、顺畅便捷、安全高效的现代市场流通网络。通过一系列的建设与治理，努力达到以下四项要求，一是确保整个农产食品市场体系顺畅运行；二是实现农产品加工流通领域的质量安全全程监控与可追溯；三是逐步实行供应链管理，使系统内资源得以整合，降低流通费用；四是建立完善的宏观调控体系。

4. 对策措施

（1）提高认识，加强领导。各级政府要把加强现代市场体系建设作为建设现代农业、加快发展农产品加工业和推进社会主义新农村建设的一项重要任务，切实抓紧抓好。

（2）增加投入，加强基础设施建设。一是加快推进批发交易市场的改造升级，完善市场服务功能，提高市场的规范化、现代化水平；二是加强流通环节的商品分选、清洗、加工、包装等设施和冷链系统建设；三是加强物流配送业建设；四是改造建设规范化的社区市场、集贸市场、专业经营门店和便民超市等零售网络。

（3）深化体制改革，为建设现代市场体系提供体制保障。培育、发展多元化的集生产、加工、销售于一体；内外贸于一体，具有自主品牌和核心竞争力的大型农产品加工、流通和出口企业；引导和鼓励它们与农产品生产基地建立比较稳定的产销关系，发展“订单农业”。适应构建“大市场、大流通”的要求，培育发展大批发商、大代理商、总批发、总经销等物流企业集团，做强做大现代物流产业。

（4）积极有效地组织开展各类农产品及其加工品促销活动，扩大出口贸易。有计划有重点地举办或参与国内国际相关农产品及其加工品展示展销与贸易洽谈活动，准确、及时地收集、分析处理和发布国际市场行情信息，大力支持园艺产品、畜产品、水产品等劳动密集型农产品及其精深加工品出口，巩固目标市场，开拓潜在市场。鼓励、扶持有竞争优势的农产品生产、加工和流通企业实施“引进来”、“走出去”战略，提升我国农业和农产品加工业的国际竞争力。

（5）推广实施以HACCP体系为核心的标准化管理，建立健全相关法律法规。加快制定并逐步完善农产品加工、包装、贮藏、运输、销售等环节的标准体系，推广实施以GAP、GMP、HACCP体系为核心的标准化管理模式，严格市场准入。采取企业自检与政府部门抽检相结合的办法，对产品供应链实行全程质量监管。加快实施产品质量可追溯制度和不合格产品退市销毁制度。进一步制定和修订规范市场主体、市场行为、市场秩序、市场调控与管理等方面的法律法规，建立与现代市场体系运行相适应的法律法规体系。

（中国农产品市场协会　闵耀良）

四、农产品加工与区域发展

农产品加工业有广义和狭义之分。广义的农产品加工业，是指以人工生产的农业物料和野生动植物资源及其加工品为原料所进行的工业生产活动；狭义的农产品加工业，是指以农、林、牧、渔产品及其加工品为原料所进行的工业生产活动。区域经济发展是指在经济增长的基础上，一个国家或地区经济结构不断优化和高度化的演进过程；区域经济发展包括经济总量的增长和经济结构的转变两个方面，农产品加工在区域经济总量增长和经济结构转变方面起着重要作用。

（一）我国农产品加工业集群的现状及存在的问题

1. 我国农产品加工业集群的现状

各地根据资源禀赋和区位优势，围绕优势农产品和市场需求发展农产品加工业，建设了一批特色鲜明的农产品加工产业带和加工区。在农业部确立13种优势农产品区域布局的基础上，构建了我国农产品加工产业带和以大城市郊区为依托的加工区，带动了龙头企业的集聚和优势产业集群的形成。例如黄淮海地区优质专用小麦产业带的加工业，东北及内蒙古东部玉米、大豆产业带的加工业，长江流域优质油菜产业带的加工业，中原地区牛羊肉产业带的加工业，东北、华北、西北地区奶业产业带的加工业，环渤海湾地区和西北黄土高原苹果产业带的加工业，中南、西南地区柑橘产业带的加工业，沿海及重点江河湖泊流域优质水产品产业带的加工业，茶叶主产区优质茶叶产业带的加工业，都已形成特色鲜明的产业体系。

2. 存在的主要问题

目前我国农产品加工业总体水平不高，效益相对较低，与现代农业产业化经营的要求还有较大差距。在农产品加工转化方面，我国农产品的加工程度仅占30%，发达国家一般都达到90%以上。同时农产品加工业区域发展不平衡，东中西部的差距没有明显改观。尽管国家把西部大开发和中部崛起作为推动东中西区域社会经济协调发展的重要战略举措并加大实施力度，农业部每年组织农产品企业东西合作经贸洽谈会等活动以推动中西部乡镇企业的发展，发展速度上的差异有所缩小，但由于发展基础不同，基数差异太大等原因，使得东中西部农产品加工企业经济总量、企业的总体规模和水平以及经济运行质量等方面的差距仍在扩大。当前东中西部农产品加工企业增加值占全国的比重分别为66.6∶27.5∶5.9，与上年同期相比，东部地区的比重上升0.7个百分点，而中西部地区相应下降0.7个百分点。全年营业收入超万亿元的省份有浙江、山东、江苏、广东、河北和辽宁6个省，这几个东部省份增加值总量相当于中西部地区总和的1.75倍。

（二）从要素禀赋优势的角度对农产品加工企业进行分类

1. 农产品加工业的一般分类

农产品加工涉及多个部门，行业众多，产品繁杂。国际上通常将农产品加工业划分为5类，即：食品、饮料和烟草加工；纺织、服装和皮革工业；木材和木材产品包括家具制造；纸张和纸产品加工、印刷和出版；橡胶产品加工。我国在统计上与农产品加工业有关的是12个行业，即：食品加工业、食品制造业、饮料制造业、烟草加工业、纺织业、服装及其他纤维制品制造业、皮革毛皮羽绒及其制品业、木材加工及竹藤棕草制品业、家具制造业、造纸及纸制品业、印刷业和橡胶制品业。

2. 按要素禀赋优势进行农产品加工企业分类的原因及具体分类

我国区域经济增长并不像新古典经济学家设想的那样收敛，缪尔达尔等人的非均衡增长理论以及克鲁格曼的新经济地理理论的解释在我国的农产品加工业的发展中得到证实，劳动力等要素流动的地区差异与经济发展的地区差距几乎具有同步变化的趋势。劳动力和资本向东南沿海地区的流动使东部地区的二元产业结构得以维系，这会在一定程度阻碍产业的梯度转移，不利于缩小东中西部差距。缪尔达尔指出，要素的流动在市场机制的作用下，倾向于扩大而不是缩小区域差距，一旦差距出现，发达区域会获得累积的竞争优势，由于极化效应起支配作用，从而遏制欠发达区域的经济发展，使欠发达区域不利于经济发展的因素越积越多。也就是说区域经济的增长不仅取决于区域内自有的要素资源条件，而且取决于区域外要素资源的流入。

为此我们从要素禀赋优势的角度对农产品加工的企业进行分类，研究农产品加工与区域经济发展的互动影响，在了解它们互动关系的基础上确定政府在协调区域经济发展上应该实行什么样的政策。按投入要素在成本中所占份额和地区所具有的禀赋优势，可以将农产品加工企业分为劳动密集型农产品加工企业、资本性密集型农产品加工企业、技术型密集型加工企业和自然特色优势农产品加工企业。

（三）农产品加工业规划与区域经济发展

从要素流动的相对难易程度来划分，有些重要的要素相对较难流动的，农产品加工企业适合地域性；所有要素相对较易流动的，具有普适性。

1. 有地域性特色的农产品加工企业与区域经济的发展

农作物的种植和生长都要受到气候、地域等方面的限制，而自然资源条件在空间上一般是比较固定，不易改变的，由于农作物所具有的这种区域差异性，区域经济活动也随之不同，也就影响农产品加工企业在区域上的布局，使得加工不同种农作物的企业集中到不同的区域内，把农产品资源优势转变成为农产品加工产业竞争优势和的经济优势。由于有些农产品具有季节性、容易变质和稳定性差的特点，所以该类企业比较容易在一个靠近原料、运输成本较为低廉的地方聚集。此外特色农产品加工业的形成可能是当地风土口味所造就的懂得特有农产品加工配方的能工巧匠，可能是当地劳动力成本相对低廉的优势，这类农产品加工企业可以为当地提供更多的就业岗位，吸收富余的劳动力。或是市场指向型加工企业，该地域可能对某类农产品具有较高的消费倾向，造成这一较高消费倾向的原因既可能与该地域的经济生活水平高度相关，也可能与该地域具有的独特传统消费习惯密切相关。

总之这类农产品加工企业与农民互动关系的维系和发展具有很强的地域资源依赖性，在市场经济条件下，要获得市场交换价值的最大化，关键是要善于利用本地区资源优势，发展特色产业，发挥比较优势，将资源优势转化为竞争优势是农产品加工企业与农民互动成功、实现“双赢”的关键。如蒙牛人清楚地看看到内蒙古呼和浩特市的地理和气候优势，是最佳的奶牛饲养带，而且这一地区土地资源丰富、天然牧场规模广阔、奶业人力资源充足，同时距北京、天津等消费大城市较近，市场容量大，有利于以市场为依托，建设大规模、集约化经营奶源基地。蒙牛将这一区位优势与区域资源优势完美地相结合，合理地选择了奶业这一特色产业，充分利用农业生产要素，通过产业化的生产方式形成生产力，使企业获得良好发展的同时给广大农民带来了切切实实的利益。

2. 具有普适性农产品加工企业与区域经济的发展

这类农产品加工企业的投入要素相对较易流动，要素投入可以来自全国各地，这类农产品加工企业可以为地方政府提供一定的财政收入，在一定程度上为所在区域提供劳动就业岗位。这类企业的劳动力需求较少，或者此类企业需求的劳动力流动性较强，可以来自全国各地，同时作为原料投入的农产品可以来自农产品加工企业所在区域之外，所以该类农产品加工企业对当地农业产业链的延长作用有限。

该类农产品加工企业的分布与区域投资的软、硬条件有着密切的关系，如合理不同区域基础设施建设、政府服务意识和农产品加工业宏观调控政策对此类农产品加工企业的布局起着重要作用。宏观调控政策包括产业政策、金融政策、税费政策等支持和鼓励农产品加工业的发展；通过控制性政策、协调性政策、引导性政策和扶持性政策，对农产品加工企业和涉农企业进行相应的干预和扶持。

（四）农产品加工产业集群分布的主要机制

在经济要素的趋利性作用之下，为追求规模经济和集群经济效应，不同的农产品品加工企业会因区位指向、横纵向经济联系等原因向农产品加工原料比较发达的地区集中，因而在空间上形成了不同的农产品加工产业密集区，各密集区集中连片，便形成农产品加工产业密集带。主要包括：

（1）自然禀赋的差异性。主要是指自然条件的地域差异和自然资源的禀赋状况空间不平衡。具体表现在自然资源的集中程度及其与其他资源的结合状况、位置条件等不平衡，由此产生了区域差异，区域位势或区位的不同。

（2）生产要素分布的非均衡和不完全流动性。一是有些要素，如自然资源，对地表的附着力很强，在常态下无法自行流动；二是有些生产要素，如劳动力、资金、技术等，流动性很强，但其流动也常受到限制。

（3）空间距离的不可灭性。人类的经济活动离不开地域空间，有空间就会产生空间距离，进行经济活动，就要支付距离成本。这些距离成本对区域的自然禀赋优势的发挥和空间集聚经济的实现产生极为重要的影响，使得经济活动局限于一定的地域空间范围内。

这3方面的因素构成了区域经济分异的基础，也是农产品加工产业密集带形成的客观前提条件。由于区域间自然资源禀赋不同、生产要素分布的非均衡和不完全流动，以及空间距离的存在，致使各地农产品加工业产业带发生和发展的客观基础和条件也不相同，在发展中则表现为具有不同产业结构和发展水平。不同层次农产品加工原料产业分区的存在正是农产品加工产业密集带形成的客观前提条件。

（五）对规划我国农产品加工产业区域分布的政策建议

1. 中、西部地区应大力发展要素来源本土的特色农产品加工业

特色农产品加工的原因是某些要素流动性较差，或者说具有独特的地域优势。投入的重要要素来自于本地，如具有自然特色优势的农产品加工企业其本地所特有的农产品来源，可以延长农业的产业链，提供农业获取社会平均收益的机会。

从区域内来看，发展不同类型的农产品加工企业对区域的影响是不同的。这类农产品加工企业的投入要素本土化，各要素均能分享到农业产业链条延长所带来的好处，对本地农产品销路、劳动力就业、提高居民生活水平等问题的解决都能起到很好的作用，同时还能带来地方政府财政收入的增加，促进整个区域经济的协调发展。

2. 支持普适性、劳动密集型农产品加工企业成为中、西部地区投资主体

随着资本、知识等再生性要素在生产经营环节主导地位的确立，分工的优势也发生了一定程度的转化，即区域分工中先天存在的要素禀赋必须与后天培养的禀赋（如资本、技术性知识）有机结合才能形成区域的相对优势。我国东、中、西部地区发展差距很大，国家对于此类农产品加工企业的布局应适当照顾经济较落后的中、西部地区，以促进中、西部地区经济的快速发展，逐渐协调好区域间的经济。政府要利用政策引导劳动力和资本等要素向中西部流动，推动东部地区向中西部地区的产业聚集和产业转移，培育和壮大中西部地区的普适农产品加工产业集群；加强东中西部地区的经济合作和交流，增加对中西部地区的人力资本投资及技术扩散等，是缩小地区发展差距，实现区域经济协调发展的重要途径，也是最终实现经济收敛的必然选择。

强化政府对中、西部地区劳动密集型农产品加工企业的政策扶持，政府应在税收、审批和管理制度上进一步放宽限制，为劳动密集型企业的发展创造更宽松的外部环境。具体而言政府一方面应不断加大对农产品加工领域的公益基础投资；另一方面应制定中西部更加优惠的政策吸引企业加入农产品加工领域，使其成为中西部地区农产品加工业的投资主体。

3. 合理规划全国优势农产区与农产品加工产业的分布

特色农业是按市场经济的客观要求，依托区域独特的地理、气候、资源、产业基础或条件形成的。由于各地在区位、资源、环境、历史沿革和经济发展等方面都有一定的差异性，各区域必须找准自己的优势。农产品加工业要向优势农产品产业区域靠近，形成特色鲜明的农产品加工业产业带，优化农产品加工产业布局。农产品加工业的选择，除考虑自身独具的特色外，一定要考虑产业关联度、收入弹性、生产率上升率和产业的比较优势。以市场为导向，发展区域特色农业，充分发挥各区域的资源优势，逐步形成一批有市场、有规模、有知名度的特色农业基地，较快地增加农民的收入。

4. 充分发挥农产品加工龙头企业的辐射带动作用

一个龙头企业，既是一个生产中心、加工中心，又是一个信息中心、服务中心、科研中心，对农民实施全方位的带动。在农产品加工的过程当中，要充分发挥农业产业化龙头企业的作用。据2006年中国农产品加工业发展报告的研究显示：我国现有全国农产品加工业示范

企业584家，全国农产品加工业示范基地220家，农业产业化国家重点龙头企业596家，农业部农产品加工企业技术创新机构279家。我们要发挥这些龙头企业的作用。重视调节企农利益。农业龙头企业的基础在农户。一个地区资源优势的发挥，龙头企业原材料供给的稳定，关键在于重视维护农民利益，调动农户生产的积极性。一些办得较好、发展较快的龙头企业，积极探索龙头企业和农户之间新的利益机制，逐步形成生产、加工、销售的利益共同体。通过龙头企业带动农民发展生产，增加收入，并且逐步建立产加销一体化的产业体系。通过龙头企业的发展来带动基地建设、产品开发、产业发展和农民收入增长。

（中国人民大学农业与农村发展学院　孔祥智）

第五章

附　录

农产品加工业“十一五”发展规划

“十一五”时期，是推进社会主义新农村建设，统筹城乡与社会协调发展，加快构建社会主义和谐社会的重要阶段。发展农产品加工业是建设现代农业的重要内容，对于落实中央提出的推进社会主义新农村建设的战略部署，解放和发展农村生产力，促进农村生产发展和农民生活富裕具有重要意义。

本规划根据党中央、国务院编制“十一五”规划的有关要求，从我国农业、农村经济和社会发展的实际出发，按照农产品加工业发展的特点和规律，在全面分析“十五”发展情况的基础上，确定了“十一五”期间以食品工业为主的包括粮油、果蔬、畜产品、水产品和传统农产品等主要农产品加工业发展的指导思想、主要原则和目标，明确了重点领域与相关区域布局，提出一批重点工程和促进农产品加工业发展的政策措施，是“十一五”期间指导全国农产品加工业发展的重要依据。

一、农产品加工业发展现状及趋势

（一）我国农产品加工业发展现状

“十五”以来，我国农产品加工业快速发展，成为国民经济中最具成长活力的产业之一。主要表现在：

1. 农产品加工业总量快速增长，运行态势良好

“十五”期间，农产品加工业产值的年均增长近15%。2005年我国农产品加工业产值达到4.2万亿元，比上年增长16%。全国规模以上的农产品加工企业达7万多家，从业人数近1 800万人，占全部工业从业人员的28%。目前，农产品加工业是我国国民经济的第一大支柱产业，也是发展最快的产业之一。

2. 在繁荣地方经济，促进农民增收和转移农村剩余劳动力等方面的作用日益显现

农产品加工业在地方经济发展中的地位和作用日益增强，逐步成为地区经济发展的重要力量，并在增加农民收入，转移农村剩余劳动力等方面发挥了重要作用。在一些以农业为主的县市，农产品加工业的税收对本级财政的贡献率已达到70%，通过建立“公司+基地+农户”、“公司+中介组织+农户”、“公司+村委会+农户”等多种利益联接机制，增加农民收入。目前，国家级农业产业化龙头企业580多家，带动农户8 726万户，占全国农户总数的35.2%，参与产业化经营的农户比普通农户每户年平均增收1 300多元。

3. 产业和产品结构进一步优化，逐步实现了由初加工向深加工的转变

农产品加工业的产业结构和产品结构逐步调整，形成了以粮油、果蔬、畜产品和水产品加工为主导行业的农产品加工产业格局。其中，食品工业比重上升，2005年食品工业占农产品加工业产值的比重达到50%。产品结构呈现多

样化趋势，方便食品、快餐食品、休闲食品、营养保健食品等发展迅速，产品附加值不断提高，主要农产品深加工比例达到30%以上，逐步由初加工向深加工转变。

4. 农产品加工企业规模扩大，核心竞争力不断增强

近年来，国内已涌现出一批起点高、成长快、规模大的农产品加工企业集团，成为农产品加工业的中坚力量。到2005年底，全国年销售收入500万元以上的农产品加工企业7万多家，全国农产品加工业增加值的20%以上是由固定资产5 000万元以上的企业创造的，并有效带动了关联企业的发展。在全国6万多家农业产业化龙头企业中，国家级龙头企业580多家，省级重点龙头企业3 750多家，一大批农产品加工龙头企业，不仅规模大，效益好，而且带动能力强，辐射面广。

5. 农产品加工向产区和大城市郊区集中，优势产业集群初步形成

各地根据资源禀赋和区位优势，围绕优势农产品和市场需求发展农产品加工业，建设了一批特色鲜明的农产品加工产业带和加工区。在农业部确立13种优势农产品区域布局的基础上，构建了我国农产品加工产业带和以大城市郊区为依托的加工区，带动了龙头企业的集聚和优势产业集群的形成。

（二）“十一五”期间我国农产品加工业发展环境条件

“十一五”是我国全面建设小康社会的关键时期，统筹城乡区域协调发展，发展现代农业，提高农业综合竞争力，促进农民增收，为农产品加工业发展创造了环境条件，具体体现在：

1. 农产品原料丰富

近年来，我国农产品丰年有余，供求基本平衡，粮食、水果、肉类、奶类、水产品等主要农产品产量已位居世界首位，农业开始步入效益农业阶段，通过延长农业产业链，提高附加值，农产品加工业正在成为效益农业的主导产业。

2. 政策环境宽松

新阶段，中央提出推进社会主义新农村建设战略任务和“以工促农、以城带乡”的方针，2004年以来中央连续下发了三个一号文件，国务院编制并下发了国民经济和社会发展“十一五”规划纲要，提出了一系列推动农业发展的相关政策措施，为加快农产品加工业的发展进一步指明了方向。

3. 国内市场需求旺盛

目前我国人均GDP已经达到1 700美元，人民生活开始向全面实现小康迈进，食品消费结构进入了加速调整和升级的重要阶段，在农产品直接消费减少的同时，对加工制品出现了数量和质量上的巨大需求，农产品加工业快速发展的市场环境已经形成。

4. 国际贸易环境逐步改善

我国加入WTO，有利于农产品加工业利用国外资源，有利于农产品加工业扩大出口，有利于国外先进技术及管理经验的引进、消化、吸收和再创新，提升技术水平和产业素质，增强我国农产品加工业的综合竞争力。

（三）“十一五”期间我国农产品加工业发展面临的矛盾和问题

在外部环境上，首先是竞争加剧，农产品贸易逆差，跨国企业对国内企业构成巨大挑战；其次是生产成本增加，人民币升值，能源、食糖和用工紧张造成相应价格的持续上涨，导致

加工业生产成本快速增加，近10年来，我国农业生产成本以平均每年10%的速度递增，使农产品价格随之提高；再次是城乡之间、地区之间发展不平衡，使产加销一体化的农业整体竞争优势难以形成。

在我国农产品加工业自身发展上，存在许多问题和不足。一是加工规模和整体水平还比较低。总体上看，中小企业和家庭作坊较多，产业集中度不高，处于低水平循环。目前发达国家农产品加工率在90%左右，我国只有45%左右（初加工以上）；发达国家农产品深加工（二次以上加工）占80%，我国只有30%左右；发达国家农产品加工产值与农业产值之比为2～4:1，我国仅为1.1:1。二是加工技术装备差距还比较大。我国农产品加工的技术装备80%还处于20世纪70～80年代的世界平均水平，15%左右处于20世纪90年代水平，只有5%左右达到国际先进水平。三是加工标准和质量控制体系不完善。普遍存在标准陈旧，体系不健全，不适应行业发展与国际接轨的需要，甚至有些重要领域存在标准空白现象。四是服务体系建设滞后。农民专业合作经济组织和行业协会发展滞后，公益性社会化服务平台尚未形成。五是管理体制不完善，政策不配套。

二、指导思想、主要原则和目标

（一）“十一五”期间我国农产品加工业发展的指导思想

坚持以邓小平理论和“三个代表”重要思想为指导，以科学发展观为统领，全面贯彻党的十六届三中、四中、五中和六中全会精神，按照“转变、拓展、提升”三大战略的总体部署，围绕现代农业建设、农民就业增收、社会主义新农村建设及农村和谐社会建设，以科学规划为先导，以科技创新为支撑，切实转变经济增长方式，因地制宜、突出特色、合理布局，围绕大宗、优势农产品，重点发展精深加工，增加农民收益，提高农产品附加值，逐步实现由初级加工向精深加工的转变、由数量增长向质量和效益提高转变，促进农产品加工业持续、稳定、健康发展。

（二）“十一五”期间我国农产品加工业发展的主要原则

1. 坚持以人为本的原则

把促进农业发展、农村繁荣、农民富裕作为农产品加工业发展的出发点和落脚点。通过农产品加工业的带动，建设专业化、标准化、规模化原料基地，形成加工企业与农户风险共担、利益均沾的利益联接机制，使农民分享到加工环节利益。

2. 坚持市场导向原则

充分发挥市场对资源配置的主导作用，通过优化资源配置，提高行业的整体效益；通过研究、开发一批名牌产品，提高市场占有率；通过培育一批农产品加工优势企业和主导产业，提高国际竞争能力。

3. 坚持质量安全原则

建立和完善农产品加工标准体系，建立从“从农田到餐桌”全程质量控制体系。严格执行农产品（食品）卫生标准和产品标准，大力发展无公害食品、绿色食品和有机农产品，确保农产品加工的质量安全。

4. 坚持科技创新原则

整合科技资源，加强国外先进技术的引进、消化和吸收，加大技术集成和原始创新，加强企业技术创新，全力打造一批农产品加工科技创新基地和产业化示范基地，全面提高我国农产品加工业的自主创新能力，在关键技术领域实现重点突破。

5. 坚持因地制宜原则

充分发挥资源、经济、市场和技术优势，依托优势农产品生产区域，发展特色农产品加工业，逐步形成农产品生产和加工相协调的现代农业产业带，实现农产品加工与原料基地的有机结合，将资源优势、区位优势转变为经济优势。

6. 坚持可持续发展原则

实施可持续发展战略，积极发展环境友好型和资源节约型农产品加工业，原料基地建设必须服从生态环境建设的要求，农产品加工的过程要重视清洁生产和循环利用，加强资源的深度开发利用，节能降耗，减少环境污染，走可持续发展之路。

（三）“十一五”期间我国农产品加工业发展的目标

“十一五”期间，农产品加工业发展紧紧抓住农产品加工增值的关键环节，在结构调整和产业不断升级、质量和效益明显提高、显著降低加工能耗的前提下，力争实现年均增长12%的发展速度，2010年农产品加工业产值突破7万亿元，到“十一五”末农产品加工业产值与农业的产值之比超过1.5:1。具体目标为：

——农产品加工水平要有较大提高。到2010年我国主要农产品加工转化率（初加工以上）达到60%，精深加工比重明显增加。其中粮食加工转化率达到75%，水果超过15%，蔬菜达到5%，肉类达到15%，水产品超过35%；主要农产品深加工比例（二次以上加工的产品占其产量的比例）达到40%以上。

——产品质量水平要有较大提升。建立高效的农产品质量安全监控体系，绿色食品和有机农产品生产得到更快发展，推动农产品加工企业开展各类产品及管理体系认证，全面提升农产品加工业标准化水平。到2010年，力争60%左右的规模以上农产品加工企业通过ISO、HACCP体系认证，培育一批在国内外市场具有较大潜力和市场占有率的名牌产品。

——技术与装备水平要有较大提升。研制一批具有独立自主知识产权的农产品加工关键技术，开发一批先进的农产品加工重大装备。到2010年，农产品加工新技术得到推广和较广泛应用，农产品加工关键装备国产化率达到60%以上，总体技术与装备水平达到21世纪初的国际先进水平，部分领域达到同期国际先进水平。

——龙头企业集群要有较大发展。培育一大批年销售收入超过100亿元和超过50亿元的龙头企业，做大做强一批农产品加工示范企业和国际竞争力强的出口企业。

——基地建设布局要更加优化。根据《农产品优势布局规划》和《特色农产品布局规划》以及农产品出口需要，建设一大批高标准农产品生产和加工基地，带动农户进行标准化生产。

——产业化经营带动能力要有较大提升。扶持发展一批农民专业合作经济组织和中介服务组织，力争使更多农户进入农业产业化经营领域，农户来自产业化经营的收入明显增加。

三、重点领域与相关区域布局

(一)"十一五"期间我国粮油加工业发展重点

1. 玉米加工

加强高油玉米、蜡质玉米、高直链玉米等加工专用玉米品种的选育，建设优质原料示范基地；发展专用变性淀粉、玉米淀粉糖、多元醇、乳酸和聚乳酸、淀粉基生物材料等精深加工产品，以及玉米胚芽、蛋白粉和玉米纤维等副产物综合利用新技术、新工艺研究与产业化开发；开展玉米主食食品、休闲食品、方便食品和功能食品的产业化开发；研制年产10万吨以上玉米变性淀粉生产专用设备，主要包括脱胚磨、针磨、分离机、浓缩机等；开发竞争力强和技术含量高的品牌产品，使玉米的加工转化率（不包括饲料）由12%提高到20%。

在东北三省、内蒙古等北方春播玉米区和河北、山东、河南等黄淮海平原夏播玉米区，调整玉米加工区域布局，增强玉米主产区的加工转化能力；在河北、吉林、山东等玉米淀粉加工主产省，建立加工专用玉米生产基地，为产品加工提供原料保障；在四川、重庆、云南、贵州等西南山地玉米区，甘肃、陕西、新疆等西北灌溉玉米区和青藏高原玉米区重点发展特色玉米食品、玉米深加工产品和饲料工业。

2. 大豆加工

加强高油、高蛋白和无豆腥味大豆等加工专用品种的选育，建设优质原料生产示范基地；重点发展销路广、市场潜力大的豆奶（粉）、浓缩蛋白、组织蛋白、专用分离蛋白、改性大豆蛋白等新兴大豆食品或食品基料，使总产量得到较大幅度增长；开展传统豆制品工业化生产技术和装备研制与产品开发，提升产品工业化水平；加强大豆加工副产物综合利用技术研究，积极开发大豆磷脂、低聚糖、异黄酮、食用纤维等功能性食品，以及利用油脚、皂脚水解提取脂肪酸、甘油和利用废弃食用油脂生产生物柴油。同时，优化产业和产品结构，提高大豆综合加工利用能力，延伸大豆产业链条，形成一批在国际市场上具有竞争力的龙头企业和名牌产品，使1 000吨/日以上制油企业加工量占总加工量的比例提高到70%、大型龙头企业加工量占总加工量的40%。

在广州、深圳、东莞、北海、厦门等珠江三角洲，上海、张家港、宁波等长江三角洲和大连、青岛、烟台、日照等黄渤海等沿岸、沿海地区建设高级调合油、饲用蛋白、脂肪酸、甘油、维生素E、精制磷脂等生产基地和出口基地；在东北和山东、河南、河北、安徽等黄淮海地区发展大豆浓缩蛋白、组织蛋白、分离蛋白和大豆蛋白粉的生产，并丰富生产品种、开发其终端产品；加强非转基因原料基地建设，大力发展传统豆制品生产，带动区域经济发展。

3. 稻米加工

开发具有良好市场前景的发芽糙米、留胚米、蒸谷米，高纯度米蛋白、米淀粉脂肪替代物、米糠多糖、米糠油、稻壳可降解环保餐盒等高附加值产品；开展米饭、米线、营养强化米、营养米粉等传统大米主食品的加工技术与装备的研究开发，发展米制食品工业化生产；建立健全稻谷加工标准体系、全程质量控制体系和快速检测体系。使日处理稻谷100吨以上碾米企业加工量占总加工量的比例提高到45%

以上，标准一等以上大米占总量的 90%，优质品牌化的大米供应量占全国城镇大米年消费总量的 20%左右，工业化米制品产量占稻米总产量的 20%。

在东北三省和江苏、江西、湖北、湖南等省培育年处理 30 万吨的加工龙头企业，并形成相应规模的碎米、米糠、稻壳综合开发利用能力；在四川、广西、云南、贵州、陕西、甘肃、宁夏等西部地区建设企业规模为年产 3～5 万吨的营养大米、营养米粉生产基地。

4. 小麦加工

加强面包、饼干、蛋糕、馒头和面条等加工专用小麦品种的选育，建设优质原料生产基地；优先支持发展食品专用粉、营养强化面粉、预配粉，以及重点发展传统面制主食品工业化生产与应用，实现中式配餐、学生营养配餐及大众面制主食品的工业化生产；开展小麦加工副产品综合利用，开发麦胚食品等高附加值产品；培育和发展我国小麦加工业龙头企业，打造名牌产品，提高产业规模效益和集约化程度；实现面制食品手工制法向工业化生产的转变，使小麦专用粉加工量达到面粉总加工量的 18%，日处理小麦 200 吨以上的面粉企业加工量占总加工量的比例达到 50%、小麦副产品及综合利用率提高到 10%。

在河北、山西、江苏、安徽、山东、河南、陕西、甘肃、新疆发展以优质强筋小麦为原料，生产面包、面条、馒头等专用小麦粉为主的加工企业；在江苏、安徽、河南的部分地区和湖北发展以优质弱筋小麦为原料，生产饼干、蛋糕专用小麦粉为主的加工企业；在黑龙江、内蒙古发展以强筋春小麦为主要原料，生产面条、馒头等专用小麦粉为主的加工企业；在小麦主产区培育日处理小麦 1 000 吨以上的大型面粉加工企业，并提高综合利用水平，京津沪、广东发展日处理面粉 10 万吨以上的传统面制品和日产 20 万包以上的方便面工业化生产。

5. 油菜籽加工

发展高产“双低”、专用高芥酸、高油酸、高硬脂酸等品种，建立加工专用原料基地；开发和推广菜籽干法脱皮、低温冷榨、膨化浸出、低温脱溶、物理精炼等制油新技术、新设备，减少环境污染，提高产品质量，降低能耗；利用菜籽饼粕、皮壳、油脚等副产物，开展综合利用技术研究，开发生物柴油、润滑油、油墨涂料等新产品，使菜籽精炼油年产量增加到 600 万吨，油菜籽加工设备国产化率由 70%提高到 90%，脱皮、低温压榨、膨化浸出等制油新技术得到推广应用。

在重庆、四川、云南、贵州、青海等长江上游地区，安徽、江西、湖北、湖南及河南信阳等长江中游地区，上海、江苏、浙江等长江下游地区进行加工企业布局。企业布局生产规模要大、中、小相结合，优势产区应重点发展大型加工企业；产品档次要高、中、低相结合，以发展高中档产品为主，油菜籽优势产区应重点发展高档产品。

6. 薯类加工

开展高淀粉型、油炸型、高蛋白型等马铃薯加工专用品种的选育和贮运技术研究，提高加工原料的品质；开展薯类淀粉和变性淀粉技术研究，提高薯类淀粉和变性淀粉加工水平；开展马铃薯条（片、全粉）、甘薯方便湿粉等技术研究与开发，增加薯类食品的品种，提高产品的质量；加强废弃物的综合利用，发展配合饲料生产，解决薯类加工厂废弃物污染问题。使薯类加工转化率提高到 25%，深加工转化率提高到 10%。薯类淀粉总产量增加到 150 万吨，变性淀粉增加到30万吨，薯类食品增加到50万吨，薯类加工设备国产化率由70%提高到90%。

马铃薯与甘薯类加工企业主要在河北、山西、内蒙古、辽宁、吉林、黑龙江、福建、山东、湖北、湖南、重庆、四川、云南、贵州、陕西、甘肃、宁夏等地布局；木薯加工企业主要在广西和广东布局。加工企业生产规模要大、中、小相结合，薯类优势产区应重点发展大型企业，产品档次要高、中、低相结合，以发展高中档产品为主，薯类优势产区要重点发展高档产品为主。

7. 特色杂粮加工

加强燕麦、荞麦、啤酒大麦、小米，以及红小豆、绿豆、蚕豆等食用豆类等特色杂粮加工特性研究，建立优质加工专用原料基地；利用新工艺、新技术和新装备，开发和生产适销对路、竞争力强、技术含量高的产品，扩大产品的应用领域；优先发展功能性、营养型早餐类食品，加强传统食品的改造和工业化生产，开展燕麦β-葡聚糖、荞麦黄酮等高附加值成分的研究，开发具有保健功能的特色食品；开发燕麦早餐食品、荞麦传统食品、大麦茶、小米饮料、豆类食品馅料等产品，并拓宽产品的应用范围，满足多样化的市场需求。

杂粮、杂豆加工业的发展也应按照作物优势区域带进行合理布局；生产企业的规模大、中、小相结合，以发展大中型企业为主；优势产区重点发展初中级加工，产品档次高、中、低相结合；经济发达地区加工企业要以发展高档产品为主，面向城市高端消费人群。

（二）“十一五”期间我国果蔬加工业发展重点

1. 果蔬汁加工

加强果蔬汁加工专用品种引进和选育，研究原料预处理技术、高效榨汁技术、膜技术、非热力杀菌技术、无菌包装技术、浓缩汁冷冻贮藏技术以及综合利用技术等；对引进的关键设备与零部件及加工工艺进行消化、吸收，同时引进新型的加工设备，如高压脉冲电场杀菌机等；开发果蔬汁新产品，主要包括NFC果蔬汁、复合汁和果蔬汁主剂；建立既与国际接轨又适合中国国情的果蔬汁加工全程质量安全控制体系，并进行产业化示范和推广。

在加工布局上，原料主产区建立浓缩加工厂，发展浓缩果蔬汁、果蔬浆等半成品，大中城市等消费市场建立灌装加工厂，发展果蔬汁终端产品；辽宁、山东、陕西等地发展浓缩苹果汁；内蒙古、新疆、甘肃、宁夏等西部地区发展番茄酱、浓缩葡萄汁；天津、河北、安徽等地发展桃汁、浓缩梨汁；重庆、湖北等地发展柑橘浓缩汁与NFC柑橘汁；海南和云南等地发展热带果汁；北京、上海、广州等大城市发展直饮型果蔬汁终端产品；形成高端产品与低端产品、半成品与终端产品、出口与内销产品共存的产品结构布局。

2. 果蔬罐头加工

选育适合罐头加工的专用品种，并对其加工特性进行研究；加强去皮技术、电脑程序控制自动杀菌技术、综合利用技术等研究，研发连续化、智能化的加工装备；开发易开罐、软包装、半刚性包装等新型包装容器和材料；重点开发轻糖型、混合型等新型果蔬罐头产品，建立并推广罐头加工全程质量安全控制体系。

立足区域布局和产品布局，考虑原料基地和产品市场两大因素，进行企业的合理布局。在河北、浙江、安徽、福建、山东、湖南、新疆等传统生产省份集中发展果蔬罐头生产；在浙江、湖南、四川、湖北等发展柑橘罐头，河北、辽宁、浙江、山东、安徽等发展桃罐头；在福建、山东、山西等发展芦笋罐头；在浙江、福建等发展竹笋罐头；在新疆等西部地区发展番茄罐头。

3. 脱水果蔬加工

选育适合脱水果蔬加工的专用品种，并建立原料基地；研究冷冻干燥、真空微波干燥、低温膨化干燥、联合干燥、太阳能利用及产品分级等技术，开发新型脱水果蔬产品；开发先进、高效、节能的脱水设备；建立并推广脱水果蔬加工全程质量控制体系。

在果蔬主产地及东南沿海贸易发达地区，如山西、江苏、浙江、福建、山东等地发展脱水果蔬产业，同时向西部地区如甘肃、宁夏、新疆等发展，形成“优势品种、优势产区加工”的“双优”布局。重点发展洋葱、大蒜、南瓜、胡萝卜、姜、辣椒、萝卜条等脱水产品，扩大脱水马铃薯、洋葱、胡萝卜等大品种生产规模。重点在东南沿海出口基地进行加工业布局，同时发展甘肃、宁夏、新疆等西部地区及东三省的脱水果蔬加工，增强向中亚及俄罗斯等欧洲国家的出口能力。

4. 果蔬速冻加工

选育适合速冻果蔬加工的专用品种，并对其加工特性进行研究；研究快速冻结和快速解冻新技术，开发速冻果蔬新型产品，扩大豌豆、甜玉米、草莓、荔枝、杨梅等产品生产规模；开发生产能力高的连续螺旋式速冻机、超低温液氮和二氧化碳喷淋式速冻机以及配套的果蔬预冷机，并开展速冻包装材料的研发；建立并推广速冻果蔬加工全程质量控制体系。

在果蔬主产地及东南沿海地区，河北、辽宁、江苏、浙江、福建、山东、广东等地发展速冻果蔬产业，同时向东北及云南、新疆等边疆省份发展，形成环形发展产业布局。重点发展芋头、菠菜、豆类等速冻品种，扩大豌豆、甜玉米、马铃薯等大品种生产规模；增加国际市场上交易量可观的速冻水果生产如速冻草莓、杨梅等果品；重点在东南沿海出口基地进行加工业布局，加强云南、新疆等西部地区及东三省的速冻果蔬企业建设，增强向南亚、中亚及俄罗斯等欧洲国家的出口能力。

5. 果蔬物流

研发果蔬商品化处理技术与设备；研究果蔬贮运保鲜新技术，开发新型果蔬保鲜剂、保鲜材料及保鲜设备；研究果蔬鲜切技术、品质控制及与快速检测技术；建立果蔬冷链储运系统和果蔬物流信息平台；按照国际质量标准和要求建立果蔬物流全程质量控制体系，并进行产业化推广与示范。

立足山东、陕西的苹果产业带、长江中上游的柑橘产业带，以及河北、辽宁、山东等蔬菜主产区进行物流区域布局，重点发展大蒜、洋葱、番茄、芦笋、青椒和辣椒、胡萝卜、萝卜、甘蓝、花椰菜等出口蔬菜和苹果、梨和柑橘等出口果品。在东部沿海地区蔬菜主产地建设大型蔬菜物流企业；在河北、辽宁、浙江、山东、湖南、陕西等果品主产省建设大型果品物流企业。

（三）“十一五”期间我国畜产品加工业发展重点

1. 肉制品加工

加强冷却肉、冰鲜禽肉、发酵肉制品、传统肉制品、功能性肉制品等产品精深加工与物流配送技术研究与开发，增加肉制品加工品种，提高肉品加工能力；加强对畜禽血液、骨组织、畜禽脏器、皮毛绒等的利用；研制开发具有我国自主知识产权的肉品加工先进设备，重点开发自动化智能分级生产设备、自动化肉品加工生产设备、自动化在线或定位检测设备等，提高我国肉品加工关键设备的自给率；开展研究微生物预报预测技术、溯源技术，建立完善的肉制品加工全程质量控制体系，建立动物产品质量安全保障体系，使我国肉品加工率达到10%，设备国产化率达到50%。

在东北及河北、内蒙古、甘肃、青海、宁夏、新疆等牛羊资源丰富地区，重点进行优质牛羊肉的屠宰与加工龙头企业布局，以生产冷却牛羊肉、冷冻小包装牛羊肉、低温肉制品等产品为主；在河北、山东、河南、四川等活猪资源丰富地区，重点进行生猪屠宰和加工龙头企业布局，以生产冷却猪肉、高温火腿肠、发酵肉制品和低温肉制品等产品为主；在西南地区，重点进行中式传统肉制品加工龙头企业布局，以生产腊肠、腊肉、宣威火腿等产品主，兼顾低温肉制品的开发生产；在江浙水禽资源丰富地区，重点进行水禽加工龙头企业布局，以生产水禽低温肉制品和盐水鸭等特色产品为主。

2. 乳制品加工

加强原料奶营养与加工特性研究，建立优质奶源基地；研究干酪、益生菌发酵产品、强化婴儿乳粉、免疫活性肽等新型乳制品加工技术，优化我国乳制品的产品结构；研究并建立菌种资源库，选育出风味独特、性能优良、便于商品化的优良菌种，生产国际先进水平的商品化直投式发酵剂；研究现代乳品质量及安全检验技术，开发质量检验设备，建立乳品加工标准体系和全程质量控制体系，提升乳制品国际竞争力。

在东北及内蒙古东部玉米带及天然草场丰富地区，利用丰富的原料奶优势，建立和发展乳牛养殖和乳品加工龙头企业，主要发展专用乳粉、UHT奶、长保质期巴氏杀菌奶和乳饮料、冰淇淋等制品；在中原、华南、西南、华东及城市周边的奶业区，支持发展大中型乳品企业，主要生产供城市消费的巴氏消毒奶、酸奶和冰淇淋等短效产品；对缺乏原料奶供应的城市以UHT奶、酸奶为主；对于相对落后的农村以奶粉、UHT袋奶为主。因地制宜，结合资源、市场、发展潜力等进行合理布局，将规模优势、资源优势、技术优势和市场优势转化为经济优势，避免过度集中投资，造成局部奶源的紧张和市场的拼争，鼓励中小企业发展酸奶、巴氏消毒奶等短效产品，使企业形成自我生存的特色优势。

3. 蛋制品加工

重点进行消毒包装洁蛋、液态蛋、高特性专用蛋粉等新型蛋制品生产关键技术和设备的研究开发；对溶菌酶、特异性抗体（IgY）因子、清壳素、生物活性钙素、硫酸软骨素等蛋及蛋壳内活性成分的提取及应用进行研究开发，提高蛋品及副产物附加值；对松花皮蛋、咸蛋和糟蛋等中式传统蛋制品现代化生产技术进行研究，提升传统蛋制品的生产技术水平；加强蛋品加工国产化设备的研究与推广；建立禽蛋加工生产操作规程与全程质量控制体系，对蛋禽饲料、蛋禽养殖生产的各个环节进行规范和控制，确保禽蛋原料质量与安全。

在河北、辽宁、吉林、黑龙江、江苏、安徽、山东、河南、湖北、湖南等鸡蛋生产集中的地区，重点发展消毒分级的鲜蛋（洁蛋）、液态蛋、软包装卤蛋、以及方便蛋制品生产企业；

在洞庭湖、鄱阳湖周围江苏、浙江、江西、湖北、湖南等省水禽蛋资源丰富地区，大力发展水禽蛋品加工企业；在浙江、江西、湖北、湖南等鹌鹑蛋生产集中的地区，重点发展对我国香港、台湾和国外的东南亚、日本、欧洲等地出口鹌鹑皮蛋的加工；在西部的重庆、四川、贵州、陕西四省，主要建立无公害、绿色放养禽蛋生产加工企业。

（四）“十一五”期间我国水产品加工业发展重点

1. 淡水鱼类加工

研究烤鳗、鱼糜制品、鲟鱼子、水产模拟食品等精深加工技术，开发冷冻调理食品、冷藏保鲜鱼制品、即食食品和休闲食品；利用加工废弃物研究开发氨基酸、调味品、营养品、健康饮料、功能食品等；开发淡水鱼加工专用成套设备；建立淡水鱼加工的全程质量控制体系。

在浙江、福建、广东、广西、海南等省区主要进行鳗鱼、鲢鱼、罗非鱼、鲮鱼、鲟鱼等加工开发，发展烤鳗、冻鱼及鱼片、鱼罐头、鱼糜和鱼糜制品、氨基酸调味品、鲟鱼子、腌熏制品、鱼露、模拟食品、方便食品、功能性食品等的加工；在辽宁、江苏、山东等地区主要进行鲢鱼、鳙鱼、鲟鱼等加工开发，发展鱼糜和鱼糜制品、鱼罐头、冻鱼及鱼片、氨基酸调味品、模拟食品、方便食品、功能性食品等的加工；在安徽、江西、湖北、湖南、四川等地区主要进行鲢鱼、鳙鱼、罗非鱼和鲟鱼等加工开发，发展鱼糜及鱼糜制品、冻鱼及鱼片、鱼罐头、腌熏制品等加工。

2. 海水鱼类加工

研究以海水养殖鱼类、远洋捕捞鱼类、海水中上层鱼类的超低温速冻技术、物流保鲜技术、干燥技术、质构重组技术等，开发海水鱼类加工新产品；加强海水鱼类加工副产品的综合开发利用，达到提高经济效益和资源利用率的目的；建立完善的海水鱼类生产、加工、流通和消费的质量安全保障体系。

在海水中上层鱼类主要分布地区，辽宁、浙江、福建、山东、广东等省，主要进行鱼粉和鱼油加工，其次进行腌干制品和鱼糜制品加工；在远洋捕捞鱼类主要分布地区，辽宁、浙江、山东等省，主要进行金枪鱼等深海鱼类加工，开发鱼糜制品、调味制品和保健食品；在海水养殖鱼类主要分布地区，浙江、福建、山东、广东等省，重点进行养殖大黄鱼、鲈鱼加工。

3. 虾、蟹类加工

研究原料虾蟹的质量控制技术、虾蟹新产品的精深加工技术如超低温速冻技术、保鲜技术，开发新型生物保鲜剂及加工成套设备；利用虾蟹加工废弃物开发甲壳质和甲壳胺等精深加工产品。

在山东、广东、广西、海南等对虾加工主要分布地区，应加强对虾养殖过程中渔用兽药使用的监督管理，提高出口对虾的质量安全水平。

4. 贝、藻类加工

研究养殖贝类的生物危害检测技术，贝类的净化、保鲜与保活技术，贝类的活性物质提取技术，开发新型贝类产品；研究藻类危害物脱除与检测技术、活性物质提取技术，开发海藻食品、海藻胶、海藻保健品、海藻化妆品；建立贝、藻类加工标准体系与全程质量控制体系。

在辽宁、福建、山东、广东等贝类主要分

布地区，主要开发供应超市的保鲜牡蛎、冷冻牡蛎、裹面包屑的牡蛎产品；浙江主要发展缢蛏精深加工；江苏主要发展文蛤加工；广东主要发展贻贝加工。在辽宁、福建、山东等海带主要分布地区，重点开发海带食品、海带调味品、海带保健食品、海带化工产品；江苏、浙江开展紫菜研发，重点发展紫菜食品、保健品和海藻化工产品；广东省开展江蓠、马尾藻、紫菜、麒麟菜和螺旋藻等研发，优先发展藻类即食食品、藻类保健品、藻类药物；海南应重点发展海洋蔬菜藻类食品和琼脂胶、卡拉胶和海藻胶加工产品。

5. 其他海产品加工

研究鱿鱼质构重组技术与综合利用技术、海参胶原蛋白稳定技术与保鲜技术、海蜇深加工技术与含矾废水污染物控制技术，开发鱿鱼鱼糜制品和调味制品、海参保鲜制品和保健食品、海蜇方便食品等高附加值产品。

在远洋捕捞主要分布地区，辽宁、浙江、山东、天津等省市，主要进行鱿鱼深加工，开发鱼糜制品、调味鱿鱼制品、鱿鱼废弃物开发保健食品；在海水养殖主要分布地区，山东、辽宁等省，重点进行海参加工。在山东、辽宁、广西、天津等省市主要开发海蜇深加工产品和方便食品。

（五）“十一五”期间我国传统农产品加工业发展重点

1. 茶叶加工

开展绿茶清洁加工技术研究，名优茶机械化、标准化加工技术研究和关键设备的研制，以及绿茶连续化、智能化加工的前期工艺技术研究，建立符合现代食品加工要求的绿茶示范生产线；开展新型茶饮料开发及制备新技术研究、袋泡绿茶加工的关键技术研究；开展茶叶天然产物提取与利用研究，主要研究类黄酮化合物、茶多糖、茶氨酸、茶色素等天然产物的提取与利用，开发功能性的高附加值产品。

茶叶初制加工主要在原料主产区布局，茶叶精制加工及深加工主要在中心城市布局；出口茶叶加工主要在沿海城市布局；茶叶初制加工以发展中小规模为主，在原料运输方便的前提下，尽可能扩大加工能力。茶叶加工产品结构，力争传统加工产品比重下降，精深加工产品比重上升。

2. 糖料加工

重点发展精炼糖（精制幼砂糖、单晶冰糖、赤砂糖等）加工业；鼓励开展以低成本糖料为原料生产燃料酒精的研究；支持采用生物膜和基因工程等高新技术，开发精细化工产品等，提高食糖加工副产物综合利用水平，开展甘蔗渣造纸、甜菜废丝利用研究和开发等。

糖料加工主要在原料主产区布局。重点建设南方、北方两大糖料加工业重点产业带，其中，南方重点产业带布局在广西、云南、广东和海南四省区，北方重点产业带主要布局在黑龙江、新疆、内蒙古三省区。支持制糖企业建立科工贸一体化的大型企业集团，充分发挥规模经营效益。

3. 蜂产品加工

加强蜂产品功能因子研究，重点进行功能因子的提取、合成、分析、检测、功能评价、分离重组等，拓展蜂产品的开发深度和范围，提高蜂产品的附加值；加大蜂蜜果糖的开发，通过深加工提取和转化技术，将商品价值低的次等级蜂蜜加工成蜂蜜果糖，同时添加功能因子，使之成为对糖尿病人和心血管病人有辅助疗效的保健食品；开展蜂花粉开发利用研究，采用高科技手段，对花粉进行破壁，富集核酸，并利用其中的黄酮、维生素等活性物质，开发以抗衰老功能为主的蜂花粉核酸制品。

蜂产品加工主要在北京、上海、江苏、浙江、湖北、广东、四川等省市布局，以发展蜂蜜、蜂王浆、蜂花粉、蜂胶等深加工保健产品为主，大力发展有机蜂产品、保健蜂产品、传统蜂产品、出口蜂产品等。

4. 食用菌加工

加强食用菌加工和保鲜技术研究，提高产品质量和档次，增强国际市场竞争力；重点开发食用菌即食食品和保健食品，增加食用菌产品附加值；大力开展食用菌药用成分提取与利用研究，延长产业链，提高食用菌生产的综合效益。

在浙江、福建、山东等食用菌主产区，建立一批食用菌生产加工基地，大力发展无公害、绿色和有机食用菌生产加工，积极推进食用菌即食食品、保健品及药物开发，从根本上提升我国食用菌行业发展水平。初加工主要在主产区进行布局，精深加工主要在中心城市布局。在食用菌加工产品结构中，力争初加工制品比重下降，不超过 80%，即食、保健食品和药物制品比重上升，分别达到 15%和 5%。

四、重点任务

“十一五”期间将通过重点任务的实施，为推进我国农产品加工业发展提供有力的支撑。

（一）农产品加工示范基地建设工程

按照农产品加工业发展规律，结合实施《优势农产品区域布局规划》，根据各地加工业发展的基础和特点，选择资源和市场配套性强、可以形成产业集聚和经济优势的农产品加工区域及大城市郊区，重点建设一批全国农产品加工示范基地。建设的主要内容是：通过推进农产品加工业的产业集聚，进一步整合各种资源和生产要素，改善基础设施条件，为农产品加工业快速发展提供示范样板。示范基地建设要与优势农产品区域布局和商品粮基地建设相协调，布局合理、特色突出，按照促进优势产业带形成与发展、商品粮基地巩固与提高的要求，以市场为导向，依靠科技进步，不断提高农产品综合加工能力，实现由初级加工向精深加工转变，由传统加工工艺向现代高技术转变，由资源消耗型向高效利用型转变，使示范基地成为促进农产品加工业健康发展的推动力量。到 2010 年，重点培育 500 个全国农产品加工示范基地。同时，选择一批龙头加工企业作为示范基地的依托单位，加强对科研开发、技术改造、营销服务等方面引导，使其形成与优势农产品生产规模相适应的配套加工能力。

（二）加工专用原料基地建设工程

在《优势农产品区域布局规划》确定的专用小麦、专用玉米、优质水稻、高油大豆、柑橘、苹果、甘蔗、肉牛肉羊、生猪、牛奶、水产品等 13 种优势农产品、41 个优势产区内，按照农产品加工的具体要求，选育加工专用品种，并建立加工专用原料基地，以满足农产品加工业发展的要求。鼓励加工企业直接参与加工专用原料生产，按照国际通行标准建设加工专用原料基地，实现专业化生产、规模化种养、标准化管理，形成安全可靠的加工原料来源。建设的主要内容是：以优势农产品产业带及种、养基地为依托，以加工企业为龙头，建立一批与加工业配套的粮油、蔬菜、果品、畜禽、蛋、奶及水产品专用原料基地。到2010年，依据《优势农产品区域布局规划》，在全国培育50个具有区域特色、示范带动作用大的农产品加专用原料基地，为农产品加工业健康发展提供原料保障。

（三）农产品加工技术创新工程

通过有效整合大专院校、科研单位和企业的力量，构建农产品加工业技术创新体系，形成农产品加工业技术创新机制。建设的主要内容是：加快农产品加工研发中心建设。加速农产品加工公共资源整合，以中国农业科学院为依托建设国家农产品加工研发中心，以中央或地方大专院校、科研单位为依托重点建设50个专业性的农产品加工研发分中心，解决农产品加工业重大技术创新、技术引进和技术推广问题。推进建立企业技术研发中心。在100家农产品加工骨干企业进行建立技术研发中心的试点，鼓励科研院所、大专院校与企业的产学研对接，组建专业性的农产品加工研发中心或农产品加工企业的技术创新机构，选准科研重点，进行联合攻关，开发一批具有自主知识产权的科技成果，促进建立以加工企业为主体，科研单位、大专院校为依托的自主创新机制。促进科技成果的产业化。用好农产品加工重大关键技术筛选的成果，每年对20～30项农产品加工适用和重大关键技术进行推广示范，通过研究、开发、引进、推广一批农产品加工重大关键技术、工艺和装备，突破农产品精深加工和综合利用方面技术瓶颈的制约，全面提升我国农产品加工业的技术水平，培育一批具有较高市场占有率的名牌产品。国家重点在农产品加工研发中心和骨干企业技术研发中心基础设施建设、农产品加工关键技术引进、开发上给予扶持。

（四）农产品加工质量安全保障工程

通过健全完善农产品加工质量标准和检测体系，加强从原料生产到加工全过程的标准化管理和质量控制，提高农产品加工质量安全水平。建设的主要内容是：制定并发布《“十一五”农产品加工标准制修订指南》。根据农产品加工业发展的特点以及国际国内标准的现状，研究、制定适合我国国情的农产品加工业标准制定（修订）框架指南，有效指导“十一五”期间我国农产品加工业标准的制定（修订）工作。构建农产品加工国际标准跟踪平台。及时收集、掌握和整理CAC、ISO等国际组织以及美国、日本、韩国、欧盟等主要贸易国农产品进出口标准及政策的发展动态，并随时反映国际农产品贸易中出现的新情况、新趋势和新问题，为广大农产品加工企业采取积极的应对措施和制定（修订）我国农产品加工标准以及政府科学决策提供参考依据。加强农产品加工全程质量控制体系建设。加快农产品加工企业推行良好生产操作规范（GMP）、危害分析与关键控制点（HACCP）和ISO9000族系质量管理与控制体系，进一步加强对已通过认证的企业后续监管。同时，完善农产品加工质量安全检测体系，充分发挥现有农产品质检机构的作用，拓展其检测范围，扶持鼓励现有省级质检中心开展农产品加工业质量安全检测工作；大力支持检测新技术的研究，逐步建立起一套完整的快速、便携、精确的检验检测技术体系，全面提高我国农产品加工业检验检测的能力。建立健全农产品加工企业质量安全诚信体系。研究食用农产品安全诚信的评价指标，建立食用农产品安全诚信监控网络，营造“重质量安全，守行业诚信”的氛围。

（五）农产品加工信息化建设工程

通过信息化带动，促进农产品加工业走新型工业化的路子。建设的主要内容是：健全完善农产品加工信息网络。通过对现有的农产品加工信息网的完善和改扩建，整合全国农产品加工信息资源，构筑县、市、省和国家多层次的农产品加工信息网络，为宏观决策、促进产业发展提供丰富的信息资源。推进农产品加工企业信息化。依托农产品加工信息网，建立农产品加工市场信息预警机制，为农产品加工企业经营管理提供重要依据；同时推动农产品加工企业开展电子商务应用，选择100家在电子商务应用方面有一定基础的农产品加工企业进行试点示范。探索建立农产品物流信息化平台。构建农产品加工、生产、运输、销售的物流信息数据库，对农产品物流各环节进行编码标识和信息采集，实现农产品物流的现代化、标准化和信息化，选择50家农产品加工企业开展物流信息化平台建设试点。

（六）农产品加工创业工程

加强对新办中小型农产品加工企业创业的扶持和服务，促进我国农产品加工业形成合理的产业结构和产品结构，扩大农村劳动力就业、增加农民收入，提高农产品加工转化能力。建设的主要内容是：开展创业辅导培训。选择加工业已经具有一定的基础，并对农产品主产区有较强辐射作用的地区，以农民为主要对象，举办农产品加工创业培训。通过系统、规范的创业培训课程学习，了解就业形势和创业环境，了解申办各类经济组织的要求及相关的政策、法规，激发并增强农民，特别是年轻农民自主创办小企业的信心，学习、掌握企业经营管理的必备知识，提高自主创业的综合素质，以及管理运营企业的能力。加强创业孵化服务。鼓励各地在优势农产品产业带、粮食主产区和大城市郊区建设农产品加工业创业辅导基地，依托当地农产品资源和市场资源孵化中小型加工企业，促进农产品就地转化增值和农民就近转移就业。农产品加工创业辅导基地建设要科学规划，合理布局，要有利于农产品原料和加工产品的集散，有利于技术、人才、资金、信息和劳动力等要素资源的集聚，有利于农民的持续增收。“十一五”期间，全国重点培育50个农产品加工创业辅导基地进行试点示范。构建创业服务平台。培训服务平台，用好现有的农业、乡镇企业培训中心，通过评估、认证，确定一批农产品加工创业培训基地。信息服务平台，整合现有的与农产品加工有关的网络、报刊等媒体，建立为中小型农产品加工企业提供创业信息服务的平台。咨询服务平台，广泛发动社会力量，为中小型农产品加工企业提供企业诊断、技术和管理等方面的咨询服务。信用服务平台，建立新办中小型农产品加工企业信用档案，开展信用征集、信用登记评估、信用发布以及诚信活动，规范企业创业行为。

五、促进农产品加工业发展的政策措施

党中央、国务院高度重视农产品加工业的发展，把其作为促进县域经济发展、增加农民收入和提高农业综合生产能力的重要措施之一，"十一五"期间，必须抓住机遇，进一步落实完善各项政策，营造良好环境，有效化解制约发展的矛盾和问题，促进农产品加工业健康发展，为此提出以下政策措施。

（一）加大财政、金融以及税收等方面的扶持力度

继续落实好2004年以来下发的3个中央一号文件、国务院办公厅《关于促进农产品加工业发展的意见》（国办发［2002］62号）等一系列重要文件中关于加快发展农产品加工业的有关要求，加强与有关部门的协调，全面落实相关政策。积极协调财政部门争取设立农产品加工业发展专项资金。加大对农产品加工业的财政支持，加强对重点优势农产品加工业的基础设施建设、关键技术研发、引进和推广的扶持；加强对农产品加工业创业扶持，鼓励农民个人或各类农村合作经济组织，在主要农产品产地新办以吸纳当地农民就业为主的农产品加工企业，争取由财政给予适当补助；增强粮食转化能力，争取通过财政贴息鼓励种粮大户、农民合作组织和粮食加工企业的基本建设、流动基金等生产性投入；加强对农产品加工综合利用的扶持。积极配合税务部门做好农产品加工业增值税改革，争取对农产品加工企业开展综合利用、建设加工专用原料基地的税收优惠政策。积极协调金融部门推行积极的金融政策，拓宽农产品加工企业融资渠道，通过探索仓单质押等办法，不断扩大对企业流动资金的支持；争取政策性银行加大对农产品加工业的支持力度，增加中长期贷款；争取扩大农业政策性保险的试点范围。鼓励和支持农产品加工企业利用资本市场直接融资，鼓励有条件的地方建立专业担保机构，为农产品加工企业提供融资担保。

（二）鼓励探索企业与农户利益联接新机制

积极引导，进一步完善"龙头企业＋农民专业合作经济组织＋农户"、"龙头企业＋农村经纪人＋农户"和"龙头企业＋基地＋农户"等各种企业与农户利益联接模式。在此基础上，探索农民合作组织兴办农产品加工业、农民土地经营权入股或转移、公司＋中介组织＋农民形式的股份制合作组织等新型模式和机制，以加强企业和农户间的利益联系，建立利益共享、风险共担、长期稳定的利益联接机制，使农户最大限度地分享农产品加工、流通等环节的利益，建立农民增收的长效机制。鼓励龙头企业参与农业结构调整和农产品标准化生产基地建设，支持以龙头企业为依托，建立大型农产品生产、加工和销售基地，逐步形成专业化、标准化和规模化的农业产业带；鼓励和引导龙头企业按行业进行联合，形成具有较强竞争力的企业集群。

（三）建立健全各类社会化服务

鼓励各类服务机构，围绕农产品加工业的需要，发挥在行业状况调查、产业规划制定、行业诚信体系建设、项目评估、技术咨询、人才培训、质量检测等方面的作用，促进我国农

产品加工业的行业管理和服务逐步规范化。鼓励同类型的农产品加工企业之间组建专业协会，加强行业自律，协调解决行业内部矛盾，支持行业协会组织出口企业积极应对国外歧视性反倾销等限制性措施，促进行业健康发展。积极支持从事优势农产品加工、销售的企业，参加国内外的大型展览展销，提高我国优势农产品加工制品的市场知名度和占有率。协调有关部门，在协会的开办、登记、注册等方面提供便利。对有关农产品加工业的创业辅导、融资担保、科技服务、信息传递、政策咨询、人员培训、标准体系建设等公益性服务，要争取各级政府的支持，健全服务网络，强化服务功能。

（四）加快技术创新步伐

积极协调有关部门，加大国家科技支撑计划、跨越计划、农业综合开发、“948”等对农产品加工项目的资助力度，不断提升农产品加工业的原始创新能力和核心竞争力。促进中小型农产品加工企业技术创新，在产品研发、技术引进、标准与信息体系建设、人员培训等方面加强引导和扶持。鼓励大企业增加科研投入，建立技术研发中心，提高企业技术创新能力，开发具有自主知识产权的新技术和新产品。鼓励科研院所、大专院校和加工企业之间强强联合、优势互补，形成以“企业为主体、以科研单位为依托”的技术研发体系，加快农产品加工业的技术创新步伐。

（五）推进重点任务实施

积极协调有关部门，切实加强引导，加快推进6项工程重点任务的实施，争取对6项工程的公共基础设施和公共服务手段、措施的政策扶持。通过重点任务的实施，形成一批优势农产品加工产业集群，优化加工业布局，提升产业的带动力和支撑力；建设一批农产品加工专用原料基地，实现加工原料的标准化、规模化、专业化生产；培育一批具有带动效应和具有成长潜力的中小企业，促进农产品的就地加工增值和农民的就近转移就业；加速构建农产品加工业技术创新体系，形成农产品加工业技术创新机制；健全完善农产品加工质量标准和检测体系，加强从原料生产到加工全过程的标准化管理和质量控制，提高质量控制的整体水平；搭建信息化平台，推进农产品加工业管理和生产的信息化水平。

（六）提高认识，加强领导

各级农业部门必须充分认识大力发展农产品加工业的重大战略意义，要按照中央的要求，切实履行好职责范围内农产品加工业的宏观管理和指导工作。按照农产品加工业的发展规律，转变工作职能，创新工作方式，完善工作机制，提高工作水平。农业部根据国务院赋予的职能，围绕解决好“三农”问题，加强管理职能建设，尽快完善配套措施和保障手段，切实发挥作用，建立统一、协调、高效的工作体系，实施有效指导。地方各级农业部门要积极协调政府及有关部门，尽快整合力量，进一步明确职能，切实落实责任，形成推进农产品加工业发展的工作合力，为农产品加工业创造宽松、有力的发展环境。

食品工业"十一五"发展纲要

一、前　　言

食品工业是关系国计民生的生命工业，也是一个国家、一个民族经济发展水平和人民生活质量的重要标志。经过改革开放20多年的快速发展，我国食品工业已经成为国民经济的重要产业，在经济社会发展中具有举足轻重的地位和作用。特别是"十五"时期，食品工业呈现出快速发展的势头，成为国民经济发展中增长最快、最具活力的产业之一，对提高城乡居民生活水平、推动相关产业发展、扩大就业、带动农民增收等做出了重要贡献，为"十一五"发展奠定了良好基础。

"十一五"时期是全面建设小康社会的关键时期，也是贯彻落实科学发展观、推进社会主义新农村建设的第一个五年规划期。站在新的历史起点上，食品工业要把握好这个重要的战略机遇期，按照贯彻落实科学发展观的要求，以《国民经济和社会发展第十一个五年规划纲要》为指导，结合食品工业自身发展的现状和趋势，科学制定具有战略性、前瞻性和导向性的《食品工业"十一五"发展纲要》，全面提升食品工业的发展水平，对提高农产品附加值，稳定和发展农业生产，扩大就业，调整经济结构，配合资源枯竭型城市转型，满足人民日益增长的物质需要，提高生活水平，实现全面建设小康社会的宏伟目标都具有重要的意义。

二、"十五"时期食品工业的成就

"十五"时期，我国食品工业依托巨大的市场需求，应对加入世界贸易组织后的新变化，继续保持强劲的增长势头，行业发展总体水平有了较大提高，提前实现"十五"规划确定的主要发展目标。

（一）食品工业持续快速健康发展，经济效益稳步提高

"十五"时期，在市场需求和政策导向的双驱动下，我国食品工业进入新一轮快速增长期。2005年，全国国有及规模以上非国有食品工业企业实现总产值20 344.8亿元，比2000年增长97.2%，年均增长19.4%；工业增加值6 300.0亿元，比2000年增长87.8%，年均增长17.6%；销售收入19 900.0亿元，比2000年增长了101.3%，年均增长20.3%；利税总额3 365亿元，比2000年增长91.9%，年均增长11.4%。其中，粮油加工、肉类加工、乳制品加工等行业的工业增加值和利润年均增长率均超过20%。

（二）主要食品产量大幅度增加，产品结构调整取得新进展

2005年，我国食品工业主要产品的产量分别达到：小麦粉3 922万吨、食用植物油1 612万吨、

肉类总产量 7 743 万吨（其中肉类制品 850 万吨）、乳制品 1 146 万吨、啤酒 3 062 万吨、软饮料 3 380 万吨，分别比 2000 年增长了 42.2%、92.6%、26.4%、530%、37.2%和 126.7%。

专栏 1　2000 年和 2005 年食品工业主要产品的产量

单位：万吨

产　品	2000 年	2005 年	五年累计增长（%）	年均增长率（%）
小麦粉	2 759	3 922	42.2	7.3
食用植物油	837	1 612	92.6	14.0
肉类总产量	6 125	7 743	26.4	4.8
其中：肉类制品	407	850	108.8	15.9
乳制品	208	1 310	5.3 倍	44.5
其中：液体乳	125	1 146	8.2 倍	55.8
方便主食品	250	458	83.2	12.9
罐头	178	360	102.2	15.1
软饮料	1 491	3 380	126.7	17.8
啤酒	2 231	3 062	37.2	6.5
成品糖	700	904	29.1	5.2

食品工业的产品结构趋于优化，有效满足了消费者日益增长的多层次需求。“十五”期末，我国粮食加工业中特等米和标一米占大米总产量的 92%以上，比 2000 年提高了 7 个百分点；特制二等以上精制小麦粉占面粉总产量的 75%，比 2000 年提高了 5 个百分点；全精炼食用植物油占食用植物油总量的比重由 2000 年的 30%提高到 60%以上；精深加工肉制品占肉类总产量的比重上升到 11%，比 2000 年提高了 5 个百分点；液体乳产量占乳制品的产量由 2000 年的 60%提高到 91%以上；软饮料制造业打破过去一直以碳酸饮料为主的局面，形成了包装饮用水、碳酸饮料、果蔬饮料、茶饮料等多元化发展的态势。

（三）产品质量明显改善，食品安全水平稳步提高

“十五”时期，随着国家卫生部制定的《食品安全行动计划》、国家食品药品监督管理局会同有关部门制定的《食品药品放心工程实施方案》和《食品企业 HACCP 实施指南》等规章，以及一系列以食品安全标准为重点的食品标准的颁布实施，食品企业的主体资格和生产经营行为得到有效规范，生产条件和经营环境更加符合食品安全和卫生要求，产品质量稳中有升，各类产品抽检合格率均呈上升趋势，食品安全水平不断提高。如肉类行业 100 强企业中通过 ISO9000 认证的企业达到 77 家，通过 HACCP 认证的企业有 61 家。

（四）企业组织结构进一步优化，生产集中度逐步提高

“十五”时期，我国食品工业兼并、重组步伐加快，一批具有市场竞争优势的骨干食品企业发展壮大，成长起一批知名企业和名牌产品，名优产品的市场份额明显提高。2005 年，食品工业百强企业完成销售收入 4 987.9 亿元，占全行业的 25.6%；总资产 4 586.3 亿元，占全国食

品工业的 28.9%；实现利税总额 1 920.0 亿元，占全国食品行业的 57.1%。部分食品行业的生产集中度达到较高水平，其中：乳制品行业十强企业销售收入占全行业的 54.7%，饮料行业十强企业产量占全行业的 39.5%，制糖行业十强企业产量占全行业的 43.6%，啤酒行业 3 大企业集团的产量合计占全行业的 31.6%。

（五）企业所有制结构呈多元发展态势，民营企业和“三资”企业发展迅速

“十五”期间，我国食品工业利用外资发展迅速。据不完全统计，全世界食品工业 50 强中，已有 30 多家在我国开办合资和独资企业。同时，一批民营食品企业迅速成长，在食品工业中已具有重要地位。2005 年，规模以上国有食品企业 2 039 个，实现销售收入 3 086.7 亿元，占 15.5%；集体企业 1 001 个，实现销售收入 753.4 亿元，占 3.8%；“三资”企业 3 910 个，实现销售收入 5 367.5 亿元，占 27.0%；民营企业（股份合作企业、股份制企业和私营企业）16 497 个，实现销售收入 9 664.5 亿元，占 53.7%，居于主导地位。与 2000 年相比，国有企业比重降低了近 23 个百分点，“三资”企业和民营企业分别提高了 4 个百分点和 17 个百分点。

（六）食品工业区域布局渐趋合理，企业集群式发展的格局逐渐形成

“十五”时期，围绕稻谷、小麦、玉米、大豆、油菜、甘蔗、果蔬、牛羊肉、奶、水产品等农产品生产基地和食品消费市场，初步形成了一批食品生产企业密集区和多个优势农产品加工产业带，呈现出集群式发展的特色和较为合理的区域布局，如黄淮海地区优质专用小麦加工产业带，东北及内蒙古东部玉米、大豆加工产业带，长江流域优质油菜加工产业带，华东、中南、西南、华北及东北地区猪牛羊禽肉加工产业带，东北、华北、西北地区乳制品加工产业带，广西、云南糖料加工产业带，东南沿海、黄渤海出口水产品加工带等。

（七）食品科学技术较快发展，加工装备水平不断提高

“十五”时期，国家组织实施了一批以食品加工为主的农产品深加工重大科技专项攻关，重点对稻米、小麦、玉米、大豆、马铃薯、苹果、肉制品、奶制品等的重大关键技术与加工设备进行研发，攻克了膜分离、物性修饰、无菌冷灌装、浓缩、冷加工等加工关键技术难题，开发了冷却肉、大豆分离蛋白、浓缩苹果汁、玉米变性淀粉等市场潜力大的新产品，研制出一批包括 48 000 瓶/小时的啤酒灌装生产线、36 000瓶/小时不含气饮料塑料灌装生产线、180 000包/班的方便面生产线、4 200 袋/小时的牛奶无菌包装生产线、工业机器人、高速 6 色凹印机、双瓶吹瓶机、多层共挤设备、冷冻干燥设备及纸浆模塑机械等技术含量高的食品加工装备，缩短了我国食品加工技术和装备与国际先进水平的差距，部分领域接近国际先进水平，个别领域达到国际领先水平。

（八）食品工业带动能力进一步显现，解决“三农”问题的作用不断增强

“十五”时期，食品工业在扩大农村就业、促进农民增收上的作用越来越明显，带动能力进一步加强。国家通过实施“农产品深加工食品工业专项工程”，对粮油加工、肉类加工、乳制品加工、果蔬加工以及特色资源加工等五大行

业的农产品加工项目给予了重点支持。到2005年底，已建成投产143个项目，年加工转化农产品约900万吨，直接提供就业岗位17万个，带动农户650万多户，户均增收2 000元左右。

三、食品工业存在的问题

“十五”期间，我国食品工业虽然成效显著，但与世界先进水平相比仍存在较大差距，与全面建设小康社会的新要求相比，还有不小差距。

（一）食品工业转化增值能力较低，整体水平亟待进一步提高

我国食物资源丰富，粮食、油料、蔬菜、水果、肉类和水产品等农产品产量均居世界首位，但是以这些农产品为原料的食品加工、转化增值程度偏低。在加工量方面，目前我国加工食品占消费食品的比重仅为30%，远低于发达国家60%～80%的水平。其中，我国经过商品化处理的蔬菜仅占30%，而欧盟、美国、日本等发达国家占90%以上；我国柑橘加工量仅为10%左右，而美国、巴西达到70%以上；我国肉类工厂化屠宰率仅占上市成交量的25%左右，肉制品产量占肉类总产量只有11%，而欧盟、美国、日本等发达国家已全部实现工厂化屠宰，肉制品占肉类产量的比重达到50%。在产值方面，2005年我国食品工业总产值与农业总产值的比值仅为0.5∶1，而发达国家约为2.0～3.7∶1。

（二）高附加值产品比例偏低，品种结构不够合理

目前，我国食品工业仍以初加工产品居多，精深加工产品较少。例如，玉米加工产品主要以生产普通淀粉、酒精、白酒和饲料为主，新开发的综合利用产品不多，多元醇、变性淀粉等深加工产品少，市场需求看好的乳酸、聚乳酸产品还处于开发阶段。大豆加工基本上以油脂和饼粕等初级加工产品为主，高附加值的卵磷脂、异黄酮等深加工品少。肉产品结构“四多四少”的现状依然存在，即：白条肉、冷冻肉多，分割肉、冷却肉、小包装肉品种少；生肉制品多，熟肉制品少；高温制品多，低温制品少；粗加工产品多，精深加工产品少。

（三）企业规模偏小，组织结构有待进一步优化

目前，我国稻谷加工达到日生产能力400吨及以上合理规模的企业不足1%；大部分油菜籽加工企业年加工能力不足10万吨；甘蔗糖厂的平均日榨能力仅为2 500吨；规模以上软饮料企业的年均产量只有3万吨，10万吨以上的企业仅25家；罐头加工企业的平均规模仅为1 000吨左右。企业规模小，严重制约了食品行业生产集中度的提高。如我国猪肉加工4强企业的加工能力占规模以上企业加工能力不足10%，而美国猪肉加工4强企业占全国加工能力的50%以上，荷兰猪肉加工3强企业的加工能力占全国的74%，丹麦最大猪肉加工企业的加工能力高达全国的80%；在饮料制造方面，美国10大饮料公司占全美饮料总产量的96.9%，远高于我国39.5%的水平。

（四）食品工业布局尚不尽合理，区

域优势没有充分发挥

一是区域发展不平衡。我国食品工业主要分布在东部发达地区的格局20年来没有发生大的变化。在产品销售收入方面，目前东、中、西三大区域食品工业的比重约为3.2:1.3:1；在产品深加工方面，东部地区的食品工业与农业的总产值之比为1.05:1，中部地区为0.50:1，西部地区为0.40:1。中西部地区由于食品工业发展滞后，丰富的原料资源优势没有转化为产业优势。二是食品工业布局与农业生产布局衔接不够紧密。食品生产、加工和销售脱节的问题仍然普遍存在，农业生产与食品加工互为促进的机制尚未建立起来，造成原料供应与食品工业发展的要求不相适应，增加了农产品长途运输的成本和物流过程的损失，导致资源浪费。如我国虽然有300多个小麦品种，但适合加工优质面包和饼干的专用品种缺乏，每年不得不从国外进口1 000多万吨加工专用小麦，另外加工啤酒的大麦大量依靠进口。我国95%的柑橘为鲜食品种，适合加工的仅占5%，其中80%仅适合加工成橘瓣罐头，适合加工橙汁的品种很少。

（五）食品工业关键技术与装备水平不高，自主创新能力亟待加强

我国食品工业整体技术和装备水平比发达国家落后20年左右。食品加工装备制造业产品稳定性、可靠性和安全性较低，能耗高，成套性差；整体研发能力不高，关键技术自主创新率低；一些关键领域对外技术依赖度高，不少高技术含量和高附加值产品主要依赖进口，部分重大产业核心技术与装备基本依赖进口；定向分离与物性修饰、非热杀菌、多级浓缩干燥等食品工业技术，以及连续冻干设备、超低温单体冷冻设备等一批共性关键重大技术与大型成套装备亟待突破。

（六）食品安全保障水平仍然较低，总体形势不容乐观

我国的食品安全水平与消费者的期望相比，仍然有较大差距，安全事故时有发生，社会公众对食品卫生仍缺乏安全感，食品安全形势依然严峻。一是食品标准制定方法和体系不能适应食品安全控制的要求，存在标准体系结构、层次不够合理，个别标准之间存在交叉重复，食品安全标准短缺，标准技术水平偏低，标准实施力度不够等一系列的问题；二是食品企业违法生产食品现象不容忽视。少数不法分子违法使用食品添加剂和非食品原料生产加工食品。另外，加工设备落后、卫生保证能力差的手工及家庭加工方式在食品生产加工领域中占较大比例。三是新材料和新工艺不断出现，直接应用于食品及间接与食品接触的化学物质日益增多，带来新的食品安全隐患。四是从农田到餐桌食物链污染情况时有发生，其中源头污染（种植、养殖过程）和环境污染给食品卫生带来较大影响。

四、“十一五”时期食品工业的发展环境分析

“十一五”时期是我国以科学发展观为指导，实施新的国民经济和社会发展规划的重要时期，也是我国经济结束WTO过渡期，加快融入国际经济的关键时期。与“十五”期间所处的国内外环境有所不同，在这个时期，食品工业发展既要符合国家总体规划，满足全面建设

小康社会的要求，也要适应全球化过程中更为严峻的国际竞争环境，不断提高竞争力，实现更快更好地发展。新的形势和任务，将对我国食品工业产生重要影响。

（一）食品工业的发展机遇

1. 国民经济持续快速发展和城市化水平的提高，给食品工业发展创造了巨大的需求空间

根据《国民经济和社会发展第十一个五年规划纲要》的预期目标，“十一五”时期国内生产总值年均增长7.5%，城乡居民人均纯收入分别年均增长5%，城市化率提高到47%，全国总人口控制在13.6亿人。根据有关预测，同期我国城市居民的恩格尔系数预计将由2004年的37.7%下降到2010年的35%，平均生活水平处于富裕型阶段；农村将由2004年的47.2%下降到2010年的41.6%，平均生活水平从小康型向富裕型阶段转变。上述因素的共同作用将对食品消费总量和结构产生重要影响，即：虽然代表食品消费的恩格尔系数将下降，但仍位于居民消费支出比重之首，食品消费总量仍将不断增加，商品性消费日益取代自给型消费，工业化食品比重逐步增长，为食品工业发展提供巨大的市场空间。

2. 农业结构调整和产业化进程加快，为食品工业提供更加丰富的优质原料

“十一五”时期，我国将继续按照农业部颁布的《优势农产品区域布局规划（2003～2007年）》的方案，调整农业产业结构，加强专用农产品原料基地建设，促进农业由生产导向型向市场导向型、加工导向型转变，推动农产品生产专业化、优质化和区域化，为食品工业发展提供优质、专用的加工原料。

3. 西部大开发、振兴东北地区等老工业基地、促进中部崛起和建设社会主义新农村等重大发展战略，为食品工业创造了新的发展机遇

东北、中部和西部地区是我国重要的农业主产区，农村人口比重大，拥有丰富的食物资源，发展食品工业不仅潜力巨大，而且也具备了快速发展的基础。“十一五”时期，在上述重大发展战略的共同推动下，这些地区食品工业发展的硬件、软件环境将不断改善，有利于进一步发挥区位优势和农业资源优势，发展成为我国重要的食品工业基地。

4. 国家重视发展循环经济，为食品工业发展营造了良好的宏观环境

食品工业主要利用可再生资源为原料，其生产消费过程产生的废弃物可以再利用或者还田，具有循环经济的特征。在国家大力倡导发展循环经济的背景下，食品工业的发展将更加受到政府和社会的重视，所面临的宏观环境将越来越好。目前，一些省区市已经把加快发展食品工业，作为提高区域竞争力和促进经济发展的重要战略举措。

5. 全球经济和区域经济一体化进程的加快，为我国食品工业在更大范围内配置资源、开拓市场创造了条件

“十一五”时期，随着我国加入WTO过渡期的结束，国内食品工业对外开放程度将进一步加大。这有利于我国食品工业更好地引进国际先进的技术、设备和管理经验，合理利用国外食物资源保障原料供给，进一步拓展食品工业的国际市场。

（二）食品工业面临的挑战

1. 环保要求高，资源消耗量大，食品工业发展成本增加

一方面，我国食品工业企业规模普遍偏小，

远没有达到合理的经济规模，一部分企业难以支付污染治理的成本。另一方面，食品工业部分行业的能耗和水资源消耗比较大，不利于资源节约利用。按照建设节约型社会和环境友好型社会的要求，未来食品工业发展面临着加强环保治污和减少资源消耗的双重压力和约束，提高了食品企业的行业准入门槛。

2. 食品工业发展受制于融资难问题

食品工业原料收购季节性强、资金用量大、需求集中，而食品加工企业大多利润率不高，靠自我积累发展的能力不足。目前的融资环境不利于食品生产企业获得金融支持。一是中小企业资产规模小、信用等级低、抵押物少，只有小部分能够获得商业性金融机构的信贷；二是民营企业由于政策的限制，难以得到政策性银行的资金支持；三是农村信用合作社等涉农金融机构的力量有限，远远不能满足食品企业对资金的要求；四是部分大企业因位置远离城市，不动产价值低、变现困难，获得银行贷款的难度较大。

3. 食品市场竞争日趋激烈，食品企业面临严峻挑战

一方面，外国资本进入我国食品工业十分活跃，利用其技术和资金优势，争夺国内市场，提高市场垄断能力，对技术水平相对落后、资金实力不强的国内食品企业造成重大威胁；另一方面，很多国家提高进口食品的检测标准，食品国际贸易的技术门槛和环保要求趋于增强，有的成为保护本国产业的非关税贸易壁垒。涉及产品范围会越来越广，监管措施越来越具体，我国食品出口面临的阻力增大。如欧盟和日本于2006年启动了更加严格的食品检测新标准，对我国食品出口构成不利的影响。

4. 对食品安全的要求提高，食品安全和卫生水平在食品工业中的重要性更加突出

随着人民生活水平的提高，食品安全问题越来越引起全社会的关注。食品加工既可以提高食品的质量，又可能增加不安全的因素。建立从原料生产、采购、贮运、加工到成品包装、销售等各环节的食品安全体系，是食品工业发展面临的重大课题。

五、“十一五”时期食品工业发展的指导思想、原则和目标

（一）指导思想和基本原则

“十一五”时期食品工业发展的指导思想是：按照全面建设小康社会和构建社会主义和谐社会的要求，全面落实科学发展观，走新型工业化道路，以市场需求为导向，以发展农业产业化为契机，依托农业生产，反哺农业生产，继续调整食品工业结构，进一步提升行业发展总体水平；优化区域布局，加强原料基地建设，培育食品加工产业带和企业集群；转变增长方式，促进资源精深加工和综合利用，发展循环经济；增强自主创新能力，推动行业科技进步，促进食品加工装备制造业的发展；加强食品安全体系建设，提高食品营养和安全水平，确保居民放心食用。促进食品工业健康、稳定和可持续发展。

“十一五”时期，食品工业发展的基本原则：

一是自主创新，科技先导。瞄准世界食品

加工技术与产业发展前沿，推进科技创新和技术进步，增强食品工业原始创新、集成创新和引进消化吸收再创新能力。积极采用高新技术和先进适用技术改造食品工业，加快科技成果推广应用和产业化步伐，提高产品的科技含量。

二是培育品牌，做大做强。加快产品结构调整，避免片面追求规模扩张，转变增长方式。加强新产品开发力度，努力打造食品知名商标。对拥有区域性和全国性知名商标的企业要给予必要支持和保护，帮助企业牢固树立商标意识，做好商标宣传，提高产品竞争力。鼓励和推动企业通过并购、重组、联合等方式，拓展经营规模，做大做强，提高食品工业的生产集中度。扩大开放，鼓励优势企业“走出去”，开拓国际市场和到国外设厂，争创世界食品知名品牌。

三是突出优势，集聚发展。遵循经济规律，充分发挥不同区域的比较优势，加快资金、技术、人才等要素向优势产区和优势行业流动，促进产业延伸，培育产业集群，形成特色食品加工产业带（区）。

四是注重营养，提高质量。注重以营养科学为指导，注重保存食物原料固有的营养成分，优化食品中营养素配比，维护和提升加工食品的营养品质，满足人民生活水平提高对营养健康的要求。

五是标准先行，保障安全。参照国际标准，结合国情，建立国家食品标准和统一、规范的食品认证认可体系，完善食品安全检测和监控系统体系。在加强部门协调的基础上，强化食品工业的市场准入管理，确保食品在原料、加工、包装、运输和食用等全过程中的卫生和安全。

六是节约资源，综合利用。全面树立循环经济的理念，提高资源综合利用水平和食物出品率，尽可能做到“吃干榨净”，降低资源消耗，确保资源的合理利用和永续利用。大力发展资源深度加工，延长产业链，促进农产品转化增值，拓宽食品工业发展的空间。

（二）发展目标

1. 食品工业的规模和效益持续快速增长

2010 年，食品工业总产值从 2005 年的 20 345亿元增加到 40 900 亿元，年均增长 15%；利税总额从 2005 年的 3 365 亿元增加到 6 768 亿元以上，年均增长 15%；食品工业产值与农业产值之比从 2005 年的 0.5:1 提高到 0.8:1。

2. 基本建立相对完善的食品工业国家科技创新体系，形成重点突出、结构合理的食品科技总体布局和创新平台

2010 年食品工业技术进步贡献率达到 40% 左右，大中型企业生产装备应用微电子和信息技术的比重达到 50% 以上，重点行业的关键技术达到国际先进水平。

3. 食品安全体系建设逐步完善，食品安全水平显著提高

建立起符合我国国情的食品标准体系、食品安全法律法规体系、控制技术和检测技术体系、食品安全认证认可体系，以及比较健全的市场信用体系和食品安全信息体系，显著提高人民群众对食品消费的放心食用程度。

4. 企业组织结构逐步优化

通过跨国、跨区域、跨行业、跨所有制的资源整合，打造一批具有较强竞争力的大企业、大集团。2010 年销售收入 100 亿元以上的食品工业企业达到 20 家以上，食品工业百强企业的生产集中度（以销售收入来衡量）超过 30%。

5. 深加工和综合利用水平明显提高

2010 年加工食品占食品消费的比重提高到

40%以上；食品加工业和食品制造业产值的比重提高到70%以上；粮食加工、食用植物油加工、肉类屠宰加工、果蔬加工等行业的副产品综合利用率大幅度提高。

6. 公众营养状况不断改善

“十一五”期间，食品工业产品的总量和结构要基本满足改善公众营养的需要，逐步消除营养不良、营养失衡等状况，城乡居民膳食结构和营养水平不断改善，人民生活质量和健康状况明显提高。2010年基本达到小康和更加富裕的食物结构和膳食营养要求，全国人均每日摄入能量达到2 300千卡，蛋白质75克，脂肪70克，其中：城市居民人均每日摄入能量2 250千卡，蛋白质75克，脂肪80克；农村居民人均每日摄入能量2 320千卡，蛋白质75克，脂肪65克。

7. 可持续发展能力进一步增强

食品工业“三废”排放达到国家规定的指标范围。单位产值能耗降低20%，单位工业增加值用水量降低30%，工业固体废物综合利用率达到80%以上，主要污染物排放总量减少10%。

专栏2 “十一五”时期食品工业发展的主要目标

类别	指标	2005年	2010年	年均增长率(%)	属性
速度和效益	总产值(亿元)	20 345	40 900	15	预期性
	利税(亿元)	3 365	6 768	15	
	食品工业产值与农业产值之比	0.5:1	0.8:1		
企业结构	销售收入超百亿元的企业(个)	>10	>20		预期性
	百强企业生产集中度(销售收入,%)	25.6	>30		
科技	技术进步贡献率(%)		40		预期性
	生产装备应用微电子和信息技术的比重(%)		50		
深加工和综合利用	加工食品占食品消费的比重(%)	35	40	[5]	预期性
	食品加工业与食品制造业产值的比重(%)	68	70	[2]	
公众营养水平	能量摄入量(千卡/日)	2 250	2 300		预期性
	蛋白质摄入量(克/日)	66	75		
	脂肪摄入量(克/日)	76	70		
资源与环境	单位产值能耗降低(%)		20		约束性
	单位工业增加值用水量降低(%)		30		
	工业固体废物综合利用率(%)		>80		
	主要污染物排放总量减少(%)		>10		

注：食品工业总产值和利税为2005年价格；带［ ］为五年累计数。

六、“十一五”时期食品工业发展的重点行业及区域布局

“十一五”食品工业发展要在统筹规划、全面推进的基础上，按照量大面广、转化农产品数量多、出口增值大、就业容量多、产业关联度高、带动能力强的准则，确定重点行业及其发展方向，择优扶强，实现跨越式发展。

依据上述条件，“十一五”食品工业发展的重点行业是：

(一) 粮食加工业

“十五”期间，我国粮食加工业取得了长足发展。2005年规模以上粮食加工企业8 700个，实现工业产值3 200亿元；粮食加工技术和装备水平不断提高，初步形成了优势明显的产业布局。“十一五”时期要继续改进粮食加工业企业规模小、粗加工能力过剩、深加工产品少、技术装备相对落后的问题。

1. 发展方向和目标

重点抓好稻谷、小麦、玉米、大豆和薯类的精深加工与综合利用，兼顾杂粮的开发。小麦、稻谷加工继续以生产高质量、方便化主食食品为主，重点发展专用面粉、营养强化面粉、专用米、营养强化米、方便米面制品、预配粉等，推进传统主食品生产工业化；玉米加工除继续发展高质量的主食食品、休闲食品、方便食品等外，进一步发展应用前景广、市场需求潜力大的淀粉糖、有机酸、聚乳酸、变性淀粉、多元醇等精深加工产品；大豆加工重点发展大豆分离蛋白、大豆功能性蛋白、大豆组织蛋白和其他高附加值产品；薯类加工重点发展淀粉、全粉、变性淀粉、薯条（片）和方便湿粉等产品；杂粮加工重点发展荞麦、燕麦、豌豆、红豆等为原料的方便食品和功能食品。加大粮食综合开发利用力度，提高糠麸、胚芽、稻壳、豆渣、薯渣等副产物的综合利用水平。

“十一五”期末，初步建立起现代化粮食加工业体系。到2010年，粮食通过加工增值30%左右，深加工比例由目前的8%提高到15%左右；日处理稻谷100吨以上的碾米企业加工量占总加工量的比例由现在的33%增加到45%，日处理小麦200吨以上的面粉企业加工量占总加工量的比例由42%增加到50%以上。

2. 区域布局

发挥粮食主产区的资源优势，以现有骨干企业为依托，通过技术进步和结构调整，达到合理经济规模。同时，发挥主销区的市场优势，重点培育联动作用强、辐射区域广的大型加工企业。

在北方、黄淮海等小麦主产区，发展生产面包、面条、饼干等优质专用粉加工企业，形成优质小麦加工产业群。在大中城市和东部沿海等小麦主销区，结合产业结构调整，发展大型企业集团，建立适合城市特点的主食品加工基地，推进面制主食品工业化。通过重组、兼并等形式，在主产区和主销区，培育形成20家以上日处理小麦超过1000吨的大型制粉企业。

在东北、华东、华南、华中、西南等稻谷主产区，主要发展稻米的深加工企业，构建稻谷加工产业群，推进米糠、稻壳、碎米等综合利用，建设年处理稻谷15万~30万吨的加工企业；在珠江三角洲、长江三角洲以及部分大城市等稻米主销区，建设一批年产2万吨的大米主食品生产基地。

在东北三省和黄淮海两大玉米主产区，大力发展高油玉米、糯玉米、高直链淀粉玉米等优质专用玉米加工基地，逐步形成玉米深加工的产业群；在西南山地玉米产区、西北灌溉玉米产区和青藏高原玉米产区，重点发展特色玉米食品加工业。

利用中西部地区和东北地区的特色农业资源，建立杂粮和薯类加工基地，重点发展西北地区的荞麦、燕麦、大麦、小米、绿豆、蚕豆等加工业及东北、西南地区的马铃薯、甘薯和木薯加工业。

(二) 食用植物油加工业

我国是食用植物油生产和消费大国。2005

年食用植物油生产总量达到1 612万吨，花色品种日益丰富，技术水平与国外差距明显缩小。但是，我国食用植物油加工业存在产能过剩、油料综合利用水平低、区域布局不够合理等突出矛盾。其中，大豆油加工原料的国际依存度超过50%，加工能力的70%集中在东南沿海地区。

1. 发展方向和目标

在控制加工总量基础上，整合现有食用油加工资源，调整结构和区域布局，稳步发展花生油、大豆油、菜籽油和棉籽油等食用油，加快发展山茶油、红花油、橄榄油、米糠油、胚芽油等特色食用油，扩大精炼油和专用油的比重，提高油料综合利用程度，开发利用油料蛋白、生物活性物质等产品，同时推进传统豆制品工业化和新兴豆制品加工业的发展。

“十一五”期末，初步形成布局合理、发展有序、特色明显的油脂加工业体系。到2010年，食用油脂产量达到2 500万吨以上，食用油精加工产品所占比例提高到70%；日处理大宗油料300吨以上的油脂加工厂的比例由目前的20%提高到45%；农村一、二级油的消费比例逐步提高。

2. 区域布局

油料主产区以现有骨干加工企业为依托，优化资源配置，达到合理的规模；主销区重点培植生产规模大、联动作用强的大型企业，提升产品质量和档次，提高精深加工和综合利用水平。

在东北和黄淮海等大豆主产区，重点发展非转基因大豆加工业和大豆蛋白、磷脂等新兴大豆制品加工业，鼓励通过兼并、重组形成若干个日加工量1 000吨以上的大豆制油企业，逐步形成产业集群；在渤海湾、长江三角洲和珠江三角洲等沿海地区，建成大型食用油深加工基地。

在南方油菜籽主产区和黄淮海花生主产区，以现有骨干企业为依托，培育形成若干个日处理油料1 000吨及以上的大型菜籽油和浓香花生油加工企业；在东北、西北等葵花籽主产区，重点发展日处理500吨的中型葵花籽油精深加工生产线。在新疆、山东、河北、山西等产棉区，重点发展棉籽油、棉籽蛋白和脂肪酸衍生物、甘油、棉酚等产品。

在东北、华东、华中等稻谷产区和玉米产区，大力发展米糠油和玉米胚芽油等谷物油；在西北、西南及中南地区，重点发展油茶籽、油橄榄、红花籽、沙棘、葡萄籽、核桃等特种油料加工。

（三）果蔬加工业

我国果蔬资源产量居世界首位，果蔬产业已成为我国仅次于粮食的第二大农业支柱产业。“十五”期间，我国果蔬加工业持续快速发展，形成了环渤海和西北黄土高原两大浓缩苹果汁加工基地、西北番茄酱加工基地，东南沿海脱水蔬菜、罐头和速冻果蔬加工基地。与发达国家相比，我国果蔬产业仍然比较落后，采后损失率达20%～30%以上，果品和蔬菜深加工率不足10%和1%。

1. 发展方向和目标

果品加工重点发展浓缩果汁、天然果肉原汁、非还原果汁、复合汁、果汁饮料、果酒以及轻糖型和混合型罐头，蔬菜加工重点发展低温脱水蔬菜、速冻菜、蔬菜罐头、切割菜、复合果蔬汁；鼓励农产品批发市场及农产品流通企业建设果蔬预冷、分级、包装、贮运现代物流体系，加快果蔬皮渣综合利用和果蔬流通技术研究，开发果蔬功能产品。

“十一五”期末，基本建立我国现代果蔬加工和物流配送体系，形成布局合理、区域特色明显的果蔬加工业产业集群。到2010年，果蔬采后商品化率提高到60%以上，采后损失率降低到10%~15%，果蔬的深加工转化率分别达到10%~15%和3%~5%，果蔬皮渣的综合利用水平大幅度提高，经济效益进一步改善。

2. 区域布局

在原料主产区重点发展浓缩果蔬汁（浆）、脱水果蔬、速冻果蔬、罐藏果蔬等加工业及贮运保鲜；在大中城市等主销区，重点发展果蔬汁等终端产品。同时，大力培育大型果蔬流通加工企业。

在山东、陕西、辽宁等地发展浓缩苹果汁，新疆等西部地区发展番茄酱、浓缩葡萄汁，河北、天津、安徽等地发展桃浆、浓缩梨汁，重庆、湖北等地发展柑橘浓缩汁与非还原柑橘汁，海南和云南等地发展热带果汁。

在东北、西北、西南等果蔬主产区及东南沿海发达地区，重点发展脱水果蔬产业和果蔬速冻产业，形成环形产业布局，增强出口能力。

（四）肉类加工业

我国肉类产量位居世界第一。“十五”期间，我国肉类加工业保持了较快的增长势头，肉类总产量年均增长4.8%，涌现出一批具有国际先进水平的大型肉类加工企业。但是，我国肉类生产集中度和工业化程度还比较低，肉类产品质量安全问题仍很突出，品种结构不合理、深加工转化率不高的局面仍未得到根本性的转变。

1. 发展方向和目标

大力发展冷却肉、分割肉和熟肉制品，扩大低温肉制品、功能性肉制品的生产，积极推进中式肉制品工业化生产步伐；在稳步发展猪肉产品的同时，重点发展牛羊肉、禽肉制品；广泛开展畜禽血液、骨组织、脏器等副产品的综合利用研究，开发生产各种生物制品。继续推行定点屠宰，稳步提高机械化屠宰的比重，完善肉品加工全程质量控制体系，保障肉类食品安全。

“十一五”期末，基本建立较为完善的肉类加工业体系，培育一批具有国际竞争力的大型肉类加工企业，企业组织化程度和行业生产集中度明显提高。到2010年，肉类总产量超过8 400万吨，其中，猪肉、牛羊肉、禽肉各占60%、20%和20%左右；肉类制品产量超过1 100万吨，占肉类总产量的13.1%；上市流通的畜禽工业化屠宰加工产品的比重达到45%~50%，大中城市全部实行工厂化、机械化屠宰；大型肉类加工企业的综合利用产值占总产值的比重达到20%以上，规模以上肉类企业通过ISO90001和HACCP体系认证比重达到90%。

2. 区域布局

“十一五”期间，大城市和东部沿海发达地区仍将是我国肉类消费的领先地区，而东北、华北、西北、西南等地区则是肉类生产增长的主要地区。针对这一特点，“十一五”时期，在华东、西南、华北、东北地区，重点建设猪肉及其产品加工业基地；在中原、东北地区，重点建设牛肉及其产品加工业基地；在西北、内蒙古及河北北部、中原和西南地区，重点建设羊肉及其产品加工业基地；在中部和东部的家禽主产区，重点建设禽肉及其产品加工业基地。

（五）水产加工业

水产品是我国目前最大的食品出口行业之

一，2005年我国水产品及制品出口额达71.8亿美元，占食品出口总额的29.5%，居于首位。"十五"时期，我国水产品加工业取得了突破性进展，已经形成冷冻冷藏、调味休闲品、鱼糜与鱼糜制品、海藻化工、海洋保健食品等几十个产业门类。但是，我国水产品加工的比例远低于发达国家的水平，产业集中度不高、加工技术与装备落后、资源再利用程度低。

1. 发展方向和目标

在巩固和提升传统特色产品的基础上，调整水产加工制品结构，重点发展速冻小包装、冷冻调理食品、即食性熟食水产食品，加大水产品的综合开发力度，探索远洋渔业资源开发与利用，积极推进海洋功能食品的生产。海水产品加工以海洋低值水产品加工为重点，大力开发精制食用鲜鱼浆、风味鱼丸、鱼卷等方便食品，以及人造蟹肉、贝肉、鱼翅等合成水产食品；淡水鱼加工重点发展分割和切片加工，加大鱼糜、鱼片、腌制品、熏制品和调味品等深加工制品的开发力度；贝类加工重点开发贝类调味品、干制品、熏制品、软罐头和动物钙源食品等深加工制品。

"十一五"期末，基本建立以面向出口的鱼类、虾蟹、贝类和藻类加工为重点的水产品加工业体系。到2010年，水产品加工量达到2 000万吨左右，水产品加工比例达到60%以上，通过HACCP认证的企业达到15%以上。

2. 区域布局

在东南沿海、环渤海和长江中下游优势水产品养殖区，建设水产品加工产业基地。其中，在浙江、江苏、福建、广东、广西、海南等东南沿海，重点建设鳗鱼、对虾、罗非鱼等产品加工基地；在山东、河北、辽宁等环渤海地区，重点建设对虾、贝类等产品加工业基地及海产品批发市场；在湖南、江西、安徽和江苏等长江中下游地区，重点建设淡水产品加工业基地及水产品批发市场，鼓励水产品产区批发市场完善冷冻功能。

（六）乳制品加工业

乳及乳制品是最接近于完善的食品。"十五"期间，我国乳制品加工业生产集中度进一步提高，技术装备水平达到或接近世界先进水平，产品产量明显改善。2005年乳制品产量达到1 310万吨，实现工业总产值886.7亿元。但是，我国乳制品加工业存在机械化挤奶比例低，产品结构不够合理，企业规模小，自动化程度低的问题。

1. 发展方向和目标

逐步减少普通奶粉的生产，提高配方奶粉的比例；大幅度提高鲜奶加工量，扩大液体奶生产；城市型乳品企业重点发展巴氏杀菌乳、发酵乳、灭菌乳、功能乳等液体乳制品，基地型乳品企业仍以乳粉为主，重点发展配方乳粉、全脂乳粉、脱脂乳粉、功能乳及超高温灭菌乳等，有市场、有条件的地方，适当发展干酪、乳清和奶油等乳制品。

"十一五"期末，基本建立较为完善的乳制品制造业体系，技术装备水平达到或接近世界先进水平。到2010年，乳制品产量达2 190万吨，年均增长率15%，其中：固体乳制品产量年均增长率为7%，产量达到210万吨；液体乳制品产量年均增率为16%，总产量达到1 980万吨。

2. 区域布局

在东北、华北、西北等传统农牧区的奶源基地，培育乳粉和超高温灭菌乳等乳制品大型加工企业，在北京等大城市和长江三角洲、珠江三角洲等地区，重点发展液体乳和各种乳制品生产企业。

（七）饮料制造业

饮料制造业是我国食品工业中发展最快的行业之一。“十五”期间，我国饮料制造业产值年均增长18.3%。2005年规模以上饮料生产企业的产量为3 380.4万吨，实现工业总产值3 073.5亿元；饮料品种结构渐趋合理，生产集中度进一步提高，果蔬汁出口大幅度上升。饮料制造业存在地区发展不平衡，品种结构不够合理，生产集中度较低，装备主要依赖进口等问题。

1. 发展方向和目标

继续提高饮料生产总量，进一步调整产品结构，重点发展果蔬汁饮料、植物蛋白饮料和茶饮料等产品，适度发展瓶（罐）装饮用矿泉水，降低碳酸类饮料的比例，发展并规范功能性饮料的生产；鼓励通过兼并、重组、融资等手段，培育大型饮料企业集团，实现产业升级。

“十一五”期末，建立一个产品结构更趋合理、产业集中度更高的现代饮料加工体系。到2010年，全国软饮料总产量达到5 700万吨，年均增长率约11%。其中，果蔬汁饮料产量达到1 140万吨，瓶（罐）装饮用水产量达到2 250万吨，碳酸饮料产量达到1 140万吨，茶饮料、功能性饮料和蛋白饮料等其饮料产量达到1 170万吨左右。

2. 区域布局

在果品优势区，重点发展果汁及果汁饮料加工企业；在长江三角洲、珠江三角洲地区以及大城市，重点培育茶饮料、保健饮料、运动功能性饮料以及果汁饮料加工企业；在水源条件优越的西南、中南地区，重点发展天然矿泉水、纯净水、茶饮料等加工企业。

（八）制糖业

我国是世界上主要的食糖生产和消费大国。“十五”期间我国制糖业稳步发展，2004～2005年度制糖期食糖产量达到903万吨，实现工业总产值353.6亿元；食糖生产逐步向广西等优势地区转移，企业规模不断扩大。但是，我国制糖行业的整体技术和设备水平还比较落后，生产成本较高，产品质量不稳定，综合利用效率低，污染严重。

1. 发展方向和目标

按存量调整为主、增量调整为辅的方针，鼓励以大型制糖企业为核心，以资产为纽带，采取联合、收购、兼并、控股等方式组建大型制糖企业集团，促进制糖企业与内外贸企业联合，实现农工贸、内外贸一体化经营；加强制糖企业的技术进步，提高工艺水平和装备的先进性；按照市场需求增加产品花色品种，发展幼糖、单晶冰糖、方糖等精炼糖，推广小包装；鼓励和支持糖厂综合利用产品生产的社会化进程，集中处理制糖企业的蔗渣、甜菜废丝、糖蜜等废弃物；促进甘蔗糖和甜菜糖的协调发展，提高糖料单产和含糖率；有序发展淀粉糖，充分发挥其对平衡食糖需求和调节市场的作用；推进食糖和燃料乙醇联产的战略研究，积极研究开发利用废糖蜜生产化工产品和能源替代产品。

“十一五”期末，基本形成产业布局合理、发展有序的制糖工业体系，使我国糖业步入良性发展时期。到2010年，食糖产量达到1 450万吨左右，淀粉糖产量达到650万吨；精制糖产量占食糖总产量的30%以上；糖料日处理能力由现在的74万吨增加到83.3万吨，单一企业平均生产规模达到4.5万吨/年；甘蔗糖和甜菜糖每百吨原料标准煤耗分别控制在5吨和6吨以下。

2. 区域布局

在广西、云南、广东、海南等南方甘蔗产区，新疆、黑龙江等北方甜菜产区支持制糖企业联合、兼并、重组，建立科工贸一体化的大型企业集团，建设南方和北方两大糖料加工产业区（带）；在东北、华北等玉米、甘薯优势产区，建设淀粉糖生产加工基地。

七、“十一五”时期食品工业发展的重点任务

（一）构建食品工业国家科技创新体系

全面提升我国食品工业的自主创新能力，重点突破一批重大、共性关键技术，形成一批技术创新能力强的食品企业和产业集群，建设一批科技创新基地和产业化示范生产线，培育一批食品科技人才队伍，构建科技创新的基础平台，使我国食品工业科技水平达到21世纪初的国际先进水平，为我国食品工业的可持续快速发展提供强有力的科技支撑。

专栏3 “十一五”时期食品工业重点突破的一批共性关键技术

在现代加工技术方面，重点攻克现代高效分离、质构重组与物性修饰技术、清洁生产技术、食品生物工程技术、新型热力杀菌技术、非热力加工技术、无菌冷灌装技术等。

在现代干燥技术方面，重点攻克高效节能干燥技术、连续冷冻干燥技术、特征远红外与微波干燥技术、悬浮干燥技术、超低温冻结技术、高效节能速冻技术等。

在食品质量与安全控制技术方面，重点攻克溯源技术、真伪鉴别技术、在线物性探测技术、快速检测技术、微生物测报技术、食品安全风险性评估技术、食品安全监测预警技术、全程质量与食品安全控制技术、食品安全标准体系等。

在现代物流技术方面，重点攻克数字化和信息化处理技术、数字化存储与智能配送技术、智能分级技术、快速预冷技术与冷链技术、综合保鲜技术等。

专栏4 “十一五”时期食品工业科技创新基础平台建设

以大专院校和科研院所为主体，建立3～5个食品技术创新开放实验室，构建包括粮油加工、果蔬加工、畜禽产品加工和水产品加工在内的食品工业科技创新平台。以企业为主，建立3～5个食品技术创新工程中心，构建包括食品科技国际交流与合作在内的食品工业工程技术创新平台。同时，加强食品工业综合竞争力和宏观战略决策能力，构建食品工业发展战略研究平台，重点开展食品工业技术扩散系统研究、食品工业推进系统研究和食品工业未来发展战略研究。

（二）支持食品装备制造业发展

食品装备制造业是为食品工业提供技术装备的重要产业，对提高我国食品工业装备国产化率和整体发展水平起着举足轻重的作用。“十

一五”时期，食品装备制造业要改变自主创新能力弱、技术装备水平低、成套性和稳定性差等的现状，重点加强分离设备、冷冻设备、干燥设备、杀菌设备、罐装设备、包装设备等现代食品加工装备的研发制造。

在节能干燥设备方面，重点开发流化床干燥、微波远红外真空组合干燥、连续真空冷冻干燥等设备。在连续高效分离与浓缩设备方面，重点开发连续离心分离、膜分离与浓缩、工业色谱柱分离和连续萃取、短程分子蒸馏等连续、高效、节能、环保的分离与浓缩装备。在超低温冷冻冷藏设备方面，重点开发远洋捕捞船用超低温急冻冷藏设备和冷链设备。在新型杀菌与包装设备方面，重点开发非热力杀菌设备，同时研究开发无菌灌装、无菌运输等设备，形成连续高效杀菌、无菌灌装一体化生产线。

专栏 5 “十一五”时期食品工业重点行业装备制造业发展方向

粮食加工：围绕米面制品，重点发展主食加工设备和副产品综合利用设备；围绕玉米的工业化应用，发展深加工设备。

油脂加工：重点发展大型制油高效、节能设备，油脂精炼装备，专用油脂和以及大豆蛋白分离和提取设备。

畜禽屠宰加工：重点开发牲畜真空采血、电刺激、畜禽热汽隧道式湿烫及连续自动去毛(羽)、多工位扒皮设备，胴体劈半和在线检测设备，高湿雾化冷却排酸设备，大型真空斩拌机、滚揉机和高速灌肠机等肉类深加工设备，以及冷却肉、清真肉制品、低温肉制品、功能性肉制品和发酵肉制品加工设备，实现我国畜禽屠宰加工装备的成套化、国产化。

水产品加工：重点发展去鳞、剖腹、去内脏、分级设备，鱼糜、鱼浆加工设备，贝类净化设备和壳肉分离设备，水产品微冻保鲜设备，鱼虾无水保活运输设备，海洋药物及天然化合物提取设备。

乳制品加工：重点发展液体乳加工和无菌包装设备、干酪加工设备、乳清分离设备、超高温灭菌设备。

果蔬加工：重点开发果蔬预冷和配送设备、果蔬分级包装设备、净菜加工与储运设备、冷打浆设备、大型果汁浓缩设备、柑橘半果榨汁设备。

饮料制造：重点发展无菌冷灌装设备、大型饮料在线检测及自动剔除设备、全自动饮料混合设备、加工前处理装备、高分子材料自动“制瓶—灌装—封口”一体化设备。

包装设备：大力发展纸包装设备、液体包装设备和包装材料制造设备，重点发展 5 万瓶/小时以上的吹瓶机、1.5 万瓶/小时的 PET 瓶结晶瓶设备、注拉吹制瓶设备、5 万瓶/小时以上的饮料冷灌装设备、UHT 奶的杀菌灌装设备和 ESL（延长鲜奶储存寿命）设备。

（三）建立现代食品物流体系

建立现代市场营销网络和物流中心，对推动食品工业发展、实现食品安全营养要求至关重要。一是鼓励企业建立现代市场营销网络和标准化的物流中心，推广代理制和连锁分销制方式，鼓励企业在各省、市、区的大中城市设立总代理、直销店，以营销打品牌，以品牌促营销。二是加快建立现代食品物流配送体系，鼓励食品生产企业应用现代物流管理技术，改造企业内部流程，实行物流外包。支持食品流通企业建设配送中心，鼓励食品专业批发市场进行标准化改造。利用信息化技术和供应链管理技术，推动食品电子商务发展，推进全球采购、营销和售后服务，降低交易成本。三是鼓励举办各种食品博览会、交流会，促进食品流通，推动国内外合作。四是积极开拓农村市场，改善农村消费环境和物流通道，建立符合农村市场特点的食品营销和配送服务体系。

（四）完善食品安全保障体系

尽快完善食品安全保障体系建设，提高食品安全水平，推动食品工业的健康发展。一是继续推行食品市场准入制度，建立比较完善的食品安全控制和管理体系，包括良好流通秩序、良好生产规范（GMP）、危害分析及关键控制点（HACCP）、全面质量管理（TQM）、ISO9001质量认证体系等；二是借鉴国际食品安全管理的先进经验，鼓励食品加工企业建立严格的食品召回制度，支持流通企业建设完善的食品溯源制度；三是加快食品标准制修订步伐，提高标准的有效性，全面提升食品的质量水平；四是加强食品安全教育，提高公众的食品安全意识；五是强化食品企业环保意识，加大环境污染治理的力度。

八、"十一五"时期食品工业发展的政策措施

（一）推进机制和体制创新，加强宏观调控和规划引导

一要建立统一协调的食品工业发展管理机制。由国务院综合部门牵头，会同有关部门，建立全国食品工业发展协调会议机制，对食品工业发展进行宏观指导，负责重大问题的协调和决策。进一步理顺各部门的管理权限，各负其责，相互配合，切实履行好政府主管部门的职责，加强对食品工业的监管和协调。各省（市）地方政府要建立相应的协调机制，抓好本地区食品工业发展的工作。二要尽快制订和完善与食品工业相关的法律、法规、条例和规章制度，将食品工业的发展纳入法制管理的轨道，依法监管。

（二）加大对食品工业科技进步的投入，增强发展动力

一要增加食品工业和食品流通的科技投入，在加强食品科技基础研究的基础上，支持一批重大关键技术开发项目和关键设备的研制工作，促进具有自主知识产权的产品研究开发和转化；同时，加速食品工业高新技术成果产业化，充分利用优秀传统工艺技术与高新技术的组装、集成和工程化配套转化，促进食品工业高新技术产业化和行业技术进步。二要加强食品工业领域国家重大科学工程、国家重点实验室、国家工程中心和博士后工作站的建设，培育食品工业科技创新平台和研发基地。特别是要加大对现有食品科研院（所）的改革力度，鼓励和支持大型食品生产企业建立自己的科研开发机构，使企业逐步成为食品科技开发的主体。三要广泛开展食品工业科技的国际合作与交流，把自主研发与引进、消化吸收国外先进技术相结合，充分利用好国际科技资源。四要抓紧实施人才、专利、技术标准战略，营造吸引人才的宏观环境和条件，培育食品工业科技人才。

（三）建设优质专用农产品生产基地，

确保食品工业发展的原料需求

根据我国自然条件和食品工业发展的要求，充分发挥区域优势，以工业结构调整促进农业产业化，引导农业生产，发展优质、专用、安全的加工原料基地。一是大力支持食品生产企业发展专业化的加工原料供给基地，逐步实现加工原料的专用化、规模化和标准化；二是加强加工专用品种的引进、选育和推广，为食品工业的发展提供符合加工要求的品种保障；三是鼓励食品生产企业以“公司＋农业专业合作组织”、“公司＋农户”、“公司＋基地”、农民投资入股等产业化经营模式，与农民建立稳定的购销关系和合理的利益分配机制，保证食品工业优质专用原料的有效供给。

（四）加快调整产品结构，努力打造食品工业知名商标

一要结合资源供给状况，运用高新技术，促进资源的深度开发利用和综合利用，开发科技含量高、附加值高的优质新产品，提高精、深加工产品的比重，进一步优化产品结构；二要加强对优秀传统食品商标的挖掘，培育一批在国际市场上具有明显竞争优势的民族特色商标，推动传统食品的工业化生产，提升传统食品的吸引力和竞争力；三要加强名、优、特、新食品的商标注册管理，保护知识产权，创造公平竞争的环境，积极培育和扶持知名商标；四要充分利用《原产地域产品保护规定》，加大对知名商标的保护。

（五）培育和壮大食品工业龙头企业，推动产业结构升级

一要从财政、税收、信贷等政策上扶持优势龙头企业，着力培养一批技术创新能力、现代管理能力和带动能力强的龙头企业，带动整个行业的发展；二要通过联合、兼并、收购等资本运营方式，实现“强强联合”、“强弱联合”，培育和组建一批资本结构多元化、产品科技含量高、市场竞争力强的食品工业龙头企业，提高产业的集中度和核心竞争力；三要积极帮助和支持龙头企业获得产品进出口经营权，促进产品出口；四要对龙头企业在立项、基地建设、原料收购、批发和流通网络建设、科技研发、技术服务、质量标准和信息网络体系建设等方面，给予必要的扶持。

（六）积极实施对外开放战略，不断拓展发展领域

一要积极参与 WTO 双边和多边谈判，不断提高我国在国际贸易谈判中的地位，争取有利于我国食品工业发展的各项条款和规定，降低技术壁垒的风险，为技术引进和食品出口创造条件；二要鼓励和支持食品出口企业获得国际质量认证、环保认证、安全认证等有关国际权威认证；三要在巩固原有出口市场的基础上，努力开拓美国、欧盟、日本、东盟等市场，加大独联体、东欧、非洲、澳新、拉美等新兴市场的开发力度，增加食品出口份额；四要鼓励和支持有条件的大型食品企业集团到境外设点办厂，开发利用境外原料资源，扩大企业发展空间，实现从单纯出口商品向海外设厂、进行境外投资的转变；五要结合食品各领域发展目标，适时修订《外商投资产业指导目录》，鼓励外商投资食品工业高新技术领域，鼓励外资投向中西部和东北老工业基地的食品工业优势项目，兼并重组老的食品加工企业，促进产业结构调整和区域协调发展。

（七）强化食品标准管理，加大标准实施力度

以促进食品工业发展和提高食品质量安全水平为重点，在已建立的食品标准体系框架的基础上，通过修改、补充、调整，进一步完善标准体系。积极跟踪国际和国外先进标准发展动态，重点研究国际食品法典委员会（CAC）、国际标准化组织（ISO）、美国、欧盟、日本等国际组织和发达国家食品标准，提升我国食品标准的整体水平。开展重要标准的宣贯、人员的培训，提高企业的标准意识和执行标准的自觉性。强化标准的实施工作，加大监督力度，确保食品生产企业能按照标准组织生产，产品质量符合强制性标准的要求。

（八）促进投资主体多元化，多渠道增加对食品工业的投入

一要鼓励多层次、多形式、多种经济成分发展食品工业，促进大型龙头食品企业资本构成多元化，解决中小食品企业融资难的问题；二要继续加大国家及各级地方财政对农产品加工业特别是食品工业的扶持力度，推动食品企业的技术改造和工艺设备更新；三要鼓励有实力的食品企业在国内外资本市场上市融资，发行企业债券。

（九）发挥中介组织的作用，加强食品行业自律

完善食品工业行业协会和其他中介组织的服务职能，充分发挥其在信息统计、行业规划、行业自律、技术咨询、贸易仲裁、反倾销与应诉、法律规范与标准制定、人才培训、技术交流和社会化服务等方面的作用，支持行业协会等中介组织积极开展民间交流，建立与各国同行间的合作伙伴关系。

（十）在资源枯竭型城市转型中，大力扶持食品生产加工业的发展，使之成为吸纳转产人员就业的重要接续产业。国家在财政、税收、资金投入上给予必要的扶持。

中华人民共和国农产品质量安全法

（2006年4月29日第十届全国人民代表大会常务委员会第二十一次会议通过）

目　录

第一章　总　　则

第一条　为保障农产品质量安全，维护公众健康，促进农业和农村经济发展，制定本法。

第二条　本法所称农产品，是指来源于农业的初级产品，即在农业活动中获得的植物、动物、微生物及其产品。

本法所称农产品质量安全，是指农产品质量符合保障人的健康、安全的要求。

第三条　县级以上人民政府农业行政主管部门负责农产品质量安全的监督管理工作；县级以上人民政府有关部门按照职责分工，负责农产品质量安全的有关工作。

第四条　县级以上人民政府应当将农产品质量安全管理工作纳入本级国民经济和社会发展规划，并安排农产品质量安全经费，用于开展农产品质量安全工作。

第五条　县级以上地方人民政府统一领导、协调本行政区域内的农产品质量安全工作，并采取措施，建立健全农产品质量安全服务体系，提高农产品质量安全水平。

第六条　国务院农业行政主管部门应当设立由有关方面专家组成的农产品质量安全风险评估专家委员会，对可能影响农产品质量安全的潜在危害进行风险分析和评估。

国务院农业行政主管部门应当根据农产品质量安全风险评估结果采取相应的管理措施，并将农产品质量安全风险评估结果及时通报国务院有关部门。

第七条　国务院农业行政主管部门和省、自治区、直辖市人民政府农业行政主管部门应当按照职责权限，发布有关农产品质量安全状况信息。

第八条　国家引导、推广农产品标准化生产，鼓励和支持生产优质农产品，禁止生产、销售不符合国家规定的农产品质量安全标准的农产品。

第九条　国家支持农产品质量安全科学技术研究，推行科学的质量安全管理方法，推广先进安全的生产技术。

第十条　各级人民政府及有关部门应当加强农产品质量安全知识的宣传，提高公众的农产品质量安全意识，引导农产品生产者、销售者加强质量安全管理，保障农产品消费安全。

第二章　农产品质量安全标准

第十一条　国家建立健全农产品质量安全

标准体系。农产品质量安全标准是强制性的技术规范。

农产品质量安全标准的制定和发布，依照有关法律、行政法规的规定执行。

第十二条 制定农产品质量安全标准应当充分考虑农产品质量安全风险评估结果，并听取农产品生产者、销售者和消费者的意见，保障消费安全。

第十三条 农产品质量安全标准应当根据科学技术发展水平以及农产品质量安全的需要，及时修订。

第十四条 农产品质量安全标准由农业行政主管部门商有关部门组织实施。

第三章 农产品产地

第十五条 县级以上地方人民政府农业行政主管部门按照保障农产品质量安全的要求，根据农产品品种特性和生产区域大气、土壤、水体中有毒有害物质状况等因素，认为不适宜特定农产品生产的，提出禁止生产的区域，报本级人民政府批准后公布。具体办法由国务院农业行政主管部门商国务院环境保护行政主管部门制定。

农产品禁止生产区域的调整，依照前款规定的程序办理。

第十六条 县级以上人民政府应当采取措施，加强农产品基地建设，改善农产品的生产条件。

县级以上人民政府农业行政主管部门应当采取措施，推进保障农产品质量安全的标准化生产综合示范区、示范农场、养殖小区和无规定动植物疫病区的建设。

第十七条 禁止在有毒有害物质超过规定标准的区域生产、捕捞、采集食用农产品和建立农产品生产基地。

第十八条 禁止违反法律、法规的规定向农产品产地排放或者倾倒废水、废气、固体废物或者其他有毒有害物质。

农业生产用水和用作肥料的固体废物，应当符合国家规定的标准。

第十九条 农产品生产者应当合理使用化肥、农药、兽药、农用薄膜等化工产品，防止对农产品产地造成污染。

第四章 农产品生产

第二十条 国务院农业行政主管部门和省、自治区、直辖市人民政府农业行政主管部门应当制定保障农产品质量安全的生产技术要求和操作规程。县级以上人民政府农业行政主管部门应当加强对农产品生产的指导。

第二十一条 对可能影响农产品质量安全的农药、兽药、饲料和饲料添加剂、肥料、兽医器械，依照有关法律、行政法规的规定实行许可制度。

国务院农业行政主管部门和省、自治区、直辖市人民政府农业行政主管部门应当定期对可能危及农产品质量安全的农药、兽药、饲料和饲料添加剂、肥料等农业投入品进行监督抽查，并公布抽查结果。

第二十二条 县级以上人民政府农业行政主管部门应当加强对农业投入品使用的管理和指导，建立健全农业投入品的安全使用制度。

第二十三条 农业科研教育机构和农业技术推广机构应当加强对农产品生产者质量安全知识和技能的培训。

第二十四条 农产品生产企业和农民专业合作经济组织应当建立农产品生产记录，如实记载下列事项：

（一）使用农业投入品的名称、来源、用法、用量和使用、停用的日期；

（二）动物疫病、植物病虫草害的发生和防治情况；

（三）收获、屠宰或者捕捞的日期。

农产品生产记录应当保存二年。禁止伪造农产品生产记录。

国家鼓励其他农产品生产者建立农产品生产记录。

第二十五条 农产品生产者应当按照法律、行政法规和国务院农业行政主管部门的规定，合理使用农业投入品，严格执行农业投入品使用安全间隔期或者休药期的规定，防止危及农产品质量安全。

禁止在农产品生产过程中使用国家明令禁止使用的农业投入品。

第二十六条 农产品生产企业和农民专业合作经济组织，应当自行或者委托检测机构对农产品质量安全状况进行检测；经检测不符合农产品质量安全标准的农产品，不得销售。

第二十七条 农民专业合作经济组织和农产品行业协会对其成员应当及时提供生产技术服务，建立农产品质量安全管理制度，健全农产品质量安全控制体系，加强自律管理。

第五章 农产品包装和标识

第二十八条 农产品生产企业、农民专业合作经济组织以及从事农产品收购的单位或者个人销售的农产品，按照规定应当包装或者附加标识的，须经包装或者附加标识后方可销售。包装物或者标识上应当按照规定标明产品的品名、产地、生产者、生产日期、保质期、产品质量等级等内容；使用添加剂的，还应当按照规定标明添加剂的名称。具体办法由国务院农业行政主管部门制定。

第二十九条 农产品在包装、保鲜、贮存、运输中所使用的保鲜剂、防腐剂、添加剂等材料，应当符合国家有关强制性的技术规范。

第三十条 属于农业转基因生物的农产品，应当按照农业转基因生物安全管理的有关规定进行标识。

第三十一条 依法需要实施检疫的动植物及其产品，应当附具检疫合格标志、检疫合格证明。

第三十二条 销售的农产品必须符合农产品质量安全标准，生产者可以申请使用无公害农产品标志。农产品质量符合国家规定的有关优质农产品标准的，生产者可以申请使用相应的农产品质量标志。

禁止冒用前款规定的农产品质量标志。

第六章 监督检查

第三十三条 有下列情形之一的农产品，不得销售：

（一）含有国家禁止使用的农药、兽药或者其他化学物质的；

（二）农药、兽药等化学物质残留或者含有的重金属等有毒有害物质不符合农产品质量安全标准的；

（三）含有的致病性寄生虫、微生物或者生物毒素不符合农产品质量安全标准的；

（四）使用的保鲜剂、防腐剂、添加剂等材料不符合国家有关强制性的技术规范的；

（五）其他不符合农产品质量安全标准的。

第三十四条 国家建立农产品质量安全监测制度。县级以上人民政府农业行政主管部门应当按照保障农产品质量安全的要求，制定并组织实施农产品质量安全监测计划，对生产中或者市场上销售的农产品进行监督抽查。监督抽查结果由国务院农业行政主管部门或者省、自治区、直辖市人民政府农业行政主管部门按照权限予以公布。

监督抽查检测应当委托符合本法第三十五条规定条件的农产品质量安全检测机构进行，不得向被抽查人收取费用，抽取的样品不得超过国务院农业行政主管部门规定的数量。上级农业行政主管部门监督抽查的农产品，下级农业行政主管部门不得另行重复抽查。

第三十五条 农产品质量安全检测应当充分利用现有的符合条件的检测机构。

从事农产品质量安全检测的机构，必须具备相应的检测条件和能力，由省级以上人民政府农业行政主管部门或者其授权的部门考核合格。具体办法由国务院农业行政主管部门制定。

农产品质量安全检测机构应当依法经计量认证合格。

第三十六条 农产品生产者、销售者对监督抽查检测结果有异议的，可以自收到检测结果之日起五日内，向组织实施农产品质量安全监督抽查的农业行政主管部门或者其上级农业行政主管部门申请复检。

采用国务院农业行政主管部门会同有关部门认定的快速检测方法进行农产品质量安全监督抽查检测，被抽查人对检测结果有异议的，可以自收到检测结果时起四小时内申请复检。复检不得采用快速检测方法。

因检测结果错误给当事人造成损害的，依法承担赔偿责任。

第三十七条 农产品批发市场应当设立或者委托农产品质量安全检测机构，对进场销售的农产品质量安全状况进行抽查检测；发现不符合农产品质量安全标准的，应当要求销售者立即停止销售，并向农业行政主管部门报告。

农产品销售企业对其销售的农产品，应当建立健全进货检查验收制度；经查验不符合农产品质量安全标准的，不得销售。

第三十八条 国家鼓励单位和个人对农产品质量安全进行社会监督。任何单位和个人都有权对违反本法的行为进行检举、揭发和控告。有关部门收到相关的检举、揭发和控告后，应当及时处理。

第三十九条 县级以上人民政府农业行政主管部门在农产品质量安全监督检查中，可以对生产、销售的农产品进行现场检查，调查了解农产品质量安全的有关情况，查阅、复制与农产品质量安全有关的记录和其他资料；对经检测不符合农产品质量安全标准的农产品，有权查封、扣押。

第四十条 发生农产品质量安全事故时，有关单位和个人应当采取控制措施，及时向所在地乡级人民政府和县级人民政府农业行政主管部门报告；收到报告的机关应当及时处理并报上一级人民政府和有关部门。发生重大农产品质量安全事故时，农业行政主管部门应当及时通报同级食品药品监督管理部门。

第四十一条 县级以上人民政府农业行政主管部门在农产品质量安全监督管理中，发现有本法第三十三条所列情形之一的农产品，应当按照农产品质量安全责任追究制度的要求，查明责任人，依法予以处理或者提出处理建议。

第四十二条 进口的农产品必须按照国家规定的农产品质量安全标准进行检验；尚未制定有关农产品质量安全标准的，应当依法及时制定，未制定之前，可以参照国家有关部门指定的国外有关标准进行检验。

第七章 法律责任

第四十三条 农产品质量安全监督管理人员不依法履行监督职责，或者滥用职权的，依法给予行政处分。

第四十四条 农产品质量安全检测机构伪造检测结果的，责令改正，没收违法所得，并处五万元以上十万元以下罚款，对直接负责的主管人员和其他直接责任人员处一万元以上五万元以下罚款；情节严重的，撤销其检测资格；造成损害的，依法承担赔偿责任。

农产品质量安全检测机构出具检测结果不实，造成损害的，依法承担赔偿责任；造成重大损害的，并撤销其检测资格。

第四十五条 违反法律、法规规定，向农产品产地排放或者倾倒废水、废气、固体废物或者其他有毒有害物质的，依照有关环境保护法律、法规的规定处罚；造成损害的，依法承担赔偿责任。

第四十六条 使用农业投入品违反法律、行政法规和国务院农业行政主管部门的规定的，依照有关法律、行政法规的规定处罚。

第四十七条 农产品生产企业、农民专业合作经济组织未建立或者未按照规定保存农产品生产记录的，或者伪造农产品生产记录的，责令限期改正；逾期不改正的，可以处两千元以下罚款。

第四十八条 违反本法第二十八条规定，销售的农产品未按照规定进行包装、标识的，责令限期改正；逾期不改正的，可以处两千元以下罚款。

第四十九条 有本法第三十三条第四项规定情形，使用的保鲜剂、防腐剂、添加剂等材料不符合国家有关强制性的技术规范的，责令停止销售，对被污染的农产品进行无害化处理，对不能进行无害化处理的予以监督销毁；没收违法所得，并处两千元以上两万元以下罚款。

第五十条 农产品生产企业、农民专业合作经济组织销售的农产品有本法第三十三条第一项至第三项或者第五项所列情形之一的，责令停止销售，追回已经销售的农产品，对违法销售的农产品进行无害化处理或者予以监督销毁；没收违法所得，并处两千元以上两万元以下罚款。

农产品销售企业销售的农产品有前款所列情形的，依照前款规定处理、处罚。

农产品批发市场中销售的农产品有第一款所列情形的，对违法销售的农产品依照第一款规定处理，对农产品销售者依照第一款规定处罚。

农产品批发市场违反本法第三十七条第一款规定的，责令改正，处两千元以上两万元以下罚款。

第五十一条 违反本法第三十二条规定，冒用农产品质量标志的，责令改正，没收违法所得，并处两千元以上两万元以下罚款。

第五十二条 本法第四十四条、第四十七条至第四十九条、第五十条第一款、第四款和第五十一条规定的处理、处罚，由县级以上人民政府农业行政主管部门决定；第五十条第二款、第三款规定的处理、处罚，由工商行政管理部门决定。

法律对行政处罚及处罚机关有其他规定的，从其规定。但是，对同一违法行为不得重复处罚。

第五十三条 违反本法规定，构成犯罪的，依法追究刑事责任。

第五十四条 生产、销售本法第三十三条所列农产品，给消费者造成损害的，依法承担赔偿责任。

农产品批发市场中销售的农产品有前款规定情形的，消费者可以向农产品批发市场要求赔偿；属于生产者、销售者责任的，农产品批发市场有权追偿。消费者也可以直接向农产品生产者、销售者要求赔偿。

第八章　附　　则

第五十五条　生猪屠宰的管理按照国家有关规定执行。

第五十六条　本法自 2006 年 11 月 1 日起施行。

中共中央国务院
关于推进社会主义新农村建设的若干意见

（2005 年 12 月 31 日）

党的十六届五中全会通过的《中共中央关于制定国民经济和社会发展第十一个五年规划的建议》，明确了今后 5 年我国经济社会发展的奋斗目标和行动纲领，提出了建设社会主义新农村的重大历史任务，为做好当前和今后一个时期的“三农”工作指明了方向。

近几年，党中央、国务院以科学发展观统领经济社会发展全局，按照统筹城乡发展的要求，采取了一系列支农惠农的重大政策。各地区各部门认真落实中央部署，切实加强“三农”工作，农业和农村发展出现了积极变化，迎来了新的发展机遇。粮食连续两年较大幅度增产，农业结构调整向纵深推进，农民收入较快增长，农村税费改革取得重大成果，社会事业进一步发展，农村基层组织建设得到加强，干群关系明显改善。农业和农村发展的好形势，对保持国民经济平稳较快增长和社会稳定，发挥了重要的支撑作用。但必须看到，当前农业和农村发展仍然处在艰难的爬坡阶段，农业基础设施脆弱、农村社会事业发展滞后、城乡居民收入差距扩大的矛盾依然突出，解决好“三农”问题仍然是工业化、城镇化进程中重大而艰巨的历史任务。各级党委和政府必须按照党的十六届五中全会的战略部署，始终把“三农”工作放在重中之重，切实把建设社会主义新农村的各项任务落到实处，加快农村全面小康和现代化建设步伐。

一、统筹城乡经济社会发展，扎实推进社会主义新农村建设

（1）建设社会主义新农村是我国现代化进程中的重大历史任务。全面建设小康社会，最艰巨最繁重的任务在农村。加速推进现代化，必须妥善处理工农城乡关系。构建社会主义和谐社会，必须促进农村经济社会全面进步。农村人口众多是我国的国情，只有发展好农村经济，建设好农民的家园，让农民过上宽裕的生活，才能保障全体人民共享经济社会发展成果，才能不断扩大内需和促进国民经济持续发展。当前，我国总体上已进入以工促农、以城带乡的发展阶段，初步具备了加大力度扶持“三农”的能力和条件。“十一五”时期，必须抓住机遇，加快改变农村经济社会发展滞后的局面，扎实稳步推进社会主义新农村建设。

（2）围绕社会主义新农村建设做好农业和农村工作。“十一五”时期是社会主义新农村建设打下坚实基础的关键时期，是推进现代农业建设迈出重大步伐的关键时期，是构建新型工农城乡关系取得突破进展的关键时期，也是农村全面建设小康加速推进的关键时期。“十一五”时期要高举邓小平理论和“三个代表”重要思想伟大旗帜，全面贯彻落实科学发展观，统筹城乡经济社会发展，实行工业反哺农业、城市支持农村和“多予少取放活”的方针，按照“生产发展、生活宽裕、乡风文明、村容整洁、管理民主”的要求，协调推进农村经济建设、政治建设、文化建设、社会建设和党的建设。当前，要完善强化支农政策，建设现代农业，稳定发展粮食生产，积极调整农业结构，加强基础设施建设，加强农村民主政治建设和精神文明建设，加快社会事业发展，推进农村综合改革，促进农民持续增收，确保社会主义新农村建设有良好开局。

（3）扎实稳步推进社会主义新农村建设。推进新农村建设是一项长期而繁重的历史任务，必须坚持以发展农村经济为中心，进一步解放和发展农村生产力，促进粮食稳定发展、农民持续增收；必须坚持农村基本经营制度，尊重农民的主体地位，不断创新农村体制机制；必须坚持以人为本，着力解决农民生产生活中最迫切的实际问题，切实让农民得到实惠；必须坚持科学规划，实行因地制宜、分类指导，有计划有步骤有重点地逐步推进；必须坚持发挥各方面积极性，依靠农民辛勤劳动、国家扶持和社会力量的广泛参与，使新农村建设成为全党全社会的共同行动。在推进新农村建设工作中，要注重实效，不搞形式主义；要量力而行，不盲目攀比；要民主商议，不强迫命令；要突出特色，不强求一律；要引导扶持，不包办代替。

（4）加快建立以工促农、以城带乡的长效机制。顺应经济社会发展阶段性变化和建设社会主义新农村的要求，坚持“多予少取放活”的方针，重点在“多予”上下功夫。调整国民收入分配格局，国家财政支出、预算内固定资产投资和信贷投放，要按照存量适度调整、增量重点倾斜的原则，不断增加对农业和农村的投入。扩大公共财政覆盖农村的范围，建立健全财政支农资金稳定增长机制。2006年，国家财政支农资金增量要高于上年，国债和预算内资金用于农村建设的比重要高于上年，其中直接用于改善农村生产生活条件的资金要高于上年，并逐步形成新农村建设稳定的资金来源。要把国家对基础设施建设投入的重点转向农村。提高耕地占用税税率，新增税收应主要用于“三农”。抓紧制定将土地出让金一部分收入用于农业土地开发的管理和监督办法，依法严格收缴土地出让金和新增建设用地有偿使用费，土地出让金用于农业土地开发的部分和新增建设用地有偿使用费安排的土地开发整理项目，都要将小型农田水利设施建设作为重要内容，建设标准农田。进一步加大支农资金整合力度，提高资金使用效率。金融机构要不断改善服务，加强对“三农”的支持。要加快建立有利于逐步改变城乡二元结构的体制，实行城乡劳动者平等就业的制度，建立健全与经济发展水平相适应的多种形式的农村社会保障制度。充分发挥市场配置资源的基础性作用，推进征地、户籍等制度改革，逐步形成城乡统一的要素市场，增强农村经济发展活力。

二、推进现代农业建设，强化社会主义新农村建设的产业支撑

（5）大力提高农业科技创新和转化能力。深化农业科研体制改革，加快建设国家创新基地和区域性农业科研中心，在机构设置、人员聘任和投资建设等方面实行新的运行机制。鼓励企业建立农业科技研发中心，国家在财税、金融和技术改造等方面给予扶持。改善农业技术创新的投资环境，发展农业科技创新风险投资。加强农业高技术研究，继续实施现代农业高技术产业化项目，尽快取得一批具有自主知识产权的重大农业科技成果。针对农业生产的迫切需要，加快农作物和畜禽良种繁育、动植物疫病防控、节约资源和防治污染技术的研发、推广。把农业科研投入放在公共财政支持的优先位置，提高农业科技在国家科技投入中的比重。继续安排农业科技成果转化资金和国外先进农业技术引进资金。加强种质资源和知识产权保护。要加快农业技术推广体系改革和建设，积极探索对公益性职能与经营性服务实行分类管理的办法，完善农技推广的社会化服务机制。深入实施农业科技入户工程，扩大重大农业技术推广项目专项补贴规模。鼓励各类农科教机构和社会力量参与多元化的农技推广服务。加强气象为农业服务，保障农业生产和农民生命财产安全。大力推进农业机械化，提高重要农时、重点作物、关键生产环节和粮食主产区的机械化作业水平。

（6）加强农村现代流通体系建设。积极推进农产品批发市场升级改造，促进入市农产品质量等级化、包装规格化。鼓励商贸企业、邮政系统和其他各类投资主体通过新建、兼并、联合、加盟等方式，在农村发展现代流通业。积极发展农产品、农业生产资料和消费品连锁经营，建立以集中采购、统一配送为核心的新型营销体系，改善农村市场环境。继续实施“万村千乡市场工程”，建设连锁化“农家店”。培育和发展农村经纪人队伍。加快农业标准化工作，健全检验检测体系，强化农业生产资料和饲料质量管理，进一步提高农产品质量安全水平。供销合作社要创新服务方式，广泛开展联合、合作经营，加快现代经营网络建设，为农产品流通和农民生产生活资料供应提供服务。2006年要完善全国鲜活农产品“绿色通道”网络，实现省际互通。

（7）稳定发展粮食生产。确保国家粮食安全是保持国民经济平稳较快增长和社会稳定的重要基础。必须坚持立足国内实现粮食基本自给的方针，稳定发展粮食生产，持续增加种粮收益，不断提高生产能力，适度利用国际市场，积极保持供求平衡。坚决落实最严格的耕地保护制度，切实保护基本农田，保护农民的土地承包经营权。继续实施优质粮食产业工程和粮食丰产科技工程，加快建设大型商品粮生产基地和粮食产业带，稳定粮食播种面积，不断提高粮食单产、品质和生产效益。坚持和完善重点粮食品种最低收购价政策，保持合理的粮价水平，加强农业生产资料价格调控，保护种粮农民利益。继续执行对粮食主产县的奖励政策，增加中央财政对粮食主产县的奖励资金。

（8）积极推进农业结构调整。按照高产、优质、高效、生态、安全的要求，调整优化农业结构。加快建设优势农产品产业带，积极发展特色农业、绿色食品和生态农业，保护农产品知名品牌，培育壮大主导产业。继续实施种子工程。大力发展畜牧业，扩大畜禽良种补贴规模，推广健康养殖方式，安排专项投入支持标准化畜禽养殖小区建设试点。要加强动物疫病特别是禽流感等重大疫病防控的基础设施建设，完善突发疫情应急机制，加快推进兽医管理体制改革，稳定基层兽医队伍。积极发展水产业，扩大优质水产品养殖，发展远洋渔业，保护渔业资源，继续做好渔民转产转业工作。提高农产品国际竞争力，扩大园艺、畜牧、水产等优势农产品出口，加强农产品对外贸易磋商，提高我国农业应对国际贸易争端的能力。

（9）发展农业产业化经营。要着力培育一批竞争力、带动力强的龙头企业和企业集群示范基地，推广龙头企业、合作组织与农户有机结合的组织形式，让农民从产业化经营中得到更多的实惠。各级财政要增加扶持农业产业化发展资金，支持龙头企业发展，并可通过龙头企业资助农户参加农业保险。发展大宗农产品期货市场和“订单农业”。通过创新信贷担保手段和担保办法，切实解决龙头企业收购农产品资金不足的问题。开展农产品精深加工增值税改革试点。积极引导和支持农民发展各类专业合作经济组织，加快立法进程，加大扶持力度，建立有利于农民合作经济组织发展的信贷、财税和登记等制度。

（10）加快发展循环农业。要大力开发节约资源和保护环境的农业技术，重点推广废弃物综合利用技术、相关产业链接技术和可再生能源开发利用技术。制定相应的财税鼓励政策，组织实施生物质工程，推广秸秆气化、固化成型、发电、养畜等技术，开发生物质能源和生物基材料，培育生物质产业。积极发展节地、节水、节肥、节药、节种的节约型农业，鼓励生产和使用节电、节油农业机械和农产品加工设备，努力提高农业投入品的利用效率。加大力度防治农业面源污染。

三、促进农民持续增收，夯实社会主义新农村建设的经济基础

（11）拓宽农民增收渠道。要充分挖掘农业内部增收潜力，按照国内外市场需求，积极发展品质优良、特色明显、附加值高的优势农产品，推进“一村一品”，实现增值增效。要加快转移农村劳动力，不断增加农民的务工收入。鼓励和支持符合产业政策的乡镇企业发展，特别是劳动密集型企业和服务业。着力发展县城和在建制的重点镇，从财政、金融、税收和公共品投入等方面为小城镇发展创造有利条件，外来人口较多的城镇要从实际出发，完善社会管理职能。要着眼兴县富民，着力培育产业支撑，大力发展民营经济，引导企业和要素集聚，改善金融服务，增强县级管理能力，发展壮大县域经济。

（12）保障务工农民的合法权益。进一步清理和取消各种针对务工农民流动和进城就业的

歧视性规定和不合理限制。建立健全城乡就业公共服务网络，为外出务工农民免费提供法律政策咨询、就业信息、就业指导和职业介绍。严格执行最低工资制度，建立工资保障金等制度，切实解决务工农民工资偏低和拖欠问题。完善劳动合同制度，加强务工农民的职业安全卫生保护。逐步建立务工农民社会保障制度，依法将务工农民全部纳入工伤保险范围，探索适合务工农民特点的大病医疗保障和养老保险办法。认真解决务工农民的子女上学问题。

（13）稳定、完善、强化对农业和农民的直接补贴政策。要加强国家对农业和农民的支持保护体系。对农民实行的“三减免、三补贴”和退耕还林补贴等政策，深受欢迎，效果明显，要继续稳定、完善和强化。2006 年，粮食主产区要将种粮直接补贴的资金规模提高到粮食风险基金的 50% 以上，其他地区也要根据实际情况加大对种粮农民的补贴力度。增加良种补贴和农机具购置补贴。适应农业生产和市场变化的需要，建立和完善对种粮农民的支持保护制度。

（14）加强扶贫开发工作。要因地制宜地实行整村推进的扶贫开发方式，加大力度改善贫困地区的生产生活条件，抓好贫困地区劳动力的转移培训，扶持龙头企业带动贫困地区调整结构，拓宽贫困农户增收渠道。对缺乏生存条件地区的贫困人口实行易地扶贫。继续增加扶贫投入，完善管理机制，提高使用效益。继续动员中央和国家机关、沿海发达地区和社会各界参与扶贫开发事业。切实做好贫困缺粮地区的粮食供应工作。

四、加强农村基础设施建设，改善社会主义新农村建设的物质条件

（15）大力加强农田水利、耕地质量和生态建设。在搞好重大水利工程建设的同时，不断加强农田水利建设。加快发展节水灌溉，继续把大型灌区续建配套和节水改造作为农业固定资产投资的重点。加大大型排涝泵站技术改造力度，配套建设田间工程。大力推广节水技术。实行中央和地方共同负责，逐步扩大中央和省级小型农田水利补助专项资金规模。切实抓好以小型灌区节水改造、雨水集蓄利用为重点的小型农田水利工程建设和管理。继续搞好病险水库除险加固，加强中小河流治理。要大力加强耕地质量建设，实施新一轮沃土工程，科学施用化肥，引导增施有机肥，全面提升地力。增加测土配方施肥补贴，继续实施保护性耕作示范工程和土壤有机质提升补贴试点。农业综合开发要重点支持粮食主产区改造中低产田和中型灌区节水改造。按照建设环境友好型社会的要求，继续推进生态建设，切实搞好退耕还林、天然林保护等重点生态工程，稳定完善政策，培育后续产业，巩固生态建设成果。继续推进退牧还草、山区综合开发。建立和完善生态补偿机制。做好重大病虫害防治工作，采取有效措施防止外来有害生物入侵。加强荒漠化治理，积极实施石漠化地区和东北黑土区等水土流失综合防治工程。建立和完善水电、采矿等企业的环境恢复治理责任机制，从水电、矿产等资源的开发收益中，安排一定的资金用于企业所在地环境的恢复治理，防止水土流失。

（16）加快乡村基础设施建设。要着力加强农民最急需的生活基础设施建设。在巩固人畜饮水解困成果基础上，加快农村饮水安全工程建设，优先解决高氟、高砷、苦咸、污染水及血吸虫病区的饮水安全问题。有条件的地方，可发展集中式供水，提倡饮用水和其他生活用水分质供水。要加快农村能源建设步伐，在适宜地区积极推广沼气、秸秆气化、小水电、太阳能、风力发电等清洁能源技术。从2006年起，大幅度增加农村沼气建设投资规模，有条件的地方，要加快普及户用沼气，支持养殖场建设大中型沼气。以沼气池建设带动农村改圈、改厕、改厨。尽快完成农村电网改造的续建配套工程。加强小水电开发规划和管理，扩大小水电代燃料试点规模。要进一步加强农村公路建设，到“十一五”期末基本实现全国所有乡镇通油（水泥）路，东、中部地区所有具备条件的建制村通油（水泥）路，西部地区基本实现具备条件的建制村通公路。要积极推进农业信息化建设，充分利用和整合涉农信息资源，强化面向农村的广播电视电信等信息服务，重点抓好“金农”工程和农业综合信息服务平台建设工程。引导农民自愿出资出劳，开展农村小型基础设施建设，有条件的地方可采取以奖代补、项目补助等办法给予支持。按照建管并重的原则，逐步把农村公路等公益性基础设施的管护纳入国家支持范围。

（17）加强村庄规划和人居环境治理。随着生活水平提高和全面建设小康社会的推进，农民迫切要求改善农村生活环境和村容村貌。各级政府要切实加强村庄规划工作，安排资金支持编制村庄规划和开展村庄治理试点；可从各地实际出发制定村庄建设和人居环境治理的指导性目录，重点解决农民在饮水、行路、用电和燃料等方面的困难，凡符合目录的项目，可给予资金、实物等方面的引导和扶持。加强宅基地规划和管理，大力节约村庄建设用地，向农民免费提供经济安全适用、节地节能节材的住宅设计图样。引导和帮助农民切实解决住宅与畜禽圈舍混杂问题，搞好农村污水、垃圾治理，改善农村环境卫生。注重村庄安全建设，防止山洪、泥石流等灾害对村庄的危害，加强农村消防工作。村庄治理要突出乡村特色、地方特色和民族特色，保护有历史文化价值的古村落和古民宅。要本着节约原则，充分立足现有基础进行房屋和设施改造，防止大拆大建，防止加重农民负担，扎实稳步地推进村庄治理。

五、加快发展农村社会事业，培养推进社会主义新农村建设的新型农民

（18）加快发展农村义务教育。着力普及和巩固农村九年制义务教育。2006年对西部地区农村义务教育阶段学生全部免除学杂费，对其中的贫困家庭学生免费提供课本和补助寄宿生生活费，2007年在全国农村普遍实行这一政策。继续实施国家西部地区“两基攻坚”工程和农村中小学现代远程教育工程。建立健全农村义务教育经费保障机制，进一步改善农村办学条件，逐步提高农村中小学公用经费的保障水平。加强农村教师队伍建设，加大城镇教师支援农村教育的力度，促进城乡义务教育均衡发展。加大力度监管和规范农村学校收费，进

一步减轻农民的教育负担。

（19）大规模开展农村劳动力技能培训。提高农民整体素质，培养造就有文化、懂技术、会经营的新型农民，是建设社会主义新农村的迫切需要。继续支持新型农民科技培训，提高农民务农技能，促进科学种田。扩大农村劳动力转移培训阳光工程实施规模，提高补助标准，增强农民转产转岗就业的能力。加快建立政府扶助、面向市场、多元办学的培训机制。各级财政要将农村劳动力培训经费纳入预算，不断增加投入。整合农村各种教育资源，发展农村职业教育和成人教育。

（20）积极发展农村卫生事业。积极推进新型农村合作医疗制度试点工作，从 2006 年起，中央和地方财政较大幅度提高补助标准，到 2008 年在全国农村基本普及新型农村合作医疗制度。各级政府要不断增加投入，加强以乡镇卫生院为重点的农村卫生基础设施建设，健全农村三级医疗卫生服务和医疗救助体系。有条件的地方，可对乡村医生实行补助制度。建立与农民收入水平相适应的农村药品供应和监管体系，规范农村医疗服务。加大农村地方病、传染病和人畜共患疾病的防治力度。增加农村卫生人才培养的经费预算，组织城镇医疗机构和人员对口支持农村，鼓励各种社会力量参与发展农村卫生事业。加强农村计划生育服务设施建设，继续稳定农村低生育水平。

（21）繁荣农村文化事业。各级财政要增加对农村文化发展的投入，加强县文化馆、图书馆和乡镇文化站、村文化室等公共文化设施建设，继续实施广播电视“村村通”和农村电影放映工程，发展文化信息资源共享工程农村基层服务点，构建农村公共文化服务体系。推动实施农民体育健身工程。积极开展多种形式的群众喜闻乐见、寓教于乐的文体活动，保护和发展有地方和民族特色的优秀传统文化，创新农村文化生活的载体和手段，引导文化工作者深入乡村，满足农民群众多层次、多方面的精神文化需求。扶持农村业余文化队伍，鼓励农民兴办文化产业。加强农村文化市场管理，抵制腐朽落后文化。

（22）逐步建立农村社会保障制度。按照城乡统筹发展的要求，逐步加大公共财政对农村社会保障制度建设的投入。进一步完善农村“五保户”供养、特困户生活救助、灾民补助等社会救助体系。探索建立与农村经济发展水平相适应、与其他保障措施相配套的农村社会养老保险制度。落实军烈属优抚政策。积极扩大对农村部分计划生育家庭实行奖励扶助制度试点和西部地区计划生育“少生快富”扶贫工程实施范围。有条件的地方，要积极探索建立农村最低生活保障制度。

（23）倡导健康文明新风尚。大力弘扬以爱国主义为核心的民族精神和以改革创新为核心的时代精神，激发农民群众发扬艰苦奋斗、自力更生的传统美德，为建设社会主义新农村提供强大的精神动力和思想保证。加强思想政治工作，深入开展农村形势和政策教育，认真实施公民道德建设工程，积极推动群众性精神文明创建活动，开展和谐家庭、和谐村组、和谐村镇创建活动。引导农民崇尚科学、抵制迷信、移风易俗、破除陋习、树立先进的思想观念和良好的道德风尚，提倡科学健康的生活方式，在农村形成文明向上的社会风貌。

六、全面深化农村改革，健全社会主义新农村建设的体制保障

（24）进一步深化以农村税费改革为主要内容的农村综合改革。2006年，在全国范围取消农业税。通过试点、总结经验，积极稳妥地推进乡镇机构改革，切实转变乡镇政府职能，创新乡镇事业站所运行机制，精简机构和人员，5年内乡镇机构编制只减不增。妥善安置分流人员，确保社会稳定。要按照强化公共服务、严格依法办事和提高行政效率的要求，认真解决机构和人员臃肿的问题，切实加强政府社会管理和公共服务的职能。加快农村义务教育体制改革，建立和完善各级政府责任明确、财政分级投入、经费稳定增长、管理以县为主的农村义务教育管理体制，中央和省级政府要更多地承担发展农村义务教育的责任，深化农村学校人事和财务等制度改革。有条件的地方可加快推进“省直管县”财政管理体制和“乡财县管乡用”财政管理方式的改革。各地要对乡村债务进行清理核实，2006年选择部分县（市）开展化解乡村债务试点工作，妥善处理历年农业税尾欠，完善涉农税收优惠方式，确保农民直接受益。深化国有农场税费改革，将农业职工土地承包费中类似农村“乡镇五项统筹”的费用全部减除，农场由此减少的收入由中央和省级财政给予适当补助。国有农场要逐步剥离办社会的职能，转变经营机制，在现代农业建设中发挥示范作用。

（25）加快推进农村金融改革。巩固和发展农村信用社改革试点成果，进一步完善治理结构和运行机制。县域内各金融机构在保证资金安全的前提下，将一定比例的新增存款投放当地，支持农业和农村经济发展，有关部门要抓紧制定管理办法。扩大邮政储蓄资金的自主运用范围，引导邮政储蓄资金返还农村。调整农业发展银行职能定位，拓宽业务范围和资金来源。国家开发银行要支持农村基础设施建设和农业资源开发。继续发挥农业银行支持农业和农村经济发展的作用。在保证资本金充足、严格金融监管和建立合理有效的退出机制的前提下，鼓励在县域内设立多种所有制的社区金融机构，允许私有资本、外资等参股。大力培育由自然人、企业法人或社团法人发起的小额贷款组织，有关部门要抓紧制定管理办法。引导农户发展资金互助组织。规范民间借贷。稳步推进农业政策性保险试点工作，加快发展多种形式、多种渠道的农业保险。各地可通过建立担保基金或担保机构等办法，解决农户和农村中小企业贷款抵押担保难问题，有条件的地方政府可给予适当扶持。

（26）统筹推进农村其他改革。稳定和完善以家庭承包经营为基础、统分结合的双层经营体制，健全在依法、自愿、有偿基础上的土地承包经营权流转机制，有条件的地方可发展多种形式的适度规模经营。加快集体林权制度改革，促进林业健康发展。完善粮食流通体制，深化国有粮食企业改革，建立产销区稳定的购销关系，加强国家对粮食市场的宏观调控。加快征地制度改革步伐，按照缩小征地范围、完善补偿办法、拓展安置途径、规范征地程序的要求，进一

步探索改革经验。完善对被征地农民的合理补偿机制,加强对被征地农民的就业培训,拓宽就业安置渠道,健全对被征地农民的社会保障。推进小型农田水利设施产权制度改革。

七、加强农村民主政治建设,完善建设社会主义新农村的乡村治理机制

(27)不断增强农村基层党组织的战斗力、凝聚力和创造力。充分发挥农村基层党组织的领导核心作用,为建设社会主义新农村提供坚强的政治和组织保障。要以建设社会主义新农村为主题,在全国农村深入开展保持共产党员先进性教育活动,引导广大农村党员学习贯彻党章,坚定理想信念,坚持党的宗旨。要结合农村实际,有针对性地开展正面教育,解决党组织和党员队伍中存在的突出问题,解决影响改革发展稳定的主要问题,解决群众最关心的重点问题,务求取得实效。加强农村基层组织的阵地建设,继续搞好农村党员干部现代远程教育,加大政策理论、法律法规和实用技术培训力度,引导农村基层干部发扬求真务实、踏实苦干的工作作风,广泛联系群众,增强带领群众增收致富的能力。关心和爱护农村基层干部,继续开展农村党的建设"三级联创"活动,加强基层党风廉政建设,巩固党在农村的执政基础。充分发挥农村共青团和妇联组织的作用。

(28)切实维护农民的民主权利。健全村党组织领导的充满活力的村民自治机制,进一步完善村务公开和民主议事制度,让农民群众真正享有知情权、参与权、管理权、监督权。完善村民"一事一议"制度,健全农民自主筹资筹劳的机制和办法,引导农民自主开展农村公益性设施建设。开展村务公开民主管理示范活动,推动农村基层志愿服务活动。加强农村法制建设,深入开展农村普法教育,增强农民的法制观念,提高农民依法行使权利和履行义务的自觉性。妥善处理农村各种社会矛盾,加强农村社会治安综合治理,打击"黄赌毒"等社会丑恶现象,建设平安乡村,创造农民安居乐业的社会环境。

(29)培育农村新型社会化服务组织。在继续增强农村集体组织经济实力和服务功能、发挥国家基层经济技术服务部门作用的同时,要鼓励、引导和支持农村发展各种新型的社会化服务组织。推动农产品行业协会发展,引导农业生产者和农产品加工、出口企业加强行业自律,搞好信息服务,维护成员权益。鼓励发展农村法律、财务等中介组织,为农民发展生产经营和维护合法权益提供有效服务。

八、切实加强领导,动员全党全社会关心、支持和参与社会主义新农村建设

(30)加强对社会主义新农村建设工作的领导。推进社会主义新农村建设事关我国农业和农村的长远发展,事关改革开放和现代化建设的大局,各级党委和政府要从战略和全局的

高度出发，把建设社会主义新农村作为一件大事，真正列入议事日程，切实加强领导，明确工作重点，每年为农民办几件实事。各级党委和政府的工作部门都要明确自身在新农村建设中的职责和任务，特别是宏观管理、基础产业和公共服务部门，在制定发展规划、安排建设投资和事业经费时，要充分考虑统筹城乡发展的要求，更多地向农村倾斜。各地区各部门要建立推进新农村建设的工作协调机制，加强统一领导，明确职责分工，搞好配合协作。各级领导干部要深入农村调查研究，总结实践经验，加强指导服务，帮助基层解决新农村建设中遇到的各种矛盾和问题。

（31）科学制定社会主义新农村建设规划。新农村建设涉及经济、政治、文化和社会各个方面，是一项十分复杂的系统工程，必须切实加强规划工作。各地要按照统筹城乡经济社会发展的要求，把新农村建设纳入当地经济和社会发展的总体规划。要明确推进新农村建设的思路、目标和工作措施，统筹安排各项建设任务。做好第二次全国农业普查工作，为制定规划提供科学依据。要充分考虑农民的切身利益和发展要求，在促进农村经济发展的基础上，区分轻重缓急，突出建设重点，加强饮水安全、农田水利、乡村道路、农村能源等基础设施建设，加快教育、卫生等公共事业发展。要尊重自然规律、经济规律和社会发展规律，广泛听取基层和农民群众的意见和建议，提高规划的科学性、民主性、可行性，确保新农村建设扎实稳步推进。

（32）动员全社会力量关心、支持和参与社会主义新农村建设。建设社会主义新农村是全社会的事业，需要动员各方面力量广泛参与。各行各业都要关心支持新农村建设，为新农村建设作出贡献。充分发挥城市带动农村发展的作用，加大城市经济对农村的辐射，加大城市人才、智力资源对农村的支持，加大城市科技、教育、医疗等方面对农民的服务。要形成全社会参与新农村建设的激励机制，鼓励各种社会力量投身社会主义新农村建设，引导党政机关、人民团体、企事业单位和社会知名人士、志愿者对乡村进行结对帮扶，加强舆论宣传，努力营造全社会关心、支持、参与建设社会主义新农村的浓厚氛围。

做好2006年和“十一五”时期的农业和农村工作，任务艰巨，意义重大。我们要紧密团结在以胡锦涛同志为总书记的党中央周围，高举邓小平理论和“三个代表”重要思想伟大旗帜，全面贯彻落实科学发展观，解放思想，振奋精神，开拓进取，扎实工作，为建设社会主义新农村而努力奋斗。

农业部农业产业化和农产品加工推进行动方案

为充分发挥农业产业化经营和农产品加工业在提高农业综合生产能力、加快农业增长方式转变、发展现代农业、建设社会主义新农村方面的重要作用，农业部决定从2006年起组织实施农业产业化和农产品加工推进行动。

一、指导思想

农业产业化经营是农业和农村经济工作中一件带全局性方向性的大事。发展农产品加工业对于农业增效、农民增收，提高我国农产品竞争力具有重要的推动作用。实施农业产业化和农产品加工推进行动，要坚持邓小平理论和“三个代表”重要思想，以科学发展观为统领，着力统筹协调发展；以培育壮大龙头企业为关键，重点发展精深加工；以完善带动农户的组织制度和利益联结机制为核心，创新体制机制；以建设标准化生产基地为基础，提高原料产品的科技含量。通过市场引导、政策扶持和项目带动，逐步实现由数量增长向质量效益提高转变，由初级加工为主向精深加工延伸，由单一组织模式向多元化组织类型演进，推进农业产业化经营，提升农产品加工水平，为发展现代农业、建设社会主义新农村奠定坚实基础。

二、行动目标

实施农业产业化和农产品加工推进行动，要始终围绕提高对农户的带动力这个核心，带动能力年均提高1个百分点以上；紧紧抓住农产品加工增值这个关键，力争农产品加工业产值与农业产值之比每年提高0.1个点。到2010年末力争达到以下目标：

——龙头企业集群有大发展，培育一批年销售收入超过100亿元和超过50亿元的龙头企业，培育一批成长性好的农产品加工示范企业和国际竞争力强的出口企业；

——农产品加工水平有大提高，农产品加工业产值与农业产值之比超过1.5:1，主要农产品加工转化率（初加工以上）达50%～60%，精深加工比重明显增加；

——基地建设布局更优化，根据优势企业、优势产业以及农产品出口需要，建设一大批高标准农产品生产和加工基地，带动农户提高标准化生产水平和质量安全水平；

——农产品品牌建设有大突破，培育一大批优质、高效、安全、生态名牌产品，省级以上龙头企业食品类产品达到无公害或绿色标准，培育驰名商标100个以上；

——产业化经营带动能力有大提升，扶持发展一批农民专业合作经济组织和中介服务组织，力争使更多农户进入农业产业化经营领域，农户来自产业化经营的收入明显增加。

三、主要任务

（一）以提升竞争力为重点，培育壮大龙头企业

围绕优势产业培育壮大一批起点高、规模大、带动力强的龙头企业，结合新农村建设，引导优势企业向优势区域集聚，把主导产业做大做强，创立一批在市场上叫得响、占有率高的名牌产品。到2010年，在种养业、特产业等优势产业，打造一批带动行业发展的大企业集团，发展100个左右农业产业化龙头企业集群，培育农产品驰名商标100个以上。

（二）以提高带动力为核心，大力发展农民专业合作经济组织

通过加快立法、项目带动、示范推广，促进农民专业合作经济组织稳步发展。到2010年，使更多的农户通过合作进入市场，组织化程度明显提高。

（三）以创新体制机制为动力，建立完善四个机制

经过不断探索，总结不同产业和产品的利益联结机制、风险保障机制、监督约束机制、行业协调机制的经验与模式。到2010年，4个机制建设逐步完善。

（四）以发展精深加工为突破口，提升农产品加工水平

一是推进技术创新。拟争取国家立项建立农产品加工研究中心和工程技术中心，提高原始创新能力。拟在中国农科院农产品加工研究所的基础上，建设全国农产品加工研究中心和工程技术中心；在优势农产品产区，依托大专院校、科研单位，建立一批重点农产品加工工程技术分中心。健全完善企业技术创新机制，提高企业自主创新能力。鼓励农产品加工企业与科研院所、大专院校对接，组建农产品加工研发中心或企业技术创新机构，提高集成创新能力。引进、研发、推广一批重大关键技术，对经专家筛选论证的140多项粮油、果蔬、畜产品、水产品等行业的重大关键加工技术，有步骤、有重点地进行引进、研发和推广。

二是优化加工布局。结合优势农产品区域布局规划和优质粮食产业工程，优化农产品加工区域布局和产业布局，推动示范基地建设。在粮食主产区建设一批示范基地。在优势农产品区域和大城市郊区，选择一批与资源和市场需求配置合理、已初步形成产业集聚和经济优势的农产品加工区域，建设一批全国示范基地。在优势农产品产业带，以加工企业为龙头，建设一批与加工业配套、标准化程度高的粮油、果蔬、畜产品、水产品以及特色示范基地。

三是主攻加工增值。培植农产品加工示范企业，大力发展科技含量高、加工程度深、产业链条长、增值水平高、出口能力强、符合综合利用和循环经济要求的产品和产业。

（五）以标准化生产为基础，提高质量安全水平

强化龙头企业和农产品加工企业带动标准化生产、促进农产品质量安全水平提高的作用。到2010年，基本建成农产品加工国际标准跟踪平台，建立全程质量控制体系，推行良好操作规范（GMP）、危害分析与关键控制点（HACCP）和ISO9000等质量管理与控制体系框架。

（六）以强化服务功能为支撑，构建四个平台

到2010年，基本完善对信息服务、市场开拓服务、技术培训服务、创业发展服务平台的构建工作，形成为农业产业化经营和农产品加工宏观调控和指导服务的工作体系。

四、重点工作

（一）着力培育壮大龙头企业

开展龙头企业集群试点，在总结经验基础上逐步推开。开展龙头企业创名牌活动，配合有关部门制定实施方案，启动龙头企业创名牌活动，以品牌拓市场，靠品牌提高竞争力。指导有条件的龙头企业进行现代企业制度改革，推动优势龙头企业组建企业集团，打造行业“航母”。

（二）大力发展农民专业合作经济组织

配合全国人大积极推进合作社立法进程，制定《农民专业合作经济组织示范章程》，鼓励和引导农民专业合作经济组织健康发展。扩大农民专业合作经济组织试点范围，组织实施农民专业合作经济组织示范项目。

（三）建立完善四个机制

1. 利益联结机制

开展“龙头企业 + 合作组织 + 农户”和“农产品行业协会 + 龙头企业 + 合作组织 + 农户”试点，探索适合不同产业、不同产品内在发展要求的利益联结方式。总结推广龙头企业通过开展定向投入、定向服务、定向收购，为农户提供种养技术、市场信息、生产资料和产品销售等多种服务的做法和经验，强化龙头企业为农户服务的功能。发展规范订单农业，完善合同内容，明确权利责任，提高订单履约率。

2. 风险保障机制

探索依托龙头企业设立风险基金，帮助农民规避生产经营和市场风险的有效办法，引导龙头企业按照风险共担原则带动农户投保，逐步建立符合我国国情的农业保险制度。

3. 监督约束机制

重点加强对国家重点龙头企业的动态监测，开展第三次国家重点龙头企业动态监测，完善两年一次的监测制度。

4. 行业协调机制

组织开展对农业行业协会方面的调研，在此基础上，选择部分在国际市场上有竞争力的产业和产品，引导组建行业协会，探索建立政府引导、以企业为主体，以价格形成、权益保护、争端解决等为内容的行业协调机制。

（四）重点发展精深加工

完成建立国家及重点农产品加工研究中心和工程技术中心的可行性研究；示范推广20～30项农产品加工适用和重大关键技术。结合实施优质粮食产业工程，组织粮食加工企业进行

技术设备工艺的改造与创新，提高其精深加工和综合利用的能力。选择具有出口优势的加工产业和产品，进行培育试点。重点从标准化生产及全程质量控制等方面进行培育。

（五）推进标准化建设

制定并发布实施《“十一五”农产品加工标准制修订指南》。选择100家农产品加工企业开展建立全程质量控制体系试点。

（六）加强指导与服务

1. 在信息服务方面

完善农业产业化统计指标体系，加强对重点龙头企业经济运行情况的统计和分析，为制定产业政策提供科学依据。加强和完善农业产业化信息网建设，组织编写《中国农业产业化发展报告》，举办“中国农业产业化高峰论坛”。健全完善农产品加工信息网络，利用这个平台推动政府与企业、企业与科研、企业与企业间的互动，发挥其行业引导与指导的作用。构建农产品加工市场信息预警机制，推动农产品加工企业开展电子商务。

2. 在市场开拓方面

继续举办农产品加工龙头企业西部行动，督促落实龙头企业支持四川仪陇县、通江县发展的有关活动。继续举办玉米产销衔接活动、中国农产品加工业发展与奥运经济精品展示活动。千方百计开拓国际市场，大力促进农产品出口，鼓励支持农业产业化龙头企业参加相关国际农产品展销展示活动，建立国内外政府、企业间农产品加工业的交流机制。

3. 在技术培训方面

继续开展蓝色证书培训，依托现有培训基地，开展各种形式的职业培训和重点工种的职业技能培训与鉴定工作。依托中央农业干部教育培训中心及其在华北、华东等地的分院，有计划、分层次地对农民专业合作经济组织负责人、基层辅导员进行培训。继续开展国家重点龙头企业厂长经理培训和农业产业化指导部门人员培训。

4. 在创业发展方面

制定扶持农产品加工业创业的实施意见，对新办中小型农产品加工企业创业开展多种形式的服务。

五、行动原则

（一）服务“三农”

紧紧围绕“十一五”农业和农村经济发展目标，以农民为本，通过不断转变增长方式促进农业发展、农民增收和企业增效，使农民从产业化经营中真正得到实惠。

（二）政策扶持

认真贯彻落实党中央、国务院制定的一系列扶持农业产业化和农产品加工业的政策措施。通过政策扶持，把农业产业化和农产品加工推进行动各项内容落到实处。

（三）市场导向

充分尊重龙头企业、中介组织和农户的市场主体地位，发挥好市场对资源配置的基础性作用。发展农产品加工、建设生产基地、培育龙头企业，要充分考虑市场前景、当地资源条件和技术可行性，立足提高现有生产能力，不盲目铺摊子、搞低水平重复建设。建立和完善利益联结机制，要尊重各方意愿，鼓励多样性。

（四）分类指导

根据不同地区、不同阶段、不同产品和产业的发展情况和特点，因地制宜探索适合实际的发展方向和发展路子，不搞形式主义。

（五）创新促发展

以工业理念谋划农业，更新发展观念；以试点示范为先导，创新发展模式；以转变增长方式、促进可持续发展为目标，提高发展质量，实现农业产业化经营和农产品加工又快又好的发展。

六、保障措施

（一）加强领导

农业产业化和农产品加工推进行动是建设现代农业和社会主义新农村的重要举措，各级有关部门要站在全局和战略的高度，切实加强领导，统筹安排部署，整体协调推进。农村经济体制与经营管理司、乡镇企业局按照分工牵头组织实施各项具体任务，落实相关责任。各有关司局按照分工参与实施，做好协调配合。

（二）协调配合

农业产业化和农产品加工推进行动涉及多部门、多行业，是一项复杂的系统工程，要充分发挥各方面的积极性和优势，形成多方联动、共同推进的工作局面。要积极争取计划、财政、商务、银行、证监会、税务、土地、工商、科技等部门的支持，形成推进行动的合力。在不改变现有计划、资金、项目运行方式及隶属关系的条件下，引导农业综合开发、农产品加工与促销等部内实施的相关工程与项目资金，向农业产业化经营和农产品加工业倾斜，统筹协调行动的各项工作，形成实施行动的资金保障。

（三）跟踪指导

任务具体承担单位要及时交流工作进展情况，遇有重大情况要加强沟通，确保行动实施的连续性和稳定性。实施目标管理，建立工作绩效考核制度，激励在行动实施过程中作出突出贡献的单位和个人。加强动态管理，总结阶段性成果，及时掌握行动实施的进展，研究新情况和新问题，探索解决问题的新思路和新办法，确保推进行动有效实施。

（四）扩大宣传

根据行动实施的不同阶段和具体要求，制定宣传方案，加大宣传力度，营造良好氛围。组织新闻媒体宣传农业产业化和农产品加工业在促进农业、农村经济发展中的突出地位和作用，宣传实施行动的重大意义、实施过程中的各项活动、取得的重大成就，以及农业产业化和农产品加工推进行动促进“三农”发展的典型经验。通过典型宣传，示范带动，推进行动深入开展。

七、责任分工

（一）负责人

范小建副部长，薛亮总经济师总体负责本行动的组织实施。

（二）牵头单位

农村经济体制与经营管理司，责任人郑文凯，分管责任人黄连贵；乡镇企业局，责任人甘士明，分管责任人卢永军、张步江。

（三）具体责任分工

1. 农村经济体制与经营管理司

农业产业化处：责任人王维友；具体任务：开展龙头企业集群试点，组织龙头企业创名牌活动；开展“龙头企业＋合作组织＋农户”和“农产品行业协会＋龙头企业＋合作组织＋农户”试点，进行第三次国家重点龙头企业动态监测；加强和完善农业产业化信息网建设，组织编写《中国农业产业化发展报告》，举办“中国农业产业化高峰论坛”；督促落实龙头企业支持四川仪陇县、通江县发展的有关活动，举办玉米产销衔接活动；开展国家重点龙头企业厂长经理培训和农业产业化指导部门人员培训。

专业合作处：责任人赵铁桥；具体任务：组织实施农民专业合作经济组织示范项目；配合全国人大做好合作社立法调研和起草工作，制定《农民专业合作经济组织示范章程》；对农民专业合作经济组织负责人、基层辅导员进行培训。

2. 乡镇企业局

农产品加工处：责任人张纪新；具体任务：示范基地建设，培植农产品加工示范企业；农产品加工龙头企业西部行动，中国农产品加工业发展与奥运经济精品展示会；对新办中小型农产品加工企业开展创业服务。

科教质量处：责任人杨泽钊；具体任务：建立国家及重点农产品加工研究中心和工程技术中心，健全完善企业技术创新机制，推广农产品加工技术；制定并发布《“十一五”农产品加工标准制修订指南》，构建农产品加工国际标准跟踪平台，建立全程质量控制体系；继续开展蓝色证书培训。

信息统计处：责任人傅金凯；具体任务：健全完善农产品加工信息网络。

3. 参与司局

产业政策与法规司：参与相关领域的法律法规规章的审查和政策性文件的制定。

市场与经济信息司：共同组织玉米产销衔接活动、龙头企业创名牌活动；加强和完善农业产业化、农产品加工信息网建设。

发展计划司：协调农业综合开发等方面的政策，争取对产业化、农产品加工项目给予支持。

财务司：协调财政、税收等方面的政策，安排具体财政资金投资项目。

科技教育司：建设国家及重点农产品加工研究中心和工程技术中心，开展蓝色证书培训。

种植管理业司：示范基地建设，玉米产销衔接活动。

畜牧业司：示范基地建设，培植农产品加工示范企业。

农垦局：示范基地建设，培植农产品加工示范企业。

渔业局：示范基地建设，培植农产品加工示范企业。

农村经济研究中心：参与编写《中国农业产业化发展报告》，参与举办“中国农业产业化高峰论坛”，共同修改定稿《关于加快发展农业产业化经营的意见》。

乡镇企业发展中心：参与农产品加工技术推广，参与农产品加工重点工种的职业技能培训与鉴定工作，参与创业发展平台的构建。

积极发展农产品加工业
扎实推进现代农业建设
努力构筑新农村与和谐社会的产业支撑

——危朝安副部长在全国农产品加工业工作会议上的讲话

同志们：

在全国上下认真贯彻落实党的十六届五中、六中全会精神，推进社会主义新农村建设，加快构建社会主义和谐社会的重要时期，我们在这里召开全国农产品加工业工作会议，有着十分重要的意义。这次会议的目的是，总结近几年农产品加工业发展成效和经验，分析当前形势，研究部署下一步工作。首先，我代表农业部，代表杜青林部长，对参加这次会议的全体代表表示热烈的欢迎！对山东省和青岛市为会议做出的精心准备和周到服务表示衷心的感谢！

党中央、国务院非常重视农产品加工业的发展。2007 年的中央 1 号文件明确指出，要“以发展农产品加工业为突破口，走新型工业化道路，促进农业增效、农民增收和地区经济发展。”2008 年的中央 1 号文件进一步强调，“要着力培育一批竞争力、带动力强的龙头企业和企业集群示范基地。”温家宝总理在今年的政府工作报告中指出，要“推进农业产业化，大力发展农村二、三产业特别是农产品加工业，壮大县域经济。”回良玉副总理在今年中央党校建设社会主义新农村专题研讨班上强调，“要着力发展农产品精深加工，延长农业产业链，提高农业比较效益，提升农产品档次，促进农民增收”。中央文件精神和领导同志重要讲话，为我们做好农产品加工业工作指明了方向。我们一定要认真学习，切实贯彻，抓紧落实。下面，我讲几点意见。

一、近几年我国农产品加工业发展的成效和主要经验

进入新阶段尤其是党的十六大以来，我国农产品加工业快速发展。据统计，2005 年我国规模以上农产品加工企业 7 万多家，完成产值达到 4.2 万亿元，“十五”期间年均增长近 15%，从业人数 1 785 万人，占全部工业从业人员的 28%。农产品加工业已经成为国民经济发展中总量最大、发展最快、对“三农”带动最大的支柱产业之一。

——有力促进了农产品的增值增效。各地按照农业产业化经营的思路发展农产品加工业，

不断拓展产业链，向农业生产的深度和广度进军，实现农产品的多次增值。这里以吉林省为例。该省玉米加工实现了三次升级三重增值，从传统的粮食粗加工产品到肉禽蛋奶转化，再到生产赖氨酸、燃料乙醇等化工产品，进一步生产塑料、服装等产品。2004 年吉林省玉米加工量仅 420 万吨，2005 年增加到 696 万吨，今年预计达到 800 万吨。通过发展精深加工，农民种植玉米的经济效益成倍增长，玉米价格出现了与产量同步增长的局面。去年吉林省以玉米为主的农产品加工业产值突破 1 000 亿元，今年将达到 1 150 亿元，与化工、汽车两大产业一起成为该省国民经济发展的三大支柱产业。其他一些省和一些地区这样的局面也在逐步形成。

——真正带动了农民就业增收。发展农产品加工业，可以更广泛、更充分地吸收农民就业，同时带动农业综合效益提高，增加农民收入。据测算，我国农产品加工业与农业的比值，每增加 0.1 个点，就可以带动 230 万人就业，带动农民增收人均 193 元。目前，国家级农业产业化龙头企业 580 多家，带动农户 8 726 万户，占全国农户总数的 35.2%，参与产业化经营的农户比普通农户每户年平均增收 1 300 多元。

——切实提升了农业整体素质和竞争力。主要表现在两个方面：一是提升了科技和技术装备水平。根据对 187 家国家重点龙头企业调查，有 124 家企业拥有独立的研发机构，大量的企业引进了国际最先进的生产工艺和设备，引进和推广了一批成熟的高新科技成果，如生物工程技术、超高温灭菌、冷冻保鲜、分子蒸馏等。二是提升了我国农产品质量安全水平。一大批农产品加工企业广泛采用国际先进标准、获得国际认可，通过无公害食品、绿色食品和有机食品等认证。

——加快发展了一大批带动力和竞争力强的农产品加工龙头企业。近年来，涌现出一大批起点高、成长快、规模大的领军企业。全国共有农业产业化龙头企业 6.1 多万家，其中国家级的龙头企业 580 多家，省级重点龙头企业 3 750多家。双汇、得利斯、金锣、皓月、雨润、德大、龙大、蒙牛、三元、伊利、三鹿、汇源、大成、华龙等一大批农产品加工龙头企业不仅规模大、效益好，而且带动能力强、辐射面广。目前，全国农产品加工业增加值的 20%以上是由固定资产 5 000 万元以上的企业创造的，并有效带动了关联企业的发展。

——较好地推动了优势产业集群的初步形成。各地根据资源禀赋和区位优势，建设了一批特色鲜明的农产品加工产业带，如黄淮海地区优质专用小麦加工产业带，东北及内蒙古东部玉米、大豆加工产业带，长江流域优质油菜加工产业带，中原地区牛羊肉加工产业带，东北、华北、西北地区奶业加工产业带，环渤海湾地区和西北黄土高原苹果加工产业带，中南、西南地区柑橘加工产业带，沿海及重点江河湖泊流域优质水产品加工产业带，茶叶主产区优质茶叶加工产业带。产业带的发展带动了龙头企业集聚和优势产业集群。

近几年来，各级农业部门，包括乡镇企业部门和农产品加工部门，按照中央的要求，从当地实际出发，加大了农产品加工业的推进力度，积累了丰富经验。

（一）明确工作职能，强化工作要求

为履行好农业部对农产品加工业的指导管理服务职能，形成推进农产品加工业发展的合力，根据国务院领导同志的批示精神，农业部在 2001 年成立农产品加工业领导小组，制定发

展规划，完善扶持政策，搞好综合服务，加强工作指导，开展农产品加工推进行动，取得明显成效。去年11月中编办正式批复同意在农业部增设农产品加工局。中央进一步明确农业部的农产品加工业行政管理职能，这既是对农业部推动农产品加工业工作的充分肯定，更是对我们今后工作的更高要求。

（二）制定发展规划，加强对农产品加工业的宏观指导

“十五”期间，为指导农产品加工业持续健康发展，农业部制定并组织实施了《重点农产品加工业发展规划》，吉林、内蒙、江苏、山东、河北、北京、大连等地政府也根据实际情况，分别制定了本地的农产品加工业发展规划。农业部按照《中共中央关于制定国民经济和社会发展第十一个五年规划的建议》的总体部署和《农业农村经济发展“十一五”规划》的统一要求，农业部又编制了《农产品加工业“十一五”发展规划》，即将发布实施，必将指导和促进农产品加工业快速健康发展。

（三）培育和扶持骨干企业，提升企业技术水平

近年来，农业部积极培育和扶持农产品加工骨干企业，确定584家农产品加工业示范企业，促进了农产品加工业核心竞争力的提升。为提高企业的技术水平，2004年以来，农业部在粮油、果蔬、畜产品、水产品4个领域，筛选推广一批对我国农产品（食品）加工业发展产生重大影响的攻关技术、引进技术、推广技术和高新技术，在北京、吉林、江苏、湖南、贵州、四川、西藏等地举办了农产品加工科技成果对接活动。

（四）启动和开展标准化生产和质量检测工作，完善质量标准体系

组织编制了《农产品加工业标准制修订指南（2003～2005年）》，组织制订了70多项农产品加工及检验的农业行业标准。为帮助农产品加工企业及时了解WTO、CAC、ISO等国际组织和美国、日本、韩国、欧盟等主要贸易国农产品标准及进出口政策，农业部启动了国际农产品加工标准跟踪信息平台建设项目。建立了112家部级农产品质量检测中心，开展粮油、果蔬、畜产品、水产品及其加工品的质量检测工作，不断完善农产品及加工品质量检测体系。

（五）建立服务平台，加强服务体系建设

2004年，农业部建设并开通中国农产品加工信息网，今年以来在网上发布各类信息3万条，每日访问量6万余次，其中国外访问量为30%左右。大力加强农产品加工业职业技能培训体系建设和考核鉴定工作，目前已有27个省建立了以农产品加工为主的职业技能培训基地和技能鉴定站，进行了包括米面油制作、畜禽屠宰、畜禽加工等32个工种的培训及考核鉴定工作。以中国农科院农产品加工研究所、农业部农工院农副产品加工研究所为依托，逐步建立并完善科技服务体系。积极推动农产品加工市场体系建设，举办农产品加工贸易博览会、农产品加工业名品精品展等活动，为企业开拓市场提供服务。

在总结农产品加工业发展成效和经验的同时，我们也应清醒地看到存在的一些问题和不足：一是加工规模和整体水平还比较低。总体上看，中小企业和家庭作坊较多，产业集中度不高，处于低水平循环。目前发达国家农产品

加工率在90%左右，我国只有45%左右（粗加工以上）；发达国家农产品深加工（二次以上加工）占80%，我国只有30%左右；发达国家农产品加工产值与农业产值之比为2~4:1，我国仅为1.1:1。二是加工技术装备差距还比较大。我国农产品加工的技术装备水平80%还处于20世纪70~80年代的世界平均水平，15%左右处于20世纪90年代水平，只有5%左右达到国际先进水平。三是加工标准和质量控制体系不完善。尽管我国制订了不少农产品加工设备、过程及产品标准，但普遍存在标准陈旧，体系不健全，不适应行业发展与国际接轨的需要，甚至有些重要领域严重存在标准空白现象。四是服务体系建设滞后。农民专业合作经济组织和行业协会发展滞后，公益性社会化服务平台尚未形成。五是管理体制不完善，政策不配套，特别是企业贷款比较困难，市场封锁现象依然存在。这些与建立完善的市场经济体制和中央关于支持“三农”的要求尚有一定差距，需要认真加以解决。

二、农产品加工业发展面临的形势和发展思路

农产品加工水平是衡量一个国家农业现代化程度的重要标志，是提升农业整体素质和效益的关键环节。实践证明，发展农产品加工业，有利于优化农业和农村经济结构，推动农业产业升级，引领农业向着标准化、规模化、产业化发展，加快现代农业建设步伐；有利于农产品的深度开发，丰富农产品内容，满足消费者的多样化需求，开拓农产品市场，扩大内需；有利于拓展农产品产业链，扩大农民就业，增加农民收入，提高农村购买力；有利于增强农业的综合素质，增强农业适应市场变化的能力，提高农产品的竞争力；有利于发挥农业资源优势，培育主导产业，形成新农村建设的产业基础。我们要从全局和战略的高度，充分认识发展农产品加工业的重大意义，按照科学发展观的要求，牢牢把握发展这个执政兴国的第一要务和解决一切问题的关键，抓住新机遇，增强责任感和紧迫感，积极推进农产品加工业持续健康发展。

（一）用科学发展观指导农产品加工业发展

科学发展观是我们党对经济社会发展规律的新认识，是统领农业和农村经济发展全局的重要指导思想。发展农产品加工，必须以科学发展观为统领，拓宽发展思路，创新发展理念，实现又快又好的发展。要坚持以人为本，把促进农业发展、农村繁荣、农民富裕作为农产品加工业发展的出发点和落脚点。通过农产品加工业的带动，建设专业化、标准化、规模化生产基地，形成加工企业与农户风险共担、利益均沾的利益联结机制，使农民分享到加工环节利益。要坚持市场导向，充分发挥市场对资源配置的主导作用，通过优化资源配置，提高行业的整体效益。要坚持质量安全，建立健全农产品加工标准体系和从“从农田到餐桌”的全程质量控制体系；严格执行农产品（食品）卫生标准和产品标准，大力发展无公害食品、绿色食品和有机食品，确保农产品加工质量安全。要坚持科技创新，整合科技资源，加强国外先

进技术的引进、消化和吸收，加大技术集成和原始创新，加强企业技术创新。要坚持因地制宜，分类指导，充分发挥资源、经济、市场和技术优势，依托优势农产品生产区域，发展特色农产品加工业，将资源优势、区位优势转变为经济优势。要实施可持续发展战略，积极发展环境友好型和资源节约型农产品加工业；重视清洁生产和循环利用，走可持续发展道路。

（二）围绕社会主义新农村建设谋划农产品加工业发展

推进新农村建设是一项长期而繁重的历史任务。要积极发挥农产品加工业在现代农业建设中的重要作用，鼓励和引导农产品加工企业通过多种形式参与新农村建设。一是产业带动。要发挥农产品加工企业的带动优势，帮助一个村或几个村积极发展“一村一品”，大力培育主导产业，建设规模化、专业化的原料生产基地，培植不同类型的专业村、特色村。二是村企联动。要发挥农产品加工企业的组织优势，采取股份合作或村企合一的形式，建立“以企兴村、以村促企、村企共赢”的新机制。三是投资推动。要发挥农产品加工企业资本优势，因地制宜，量力而行，采取多种形式参与新农村建设。四是科技驱动。要发挥农产品加工企业科技创新优势，积极推进科技成果转化为现实生产力，变技术优势为产业优势，进而形成经济优势。五是服务拉动。要发挥农产品加工企业技术、信息优势，建立农村经济信息网站，提供生产技术、市场信息等服务，带领农民开拓市场、增收致富。六是外向牵动。要发挥农产品加工企业品牌优势，利用国际营销网络，在国外建基地、办工厂，积极开拓国际市场，带动农村富余劳动力输出。

（三）按照城乡统筹发展方略推进农产品加工业发展

贯彻工业反哺农业、城市支持农村和多予少取放活的方针，从根本上打破城乡分割的二元结构的体制机制，有利于促进农业不断增效、农村加快发展、农民持续增收，为农产品加工业发展提供有利的体制和机制保障；强化支农惠农政策，增加国家对农业和农村投入，完善农村金融服务体系，有利于吸引各类投资主体投资农产品加工，为农产品加工业发展提供有利的资金环境；坚持农村基本经营制度，保障农民土地承包经营的各项权利，发展农民专业合作组织，增强农村集体组织服务功能，有利于提高农民的组织化程度，为农产品加工业发展提供有利的组织保障；加快农业科技进步，推进现代农业建设，有利于提升农业科技含量和装备水平，为农产品加工业发展提供有利的科技支撑；调整优化农业结构，推进城镇化，发展县域经济，有利于优势资源向优势产业聚集，进一步优化农产品加工业的发展环境；加快培训新型农民，鼓励农民工回乡创业，有利于提高农村劳动力整体素质，为农产品加工业发展提供各类人才。总之，统筹城乡发展方略，为农产品加工业发展带来了新的机遇。对此，我们一定要深刻领会，紧紧抓住难得机遇，加快发展步伐。

（四）通过实施可持续发展战略提升农产品加工发展质量

增长方式粗放是我国经济社会发展的突出问题，由此导致效率不高、效益低下和环境压力明显加大。必须加快转变增长方式，走可持续发展的路子。要发展绿色经济，把基地建设与改善农业生态环境有机结合起来，加大农业污染防治力度，建设符合现代农业要求的农产品加工基地；发展集约经济，提高农业的有机构成，集约利用资源和土地；发展生物质经济，推动农产品初加工后的副产品及其有机废弃物的系列开发，实现增值增效；发展循环经济，引导龙头企业努力实现低消耗、低排放、高效率，促进再生资源的循环利用和非再生资源的节约利用。

（五）利用国内国际两个市场全面提高农产品加工业发展水平

当前，世界多极化和经济全球化的趋势深入发展，科技进步日新月异，特别是随着我国入世过渡期的结束，经济市场化和国际化进程加快，农产品加工业发展将面临更为激烈的市场竞争。从国际市场看，进口农产品关税水平进一步降低，对国内农产品生产压力加大；农产品出口"门槛"提高，贸易摩擦增多，出口难度增加；外资进入和并购我国农产品加工龙头企业的势头加快。从国内市场看，随着生活水平的提高和消费结构的变化，人们对大宗农产品和初级农产品的需求增长将逐步减缓，但对加工农产品的需求逐步增加，对农产品质量安全生态的要求将越来越高。发展农产品加工，必须面向市场，实施以质取胜、多元化发展战略，增强农产品市场竞争力。既要立足于国内市场，又要实施"走出去"战略，引导和支持龙头企业在更大范围、更高层次上参与国际合作与竞争；既要做大做强传统产业和主导产品，又要不断开发新产品，开拓新市场；既要依托资源优势，大力发展劳动密集型产业，又要采用先进技术装备，大力发展农产品精深加工。

三、"十一五"农产品加工业发展的目标和主要任务

"十一五"是我国农业和农村经济发展的关键时期，也是建设社会主义新农村和构建社会主义和谐社会的重要时期，加快发展农产品加工有着重要意义。当前和今后一个时期，农产品加工业发展要坚持以邓小平理论和"三个代表"重要思想为指导，以科学发展观为统领，全面贯彻党的十六届五中、六中全会精神，按照"转变、拓展、提升"三大战略的总体部署，围绕现代农业建设、农民就业增收、社会主义新农村建设及农村和谐社会建设，以科学规划为先导，以科技创新为支撑，切实转变经济增长方式，重点发展精深加工，逐步实现由初级加工向精深加工的转变、由数量增长向质量和效益提高转变。在结构调整和产业不断升级、质量和效益明显提高、显著降低加工能耗的前提下，力争实现年均增长12%的发展速度，2010年农产品加工业产值突破7万亿元，到"十一五"末农产品加工业产值与农业产值之比超过1.5:1。具体目标为：

——农产品加工水平要有较大提高。到2010年我国主要农产品加工转化率（初加工以上）达到60%，精深加工比重明显增加，主要农产品深加工比例（二次以上加工的产品占其产量的比例）达到40%以上。

——产品质量水平要有较大提升。绿色食品和有机食品生产得到更快发展，60%左右规

模以上的农产品加工企业通过 ISO、HACCP 体系认证，培育一批在国内外市场具有较大潜力和市场占有率的名牌产品。

——技术装备水平要有较大提升。农产品加工新技术得到推广和较广泛应用，农产品加工关键装备国产化率达到 60% 以上，总体技术与装备水平达到 21 世纪初的国际先进水平，部分领域达到同期国际先进水平。

——龙头企业集群要有较大发展。培育一大批年销售收入超过 100 亿元和超过 50 亿元的龙头企业，做大做强一批农产品加工示范企业和国际竞争力强的出口企业。

——基地建设布局要更加优化。根据《农产品优势布局规划》和《特色农产品布局规划》以及农产品出口需要，建设一大批高标准农产品生产和加工基地，带动农户进行标准化生产。

——产业化经营带动能力要有较大提升。扶持发展一批农民专业合作经济组织和中介服务组织，力争使更多农户进入农业产业化经营领域，农户来自产业化经营的收入明显增加。

为了实现上述目标，必须统筹规划，抓住关键，突出重点，切实抓好以下工作：

（一）进一步完善和落实扶持政策

继续落实好 2004 以来中央三个一号文件关于加快发展农产品加工业的要求和国务院办公厅《关于促进农产品加工业发展的意见》。加强与有关部门的协调工作，全面落实已有的优惠政策。积极争取财政部门设立农产品加工业发展专项资金，加大对农产品加工业的财政支持，加强对重点优势农产品加工业的基础设施建设、关键技术研发、引进和推广的扶持，加强对农产品加工业创业的扶持，加强对农产品加工综合利用的扶持。积极配合税务部门做好农产品加工业增值税改革，争取对农产品加工企业开展综合利用、建设加工专用原料基地的税收优惠政策。积极协调金融部门推行积极的金融政策，通过探索仓单质押等办法，不断扩大对企业流动资金的支持；争取政策性银行加大对农产品加工业支持的力度，增加中长期贷款；争取扩大农业政策性保险的试点范围。

（二）认真组织实施《农产品加工业“十一五”规划》

为加强对农产品加工业发展的宏观指导，我部编制了《农产品加工业“十一五”发展规划》，确定了“十一五”期间农产品加工业发展的指导思想、发展原则和工作目标，明确了重点领域和区域布局，提出了一批重点项目和政策措施。《农产品加工业“十一五”发展规划》突出优势农产品加工，主要对粮油加工、果蔬加工、畜产品加工、水产品加工和传统农产品加工等五个重点领域的发展进行了部署。各地要按照全国规划的统一部署，结合实际制定本地区的农产品加工发展规划，分类指导，加强服务，切实推进规划的实施。

（三）加强重点工程建设

积极实施《农业产业化和农产品加工推进行动》，加快六大重点项目建设：一是农产品加工示范基地建设工程，选择资源和市场配套性强、可以形成产业集聚和经济优势的农产品加工区域及大城市郊区，进行重点建设；二是农产品加工专用原料基地建设工程，在《农业部优势农产品区域布局规划》确定的 13 种优势农产品、41 个优势产区内，选育加工专用品种，进行重点建设；三是农产品加工技术创新工程，有效整合大专院校、科研单位和企业的力量，主攻公共关键技术；四是农产品加工质量安全保障工程，完善农产品加工质量标准和检测体系，加强全过程标准化管理和质量控制；五是农产品加工信息化建设工程，为政府、企业、农户提供及时准确的信息，提供技术和贸易等各方面的服务；六是农产品加工创业工程，加强对新办中小型农产品加工企业创业的扶持和服务。

（四）建立和完善社会化服务体系

一是技术创新服务。整合农产品加工业科研资源，实行产学研结合的机制，加快建立以企业为主体、科研院所和大型骨干加工企业为支撑的农产品加工业技术创新平台，开展联合攻关，争取在关键设备和新技术、新工艺、新产品研发方面有所突破。建设国家农产品加工研究中心，以中央或地方大专院校、科研单位为依托建设50个专业性的农产品加工研发分中心。二是质量标准服务。发布实施《“十一五”农产品加工标准制修订指南》，进一步完善农产品加工国际标准跟踪平台，指导企业加强农产品加工全程质量控制体系建设，加强对已认证企业的后续监管。三是信息服务。健全完善国家农产品加工信息网，构筑县、市、省和国家多层次的农产品加工信息网络。积极探索开展电子商务以及物流信息化试点，建立农产品加工市场信息预警机制。四是人才培训服务。发挥乡镇企业培训体系和各类社会教育资源的作用，加强人才培养和技术培训。继续开展蓝色证书培训，重点围绕粮油、果蔬、畜产品、水产品和传统农产品加工等行业的需求，开展多种形式的职业培训和重点工种的职业技能培训与鉴定工作。努力搞好农产品加工创业培训，引导农产品优势产区的农民围绕发展加工业创业和就业。五是指导行业协会服务。鼓励各类农产品加工业协会等服务组织，围绕农产品加工业的需要，积极发挥中介组织作用，促进我国农产品加工业的行业管理和服务逐步规范化。

（五）加强领导和工作指导

各级农业部门要按照中央的要求，切实履行起对职责范围内农产品加工业的宏观管理和指导工作。按照农产品加工业的发展规律，转变工作职能，创新工作方式，完善工作机制，提高工作水平。力争做到四个到位：一是组织领导到位。按照科学规划、合理布局、统筹协调、突出重点的总要求，加强农业部门职能范围内的农产品加工业行政管理职能建设，建立统一、协调、高效的工作体系。二是整合各种要素落实到位。选择重点区域、重点产业、重点产品和重点企业，在不改变现有计划、资金、项目运行方式及隶属关系的条件下，列出专项，给予重点支持。三是环境创造落实到位。加强部门合作与沟通，进一步完善和落实各项政策和扶持措施；加强典型宣传，营造良好的外部环境；加强服务，切实了解和解决农产品加工业发展遇到的实际困难和问题。四是合力推进落实到位。各级农业部门内部要积极配合，通力协作，明确分工，落实责任，形成推进农产品加工业发展的工作合力。

同志们！积极发展农产品加工业，是农业和农村经济进入新阶段的必然选择，是建设现代农业的客观要求，是时代赋予我们的历史责任。我们一定要紧密团结在以胡锦涛为总书记的党中央周围，坚持科学发展观，全面贯彻落实十六届五中、六中全会精神，脚踏实地，开拓创新，扎扎实实推进农产品加工业持续健康发展，为社会主义新农村建设和社会主义和谐社会建设作出新的更大贡献！谢谢大家！

2006年全国农产品加工业出口示范企业名单

一、粮油加工企业（40家）

天津市

天津挂月集团有限公司

河北省

唐山天申贸易集团有限公司

山西省

山西汾河生化有限公司

山西威特食品有限公司

内蒙古自治区

内蒙古宇航人高技术产业有限责任公司

辽宁省

鲁洲生物科技（辽宁）有限公司

吉林省

吉林中兴食品股份有限公司

辽源市鸿图纸业有限公司

黑龙江省

黑龙江省农垦龙王食品有限责任公司

安徽省

安徽瑞福祥食品有限公司

江西省

中粮（江西）米业有限公司

山东省

谷神生物科技集团有限公司

烟台金华粉丝有限公司

山东金城股份有限公司

泗水利丰食品有限公司

乳山市金果花生制品有限公司

华隆（乳山）食品工业有限公司

菱花集团有限公司

邹平三星油脂工业有限公司

乐陵市浩天食品有限公司

山东柠檬生化有限公司

莒南县优盛花生制品有限责任公司

潍坊英轩实业有限公司

青岛柏兰食品有限公司

青岛润德粮油制品有限公司

青岛佳德食品股份有限公司

青岛东生集团股份有限公司

好当家集团有限公司

烟台枫林食品有限公司

山东大树生物工程技术有限公司

山东裕伟食品有限公司

日照可意食品有限公司

日照鲁信金禾生化有限公司

河南省

河南汇隆化工有限公司

河南天冠企业集团有限公司

濮阳田利干果有限公司

甘肃省

甘肃庆发绿色食品有限公司

庆阳市陇东农副产品集团有限公司

甘肃雪晶生化有限责任公司

宁夏回族自治区

宁夏新野贸易有限公司

二、果蔬加工企业（112家）

北京市

北京神州绿普果菜产销合作社

河北省

遵化市长城科贸有限公司

保定中旺果蔬速冻有限公司
河北晶品果业有限公司

山西省

山西特达土畜产有限公司

内蒙古自治区

内蒙古富源农产品有限公司

辽宁省

辽宁田园实业有限公司
辽宁博丰集团菜业有限责任公司
北方绿色食品股份有限公司
阜新振隆土特产有限公司
丹东君澳食品有限公司
大连宏兴食品有限公司
营口富达果菜保鲜有限公司

黑龙江省

哈尔滨高泰食品有限责任公司

上海市

上海高榕食品有限公司
上海大山合集团有限公司

江苏省

宜兴广新食品有限公司
连云港顺福食品有限公司

浙江省

浙江松友食品有限公司
海通食品集团股份有限公司
浙江爱斯曼食品有限公司
浙江黄岩第一罐头厂
浙江扬眉饮品有限公司
浙江丰岛股份有限公司
上虞市东海食品有限公司

福建省

福建绿宝食品集团有限公司
福建盈丰食品集团有限公司
福建省闽中有机食品有限公司
中绿（福建）农业综合开发有限公司
莆田市涵江华林蔬菜基地
福建亚达食品有限公司
福建南海食品有限公司
福建格林食品产业集团有限公司

江西省

江西省其门堂蔬菜食品有限公司

山东省

山东滨州雁来红食品有限公司
阳信金地果蔬食品有限公司
山东省博兴县龙升食品有限公司
山东红都食品有限公司
山东飞达集团有限公司
金乡县宏昌果菜有限责任公司
泰安泰山亚细亚食品有限公司
泰安绿龙有机食品有限公司
山东丰盛食品有限公司
山东兴大食品集团有限公司
临沂市康发食品饮料有限公司
山东绿润食品有限公司
金乡县华光食品进出口有限公司
山东露易莎调味品有限公司
莱芜万兴果菜食品加工有限公司
泰安复发中记食品有限公司
山东九发食用菌股份有限公司
金乡县山阳冷藏有限责任公司
日照兴达食品有限公司
金乡县宏泰冷藏加工有限责任公司
福克斯食品有限公司
高密市菲达农产品开发有限公司
青州益寿食品有限公司
五莲县宏大食品有限公司
烟台广源果蔬有限公司
巨野县佳农果蔬有限公司
山东省文登市粮油食品厂
莱阳恒润食品有限公司
山东永益集团有限公司
山东吉龙集团有限公司
山东鲁菱果汁有限公司
烟台北方安德利果汁股份有限公司
青岛顺通食品有限公司
青岛福生食品有限公司
莒县中绿食品有限公司
莒县华腾有机生姜有限公司

潍坊长江农业开发有限公司
潍坊泰华食品有限公司
山东龙泰果蔬有限公司
山东吉龙集团有限公司
日照华赛食品有限公司
山东莱芜东井食品有限公司
山东省高密市永盛食品有限公司
安丘市外贸食品有限责任公司
莒县昌泰食品有限公司

河南省

河南省新郑奥星实业有限公司
河南省通许县金澳货源有限公司
灵宝阿姆斯果汁有限公司
三门峡湖滨果汁有限责任公司
洛阳福达美生物新产品开发有限公司

湖北省

秭归帝元食品罐头有限责任公司
湖北长友现代农业股份有限公司
房县聚达食品有限公司

湖南省

郴州天湖绿色食品有限公司
湖南李文食品有限公司
湖南金果果蔬食品有限公司
湖南熙可食品有限公司

广东省

区泰记农副产品（广州）有限公司

广西壮族自治区

广西博白广美食品有限公司
桂林莱茵生物科技股份有限公司

四川省

成都协力魔芋科学种植加工园有限公司

云南省

云南依玛中大食品有限公司
楚雄宏桂绿色食品有限公司
曲靖富力发展有限责任公司
昆明晨农绿色产品有限公司

陕西省

陕西华圣企业（集团）股份有限公司
通达果汁礼泉有限公司
咸阳富安果汁有限公司
泾阳怡科食品有限公司
陕西通达果汁集团有限公司
陕西海升果业发展股份有限公司

甘肃省

临夏市什锦食品集团
甘肃通达果汁有限公司
甘肃甘绿脱水蔬菜股份有限公司

新疆维吾尔自治区

新疆拓普农产品有限公司
新疆和硕丁丁食品有限责任公司
塔城地区绿源农副产品进出口有限公司
新疆屯河投资股份有限公司

三、畜产品加工企业（67家）

北京市

北京御香苑畜牧有限公司

天津市

天津富莱食品有限公司

内蒙古自治区

上海元盛食品有限公司呼伦贝尔分公司
内蒙古蒙牛乳业（集团）股份有限公司
内蒙古科尔沁牛业股份有限公司
乌兰察布荣昌工贸有限责任公司

辽宁省

丹东仁达食品有限公司
开原市嬴德肉禽有限责任公司
大连龙城食品集团有限公司
大连美食（大连）有限公司
大连宫产食品（大连）有限公司
沈阳华美畜禽有限公司

吉林省

吉林省长春皓月清真肉业股份有限公司
辽源金昌企业集团公司

黑龙江省

黑龙江正大实业有限公司

江苏省

金坛市肠衣厂有限公司
江苏长寿集团有限公司

安徽省

安徽鸿汇食品（集团）有限公司

福建省

福清市阳光食品有限公司
森宝（龙岩）实业有限公司

江西省

江西省安格拉兔业有限责任公司

山东省

滨州市隆达食品有限责任公司
宁津县瑞丰食品有限责任公司
龙大食品集团有限公司
山东臻嘉食品进出口有限公司
肥城银宝食品有限公司
山东驰中集团有限公司
山东莱阳春雪食品有限公司
诸城外贸有限责任公司
潍坊永昌食品工业有限公司
诸城市和生食品有限公司
临沂新程金锣肉制品有限公司
青岛万福集团股份有限公司
青岛九联集团股份有限公司
青岛康大外贸集团有限公司
青岛正大有限公司
菏泽绿源食品总公司
山东中澳农工商集团有限公司
山东华誉集团有限公司
得利斯集团有限公司
山东凯银清真肉业有限公司
潍坊美城食品有限公司
莒县华康蜂业有限公司
山东凯加食品股份有限公司
山东鲁南牧工商联合公司
山东新昌集团有限公司

河南省

河南大用实业有限公司
河南华英农业发展股份有限公司
河南金丹乳酸有限公司
河南省商城县猪鬃加工厂
河南省淇县永达食业有限公司

湖北省

武汉小蜜蜂食品有限公司
荆州双港畜禽养殖加工有限公司
安陆市神丹保健食品有限责任公司

湖南省

伟鸿食品有限公司
湖南省三可食品有限公司

广东省

惠州顺兴食品有限公司
广州市江丰实业股份有限公司

四川省

四川省资阳市四海发展实业有限公司
自贡市华润肉食品有限公司
四川省泸州大农食品有限公司

云南省

昭通市宏联制鬃有限责任公司
新希望云南邓川蝶泉乳业有限公司

甘肃省

甘肃华羚干酪素有限公司
泾川县旭康食品有限责任公司
和政县华龙乳制品有限公司

宁夏回族自治区

宁夏盐池原野蜂产品科技开发有限公司

四、水产品加工企业（111家）

辽宁省

丹东元一海产精制品有限公司
丹东大鹿岛海兴（集团）有限公司
东港市昌平食品有限公司
丹东泰丰食品有限公司
大连宏业海产有限公司

大连獐子岛渔业集团股份有限公司
大连富谷水产有限公司
大连华联食品有限公司
大连日丰水产食品有限公司
大连恒泰食品有限公司
中联食品（大连）有限公司
大连新海洋食品有限公司
大连天宝绿色食品股份有限公司
大连善岛食品有限公司
大连水产养殖集团有限公司
大连九阳食品有限公司
大连国富水产食品有限公司
营口海宇农水产品有限公司

上海市

上海绿态食品有限公司
上海汉德食品有限公司

江苏省

江苏宝龙集团有限公司
盐城海马食品有限公司
南通海达水产食品有限公司
江苏九寿堂生物制品有限公司

浙江省

瑞安市华盛水产品加工厂
瑞安市华忠水产食品有限公司
浙江省远洋渔业集团股份有限公司
徐龙食品集团有限公司
宁波飞日水产实业有限公司
宁波今日食品有限公司
舟山市晟泰水产有限公司
舟山市海洲水产有限公司
浙江国泰水产集团有限公司
舟山市普陀区华发水产有限公司
舟山市西峰水产有限公司
舟山海之格水产品有限公司
舟山金星水产有限公司
舟山兴业有限公司
舟山震洋发展有限公司
舟山市立洲水产有限公司
舟山市越洋食品有限公司
浙江海之味水产有限公司
新世纪控股集团有限公司

安徽省

安徽华祥食品有限公司

福建省

晋江市闽南水产开发有限公司
福清隆裕食品开发有限公司
福州百洋海味食品有限公司
福清朝辉水产食品有限公司
福建福鼎环球食品工业有限公司
福建福鼎海鸥水产食品有限公司
福建省梅花水产加工厂
长乐聚泉食品有限公司
福建省东山县海魁水产集团有限公司
莆田东源水产食品有限公司
莆田市兴和食品工业有限公司

江西省

瑞金市红都水产食品有限公司

山东省

龙口市龙冷食品有限公司
乳山华宏水产有限公司
烟台安青食品有限公司
山东东方海洋科技股份有限公司
蓬莱京鲁渔业有限公司
日照昌华海产食品有限公司
威海威东日综合食品有限公司
青岛亿路发集团有限公司
青岛鑫海丰食品有限公司
青岛亚是加食品有限公司
山东大洋食品集团有限公司
青岛金贝食品有限公司
青岛浩大实业有限公司
青岛明月海藻集团有限公司
青岛正进集团有限公司
青岛红福集团有限公司
青岛浩源集团有限公司
青岛三洋水产有限公司
青岛佳元水产（集团）有限公司
青岛五洲食品有限公司

威海市宇王集团有限公司
山东俚岛海洋科技股份有限公司
石岛集团有限公司
荣成泰祥水产食品有限公司
赤山集团有限公司
蓬莱京鲁渔业有限公司
微山县营养食品厂
烟台山海食品有限公司
烟台水星食品有限公司
山东荣信水产食品集团股份有限公司
烟台同德食品有限公司
山东美佳集团有限公司
山东丰华食品有限公司
荣成市泓达罐头食品有限公司
日照永兴食品有限公司

湖北省

洪湖市德炎水产食品有限公司
湖北省潜江市华山水产食品有限公司
潜江市莱克水产食品有限公司

湖南省

益阳益华水产品有限公司
湖南顺祥水产食品有限公司

广东省

湛江市国溢水产有限公司
亚洲海产（湛江）有限公司
湛江国联水产开发有限公司
汕头市侨丰集团有限公司
阳江市谊林海达速冻水产有限公司
桃屋珠江食品工业有限公司
广东新华海集团有限公司
汕头市龙胜水产食品有限公司
汕头鳗联股份有限公司
汕头市瑞源实业有限公司
汕头市美洲水产速冻实业有限公司
汕头龙锋食品有限公司

广西壮族自治区

北海洪恩水产有限公司
广西正五海洋产业股份有限公司
北海钦国冷冻食品有限公司

五、其他加工企业（39家）

河北省

保定金萨工艺品有限公司（人造植物干花）
河北中化滏恒股份有限公司（糠醛、糠醇）

山西省

山西省高平化工有限公司（糠醛、糠醇）

辽宁省

丹东昌林食品有限公司（宠物食品）
盖州市暖泉绢纺厂（柞棉条、柞绢纱）

吉林省

敦化市吉森木业有限责任公司（木材加工）
敦化市中信木业有限责任公司（木材加工）

江苏省

南京市江宁区顺达实业公司（蚕丝加工）
南京达丰羽绒有限公司（羽绒加工）

浙江省

余姚茶厂（宁波瑞龙茶业有限公司）（茶叶加工）
宁波同益茶业有限公司（茶叶加工）
浙江山下湖珍珠集团股份有限公司（珍珠加工）
浙江新云木业集团有限公司（木材加工）
浙江华发茶业有限公司（茶叶加工）
浙江鸿华茶厂（茶叶加工）
新昌县诚茂实业有限公司（茶叶加工）
杭州大庄地板有限公司（竹材加工）
浙江阮仕珍珠股份有限公司（珍珠加工）
浙江佳丽珍珠首饰有限公司（珍珠加工）
浙江金壳生物化学有限公司（壳聚糖、氨糖）
宁波绿之健药业有限公司（植物提取物）

安徽省

六安市海洋羽毛有限公司（羽绒加工）
安徽亚普竹业有限公司（竹材加工）
安徽省皖西羽绒厂（羽绒加工）

福建省

厦门涌泉集团有限公司（木材加工）

江西省

江西山村油脂食品有限公司（茶油加工）

江西邓氏园林（集团）有限公司（木材加工）

江西省贵竹发展有限公司（竹材加工）

山东省

山东博兴天龙工艺制品（集团）有限公司（草柳工艺品）

山东贺友集团有限公司（纤维板）

济南圣泉集团股份有限公司（呋喃树脂）

山东省曹普工艺有限公司（草柳制品、木制品）

曹县普连集镇鲁艺草柳编织厂（草柳木制工艺品）

河南省

获嘉县青岭包装有限公司（木材、纸加工）

河南省雪鸟实业有限公司（羽绒加工）

河南省信阳卢氏茶叶有限公司（茶叶加工）

湖北省

安琪酵母股份有限公司（酵母）

湖南省

湖南省三利进出口有限公司（茶叶加工）

广西壮族自治区

广西梧州松脂股份有限公司（松香、歧香、芳樟醇）